건설회사
세무실무

건설회사 세무실무

2023년 6월 12일 초판 인쇄
2023년 6월 16일 초판 발행

지 은 이 ┃ 강상원, 강현규
발 행 인 ┃ 이희태
발 행 처 ┃ 삼일인포마인
등록번호 ┃ 1995. 6. 26 제3-633호
주   소 ┃ 서울특별시 용산구 한강대로 273 용산빌딩 4층
전   화 ┃ 02)3489-3100
팩   스 ┃ 02)3489-3141
가   격 ┃ 50,000원

ISBN 979-11-6784-184-1 93320

최신판

건설회사 세무실무

강상원 · 강현규 공저

SAMIL | 삼일인포마인

추 천 사

강상원 세무사는 건설회사의 실무를 수행하면서 경험한 수많은 노하우 및 회계·세무 이슈를 일반인들이 쉽게 이해하도록 이 책에 담아 놓았다. 건설업 회계·세무의 기초 이론에서 출발하여 다른 책에서 다루기 어려운 복잡한 사례까지 제시하여 그동안의 이론 중심의 해설서를 극복한 실무 중심의 지침서라 할 수 있을 듯하다.

— 대우건설 재무관리본부 본부장 이용희 전무

10여 년간 대형 건설사 세무팀에서 직접 실무를 경험한 노하우를 일반인의 눈높이에 맞춰 기술한 『건설회사 세무실무』는 건설회사 세무 업무의 기준서가 될 거라고 확신한다.

— 대우건설 전략기획본부 정종길 상무

경영자와 투자자가 '회계'로 이야기한다면, 실무자와 회사는 '세무'로 대화한다. 업무 범위와 청구의 문제, 증빙과 절차의 문제에는 '세무'가 깔려 있다. 이것이 비단 세무 담당자뿐만 아니라 건설인이 세무를 알아야 하는 이유이다. 모든 건설인에게 이 책을 추천한다.

— 디엘이앤씨 세무팀 정연수 부장

건설회사는 종합선물세트와 같다. 웬만한 세무 이슈와는 항상 연관되어 있다. 이 책은 강상원 과장이 대우건설에서 10년간 세무를 하며 현장에서 본인이 겪은 고민과 노하우를 기록하여 후배들과 나누고자 한 결과물이다. 건설회사 세무 실무자들이라면 꼭 읽어볼 가치가 있는 책이다.

— 롯데건설 회계팀 이동규 책임

탐난다, 이 책! 건설회사 세무실무! 이렇게 잘 정리된 책이 그동안 있었던가? 세무 관련 일을 하고 있는 모든 선후배들에게 꼭 추천한다. 건설업 세무 실무자에게 바이블과 같은 책이다. 건설업 경험이 풍부한 저자의 지식과 경험이 군더더기 없이 잘 정리되어 있다.

— 부영 회계팀 이준영 부장

강상원 세무사는 대형 건설사에서 직접 발로 뛰며 고민한 경험을 통해 건설업과 세무가 만나는 최전선의 경험을 생생하게 들려준다. 이 책에서 그는 이론이나 법조문을 통한 접근이 아닌 실무자가 매일 맞닥뜨릴 수 있는 사례를 통해 깊고 넓은 이해를 보여준다.

— 한국자산신탁 회계팀 하승민 팀장

부동산이 소수가 아닌 전 국민의 관심사가 된 지는 이제 너무 오래이다. 일반적인 부동산 매매가 아니더라도, 재건축·재개발 조합의 세무 또한 가까이 돼야 할 필수 요소가 되었다. 또한, 건설회사뿐만 아니라 대부분의 회사는 직·간접적으로 건설 세무와 엮이지 않을 수 없다. 우리는 여기 법적 전문성뿐만 아니라 실무까지 두루 섭렵한 글을 마주하는 행운을 가지게 되었다. 늘 체계없이 지식을 쌓아가고 있어 아쉬운 실무자들, 안다고 자부하지만 쉽게 설명할 수 없어 답답한 전문가들은 이 교과서를 집어 들어야 할 것이다.

– 카카오 회계셀 임래훈 회계사

상상원 세무사의 선설회계 및 세무에 대한 풍부한 실무 경험과 고민 그리고 해결 방안 등이 방대한 분야에 걸쳐 일목요연하게 정리되어 있다. 복잡한 건설 세무 분야의 실무 가이드로서 훌륭한 역할을 할 것으로 확신한다.

– 서울시립대학교 세무전문대학원 최원석 교수

이 책은 저자가 건설현업에서 경험한 생생한 실무 경험과 세무 전문가로서 고객의 니즈를 충족시키기 위하여 고민한 흔적을 잘 담고 있다. 건설 세무의 가이드북으로 삼아도 손색이 없어 보인다. 업무와 연구로 바쁜 와중에도 계속 변경되는 세법 및 판례의 내용을 충실히 반영한 저자의 열정과 노력에 찬사를 보내며, 그 열정과 노력을 독자들이 이 책을 통하여 확인할 수 있기를 바란다.

– 안진회계법인 파트너 임홍남 회계사

법무·세무·회계 업무에 있어 일반론으로 처리하기 어려운 업종의 대표가 바로 건설업이다. 관련 분야가 방대하기도 하지만 업에 대한 이해를 넘어 실무처리가 어렵기 때문이다. 그렇기에 세무 전문가가 국내 유수의 건설사에서 실무자로서 근무하면서 고민했던 것들이 정리되어 서적으로 나온 것은 참으로 반가운 일이다. 건설업 세무·회계담당자는 물론 관련 분야 전문가들도 실무 지침서로서 큰 도움을 받을 수 있을 것이다.

– 삼정회계법인 상무 설인수 회계사

강현규 세무사는 복잡한 건설 세무에서 뚜렷한 길을 제시했다. 결과를 강요하지 않고, 따라가기 쉬운 논리전개로 건설 세무를 친숙하게 만들었다. 세법도 변하고 쟁점은 바뀌므로, 과거의 기록은 미래를 보장하지 못한다. 강현규 세무사의 혜안은 미래를 준비하게 만드는 애정과 정성 속에 있다. 건설업 쟁점을 어떻게 다루어야 할지 알려주는 에세이 같은 작품이다.

– 세무법인 다솔 최슬기 세무사

건설회사의 세무 전문가로서 저자가 직접 느끼고 체험한 건설업 세무 실무 사례가 일목요연하게 정리되어 있어, 복잡하고 특수한 건설업 세무업무를 수행하는 많은 실무자들에게 해결사 역할을 충분히 해줄 수 있는 실무 지침서가 될 것이다.

- 신우회계법인 강경천 회계사

건설현장 관리직을 위한 필독서! 대우건설의 마스코트 강상원 과장이 그가 아는 모든 것을 전수하기 위해 드디어 책을 썼다. 이 책 한 권이면 건설업 세무는 끝! 애교와 앙탈로 똘똘 뭉친 그의 성격이 책에서도 드러나는 것 같아 읽는 내내 내용에 감탄하면서도 미소 지을 수 있었다.

- 지안세무회계 배수지 세무사

저자는 지금 '혁명'과 '정치'를 '건설'적으로 연결하여 '세금' 이야기를 하고자 한다.

1. 근대혁명에 관하여

근대혁명은 13세기 절대주의 국가에서 시작되었다. 이 시기의 왕권은 신으로부터 주어진 신성한 것으로 납세자의 권리와 시민의 자유는 존재하지 않았다. 1215년 영국은 마그나 카르타로 국왕의 과세권을 제한하였는데 바로 "세법"의 탄생이다. 1773년 미국은 영국의 가혹한 징수에 반발하여 독립혁명으로 일으켰는데, 이때 구호는 "대표없이 과세없다"였다. 1789년 미국의 독립혁명을 지원하던 프랑스는 세수확보를 위해 삼부회를 모았는데 평민대표를 제외시키면서 프랑스혁명이 발생했다. 프랑스혁명만 5년의 시간이 필요했고, 근대혁명 전체로 본다면 5세기가 넘는 대장정이었다. 따라서 근대혁명은 조세혁명이었다.

2. 한국 정치에 관하여

장소를 옮겨 우리나라 이야기를 해 보자. 우리나라는 1960년 4·19 혁명으로 이승만 정권의 부정선거를 물리쳤고, 1980년 5·18 광주 민주화 운동으로 독재정권에 저항하였으며, 1987년 6월 항쟁으로 군부정권을 항복시켰다. 2016년에는 국민의 기대를 저버린 대통령을 탄핵하여 파면시켰다. 시민의 힘으로 많은 피를 흘려 정권을 바꾸고 시민의 권리를 찾았다. 따라서 우리나라는 민주적인 정치 선진국이라고 할 수 있다. 그런데 그 많은 정치적 사건들 중에서 조세혁명은 없었다.

근대혁명은 조세혁명이었으나, 우리나라에는 조세혁명은 없고 정치혁명만 있었다. 우리는 5세기에 걸친 근대혁명을 책으로만 배운 것이다. 물론 근대혁명의 정신은 우리나라 헌법에도 살아 있다. 단 두 문장으로….

> 제38조 모든 국민은 법률이 정하는 바에 의하여 납세의 의무를 진다.
> 제59조 조세의 종목과 세율은 법률로 정한다.

마그나 카르타는 전체 63개 조항 중 절반이 세금 문제였다. 시민권에서 세금이 차지하는 비중이 현저하게 줄어들었다는 이유도 있을 것이다. 중요한 것은 우리가 근대혁명의 정신을 내재화했는가일 것이다.

3. 주위를 둘러보면

현재로 돌아오면 현대사회는 매우 고도로 전문화되어 있고 전문 분야가 서로 교류하며 발전하고 있다. 전문 분야에는 전문가가 있다. 따라서 다른 분야의 전문가라 하더라도 자기 목소리를 내는 것이 일반적이다. 그러나 세법의 경우 다른 분야의 전문가 의견은 세법으로 코딩되면서 산업의 경험은 사라져 버리는 경우가 많다. 유난히 세법 전문가의 목소리만 크다. 세법으로 산업을 해석하려니 아무래도 무리가 따른다.

저자의 은사님은 최고의 세법 학자인데 세법이 다른 법보다 어렵다고 하신다.
저자의 선배는 세무공무원인데 세법을 적용하는 것이 매번 힘들다고 한다.
저자의 친구는 세무 전문 변호사인데 세법이 너무 복잡하다고 한다.
저자는 건설회사의 세무만 10년을 판 세무사인데도 세법을 잘 모른다.

법률은 권리 있는 자를 보호하고 의무 있는 자를 핍박한다. 세법에는 과세권자와 납세의무자가 등장한다. 전문가도 어려워하는 세법이 누구를 보호하고 누구를 핍박할지 쉽게 짐작할 수 있다.

근대혁명으로 태어난 세법이 납세의무자를 잘 보호할 수 있도록 근대혁명의 취지와 현재의 사례는 공유되고 연구되어야 한다. 애정이 없는 이론은 세법을 단순한 자금 조달의 수단으로 만들어 버릴 수 있기 때문이다.

4. 건설산업에 관하여

산업으로 넘어가서 건설업을 보자. 건설업도 역사와 전통이 매우 긴 전문 분야이며 경험을 통해 해결 방법을 모색하고 새로운 목표를 추구하고 있다. 건설산업은 발주자로부터 주문을 받아 건축물을 완성하여 인도하는 수주산업이며, 토지를 바탕으로 노동·자본·기술 등의 생산 요소를 유기적으로 결합시키므로 제조업이고, 개발사업, 정비사업 및 민간투자사업은 자금을 조달하여 공급하므로 금융업이며, 여타 산업과 긴밀히 협력하며 생산과 고용, 부가가치를 파급하므로 국가경제의 기간산업이다. 따라서 건설회사에는 PJ의 생명주기에 따라 모든 산업의 상황별 리스크가 순차적으로 집계된다. 따라서 건설업은 규모나 질이 우수한 사례의 모음집이라고 할 수 있다. 즉, 모든 유형의 납세의무자가 직면하는 선택, 관리, 결과가 꾸러미별로 축적되는 것이다. 세법은 산업을 만나야 한다.

5. 이제부터 우리는

직접 경험에는 간접 경험으로 가질 수 없는 오라(Aura)가 있다. 따라서 우리는 조세혁명을 직접 경험할 필요가 있다. 가급적 정치 선진국답게 투표로 경험하고 싶다. 집권 여당이 세법을 휘두를 때 투표로써 행정부를 바꾼다면 1688년 명예혁명보다 명예로운 혁명이 될 것이다. 이에 건설산업을 무대로 하여 납세자를 위한 세금 이야기를 적는다. 저자의 경험과 지식, 무엇보다도 세법에 대한 애정이 드러나기를 바란다.

① 기존의 세법책에서 세법을 절반 드러내고 건설산업으로 채웠다. 기존의 법조문 순서가 아니라, 건설회사의 매출, 매입, 수주, 관리의 순서로 서술하였다.

② 현장관리자와 공무에게 금액적으로 중요한 거래를 다루었으며, 기술적으로 계산하는 부분은 과감히 생략하였다. 법인세율은 9.9~26.4%(지방세 포함)의 초과누진세율이나, 이 책에서는 23.1%(법인세 21%+지방세 2.1%)로 쓴다. 23.1%는 과세표준 200억 원 초과 3,000억 원 이하인 법인의 한계세율이다.

③ 건설회사의 입장에서 법인세, 부가세, 원천세와 취득세를 다루며, 조합 및 신탁사 등의 문제는 건설과 관련된 것만 언급했다. 개인에게 중요한 상속, 증여, 양도소득세는 다루지 않았다.

이 책을 쓰는데 도움을 주신 대우건설의 이용희 전무님·정종길 상무님, 디엘이앤씨의 정연수 부장님, 롯데건설의 이동규 책임님, 태영건설의 이재만 선임님, 한국자산신탁의 하승민 팀장님, 김앤장법률사무소의 박재찬 변호사님·김태환 회계사님, 법무법인대륙아주의 조상연 변호사님, 안진회계법인의 임홍남·심민우 회계사님, 세무법인 이안컨설팅의 김호진·박준길·서보영·박영준 세무사님·김도현 실장·김성은 과장·민혜진 대리님, 세무법인 다솔의 안수남·고현식·최슬기 세무사님, 서울시립대학교 세무학과의 최원석·박훈·정지선·양인준·강성모 교수님, 신우회계법인의 강경천 회계사님, 대주회계법인의 강준구 회계사님, 삼도회계법인의 이창석 회계사님, 송헌세무회계의 한선 실장님 및 삼일인포마인의 이희태 대표이사님·김동원 이사님·임연혁 차장님께 감사를 전한다.

세무사 강상원, 세무사 강현규 배상

차 례

제 4 편 ─ 외주비 · 자재비 / 207

제 5 편 ─ 노무비 · 경비 / 241

제6편   공동도급 / 289

제7편   해외공사 · 영세율 / 311

제 11 편 　 조사불복 / 467

제1편

건설 용어

이 프로젝트의 '실행'은 어떤가요?

전문 분야에는 전문가가 있고 전문가들은 전문 용어를 사용한다. 건설업에서는 '실행'이 대표적인 전문 용어이다. 다른 분야의 전문가가 '실행'을 모르고 건설사의 용역을 수행하는 경우 현업 담당자들로부터 전문성을 인정받기 어렵다.

- '실행'이 100보다 크면 적자가 나는 PJ이다.
- 발생원가를 '실행'으로 나누면 매출액이 나온다.
- 공사미수금이 계속 증가하면 '실행'을 점검하여야 한다.

건설업에서 자주 등장하는 말이다.

재무회계 및 이를 준용하는 세무회계에서는 '진행률'을 사용하여 당기 매출액을 인식한다. 그러나 건설실무에서는 실행을 사용하며 사실상 진행률은 잘 등장하지 않는다. 건설업에서 실행은 가장 중요한 개념이며 가장 빈번히 사용하는 용어이다.

- 진행률 = 발생원가 / 총예정원가
- 실행 = 총예정원가 / 도급액

1. 실행(예산)이란?

발주자와 체결한 공사에 대해 제시된 계약조건, 설계도서, 시방서 등에 부합되는 목적물을 축조하기 위해 품질·안전을 고려한 원가 절감을 기할 수 있는 시공계획을 수립하여 적정한 이익을 확보할 수 있는가를 산출하는 사전 원가계산서로서 해당 공사의 관리 지표라 할 수 있다.

2. 실행변경이란?

기업이 내부 규칙에 따라 실행예산을 변경하여야 하는 절차를 말한다. 예를 들어 추가공사, 수량증감 등으로 당초 도급금액 대비 ±20% 이상 금액 변동 시 변경 실행예산을 작성할 수 있고, 준공 시 도급대비 예상원가율이 당초 대비 ±3% 이상 변동이 예상될 때는 실행예산을 변경하여야 한다.

3. 재무회계와의 관계

매출액을 산정할 때 이용한다. 즉, 매출원가를 먼저 산출하고 매출원가를 실행으로 나누어 매출액이 산출된다.

4. 손익에 미치는 영향

실행이 100%이면 매출과 매출원가는 같아지고 매출총이익은 '0'이 된다. 그리고 실행이 100보다 적어질수록 건설회사의 이익은 커지고 100보다 커지면 건설회사에 손해가 발생한다. 이 때문에 건설업이 진행률을 조작하여 이익을 바꿀 수 있다는 말이 나온다.

5. 실행을 검증하는 방법

만일 실행 90%인 현장에서 원가 100원이 발생한 경우 매출은 110원(=100/90%)이 되고 기성을 80원만 청구한 경우 당월의 공사미수금은 30원이 된다. 따라서 공사미수금이 꾸준히 증가한다면 실행이 낮게(이익을 과다하게) 측정되었다는 것을 짐작할 수 있다. 반대로 공사선수금이 꾸준히 증가되었다면 실행이 높게 측정된 것이다.

6. 실행(예산)을 보는 시각

실행은 현재 상황에 맞게 재조정하여 실행 미편성은 줄이고 최대한 빨리 반영하여야 하며, 항상 채권과 함께 검토되어야 한다. 실행은 매우 유용한 관리지표이므로 실행 관리가 PJ 관리라고 해도 과언이 아니다.

용어 설명

- **기성금**: 공사 진행 과정에서 현재까지 완성된 정도에 따라 지급하는 공사금액으로, 건설 공사에 있어서 실제로 자재를 사용하여 이루어진 분량을 기성부분이라 하며 기성부분(공사진척도)에 대하여 계약서·설계서 기타 관계 서류에 의하여 검사를 한 후 발주자가 원사업자의 자금 공급을 원활하게 하기 위하여 그 대가를 지급하는 것을 말한다.

철근콘크리트… 그게 뭐?

철근과 콘크리트는 건설업에서 가장 자주 사용되는 두 가지 재료이다. 자주 사용한다는 것은 장점이 많다는 것인데, 두 재료는 상호보완적이면서도 열팽창계수가 같다. 그래서 함께 사용해도 문제가 없다. 열팽창계수가 다르면 계절에 따라 균열이 발생하여 함께 사용할 수 없다.

구분	인장력	압축력	열팽창계수
철근	늘리면 늘어남. (인장력 강함)	누르면 휘어짐. (압축력 약함)	1/100,000
콘크리트	늘리면 부서짐. (인장력 약함)	누르면 잘 견딤. (압축력 강함)	1/100,000

이 때문에 철근콘크리트가 가지는 의미는 건설공학에서 매우 크다. 콘크리트는 높은 압축강도를 가진 반면, 인장력(引張力)이 작아 균열을 일으켜 파괴된다. 따라서 높은 인장 강도를 가진 철근으로 보강함으로써, 콘크리트에 균열이 발생한 후에도 충분한 변형 성능과 내력(耐力)이 확보되도록 한 재료가 철근콘크리트이다.

가는 철근 자체로는 압축에 대해 간단히 구부러지지만, 콘크리트 속에 묻혀 있으면 그런 염려가 없다. 철근과 콘크리트는 열팽창계수가 비슷하여 부착력이 좋고, 공기 중에서 녹이 잘 스는 철근을 콘크리트의 알칼리성이 방지하는 등 여러 가지로 상호보완적인 구조재이다.

콘크리트는 시멘트가 물과 반응하여 굳어지는 수화반응(水和反應)을 이용하여 골재(骨材)를 시멘트풀(시멘트를 물로 개어 풀처럼 만든 것)로 둘러싸서 다진 것이다.

시멘트에 모래, 자갈, 물을 섞은 것이 콘크리트이다!

시멘트가 처음 사용된 때는 철기국가인 로마 시대이지만 철근콘크리트가 등장한 것은 19세기이다. 철근콘크리트라고 부르기도 민망한 철사콘크리트(?)는 1867년 프랑스의 정원사

'모니에'가 화분으로 만들면서 특허로 출원되었다. 이후 독일 건축기사인 '구스타브 아돌프 와이즈'가 '모니에'의 특허를 200만 마르크에 구매하면서 비로소 철근콘크리트가 등장하게 된다. 즉, 철근과 콘크리트를 함께 사용해도 된다는 것을 알아차리는데 2,000년이 걸렸다. 그 충격이 오죽했을까?

철근콘크리트가 가지는 혁신성은 재무 분야에서도 잘 드러난다. 바로 내용연수라는 개념을 만나기 때문이다. 철근콘크리트조의 내용연수는 콘크리트조보다 2배나 긴 40년이다. 세법상 가장 긴 내용연수를 철근콘크리트가 차지하고 있다.

건축물 등의 기준내용연수 및 내용연수 범위표(제15조 제3항 관련)

구조	기준내용연수
콘크리트조	20년
철근콘크리트조	40년

레미콘은 더 이후에 등장한다. 시멘트에 모래, 자갈, 물의 배합을 일정하게 하기 위하여 미리 만들어 놓은 콘크리트가 레미콘(Ready-mixed Concrete)이다.

레미콘은 1903년 독일의 마겐스에 의해 최초로 제조되었으며, 미국은 1913년에 레미콘을 덤프트럭으로 최초로 운반해 썼다. 일본은 1949년에 레미콘을 도입하여 이 무렵 '레미콘'이라는 어휘를 만들었고, 우리나라에는 1965년 7월에 최초의 레미콘 공장이 건설되었다.

법인세법 시행규칙 별표5 건축물 등의 기준내용연수 및 내용연수 범위표(제15조 제3항 관련)

구분	기준내용연수 및 내용 연수 범위(하한~상한)	구조 또는 자산명
1	5년 (4~6년)	차량 및 운반구[운수업, 임대업(부동산 제외)에 사용되는 차량 및 운반구를 제외한다], 공구, 기구 및 비품
2	12년 (9~15년)	선박 및 항공기[어업, 운수업, 임대업(부동산 제외)에 사용되는 선박 및 항공기를 제외한다]
3	20년 (15~25년)	연와조, 블록조, 콘크리트조, 토조, 토벽조, 목조, 목골모르타르조, 기타 조의 모든 건물(부속설비를 포함한다)과 구축물
4	40년 (30~50년)	철골·철근콘크리트조, 철근콘크리트조, 석조, 연와석조, 철골조의 모든 건물(부속설비를 포함한다)과 구축물

키워드로 알아보는 대한민국 건설산업

건설업은 몇 가지 키워드를 달고 다닌다. 이 키워드들만으로 건설업을 설명할 순 없지만, 대한민국 건설업을 이해하는 중요한 수단이 된다. 키워드란 쟁점 및 이슈로 인해서 중요성이 부각된 단어이므로, 키워드의 뒤에는 이슈와 쟁점이 있다.

1. 등록면허사업

건설업은 공사의 종류에 따라 일반건설업·특수건설업·전문건설업으로 구분되며, 이 가운데 일반건설업 및 특수건설업을 영위하려면 국토교통부 장관의 면허를 받아야 하고, 전문건설업을 영위하려면 서울특별시장, 각 광역시장 및 도지사의 면허를 받아야 한다. 이와 같은 면허를 받아 건설업을 영위하는 자를 건설업자라 하고, 면허는 5년마다 갱신을 받아야 하며, 갱신을 받지 아니하면 그 효력을 잃는다.

(1) 건설공사를 수행하더라도 면허가 있는 업체가 수행하는 것은 외주비로 처리하고, 면허가 없으면 용역비로 처리한다. 외주업체가 국민주택건설용역을 제공하는 경우 면세적용이 가능하므로 외주비는 세금계산서와 계산서 2장을 받아야 하고, 용역비는 세금계산서 1장으로 처리된다.

(2) 건설용역의 경우 주재료의 일부 또는 전부를 부담하여도 세법상 용역의 공급으로 보는바 등록면허 있는 주방자재 업체 또는 승강기 업체가 설치시공하는 경우에도 (자재비로 처리하더라도) 국민주택건설용역으로 보아 면세적용이 가능하다.

2. 도급계약

당사자의 일방(수급인)이 어느 일을 완성할 것을 약정하고 상대방(도급인)이 그 일의 결과에 대하여 보수를 지급할 것을 약정함으로써 성립하는 계약이다.

도급계약인지 매매계약인지의 법률상 구분은 계약의 목적, 계약금액, 이행기간, 지급시기, 위험부담(하자담보책임), 지체상금 유무로 판단하므로 계약의 명칭보다 내용이 중요하다(국가를 당사자로 하는 계약에 관한 법률 제11조, 건설산업기본법 제22조 등).

건축공사도급계약에 있어서는 공사 도중에 계약이 해제되어 미완성 부분이 있는 경우라도 그 공사가 상당한 정도로 진척되어 원상회복이 중대한 사회적·경제적 손실을 초래하게 되고 완성된 부분이 도급인에게 이익이 되는 때에는 도급계약은 미완성 부분에 대해서만 실효되어 수급인은 해제된 상태 그대로 그 건물을 도급인에게 인도하고, 도급인은 그 건물의 기성고 등을 참작하여 인도받은 건물에 대하여 상당한 보수를 지급하여야 할 의무가 있다(대법원 1997. 2. 25. 선고 96다43454 판결).

민법 제668조에서는 완성된 목적물의 하자로 인하여 계약의 목적을 달성할 수 없는 경우에는 도급인이 계약을 해제할 수 있다고 규정하고 있으나, 건물 기타 토지의 공작물에 대하여는 적용이 배제됨을 규정하고 있다. 따라서 하자를 이유로 공사계약을 해제할 수는 없고 손해배상청구 또는 하자보수요구만 가능한바 하자보수에 관한 소송이 집중적으로 발생하게 된다.

3. 순차도급계약

생산의 기본구조가 복합적이기 때문에 하도급에 대한 의존도가 높다. 건설업자가 자체적으로 모든 생산수단과 노동력을 상시적으로 갖출 수가 없으므로 전문기술이나 기능·장비·노동력 등을 외부의 협력업체나 하도급업체에 의존하고 있다. 건설업자가 공사를 수주하면 철강재나 시멘트 등의 자재는 제조업자로부터 조달하고, 조적·미장·철근·설비·수도공사 등은 각각의 전문건설업자에게 시공하게 하며, 노무자는 노동조합이나 인력공급업자로부터 알선받아 고용한다.

(1) 재하도급업자가 원도급업자를 알 수 있는 상태라 하더라도 위수탁세금계산서의 법리가 적용되지 않는다. 즉, 재하도급업자는 하도급업자에게, 하도급업자는 원도급업자에게 세금계산서를 순차적으로 교부하여야 한다(재부가 22601-1122, 1990. 11. 16.).

(2) 건설업은 공사용역을 공급받고 공사용역을 공급하는 업종이다. 따라서 매출과 매입의 쟁점이 같다. 그뿐만 아니라 A현장의 거래처는 B현장의 거래처이고 甲 시공사의 외주업체는 乙 시공사의 외주업체이다. 이에 따라 채권관리의 통일성 및 협조가 필요하다.

4. 수주산업

건설업은 시장구조 면에서 주문생산적 기업, 즉 수주산업(受注産業)이다. 건설업자는 발주자(發注者)나 건설주로부터 주문을 받아 생산 활동에 착수하고, 구조물·건축물 등을 완성하여 인도하게 된다. 따라서 제조업의 경우와 같이 규격화·제품화한 시장 생산, 예정 생산이란 있을 수 없으며, 재고품이 허용되지 않는 등 기업 운영상 탄력성이 없다. 또한 발주자 측의 움직임에 크게 좌우될 수밖에 없는데, 그 발주자란 정부·지방자치단체·국공영기업체 등의 공공기관으로부터 민간기업체나 개인에 이르기까지 다종다양하다. 건설업이 정치·경제적인 영향을 가장 민감하게 받는 것은 이와 같은 특성에서 기인한다.

5. 개별원가계산

원가요소를 특정한 제품(PJ)마다 개별적으로 집계하기 위한 계산방식이다. 예를 들어 조선업·건설업·기계공업과 같은 수주공장(受注工場)에서 채용되는 것으로, 제품의 개별적 원가를 산출하는 방법이다. 수주산업은 대부분 하나의 주문이 하나의 PJ를 구성하게 되고 모든 원가가 PJ에 집계된다.

(1) PJ의 총예정원가를 산출하여 진행률에 따라 수익을 인식하는바 총예정원가의 산정이 매출액에 직접 영향을 미치게 되고 회계감사 시 총예정원가의 적정성이 이슈화 된다.

(2) 개별 PJ별로 성과평가를 실시하게 되는바 예측하지 못한 비용이 발생하는 경우 심각한 차질이 발생한다. 즉, 추징세액 및 과태료 등에 민감하고 이를 해결하기 위하여 담당자뿐만 아니라 외부 전문업체를 총동원하여 문제해결에 나선다.

(3) PJ 준공 후에는 인원이 재배치되므로 손상처리한 자산 및 충당금이 설정된 채권에 대한 사후관리가 어렵다. 회계상 추정된 비용은 세법상 확정시점에 인정되는바 이연법인세자산이 발생한다. 회계감사 시 이연법인세자산의 감사이슈가 심각해질 수 있다. 감사인의 의견은 건설회사이 재무제표의 신뢰성을 결정하며 조달자금의 차입 이자율에 영향을 미치는바, 당기 실적뿐만 아니라 향후 사업계획에도 중대한 영향을 미친다.

6. 선분양제도

도시화와 산업화 및 핵가족화가 급속도로 추진되면서 주택의 수요가 폭발함에 따라 주택가격이 상승하자 정부에서 주택 200만 호 건설계획을 수립하게 되었다. 하지만 건설업체의 자재수급과 자금조달에 한계가 있었기 때문에 이를 해소하기 위하여 선분양제도를 도입하여 건설업체의 자금조달의 부담 및 금리부담을 경감시켜줌과 동시에 입주자에게는 분양계약 이행을 보장하는 보증 제도를 도입하여 문제의 해결을 도모하였다.

선분양제도란 착공과 동시에 주택을 분양할 수 있도록 하는 제도(즉, 모집공고를 내고 분양자를 먼저 모은 뒤, 이들이 낸 분양대금으로 아파트를 지어 완공하고 잔금 납입과 함께 입주가 이뤄지는 형태)로 1978. 9. 5. 주택공급에 관한 규칙이 개정되면서 시행되었다. 그 이전에는 건축공정이 20% 이상일 때 분양할 수 있었다. 한국, 호주 등 극히 일부 국가만 선분양제도를 채택하고 있다.

(1) 신탁사업의 활성화: 영세한 시행사가 타인자본을 조달하여 부동산개발사업의 주체가 되는바 PJ와 시행사의 도산위험을 절연하기 위하여 담보신탁과 토지신탁이 활용된다.

(2) 시공사의 신용공여: 영세한 시행사의 PF이자율을 줄이기 위하여 시공사가 각종 신용공여를 제공한다. 채무인수, 책임준공, 책임분양 등이 대표적인데 이는 보증채무와 유사한바 대위변제발생 시 비용불인정의 이슈를 발생시킨다.

(3) 선분양하는 경우 주택보증을 받은 시행자만이 입주자를 모집할 수 있다. 시행자가 입주자로부터 받는 입주금은 청약금, 계약금, 중도금 및 잔금으로 구분하며 청약금은 주택가격의 10퍼센트, 계약금은 청약금을 포함하여 주택가격의 20퍼센트, 중도금은 주택가격의 60퍼센트의 범위 안에서 받을 수 있다. 근거법령은 주택공급에 관한 규칙이다.

(4) 분양보증이란 사업주체가 파산 등의 사유로 분양계약을 이행할 수 없게 되는 경우, 당해 주택의 분양계약의 이행 또는 납부한 입주금의 환급을 이행하는 책임을 지는 보증을 말한다. 1993. 4. 23. 주택건설촉진법 제47조의6에 근거하여 주택공제조합이 탄생하게 되었고, IMF로 인해 유동성 위기에 처했으나, 정부, 금융기관 및 주택건설업체가 공동으로 출자하여 1999. 6. 1. 대한주택보증(주)로 사명을 바꾸었다. 분양보증은 주택법에 의거하여 대한주택보증(주)가 그 업무를 전담하고 있다. 보증 기간은 보증서의 발급일로부터 건물의 사용승인일까지이며, 보증금액은 입주자로부터 받은 분양 대금 전액으로 한다. 보증요율은 사업주체의 신용등급에 따라 0.34~0.44%로 다양하다. 2003. 7.부터 주상복합주택분양보증 상품이 도입되었다. 보증대상은 사업계획승인이나 건축허가를 받은 주상복합 건축물로서 주택연면적 비율이 건축물 전체 연면적의 80% 이상인 건축물의 주택, 오피스텔 및 복리시설의 분양계약자이다.

(5) 굿모닝시티 사기분양사태: 주택공급에 관한 규칙은 주택에만 적용되어 왔으며 상가나 오피스텔은 대상으로 하지 않았다. 동대문굿모닝시티는 상가 쇼핑몰 건물로 2001년 분양을 시작하여 2003년 부도를 맞았다. 이에 대한 대책으로 건축물의 분양에 관한 법률(건분법)이 2005년 4월 제정되어 일정 규모 이상의 오피스텔과 상가는 분양보증 또는 분양관리신탁을 하여야 한다. 분양관리신탁은 굿모닝시티사태로 도입된 새로운 신탁상품이며, 수분양자의 보호 측면에서는 분양보증이 더 우월한 듯하다.

주택사업의 선분양제도와 후분양제도

　최근 후분양제도를 선택하는 PJ가 등장하고 있다. 주된 이유는 분양 시(착공 시점)부터 입주 시(준공 시점)까지 발생하는 부동산 가격의 상승이익을 시행자가 독점하기 위한 것이다. 우리나라 주택시장에서 분양가는 시행자가 임의로 정할 수 없으며, 분양 후 2년은 부동산 가격이 급상승하는 시기이다. 선분양제도하에서 급상승하는 부동산 가격은 일반 분양자에게 귀속된다. 후분양제를 선택하는 경우 시세 상승은 조합원 프리미엄으로 귀속될 것이다. 따라서 조합원이 자금에 여유가 있고, 부동산 가격 상승이 확실시되는 경우 굳이 선분양제도를 고집할 이유가 없다. 이에 따라 최근 강남·반포 일대의 재개발 사업에서 후분양이 등장하였다.

　우리나라에서 선분양제도의 등장이 지극히 사업적인 이유이다. 그러나 바탕에는 선분양제도의 단점이 계속 지적되어 왔다. 분양 시장을 이해하기 위해서는 선분양제도의 문제점도 짚고 넘어가야 한다.

선분양제	후분양제
수분양자는 견본주택(모델하우스)을 보고 계약하는 제도(날림시공문제가 발생할 수 있다.)	수분양자는 최소한 골조가 완성된 상태에서 계약하는 제도(아파트 동간 배치, 주차장 배치, 채광 등을 확인할 수 있다.)
수분양자는 살지도 않는 아파트에 중도금을 넣고, 거기에 이자까지 부담한다.	시행사는 공사비를 자체 조달해야 하고, 이 경우 은행으로부터 사업비 대출을 더 받아야 하는데, 그만큼 이자 부담이 늘어난다.
분양가는 '미래 가치'를 반영한다며 비싸게 책정된다.	준공 즈음 분양하므로 '현재 가치'를 반영하여 책정된다.

　저자의 의견으로는 두 제도 간의 우위는 당시 상황의 요구에 따른다. 돈이 없고 사람이 없는 문제는 답이 없다. 선분양제도는 돈 없고 사람이 없는 상황에서 주택공급의 문제를 훌륭하게 해결하였다. 경제적 환경이 바뀌면 제도도 바뀌는 자연스러운 변화의 측면에서 후분양제도를 바라보아야 할 것이다.

선분양제도로 시공사가 수혜를 받은 점이 일부 있지만, 수분양자와 시행자의 그것에는 비할 바가 아니고, 건설사의 욕심으로 나쁜 제도를 유지시킨 것은 절대 아니다. 분양가 상승의 효과는 시행사의 이익으로 귀속하고, 시공사는 정해진 시공 이익만 가지게 된다.

IMF 외환위기 이후에 부동산개발사업의 리스크를 분산시키기 위해 시행사와 시공사가 분리되기 시작했다. 시공사는 말 그대로 건설회사이고 도급받은 공사계약의 대가만 수령한다. 시행사, 혹은 부동산 디벨로퍼(Developer)가 개발사업의 주체가 된다.

시공사의 책임준공

국내의 부동산 PF(Project Financing) 사업은 시공사의 신용공여를 토대로 진행된다. 시공사는 시행사의 대출원리금채무를 담보하기 위하여 금융기관에 직접 지급보증이나 채무인수를 부담하기도 하고, 아예 시행권을 인수해서 사업을 완성할 것을 약속하기도 한다. 이러한 시공사의 신용공여 또는 담보제공 방식의 대표적인 사례가 바로 '책임준공 의무'이다.

책임준공의무란 시행사가 부도가 나더라도 시공사가 예정된 공사 기간 내에 건축물을 준공할 것을 부담하는 의무를 말한다. 완공보증이라고도 불린다. 시공사는 분양률이 저조해지거나 시행사가 공사비를 지급하지 않을 경우 공사를 중단하거나 포기할 유인이 생기며, 공사가 중단되면 더 이상 프로젝트의 진행이 불가능해진다. 따라서 금융기관은 시공사로 하여금 책임준공의무를 요구하게 되고, 실무상 '책임준공확약'이라는 별도의 약정을 체결하는 경우가 많다. 일단 건물이 준공되면 어떻게든 현금화가 가능하고 시공사를 포함한 PJ 참여자들의 투자금액을 회수할 여지가 생기기 때문이다.

통상적인 신용공여방식과 달리 책임준공의무는 시공사의 행위를 요구한다. 금융기관으로서는 현실적인 대출원리금상환을 위해서는 책임준공의무 위반에 따른 손해배상책임을 구하게 되며, 이 손해배상책임을 시공사의 보증책임과 동일한 성격으로 보아야 하는지 해석상 다툼의 여지가 있다.

책임준공의무의 성격과 범위를 구체적으로 다룬 판례가 많지 않으나 주의적인 판례(대법원 2015. 10. 29. 선고 2014다75349 판결)가 있어 소개한다.

(1) 시행사의 설계변경 등 공기연장에 관한 약정을 고려하였을 때, 시공사는 공기 내 미완료책임은 없고 공사중단에 따른 책임만 있다.
(2) 책임준공약정에 따른 손해배상채권은 기업구조조정촉진법상 신용공여에 해당한다.
(3) 신용공여에 해당하므로 시공사 워크아웃 시 신용공여액을 신고하지 않은 손해배상 채권도 소멸하거나 행사가 유예된다.

책임준공의무나 그 위반으로 인한 손해배상책임 모두 실질적으로 대출원리금상환을 담보하는 성격을 가지고 있으며, 사업약정 당사자들의 인식과 의사도 이와 다르지 않다. 기업구조조정촉진법에 열거된 '신용공여' 조항에 책임준공의무가 명시적으로 들어간 것은 아니지만, 금융기관에 손실을 초래할 수 있는 거래로서 구별될 이유가 없다.

본래 준공의무는 건설공사의 도급인과 수급인의 관계에서 수급인이 도급인에게 부담하는 계약상 의무이나, 우리나라와 같이 시행과 시공이 분리되고 시행사의 자력이 현저히 부족한 상태에서 금융기관이 시행사만을 신뢰하고 자금을 대출해 주기 어렵기 때문에 시공사에게도 대출과 관련된 책임을 요구하고 있는 것이다.

특이한 점은 대출금의 상환약정을 요구하고 있는 것이 아니라 '준공의무'를 부담시키고 있는데, 그 이유는 건물이 준공되면 일부 대출금 회수가 가능하고, 그 대출금은 시공사의 공사대금 채권에 앞서 충당하는 것으로 약정되어 있는 경우가 많기 때문이다.

책임준공 의무의 내용과 유형은 법률에서 정하고 있는 것이 아니기 때문에 원칙적으로 당사자 사이에 약정이나 사업 특성 그리고 성공 가능성에 따라 그 내용이 조금씩 변형되어 이용되고 있다. 따라서 책임준공이라는 의미로 어떠한 법률 효과가 나타난다고 단정 지을 수 없는 부분이고, 구체적인 법률 효과는 책임준공 약정에서 상세히 정하여야 한다.

유사한 약정으로는 PJ 차질이 우려되는 경우 시행사가 시공사에게 사업시행권을 양도하기로 하는 약정이 있다. 사업시행권 양도는 책임준공과 더불어 시행사의 채무불이행 시 담보권의 역할을 하고 있다.

- **책임준공**: 시행사가 부도가 나더라도 불가항력적 사유가 아닌 한 시공사가 예정된 공사 기간 내에 건축물을 준공할 것을 부담하는 의무

- **책임분양**: 준공 후 일정 시점까지 일정 부분의 분양률을 책임지는 것을 말한다. 예를 들어 ○○사는 리조트 완공 시 일정 수량의 콘도 물량을 4개월 안에 책임분양하기로 했다. 리조트 사업자는 1년 안에 리조트를 준공해야 하며 준공 후 4개월 안에 ○○사는 정해진 콘도 물량을 분양하고 이 기간에 분양하지 못한 콘도 물량은 ○○사가 매입하기로 한 것이다.

- **분양보증**: 분양사업자가 파산 등의 사유로 분양계약을 이행할 수 없게 되는 경우 당해 건축물의 분양(사용승인을 포함)의 이행 또는 납부한 분양대금의 환급(피분양자가 원하는 경우에 한함)을 책임지는 보증을 말한다. 대표적인 예가 주택을 건설하던 회사가 도산(부도)하여도, 분양받은 주택은 완공을 보증해 주는 것이다. 주택건설사업자가 보증회사에 보증료를 지급하고 보증을 받으며 대한주택보증 등이 분양을 책임져준다. IMF 외환위기 이후 대량의 주택건설사업자 도산으로 소비자 피해가 커서 정부가 출연금을 지원하여 제도화한 것이다.

서울중앙지방법원 2013. 9. 26. 선고 2012가합57854 / 2013가합500447 판결: 경영정상화 이행약정의 효력이 원고(금융기관)들의 손해배상채권에 대하여 미치지 않고, 피고(시공사)가 책임준공의무 위반으로 인한 손해를 원고들에게 부담해야 한다. 손해의 범위는 시설이 완공되었을 경우의 가액을 한도로 원고들이 상환받지 못한 대출원리금 상당액임.

서울고등법원 2014. 9. 26. 선고 2013나75283 / 2013나2023011 판결: 시행사의 편의 또는 필요에 따라 설계변경이 이루어지고 이로 인해 인허가 절차가 지연되는 바람에 공사 기간이 연장되는 경우, 피고가 예정준공일까지 공사를 완료하지 못하였더라도 피고에게 책임준공 의무 위반의 책임을 물을 수 없다고 보아야 한다. 원고들의 손해배상채권이 출자전환으로 모두 소멸하였다고 판단한 것은 정당한 것.

대법원 2015. 10. 29. 선고 2014다75349 판결: 책임준공약정은 기업구조조정촉진법 제2조 제6호 (바)목에서 정한 '거래상대방의 지급불능 시 이로 인하여 금융기관에 손실을 초래할 수 있는 거래'에 해당하고, 책임준공의무 위반에 따른 손해배상채권은 위 법률의 위임에 따른 '기업구조조정촉진을 위한 금융기관 감독규정' 제3조 제1항 본문에서 정한 '부실징후기업에 대하여 상환을 청구할 수 있는 채권'에 해당한다.

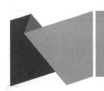

하자를 이유로 공사도급계약을 해제할 수 있는지?

민법 제668조에서는 완성된 목적물의 하자로 인하여 계약의 목적을 달성할 수 없는 경우에는 도급인이 계약을 해제할 수 있다고 규정하고 있으나, 건물 기타 토지의 공작물에 대하여는 적용이 배제됨을 규정하고 있다. 다시 말하면 완성된 건축물에 대하여는 하자로 인하여 해제가 되지 않는다고 규정하고 있는 것과 같다. 따라서 하자를 이유로 공사계약을 해제할 수는 없다고 볼 것이다.

그렇다면 완성되기 전 건축물에 대하여는 하자를 이유로 하여 계약 해제가 가능한지 여부가 문제되는데, 이러한 경우 역시 다른 법정해제 사유가 없는 한 해제가 되지 않는다고 해석된다.

도급계약은 다른 계약과 두드러진 아래와 같은 특징이 꽤 있다.

도급공사계약도 상법이 아니라 민법에서 정의하고 있다. 도급은 당사자 일방이 일정한 일을 완성할 것을 약정하고, 상대방이 그 일의 결과에 대하여 보수를 지급할 것을 약정함으로써 성립하는 계약이다(민법 제664조). 낙성·불요식 같은 뻔한 말은 제외하고 살펴보면 아래와 같은 특징이 있다. 도급계약서는 대표적인 인지세 과세대상 문서인데, 이때도 단순히 계약의 명칭이 아니라 도급계약의 성질로 과세대상 여부를 판단하게 된다.

(1) 일의 완성: 일의 완성과 보수의 지급이 대가 관계에 있으므로 수급인에 의한 일의 완성이라는 이행이 없으면 도급인은 대가를 지급할 의무를 부담하지 않는다. 그러나 보수의 전부나 일부를 미리 지급하기로 하는 약정이 있는 경우에 수급인은 그 대가의 지급 시까지 일의 착수를 거절할 수 있으며, 이로 말미암아 일의 완성이 지연되더라도 수급인에게 채무불이행책임은 발생하지 않는다.

건설공사 도급계약의 경우 건설업자가 최종공정을 마치고 행정적으로도 확인이 끝나 건물이 사회통념상 건물로서 완성되었다는 것이 일의 완성이고, 공사의 완료는 대체로 완성된 목적물에 대한 도급인의 검사를 통해 하자가 있으면 하자를 보수하여 도급인이 사용·수익할 수 있는 상태를 의미하는 것으로 일의 완성과 공사의 완료는 구별되어야 한다(주석 민법 채권각칙(4), 177면).

(2) 유치권의 행사: 수급인(시공사)은 일을 완성할 의무를 부담할 뿐만 아니라 도급의 종류나 성질에 따라 다시 완성한 일을 도급인에게 인도할 의무가 있다. 도급인(시행사)은 그의 보수지급의무를 목적물의 인도와 동시에 이행하여야 하므로, 목적물의 인도와 보수의 지급은 원칙적으로 동시이행의 관계에 있다. 목적물이 도급인의 소유물인 경우 수급인 보수를 지급받을 때까지 그 목적물을 유치하여 유치권을 행사할 수 있다. 유치권이란 타인의 물건 또는 유가증권을 점유한 자가 그 물건이나 유가증권에 관하여 생긴 채권이 변제기에 있는 경우 변제를 받을 때까지 그 물건 또는 유가증권을 유치할 수 있는 권리이다(민법 제320~328조). 유치권은 별도의 합의나 등기 없이 성립한다.

(3) 완성물의 귀속: 도급인이 재료의 전부 또는 주요 부분을 제공하는 경우에는, 완성된 목적물이 동산이건 부동산이건 소유권은 원시적으로 도급인에게 귀속하며, 가공에 관한 민법 제259조는 적용되지 않는다. 기성률에 따라 도급대금 또는 도급공사대금을 수령하는 것이 관례이고, 수급인의 관심사는 도급공사대금의 수령에 있는 것이지 목적물의 소유권의 귀속에 있는 것이 아니며, 도급공사대금의 수령은 유치권이나 저당권설정청구권 등으로 확보가 되고 있는 것과 도급인의 토지 위에 건물을 신축하는 점, 처음부터 도급인의 명의로 건축허가 신청을 하고 등기도 처음부터 도급인 앞으로 보존등기하는 것이 관례인 점에 비추어 소유권은 원시적으로 도급인에게 귀속한다고 봄이 타당하다.

(4) 하자보수책임: 수급인의 담보책임이란 수급인이 완성한 목적물 또는 완성 전의 성취된 부분에 하자가 있는 경우에 도급인이 계약해제권·하자보수청구권·손해배상청구권을 행사하는 것을 말한다. 수급인의 하자담보책임은 무과실책임이다. 수급인의 하자담보책임은 법이 특별히 인정한 무과실책임으로서 여기에 민법 제396조의 과실상계규정이 준용될 수는 없다 하더라도 담보책임이 민법의 지도이념인 공평의 원칙에 입각한 것인 이상 하자 발생 및 그 확대에 기여한 도급인의 잘못을 참작할 수는 있다.

(5) 계약해제금지: 민법은 도급인이 완성된 목적물의 하자로 인하여 계약의 목적을 달성할 수 없는 때에는 계약을 해제할 수 있다고 정하고 있다. 그러나 건물 기타 토지의 공작물에 관하여는 아무리 중대한 하자가 있어도 해제할 수는 없다. 이때에도 해제를 인정한다면 수급인에게 과대한 손실을 주게 되며 이미 세워진 건물을 부숴서 원상회복한다는 것은 사회·경제적으로도 손실이 큰 일이기 때문이다.

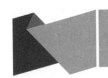

건폐율? 용적률? 주택사업의 용어들

1. 시행사

주택사업의 시행이란 토지를 물색하여 그중 마음에 드는 사업부지를 매입하고 사업을 위한 인허가를 진행하며, 시공사를 선정하여 공사도급계약을 체결하고, 모델하우스(M/H)를 짓고 분양 광고를 하고 분양을 하며, 분양대금과 수분양자를 관리하고 시공사에게 공사대금을 주며, 건물을 완성시켜 사용 승인을 받고 수분양자를 입주시키는 일까지 사업 전반을 이끌어가는 일을 말하며, 이러한 일을 자신의 이름과 책임으로 행하는 사람 또는 회사를 시행자 또는 시행사라 한다. 반면, 시행사와 공사도급계약에 의해 공사만 수행하는 회사를 시공사 또는 시공자라고 한다.

2. 용적률

대지면적에 대한 건축물 바닥의 면적 합계, 2층 이상의 건축물일 경우에는 각 층의 연면적의 합계의 비율을 말한다. 연면적은 지하 부분을 제외한 건축물의 바닥면적을 기준으로 계산하고 기둥이나 외벽의 중심선으로 둘러싸인 면적을 말한다. 용적률은 건축법에서 정한 최대한도 범위 내에서 해당 지자체가 조례로 세부 기준을 정하고 있다. 예를 들어 대지면적 100평에 용적률이 300% 이하인 3층 건물을 짓는다면 1, 2, 3층의 바닥 면적을 합친 건물 연면적이 300평 이하이면 된다.

통상 용적률은 지상의 공간을 규제할 목적으로 지하 공간은 제외하나, 지하층까지 포함한 용적률을 산업용적률이라는 용어로 사용하기도 한다.

3. 건폐율

대지면적에 대한 1층의 건축면적 비율을 말하며, 1층의 바닥면적을 대지면적으로 나누어 표시한다. 건폐율은 지면의 공간을 규제할 목적으로 존재하는 개념으로 지면상에 최소한의 공지를 확보하게 함으로써 건축물의 밀집을 방지하고 일광, 채광, 통풍 등을 양호하게 하여 화재 또는 비상시 피난 등에 필요한 공간을 확보하기 위함이다. 용적률은 입체적인 건축밀도의 개념이기 때문에 건축물의 높이가 높을수록 용적률은 늘어나지만 건폐율은 변하지 않는다.

4. 건축면적

건축물의 수평 투영면적 중 가장 넓은 층의 면적을 말한다. 건축물의 외벽(외벽이 없는 경우에는 외곽 부분의 기둥)의 중심선으로 둘러싸인 부분의 면적으로 한다.

5. 연면적

건축물의 각층의 바닥면적의 합계를 말하며, 용적률의 산정에 있어서는 지상층이라 할지라도 주차용으로 사용되는 면적은 연면적에서 제외된다.

6. 공동주택과 단독주택

아파트, 연립주택, 다세대주택 및 기숙사를 공동주택이라 하고 단독주택, 다중주택, 다가구주택 및 공관을 단독주택이라고 한다. 이러한 기준은 건축법 시행령 제3조의4 관련 별표 1 용도별 건축물의 종류에 나온다.

(1) 아파트: 주택으로 쓰이는 층수가 5층 이상인 공동주택
(2) 연립주택: 층수가 4층 이하이고 주택으로 쓰이는 1개 동의 연면적(지하주차장 제외)이 660㎡를 초과하는 공동주택

(3) 다세대주택: 층수가 4층 이하이고 주택으로 쓰이는 1개 동의 연면적이 660㎡ 이하인 공동주택

(4) 다가구주택: 주택으로 쓰이는 층수가 3층 이상(지하층 제외, 1층 전부를 필로티 구조로 하여 주차장으로 이용하는 경우 필로티 부분을 층수에서 제외함)이고, 1개 동의 주택으로 쓰이는 바닥면적이 660㎡ 이하이고 19세대 이하가 거주할 수 있는 단독주택

(5) 다중주택: 층수가 3층 이하이고 연면적이 330㎡인 주택으로 학생 또는 직장인 등 다수인이 장기간 거주할 수 있는 구조로 독립된 주거 형태가 아닌 경우

7. 평단가 산정

아파트의 경우 공급면적을 기준으로 평당 분양가 및 시세를 말하는 것이 보통이나 오피스텔 및 주상복합아파트의 경우 분양면적을 기준으로, 상가의 경우 계약면적을 기준으로 평단가를 말하는 것이 보통이다. 아파트는 주택법 적용, 오피스텔 등은 건축법이 적용된다. 따라서 반드시 전용면적을 기준으로 환산하여 가격을 비교해 보아야 분양가의 높낮이를 판가름할 수 있다. 사업승인을 받아 분양을 하는 일반 아파트의 경우 주택공급에 관한 규칙의 적용을 받기 때문에 분양평형의 표기 방법이 동일하나, 건축허가를 받는 주상복합이나 오피스텔 등의 경우 분양평형 표기 방법에 관하여 특별히 규정되어 있지 않기 때문에 사업주체에 따라 표기 방법이 다를 수 있다.

공급면적을 분양면적으로 나눈 것을 전용률이라고 하며, 평단가를 전용률로 나누면 전용면적당 평단가를 알 수 있다. 예를 들어 평당 1,000만 원에 분양하는 아파트의 전용률이 84%라고 하면 전용면적 평당 1,190만 원(=1,000만 원/84%)이 된다.

- 아파트의 경우 공급면적대비 80% 이상의 전용률이 나올 수 있도록 설계하여야 분양성을 제고할 수 있다.

8. 전용면적

공동주택의 경우 외벽의 내부선을 기준으로 한 면적, 즉 안목치수를 이용한 면적을 말한

다(즉, 1세대가 전용하는 면적임). 발코니는 서비스면적이므로 전용면적에 포함되지 않는다. 건물 등기부등본에는 건물의 면적 표기 부분에 전용면적만을 표기하고 있다.

(1) 예전에는 전용면적 산정 기준이 외벽의 가상중심선이기 때문에 같은 25.7평의 전용면적이라도 최근에 지어진 아파트가 더 넓다. 30평대 아파트를 놓고 볼 때 약 1~2평 차이가 발생한다.
(2) 서비스면적이란 외부와 접하는 앞, 뒤 발코니처럼 전용면적 외에 별도로 덧붙여 주는 면적을 말한다. 이 면적은 용적률, 전용면적, 공용면적, 계약면적, 분양면적 등 어디에도 포함되어 있지 않은 면적이어서 서비스면적이라고 부른다.

9. 공급면적

전용면적과 주거공용면적의 합계를 말하며, 보통 33평형 아파트라고 하면 공급면적이 33평 이상이고 34평 미만이라는 뜻이다. 주거공용면적이란 복도, 계단, 현관 등 공동주택의 지상층에 있는 공용면적을 말한다(주택법 시행규칙 제2조 제2항 제2호 가목).

10. 분양면적

전용면적과 주거공용면적 및 기타공용면적까지의 합계면적을 말한다. 기타공용면적이란 주거공용면적을 제외한 지하층, 관리사무소 등 그 밖의 공용면적을 말한다(주택법 시행규칙 제2조 제2호 나목).

11. 계약면적

분양면적과 지하주차장면적의 합계면적을 말한다.

12. Bay

아파트의 경우 주향(일반적으로 남향 또는 동남향)을 향하여 몇 개의 칸 또는 구분된 공간이 있느냐에 따라 두 칸일 경우 2Bay, 세 칸일 경우 3Bay라고 부른다. 통상 분양평형 25평형의 경우 2Bay, 33평형대 이상의 경우 3Bay 평면을 많이 도입하고 있으나 최근에는 25평형 3Bay를 도입하고 있으며, 3.5Bay라고 하여 주향의 전면이 아닌 뒤쪽에 위치한 방을 주향으로 조금 튀어나오게 하고 창을 만들어 채광이 가능하게 한 것도 있다.

13. 지하대피소 등

지하대피소는 2000. 5. 26. 주택공급에 관한 규칙이 개정됨으로써 주거공용면적에서 기타 공용면적으로 전환되었다. 이에 따라 분양평형의 표기 및 평당 분양가 산정 시 제외된다. 설비공간(통상 AD, PD 면적)은 2000. 6. 27. 건축법 시행령이 개정됨으로써 전용면적에서 제외되었다.

관련 법령

건축법 시행령 제119조 제1항 제3호 마목에서 건축물의 외부 또는 내부에 설치하는 굴뚝, 더스트슈트, 설비덕트 기타 이와 유사한 설치를 위한 구조물은 바닥면적에 산입하지 아니한다고 규정함.

제2편

세무 용어

세금의 구조는 모두 동일하다

세금이란 국가나 지자체에 세법상 과세 요건을 충족하는 경우 대가 없이 납부하는 것을 말하고, 과세 요건이란 법률에 명기되어야 하는 과세의 4가지 요건을 말한다.

(1) 과세물건: 세법이 과세대상으로 규정하고 있는 소득, 수익, 재산, 행위, 거래사실 등
(2) 납세의무자: 조세를 납부해야 할 조세채무자
(3) 과세표준: 세법에 의해 직접적으로 세액산출의 기초가 되는 과세물건의 수량 또는 가액
(4) 세율: 과세표준에 적용하는 세부담 비율

기업에서 중요한 세목은 아래 3가지이다.
(1) 법인세: 법인소득세의 준말로 법인의 소득에 대하여 부과하는 세금
(2) 소득세: 개인소득세의 준말로 개인의 소득에 대하여 부과하는 세금
(3) 부가세: 부가가치세의 준말로 사업자의 거래가액에 대하여 부과하는 세금

구분	법인세	소득세	부가가치세
납세의무자	법인	개인	사업자
수익비용	법인의 소득	개인의 소득	재화·용역의 공급
	익급산입/손금산입	필요경비	N/A
	결손금 조정	결손금 조정	〃
	기부금 조정	N/A	〃
과세물건	각 사업연도 소득금액	소득금액	공급가액
소득공제	소득공제/비과세	(종합)소득공제	N/A
과세표준	과세표준	과세표준	과세표준
세율	세율(9~24%)	세율(6~45%)	세율(0%, 10%)
산출세액	산출세액	산출세액	매출세액
세액공제	세액공제/감면	세액공제/감면	매입세액(공제)

구분	법인세	소득세	부가가치세
가산세	가산세	가산세	가산세
총납부세액	총부담세액	총결정세액	납부세액: 매출세액 – 매입세액
기납부세액	기납부세액	기납부세액	예정신고 미환급세액
순납부세액	차감납부세액	차감납부세액	차가감납부세액

세목마다 사용하는 용어는 다르지만 같은 구조를 가지고 있다. 다만, 법인세나 소득세와 달리 부가가치세는 거래세로 물건의 특성을 고려하고 필요경비나 부양가족 등을 고려할 여지가 없다. 각 세법은 유기적으로 연관되어 있다. 예를 들어 부가가치세로 거래를 포착하고, 수입금액조정명세서를 통하여 법인의 소득을 검증한다. 이후 지급명세서와 소득처분으로 개인의 소득을 확정한다. 따라서 전후 관계가 미치는 파장이 크다. 세금계산서 한 장이 거래처의 이슈가 될 수도 있고 근로자의 이슈가 될 수도 있다.

기업회계와 세무회계는 기본적으로 비슷한 구조를 가지고 있다.
① 기업회계는 배열만 복잡할 뿐 수익과 비용을 집계하여 이익을 구한다.
② 세무회계는 단계만 복잡할 뿐 익금과 손금을 집계하여 소득을 구한다.

그러나 기업회계와 세무회계는 아래와 같은 큰 차이가 있다.
① 기업회계: 투자자를 보호하기 위하여 이익의 과대계상을 막고자 사전적으로 회계감사를 실시한다.
② 세무회계: 세수를 확보하기 위하여 소득의 과소계상을 막고자 사후적으로 세무조사를 실시한다.

구분	목차	성격	비고
재무회계	매출액	수익	산식: 수익－비용＝이익
	－ 매출원가	비용	
	＝ 매출총이익	이익	선순위 이익이 클수록 시장에서 긍정적으로 평가된다. 영업이익이 당기순이익보다 중요하다. 영업이익: 반복적 계속적 이익 당기순이익: 결과적 이익
	－ 판관비	비용	
	＝ 영업이익	이익	
	＋ 영업외수익	수익	
	－ 영업외비용	비용	
	＝ 경상이익	이익	
	＋ 특별이익	수익	회계감사: 이익 과대계상 방지 목적 (목적: 투자자 보호)
	－ 특별손실	비용	
	＝ 세전이익	이익	법인세비용 차감 전 순이익
	－ 법인세비용	비용	법인세비용은 회사 전체에 귀속되고 개별 PJ의 비용이 아니다.
	＝ 당기순이익	이익	
세무회계	당기순이익		세무조정은 당기순이익에서 시작한다.
	＋ 법인세비용		법인세비용을 가산해서 세전이익으로 환원한다.
	＋ 익금		접대비 부인, 기부금 부인, 비용 부인, 인정이자 등
	－ 손금		기간귀속 차이 조정 이외에는 별로 없다.
	＝ 소득금액		익금(소득) － 손금(필요경비) ＝ 소득금액 소득금액 － 공제 ＝ 과세표준
	－ 소득공제		
	＝ 과세표준		
	＝ 산출세액		과세표준 × 세율 ＝ 산출세액
	－ 세액공제		세무조사: 이익 과소계상 방지 목적 (목적: 세수의 확보)
	＋ 가산세		
	＝ 총결정세액		납세자의 총 세금 부담
	－ 기납부세액		납세자가 미리 납부한 세금
	＝ 차감납부세액 (미지급법인세)		납세자가 이번에 납부할 세금

기업회계상 법인세비용과 세무회계상 미지급법인세는 아래와 같은 관계가 있다.

> 법인세비용 + 이연법인세자산 = 지급법인세

법인세비용은 비용계정으로 수익비용을 집계하는 손익계산서에 나타난다. 이연법인세자산은 자산계정으로 자산부채를 집계하는 대차대조표에 나타난다. 이연법인세자산은 당기에 법인세를 증가시키지만 미래에 법인세를 감소시키는 역할을 하므로 일시적인 시점 차이를 의미한다. 주로 자산의 평가손실 및 대손충당금의 설정을 통해 발생한다. 법인세법과 법인세에 부과되는 지방소득세는 구간별 초과누진세율을 적용한다(본서에서는 법인세와 지방소득세를 합쳐서 23.1%로 단순하게 표시하기로 한다).

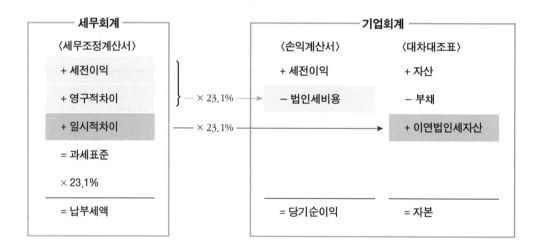

- 법인세비용은 (세전이익 + 영구적차이) × 23.1%
- 이연법인세자산은 일시적차이 × 23.1%
- 영구적차이: 기업회계와 세무회계의 본질적 차이
  예 접대비규제, 대손금규제, 부당행위규제
    → 세무회계의 정책적 특성이 드러난다.
- 일시적차이: 기업회계와 세무회계의 시점 간 차이
  예 대손충당금, 공사손실충당금, 자산평가손실
    → 정보의 신속성(기업회계)과 확정 시 과세(세무회계)의 입장 차이가 드러난다.

항상 그런 것은 아니지만 세무는 회계를 바탕으로 구성되었기 때문에 두 분야의 용어는 어느 정도 대응을 이룬다.

회계 용어	세법 용어	세법상 규제대상	예시
주된 영업활동과 관련한 수입을 '매출'이라 한다. 매출과 직접 관련된 비용은 '(매출)원가'라고 한다.	영업: 매출과 직접 관련 있는 것	N/A	렌터카 회사의 렌트 차량은 '영업용'이지만, 건설회사의 보유 차량은 업무용(즉, 비영업용)이다.
부수적 영업 및 업무와 관련한 수입을 '수익'이라 한다. 수익과 관련된 지출을 '비용'이라 한다.	업무: 사업과 관련 있는 것	비영영업용 소형승용자동차, 비영업대금의 이익	렌트카 회사의 승용차 비용은 인정되지만, 건설회사의 렌트료는 한도가 있거나 부인된다.
영업활동과 관련이 없거나 우발적인 것, 중요하지 않은 것을 '이익'이라 한다. 이익이 마이너스면 '손실'이라 한다.	비업무: 현재 영위하고 있는 사업과 직접적인 관련이 없는 것	업무무관자산 관련 지급이자, 업무무관가지급금 관련 인정이자, 기부금 한도 부인	대물인수한 자산을 유예기간 내 처분하지 않으면 이자를 계산해서 비용을 부인한다.
	비사업: 실수요에 따라 사용하지 않고 재산증식수단의 투기적 성격인 것	비사업용 토지의 양도소득	비사업용 토지를 취득하면 양도 시 법인세 10%(주택 등은 20%)를 더 부담한다.

세무 리스크란?

세무 리스크란 납세자가 과세관청과의 마찰로 인하여 입게 되는 경제적 손실 및 기업 가치의 하락을 말한다. 단순히 세법을 잘 지킨다고 세무 리스크가 제거되는 것은 아니다. 세법이나 해석이 변하지 않는 것도 아니며, 양방의 해석이 일치하는 것도 아니다. 가장 중요한 것은 과세관청은 세수가 필요한 조직이고 세무공무원은 감사원의 감사를 받아야 하는 근로자라는 점이다. 각자의 입장이 있기에, 각자의 업무에 성실히 임할 뿐이다. 그래서 납세자에게 세무정책이 필요하다. 세무정책은 다툼이 생겼을 때 유리한 고지를 선점하는 방법이기 때문이다.

세무 리스크는 다음 6가지로 요약될 수 있다.

유형	사례	F/S 효과
비용부인	접대비(채권 포기 포함), 기부금, 가공·무관 비용	법인세비용 증가
간주수익	부당행위계산부인, 인정이자, 간주임대료 등이 열거되어 있다. 원칙상 세법은 기대이익에 대하여서는 과세하지 않는다. 그러나 법의 실효성 확보 및 정책적 목적으로 몇 가지를 특정하여 열거하고 있다.	법인세비용 증가
손익귀속시기	충당부채, 지체상금, 소송비용 등 매우 많다. 기업회계와 세무회계는 귀속시기에 관한 차이가 있다. 차이 나는 부분에 대한 세무조정을 누락하면 일시적 차이로 인한 가산세 부담이 발생한다.	가산세 부담 증가
매입세액불공제	세금계산서 미수취, 지연수취, 부실기재	외주비 등 비용 증가
과세(공제)대상	취득세, 원천징수, 공제감면, 비과세·면세 여부	자산가치 및 세금과공과 등 비용 증가
가산세	신고 의무 및 납부 의무, 기타 협력 의무 (증빙 구비, 세금계산서 발행, 지급조서 제출 등)	세금과공과 등 비용 증가

▶ 본 책에서는 현장관리 책임자 및 공무에게 필요한 내용을 다루는바, 비용부인 중 채권포기, 간주수익 중 인정이자, 부가가치세 전반 및 취득세와 원천세의 일부를 다룬다. 항목으로는 적더라도 금액으로는 80% 이상을 다룰 것으로 짐작한다.

1. 비용부인

법인이 사업과 관련 없거나 불합리한 비용을 지출한 경우 세법상 해당 비용을 인정하지 않는다. 법인세는 법인의 이익에 대하여 과세하는 것으로 이익은 '수익 − 비용'이다. 따라서 비용이 부인될 경우 이익이 커지고 법인세의 과세표준이 증가하게 된다. 해당 비용이 법인의 업무와 직접 관련 있고 경제적 합리성이 있음을 주장할 입증책임은 납세의무자에게 있다.

2. 간주수익

간주란 본질이 다른 것을 일정한 법률적 취급에 있어 동일한 효과를 부여하는 것을 말한다. '간주한다', '의제한다', '본다'는 모두 같은 의미이다. '간주한다'고 할 때에는 반증이 있어도 법률적 효과를 소멸시킬 수 없으나, '추정한다'고 할 때에는 반증이 있는 경우 추정된 사실에 대한 법률적 효과가 소멸된다. 따라서 간주수익이란 수익이 없음에도 수익으로 과세하겠다는 의미이다. 특수관계자와 거래에서 이익을 포기하거나 비용을 과다하게 부담하면 "부당행위계산부인"으로 과세한다. 특수관계자가 개인이라면 개인에 대한 소득세도 부과한다(이를 "소득처분"이라 한다). 특수관계자와의 거래에서 자금을 저리로 대여하거나 고리로 차입하면 "인정이자"로 과세한다. 이처럼 간주 또는 인정수익은 특수관계자와의 거래 등 제한적인 상황에서 발생한다.

3. 손익귀속시기

손익귀속시기란 수익과 비용이 인식되는 시기를 말한다. 세법상 총수입금액(또는 익금)과 필요경비(또는 손금)는 어느 시점에서 이를 인식하는가에 따라 각 사업연도의 소득이 달라지고 조세부담의 시기가 달라진다. 기업회계기준에서는 수익은 실현주의에 의하며, 비용은 수익·비용대응원칙에 의하여 인식하고 있다. 세법상에서는 권리의무확정주의에 의하여 손익(損益)의 귀속시기를 결정한다. 기업회계와 세무회계의 인식시점은 많은 부분에서 일치하지만, 구체적으로 다툼이 생기는 사안에서는 첨예하게 대립한다. 원칙상 세법은 기업회계를 '존중'하지만, 사실은 '참고'만 한다. 이는 경영학과 법학의 본질적인 접근방법의 차이 때문이다.

4. 매입세액불공제

사업자는 일반 개인과 달리 매출세액을 납부하고, 매입세액을 공제받는다. 부가가치세는 최종소비자가 세금을 부담하기 때문에 원칙적으로 기업은 납부만 대행한다. 그런데 세금계산서를 잘못 수취하거나, 늦게 수취한 경우 매입세액을 공제받을 수 없다.

5. 입증책임과 증빙

입증책임이란 소송법상의 증거 의무로서 의무자가 법원을 설득할 수 있는 증거를 제출하지 않는 경우에 입게 되는 소송상의 불이익을 말한다. 단순히 증빙 제출 의무를 이야기하는 것이 아니라 자료가 불충분하거나 상충되어 사실관계가 불명확한 경우 입증책임이 있는 쪽이 패소한다는 의미이다.

증빙이란 세무 리스크를 제거하기 위하여 납세의무자가 관리하여야 하는 서류이다. 법적 증빙은 보관 의무가 있으나 법적증빙만으로 거래의 성격 및 경제적 합리성을 입증할 수 없으므로 여타의 다른 증빙도 구비하여야 한다. 현대사회에서 법적증빙은 대부분 전자 증빙인 바 실물이 없어도 조회할 수 있다. 그러나 다른 증빙은 납세의무자가 보관하지 않으면 누구도 대신 챙겨주지 않으므로 오히려 법적증빙보다 중요하다고 할 수 있다. 법적분쟁이 발생하는 경우 쌍방은 증빙으로 대화하게 된다.

유형		예시	목적
외부증빙	법적증빙	세금계산서, 계산서, 신용카드매출전표	거래 사실 입증
	기타증빙	원천징수영수증, 기부금영수증, 송금증, invoice	
내부증빙		계약서, 기안, 품의서, 사실확인서, 견적서, 보고서, 공문, 감정평가서, 등기부등본, 검토서, 채권추심일지, 착공(멸실)신고서	거래 성격 입증

6. 가산세

가산세는 국세기본법상 가산세와 개별세법상 가산세로 나눈다.

구분	성격	비고
국기법상 가산세	과소납부에 대한 가산세	신고불성실가산세 납부불성실가산세
개별세법상 가산세	협력의무 위반에 대한 가산세	세금계산서미발행가산세 세금계산서지연발행가산세 세금계산서지연수취가산세

개별세법상 협력의무 중 세금계산서 발행이 가장 중요하다. 이 책에서는 다른 협력의무를 거의 다루지 않을 것이므로 개별세법상 가산세는 부가가치세법상 가산세(또는 세금계산서 가산세)와 동의어로 보아도 될 듯하다.

- 신고불성실가산세: 미달 산출세액의 10%
- 납부불성실가산세: 미달 납부세액의 1일 2.2/10,000(약 연 8.03%)
- 미발행가산세: 공급가액의 2%
- 지연발행가산세: 공급가액의 1%
- 지연수취가산세: 공급가액의 0.5%
- 세금계산서 발행을 누락하면 부가가치세 신고 및 매출도 누락될 것이므로 국세기본법상 가산세(부가가치세와 법인세)와 부가가치세법상 가산세(미발행가산세)가 모두 발생한다. 그러나 발행만 누락하고 공급가액 및 매출신고를 하였다면 부가가치세법상 가산세만 발생할 것이다.
- 세무 리스크 예시: 1억 원의 가공 세금계산서를 수취한 경우 추징세액은 약 1억 원에 이른다.

구분		금액(원)	비고
부가가치세	기공제매입세액 납부	10,000,000	매입세액으로 공제받은 VAT
	세금계산서 가공수취분	2,000,000	가공거래에 대한 가산세
	과소신고(부당)	4,000,000	신고불성실가산세
	납부불성실(1년 기준)	803,000	납부불성실가산세
법인세 및 법인지방소득세	가공비용부인	23,100,000	비용처리 부인
	과소신고(부당)	8,400,000	신고불성실가산세
	납부불성실(1년 기준)	1,686,300	납부불성실가산세
소득세 및 지방세	부당공제 대표자상여	41,800,000	가공거래 대표자 소득으로 간주
총계		91,789,300	

세법은 납세자가 반드시 지켜야 하는 강행법규이다. 문제는 지키기가 좀 어렵다는 점이다. 그래서 세무정책이 필요하고 이에 따른 일관성 있는 적용이 필요하다. 저자의 사견에 세무정책이 필요한 이유는 다른 해석을 피하고 간명하게 쟁점을 다투기 위함이다. 산업은 돌발비용이 없어야 하고, 세금은 남들 내는 만큼 내는 것이 미덕이다.

• 세무 정책 사례 1: 발코니의 세금계산서 발행

시점	법률 해석	교부증빙
2008년 이전	발코니는 주택에 부수함.	교부 면제
2008년 이후	대법원 판결로 부수용역이 아님.	세금계산서 대상
2012년 이후	입법개정으로 주거용 건물 수리·보수 및 개량업 영수증 교부	영수증 대상
2014년 이후	입법개정으로 실내 건축 및 건축 마무리 공사업 현금영수증 대상	현금영수증 대상

일반적으로 시공사는 개인과 거래할 일이 없으므로 현금영수증 발행을 하지 않는다. 인테리어업의 등록 여부에 불구하고 통계청이 한국표준산업분류표상 건설사가 인테리어 업종을 영위하고 있다고 해석할 수 있는바, 세금계산서를 발행하여 현금영수증 발행 의무를 회피하는 것이 타당하다.

• 세무 정책 사례 2: 신탁사업 세금계산서 발행 주체

시점	세법 적용	비고
2008. 12. 24. 이전	당연 시행사가 발행	
2017. 8. 31. 이전	대법원 판결로 시공사가 발행	실질적 통제권 기준
2017. 9. 1. 이후	대법원 판례 변경으로 신탁사가 발행	명목거래 기준
2018. 1. 1. 이후	입법개정으로 시행사가 발행 예외적인 담보신탁은 신탁사가 발행	처분목적 기준
2021. 1. 1. 이후	차입형 토지신탁은 신탁사가 발행 관리형 토지신탁은 시행사가 발행	명목거래 기준

세무관리적인 측면에서 2017년 8월 이전의 신탁계약 시 실질적 통제권이 시공사에게 이전되지 않도록 신탁계약서를 작성하여 비합리적인 해석을 회피하여야 한다. 신탁사업의 경우 신탁사와 협의하여 세금계산서 발행 및 수취의 주체를 확정하여야 한다.

부당행위? 접대비? 기부금? 법인세법의 용어들

이익이란 총수익에서 총비용을 공제한 차액을 말한다. 기업 회계상 매출총이익, 영업이익, 세전이익, 당기순이익으로 표시된다.

과세소득이란 과세권자가 조세를 부과할 수 있는 소득을 의미한다. 개인에게는 소득세법이 적용되고 근로소득, 사업소득, 양도소득 등 소득의 종류를 열거하여 과세한다. 법인에게는 법인세법이 적용되고, 법인세법에서는 포괄적으로 모든 소득을 과세한다.

소득금액이란 소득에서 필요경비를 공제한 차액을 말한다. 법인은 익금에서 손금을 공제한 차액을 말한다. 이익과 소득금액은 유사한 개념이며, 회계학적 표현과 법학적 표현이라는 차이가 있다. 즉, 소득금액은 이익과 매우 유사하나 법률적 적용 및 정책적 구별을 두기 위하여 만든 표현이다.

기업회계상 이익 (당기순이익)	차이	법인세 소득금액 (각 사업연도 소득금액)
수익	← 간주이익을 과세하는 법령 →	익금
− 비용	← 발생비용을 부인하는 법령 →	− 손금
= 이익		= 소득

이익보다 소득금액이 크려면 ① 수익보다 익금이 크거나, ② 비용보다 손금이 적어야 한다.

수익보다 익금이 큰 것을 '익금산입'이라 하고, 비용보다 손금이 적은 것을 '손금불산입'이라고 한다. 세법의 목적은 이상한 거래를 포착하여 과세대상에 포함하려는 것인바, 법률적 의무 및 경제적 합리성을 입증하는 것이 중요한 쟁점이 된다.

1. 간주이익을 과세하는 법령

세무와 회계 모두 이익은 실현이익을 말하고 기대이익을 말하지 않는다. 기회비용이란 하나의 선택을 할 때, 그 선택으로 인해 포기한 다른 선택의 가치를 말한다. 이는 경제학적 개념이다.

예외적으로 기대이익을 과세하는 방법은 부당행위계산부인과 간주임대료가 있다.

간주임대료는 임대료 대신 보증금을 받은 경우 이자율만큼 임대수익이 있는 것으로 보고 과세한다는 의미이다.

부당행위계산부인은 특수관계자 간 거래를 통하여 이익을 분여한 경우 분여한 이익을 과세한다는 의미이다.

인정이자란 부당행위계산부인의 한 종류로서 특수관계자에게 (업무와 관련없이) 저율로 빌려준 경우 차액을 과세한다는 의미이다.

2. 발생비용을 부인하는 방법

접대비, 기부금은 세법상 규제하는 비용으로 한도를 두어 인정한다. 접대비란 용어는 2024. 1. 1. 이후 '기업업무추진비'라는 용어로 개정된다. 업무와 관련 없는 비용은 비용을 부인하고 귀속자를 찾아 소득세를 추가로 과세한다(이를 "소득처분"이라고 한다). 또한 미확정된 비용(충당금 등)은 일단 부인하고 확정 시에 인정한다. 기타 과도한 경비를 부인하는 많은 조항을 두고 있으나 본서에서는 현장공무의 관리하에 있는 상기 내용만 다루기로 한다.

(1) 접대비 한도: 매출액의 일정비율(예를 들어, 매출액의 3/10,000)
(2) 기부금 한도: 소득금액의 일정비율(예를 들어, 소득금액의 10%)

문제는 의제규정이다. 이런 의제규정이 법문에 있지 않고 법령 및 해석에 있다는 것은 시민이 검증하지 않은 법논리로 과세가 일어난다는 뜻인바, 좋은 방법이 아니다.

(1) 채권회수에 충분한 노력을 기울이지 않는 경우 채권포기로 보아 접대비로 의제한다
　　(법기통 19의2 – 19의2…5).

(2) 업무와 관련한 거래처에 자산을 저가로 양도하면 접대비에 해당한다(법령 §40 ②).

(3) 거래처의 비용을 대신 부담하면 업무무관비용으로 의제한다(법법 §27).

(4) 업무와 관련 없는 자에게 자산을 저가로 양도하면 기부금으로 의제한다. 상대방이 기부금단체가 아니라면 비지정기부금으로 보아 비용을 부인당한다.

(5) 접대비와 기부금은 부가가치세 매입세액이 공제되지 않으므로 불공제된 부가가치세액도 각각 접대비 및 기부금으로 보게 된다(법기통 25-0…3).

(6) 법인의 사업을 위하여 뇌물을 준 경우 업무무관경비에 해당한다(법령 §50).

(7) 노동조합의 업무에만 종사하는 자(전임자)에게 지급한 급여는 업무무관경비에 해당한다(노동조합 및 노동관계조정법 §24 ② 및 법령 ① 5호).

3. 기대이익의 과세와 비용의 부인은 명확히 구분되지는 않는다

현물접대비 및 현물기부금(지정기부금 단체 및 비지정기부금 단체의 경우)의 가액은 시가와 장부가액 중 큰 금액이 된다. 따라서 시가가 장부가액을 초과하는 경우 사실상 처분이익에 대하여 과세가 이루어지는 것이다. 사실상 기대이익은 특수관계자는 '부당행위'로, 거래처는 '접대비'로, 비거래처는 '기부금'으로 과세될 수 있다.

구분	특징	비고
부당행위계산부인	특수관계자에게 ① 이익분여, ② 자금대여, ③ 회수지연하는 경우	개별 귀속자에게 소득처분이 따를 수 있다.
접대비	업무상 거래처에게 ① 접대·선물, ② 채권미회수, ③ 비용 부담하는 경우	증빙 없으면 부인되고 대표자에게 소득처분된다. 한도 내에서는 인정되나 한도 초과하면 부인한다.
기부금	기부금 단체에게 ① 기부, ② 저가 양도하는 경우	한도 내에서는 인정되나 한도 초과하면 다음 연도에 인정될 수 있다.
업무무관경비	① 타인(주주 등)의 비용을 대납, ② 무수익 자산을 취득·보유하는 경우, ③ 차입금이 과도한 법인이 무수익 자산 및 대여금이 있는 경우 이자 비용도 부인한다.	개별 귀속자에게 소득처분이 따른다.

(1) 부당행위계산부인: 법인 또는 개인사업자 등의 행위 또는 회계처리가 법률상으로나 기업회계기준상 그 내용이 보편타당성이 있다 할지라도 세무계산상 그 내용과 성질이 조세를 부당히 감소시킬 목적으로 행하였다고 인정되는 경우에는 그 행위나 계산에 불구하고 이를 부인하는 것을 말한다. 이는 조세의 회피를 방지하여 부담의 공평을 실현하기 위한 제도이며 다음과 같은 요건이 있다. ① 행위 당시 당해 법인 등과 특수관계(特殊關係)가 있는 자이어야 한다. 따라서 특수관계가 소멸된 후의 거래에 대해서는 이를 적용할 수 없다. ② 법인 등의 소득에 대한 조세의 부담을 부당히 감소시키는 것으로 인정되는 경우에 한한다. 조세부담을 부당히 감소시키는 것으로 인정되는 경우는 법인세법 시행령 제88조에서 규정되고 있다. 한편, 이 경우 시가와의 차액 등은 세법상 익금에 해당하며, 그 부인금액은 당해 특수관계인에게 이익을 분여한 것으로 취급되어 그 귀속자에게 소득세 등의 추가적 납세의무가 발생하며, 부당행위계산 부인금액은 기업회계와 세무회계의 차이로 인한 것에 해당하므로 조세범처벌법은 이를 사기 기타 부정행위로 인한 포탈세액으로 보지 않는다고 규정하고 있다. 따라서 조세포탈범으로 처벌되지 않으며, 부인의 대상이 되는 행위·계산 등도 사법상 적법·유효한 것이다(소법 §41, 법법 §52, 부법 §29 ④, 상증령 §26).

(2) 접대비: 접대비·교제비·기밀비·사례금 기타 명목 여하에 불구하고 이에 유사한 성질의 비용으로서 업무와 관련하여 지출한 금액을 말한다. 업무와 관련하여 지출한 금액이라 함은 구매·생산·판매 등 법인의 사업과 직접 관련하여 지출한 비용을 말하므로 반대급부(反對給付)를 기대하지 아니하고 업무와 직접 관련 없이 지출하는 기부금과는 구분되며, 사용인에게 지출하는 복리후생비 및 광고선전을 목적으로 불특정다수인에게 지출하는 광고선전비와도 구분된다. 이러한 접대비는 세법상 일정 한도를 초과하는 경우 손금으로 인정되지 아니한다(법법 §25, 소법 §35). 세법상 접대비의 한도는 매출액을 고려하지만 3/10,000 정도로 매우 미미하며, 사실상 기본한도 36백만원 정도라고 보아야 한다. 접대비의 명칭은 다소 부정적인 뉘앙스가 있는바, 2023년 "기업업무추진비"로 명칭이 변경되었다. 본서에서는 명칭의 변경에 불구하고 익숙한 용어인 "접대비"로 사용하기로 한다.

(3) 기부금: 사업과 직접 관련 없이 특수관계 없는 자에게 무상으로 지출하는 재산적 증여의 가액을 말한다. 사업과 직접 관련 없이 지출한다는 점에서 업무와 관련하여 지출

하는 접대비와 다르며, 자발적으로 지출한다는 점에서 공과금과 다르다. 기부금은 수
익창출에 기여하지 못하는 지출이나 기업이 경제활동을 하여 얻은 부(富)를 사회에
환원하는데 그 의의가 있으므로 법인세법 및 조세특례제한법으로 법정기부금, 지정기
부금으로 구분하고, 법정기부금 및 지정기부금이 아닌 것을 비지정기부금으로 분류한
다. 법정기부금과 지정기부금은 일정 한도 내에서 손금(개인사업자인 경우에는 필요
경비)으로 용인하며, 비지정기부금은 전액 손금불산입하도록 규정하고 있다(법법 §24,
소법 §34, 소령 §79, 조특법 §72).

(4) 업무무관비용: 기업이 지출한 비용 중 기업의 영업활동과 직접 관련이 없거나, 기타
부수적인 경영활동과는 관계없는 비용을 말한다. 세법에서는 법인기업이나 개인기업
이 업무와 관련 없는 자산의 취득·관리비용 등 업무와 관련 없는 경비 또는 가사의
경비 등을 지출하는 경우에는 과세소득금액계산상 손금 또는 필요경비로서 인정하지
않는다. 예컨대 업무무관자산의 취득·유지와 관련된 수선유지비, 타인이 주로 사용
하는 자산의 유지관리비 등의 지출금을 들 수 있다(법법 §27, 법령 §50, 소법 §33, 소령 §78).

(5) 업무무관자산: 업무와 관련 없는 자산으로서 기업이 현재 영위하는 사업과 직접적인
관련이 없는 자산을 말한다. 세법은 업무무관자산을 취득·관리함으로써 생기는 비
용·유지비·수선비와 이에 관련되는 손비는 업무무관경비로서 손금으로 인정하지
않는다. 또한 당해 법인의 지급이자 중 업무무관자산이 총차입금에서 차지하는 비율
에 상당하는 지급이자를 손금불산입한다.

법인세법 시행령 제88조 【부당행위계산의 유형 등】 요약

1. 자산을 시가보다 높은 가액으로 매입 또는 현물출자받았거나 그 자산을 과대상각한 경우
2. 무수익 자산을 매입 또는 현물출자받았거나 그 자산에 대한 비용을 부담한 경우
3. 자산을 무상 또는 시가보다 낮은 가액으로 양도 또는 현물출자한 경우
4. 불량자산을 차환하거나 불량채권을 양수한 경우
5. 출연금을 대신 부담한 경우
6. 금전, 그 밖의 자산 또는 용역을 무상 또는 시가보다 낮은 이율·요율이나 임대료로 대부하거나 제공한 경우
7. 금전, 그 밖의 자산 또는 용역을 시가보다 높은 이율·요율이나 임차료로 차용하거나 제공받은 경우
8. 합병, 분할, 증자, 감자 등 자본거래로 인하여 주주등인 법인이 특수관계인인 다른 주주등에게 이익을 분여한 경우
9. 그 밖에 위의 준하는 행위 또는 계산 및 그 외에 법인의 이익을 분여하였다고 인정되는 경우

건설회사의 손익계산서

재무제표는 투자자 등에게 기업이 경영성과를 보고하기 위하여 작성공시하는 성과표로서 기업회계기준에 따라 작성한다. 주요 서식으로 손익계산서와 대차대조표가 있으며, 기타 서식으로 현금흐름표, 공사원가명세서, 잉여금처분계산서, 주석이 있다.

재무제표는 회사를 단순비교하기 위한 수단이므로 모든 업종이 동일한 모양이다. 따라서 업종별 특성이 잘 드러나지 않는다. 업종별 특성은 계정과목에서 드러난다.

1. 매출액에서 매출원가를 차감한 것이 매출총이익이다

(1) 매출액: 매출액은 회사의 사업 목적을 위한 주된 영업활동에서 발생하는 경제적 효익이다. 건설회사의 매출액은 경영활동의 종류와 당해 수익이 인식되는 방법에 따라 공사수익, 분양수익, 기타매출로 구분할 수 있다. 매출액 계상은 사업유형에 따라 도급사업은 진행기준으로, 자체사업은 인도기준 또는 분양률을 고려한 진행기준으로, 기타사업은 청구기준 등으로 계상한다.

(2) 매출원가: 매출원가는 매출액에 대응되는 원가로서 매출의 종류에 따라 공사원가, 분양원가, 기타매출원가로 구분된다. 원가는 재료비, 노무비, 외주비, 경비로 구성되며 이에 공사손실충당부채전입(환입), 재고자산평가손실(환입) 등을 가감하여 매출원가를 계산한다.

구분	매출액	매출원가
도급공사	도급계약에 의해 건설용역을 제공하고 현장에서 발생하는 공사원가에 비례하여 결산 시에 공사 진행률(누계발생원가÷준공예정원가)로 계상하는 계정이다. 이론상 도급금액×공사 진행률로 매출액을 산정하나 실무상 당기 발생원가에 실행을 나누어 매출액은 역산된다(실행의 개념 참조).	도급계약에 의해 건설용역을 제공하면서 발생된 공사원가를 매월 결산 시 수익에 대응하여 비용으로 대체하는 계정이다. 만일 손실이 예상되는 현장(실행률 100%를 초과하는 현장)은 손실예상금액을 매출원가(공손충전입액)로 즉시 인식하고, 향후 실발생 공사원가에 비례하여 환입한다.
분양사업	자체 분양사업을 목적으로 건설용역을 제공하고 공사가 완성된 후, 판매된 분양대상의 인도시점에 수익으로 인식하거나(산업단지, 발코니사업의 경우), 도급계약과 같이 공사 진행률에 분양률을 추가로 고려하여 인식(자체 분양사업의 경우)한다.	자체 분양사업을 목적으로 건설용역을 제공하고, 판매된 분양대상액의 인도시점에 분양대상액의 면적비율을 총 미완성 공사에 비례하여 공사원가로 대체하는 계정이다.
기타매출	1) 설계용역 2) 주차장 운영사업 3) 해외인력 관리용역 4) 자산유동화(리츠, 펀드) 등 다양하다. 대표적으로 임대사업(P-CBO, 부동산 등을 임대)과 판매를 목적으로 보유하고 있는 부동산(완성부동산)의 매각에 따른 수익계정이다.	P-CBO, 토지, 건물 등을 임대하는 사업장을 운영 및 유지하기 위해 발생하는 제비용을 매월 결산 시 수익에 대응하여 비용으로 대체하는 계정이다.

비용 항목을 계정과목별로 나열한 것을 성격별 분류라 하고, 매출원가를 다른 비용과 구별하여 표시하는 것을 기능별 분류라고 한다. 기능별 분류법을 사용하는 경우 매출원가의 구성요소가 매출원가로 합쳐지기 때문에 성격별 금액을 파악하기 힘들다. 예를 들어 동일한 급여라고 하더라도 본사직의 급여는 판관비 중 인건비로 표시되어 발생금액을 볼 수 있으나 현장직의 급여는 매출원가에 흡수되어 금액을 확인할 수 없다(매출원가의 구성 요소를 파악하기 위해서는 공사원가명세서를 참조하면 된다). 다음은 성격별 분류로 서술하였다. 이 중 매출액에 직접대응되는 현장발생분이 공사원가명세서를 거쳐 매출원가로 대체된다.

공사원가란 계약활동에 귀속될 수 있거나 특정 계약에 배분할 수 있는 원가를 말한다. 구체적으로는 다음과 같다.

① 특정 계약에 직접 관련된 원가: 외주비, 재료비 등
② 공통원가로서 특정계약에 배분할 수 있는 원가: 보험료, 건설간접원가
③ 계약조건에 따라 발주자에게 청구할 수 있는 기타 원가: 일반관리원가, 개발원가

계약활동에 귀속될 수 없거나 특정 계약에 배분할 수 없는 원가는 건설계약의 원가에서 제외한다. 이러한 원가에는 다음이 포함된다.

① 계약에 보상이 명시되어 있지 않은 일반관리원가
② 판매원가
③ 계약에 보상이 명시되어 있지 않은 연구개발원가
④ 특정 계약에 사용하지 않는 유휴 생산설비나 건설장비의 감가상각비

계정과목	내용
재료비	재료비란 재료의 소비에서 발생하는 원가를 말하는데 건설공사를 위해 요구되는 주재료, 가설재료, 저장품, 용지, 잡자재 등 재화의 소비로 인해 발생하는 일체의 비용을 재료비라 하며, 주재료, 잡자재 및 저장품은 사용기준, 가설재료는 감모기준, 용지비는 공정률에 따라 원가에 투입한다.
재료비_용지비	자체 분양사업에서 사업부지로 매입한 토지(자산)의 토지가액을 월별 진행률에 따라 공사원가로 투입한 비용이다.
노무비	PJ와 직접 관련 있는 임직원의 급·상여 및 일용직근로자의 급여를 말한다.
외주비	하도급계약에 의하여 공사의 일부를 타 건설업자에 재도급하는 경우 당해 하도급 공사에 대한 공사비용을 처리하는 계정이다.
경비	직접 공사에 관계가 깊은 비용 중 주요 항목(재료비, 외주비, 노무비)을 제외한 비용을 말한다.
안전관리비	노동부고시 '건설업 산업안전보건 관리비 계상 및 사용기준' 제10조의 규정에 의해 산업재해 및 건강장해 예방을 위하여 지출되는 비용을 처리하는 계정이다. 단, 안전관리자 등의 인건비 및 각종 업무수당은 노무비계정으로 처리한다. ① 추락방지시설물, 각종 안전표지판, 소화기, 낙하, 비래물 보호용시설비 등 각종 안전장치 시설구입, 수리 등 안전시설 관련 제비용 ② 개인보호구 구입 및 수리, 관리 안전모, 안전화, 장갑, 보안경, 마스크호흡기, 재킷, 조끼, 우의 등 안전보호구 관련 제비용 ③ 안전 및 보건진단 작업환경 측정비로 사업장 내부 안전진단, 외부전문가 초빙 안전보건진단, 작업환경측정, 안전경영진단비용, 협력업체 안전관리진단비용 등 안전진단 관련 제비용 ④ 안전보건관리책임자, 안전관리자, 사내 자체 안전보건 교육 등 지정교육기관에서의 자격 면허취득/면허기능 습득을 위한 교육. 안전행사비(안전점검의 날 행사, 무재해선포식, 무재해달성 경축, 포상비 등) 등 안전교육관련 제비용 (안전점검비는 지급수수료처리)

계정과목	내용
	⑤ 근로자건강진단, 소독비(작업장 방역, 소독, 방충비), 구급기자재 비용, 작업 중 혹한/혹서 등으로부터 근로자를 보호하기 위한 휴게시설, 혈압측정계, 소금정제, 건강상담비용 등 안전건강관리 관련 제비용 ⑥ 재해예방전문지도기관에 지급하는 건설재해예방 기술지도비
하자보수비	공사 종료 후에 하자보수 의무가 있는 경우에는 합리적이고 객관적인 기준에 따라 추정된 금액을 하자보수비로 하여 그 전액을 공사가 종료되는 회계연도의 공사원가에 포함하고, 동액을 하자보수충당부채로 계상한다. 공사준공현장에 대하여 도급금액의 일정률에 해당하는 금액을 하자보수비로 계상하여 공사가 종료되는 회계연도의 공사원가에 포함시키고, 그 금액만큼을 하자보수충당부채로 계상한다.
지급수수료	지급수수료는 은행송금수수료, 공증수수료 등 일반적인 수수료와 용역을 제공받고 지급하는 용역대가성 수수료 등으로 구분된다. 용역대가성 수수료는 공사현장 관련 또는 본사관리 및 기타 목적을 위하여 용역을 제공받는 경우, 계약서를 작성하지 않고 비교적 일시적, 소액으로 지불하는 비용을 말하며, 공사, 설계와 관련하여 계약서를 작성하고 공급받는 용역은 용역비로 처리한다. 회계법인, 변호사 등에 지급되는 비용도 지급수수료로 처리한다.
지급수수료_이주비이자	재개발, 재건축이주자에 대해 지급한 이주비에 대한 이자비용을 대납 시 처리하는 계정이다.
광고선전비	기업이 자사의 제품, 용역 등의 판매촉진이나 기업 이미지 개선 등 선전효과를 위하여 불특정다수인을 상대로 지출하는 비용으로, 소비자에게 제품의 소비, 상표의 보급, 회사명 등을 주지시켜 수요의 창출을 목적으로 지출하는 비용을 말한다. 한편, 특정인만을 대상으로 지출하는 경우 접대비 또는 기부금으로 처리되며, 광고선전비는 전액이 손금인정되나 접대비와 기부금은 손금산입에 일정 한도가 있으므로 그 구분을 명확하게 해야 한다.
보상비	보상비는 당해 공사로 인해 공사현장에 인접한 도로, 건물, 기타 재산에 훼손을 가하거나 저장물을 철거하게 됨에 따라 발생하는 비용을 말한다.
용역비	설계 등과 관련하여 공사 또는 관리목적 달성을 위해 계약서를 작성하고 용역을 제공받는 경우에 지급하는 비용이다. 단, 계약서를 작성하지 않고 제공받는 용역의 대가로 비교적 일시적, 소액으로 지불하는 경우는 지급수수료계정으로 처리한다.
지체상금	건설사업자가 자신의 귀책사유로 완공시기가 지연됨에 따라 위약금을 부담하는 경우, 해당 지체상금(L/D)은 도급감액 또는 매출원가에 반영하고, 준공예정원가율 산정 시 포함한다.
견본주택비	분양 및 임대를 목적사업으로 하는 법인이 분양 및 임대를 촉진하기 위하여 분양물건과 동일한 견본주택(모델하우스)을 건축하는데 소요된 비용을 말한다. 견본주택 건립에 필요한 건립공사비, 자재비, 조경공사비용을 처리하는 계정이다.

2. 매출총이익에서 판관비를 뺀 금액이 영업이익이다

판매비와 관리비는 상품과 용역의 판매활동 또는 기업의 관리와 유지에서 발생하는 비용으로 매출원가에 속하지 아니하는 비용이다. 판매비란 제품의 판매와 관련하여 발생한 비용을 말하며, 관리비란 사업 전체의 관리에 필요한 비용을 말한다. 판매활동에서 발생한 비용과 관리활동에서 발생한 비용을 위의 정의와 같이 구분하여 나타낼 수 있으나, 통상적으로 판매업무와 관리업무가 같은 장소에서 일어나는 경우가 많고, 실무적으로 이를 구분하기 어렵기 때문에 일반적으로 판매비와 관리비로 일괄표시하고 있다.

하지만 판매비는 판매량의 증감에 정비례하는 변동비의 성질을 갖는데 비하여, 관리비는 대체로 판매량의 증감과는 관계가 없는 고정비가 많으므로 경영관리상의 효율적인 자료산출을 도모하기 위해 판매비와 관리비로 구분하기도 한다.

일반적으로 영업조직에서 사용하는 비용은 판매비로, 인사·총무 등 관리조직에서 사용하는 비용은 관리비로 분류된다. 또한, 원가 발생 시 주로 본사 비용은 판관비로 분류하고, 현장비용은 매출원가로 분류한다.

단, 본사발생 비용이라도 현장원가 대체 가능(총무, 안전, IT 원가 등)하며, 준공 이후 현장 원가는 본사 판관비로 대체 가능하다. 매출원가의 경우 재료비, 노무비, 외주비, 경비로 구성되어 있으나, 판관비는 노무비, 경비로 구성되어 매출원가가 판관비보다 더 중요하게 다루어진다는 점을 알 수 있다.

계정과목	내용
감가상각비_유형	유형자산은 사용에 의한 소모, 파손, 노후 등의 물리적인 원인이나 진부화, 부적합화 등의 경제적 요인에 의하여 그 효용이 점차로 감소하는데 이러한 효용의 감소 현상을 감가라 한다. 유형자산의 감가분은 합리적인 방법으로 추정하여 기간별로 배분하여야 하며, 이러한 절차를 감가상각이라 한다. 즉, 감가상각비란 적정한 기간손익 계산을 위하여 유형자산의 취득원가에서 잔존가치를 차감한 가액을 일정한 상각방법에 의해 당해 자산의 내용연수에 걸쳐 상각한 비용이다. 감가상각의 주목적은 취득원가의 배분이며, 자산의 재평가는 아니다. 따라서 감가상각비는 장부가액이 공정가액에 미달하더라도 계속하여 인식한다.
감가상각비_무형	무형자산 상각의 주목적은 취득원가의 배분이며, 내용연수 동안 체계적인 방법으로 상각한다. 내용연수가 유한한 무형자산은 상각하고, 비한정인 무형자산은 상각하지 않는다. 유형자산의 감가상각과 차이점은 감가상각누계액이라는 별도

계정과목	내용
	의 자산차감계정을 사용하지 아니하고, 원 자산계정을 직접 차감하여 상각한다는 점이다.
접대비	회사의 업무와 관련하여 거래처 등에 접대, 향응, 위안 등을 위하여 지출하는 비용을 처리하는 계정이다. 즉, 업무와 관련되어 지출된다는 측면에서 기부금과 구별되며, 특정인을 상대로 지출된다는 점에서 불특정다수를 대상으로 하는 광고선전비와 구별된다.
임차료	당사자의 일방이 상대방에 대해서 어떤 물건의 사용 및 수익을 허용하고 상대방이 이에 대해서 대가를 지불할 것을 약정하는 것에 의해서 성립된 계약을 일반적으로 임대차라 하고, 이 임대차에 의하여 임차인이 임대인에게 지급하는 대가를 임차료라고 한다.
보험료	근로자의 재해 시 보상하는 산재보험, 고용보험, 건물, 기계장치 등의 유형자산과 재고자산에 대한 화재보험, 운송보험, 자동차보험, 기타손해보험 등에 가입한 경우에 지급하는 비용을 처리하는 계정이다. 단, 건강보험료, 단체보험료 등은 복리후생비계정으로 처리한다.
대손상각비	회수가 불확실한 매출채권은 합리적이고 객관적인 기준에 따라 산출한 대손추산액을 대손충당금으로 설정하고 동 금액을 대손상각비의 계정으로 인식한다. 즉, 청구권이 법적으로 소멸되지는 않았으나 채무자의 상황, 지급능력 등에 비추어 자산성의 유무에 대하여 회수불가능한 경우에도 대손충당금을 설정하는 것이다.

3. 영업이익에서 영업외손익을 가감한 것이 세전이익이다

영업외손익이란 매출을 제외한 수익항목과 공사원가, 판관비를 제외한 비용항목을 말한다. 영업이익 다음에 집계되므로 영업이익에 영향을 미치지 않는다.

계정과목	내용
자산 처분손익	유형자산 등을 처분 시 처분가액과 장부가액의 차이로 인해 발생하는 계정이다. 처분에는 매도, 교환, 폐기 등이 있으며 장부가액이란 취득가액에서 감가상각누계액 및 손상차손누계액을 차감한 금액이다. 처분손익의 인식시점은 사실상의 잔금청산일, 소유권이전등기일 또는 매입자의 사용가능일 중 가장 빠른 날에 실현되는 것으로 한다.

계정과목	내용
자산 손상차손	유형자산의 진부화 또는 시장가치의 급격한 하락 등으로 인하여 유형자산의 회수가능가액이 장부가액에 현저하게 미달하는 경우에는 장부가액을 회수가능가액으로 조정하고 그 차액을 유형자산손상차손으로 처리한다. 회수가능가액이란 당해자산의 순실현가능가액과 사용가치 중 큰 금액을 말한다.
투자부동산 처분이익	투자부동산, 일반투자자산을 처분할 때 처분가액이 장부가액보다 큰 경우, 그에 해당하는 금액을 처리하는 계정이다.
배당금수입	주식이나 출자금 등의 투자자산으로 인하여 이익 또는 잉여금의 분배로 받는 금액을 배당금 수익이라 한다. 수익인식시점은 원칙적으로 주식발행법인의 주주총회에서 배당결의가 있었던 시점이지만 실무상으로는 당해 배당금을 현실적으로 수령한 시점에서 수익으로 계상하는 경우도 있는데, 기간손익을 계산하는데 차이가 없다면 무방하다. 즉, 당기 중에 배당결의가 있었으나 결산일까지 배당금을 받지 못한 경우에는 배당금수익과 미수수익을 각각 계상하여야 한다. 배당금수익은 현금배당에 한함으로 주식배당이나 무상증자 등으로 인한 주식수령은 배당금수익으로 인식하지 말아야 한다. 그리고 배당금을 지급한 피투자회사가 지분법/연결 대상 법인인 경우 연결재무제표 작성 시 배당금 수익을 취소한다.
대손상각비	회수가 불확실한 매출채권 이외의 채권은 합리적이고 객관적인 기준에 따라 산출한 대손추산액을 대손충당금으로 설정하고 동 금액을 대손상각비의 계정으로 비용 인식한다. 즉, 청구권이 법적으로 소멸 되지는 않았으나 채무자의 상황, 지급능력 등에 비추어 자산성의 유무에 대하여 회수불가능한 경우에도 대손충당금을 설정하는 것이다.
기부금	기부금은 사회복지, 문화, 종교, 사회사업을 하는 제 단체에 기업이 자유의사로서 반대급부를 기대하지 않고 지출하는 금액을 말한다. 상대방으로부터 아무런 대가를 받지 않고 무상으로 증여하는 금전 기타의 자산가액이므로, 법인의 사업과 관계가 있는 거래처에게 지출하는 경우에 발생하는 접대비와는 차이가 있다.
잡손익	영업활동에 대하여 직접적인 관계가 없는 비용으로서 발생빈도가 적고 금액적으로도 중요성이 없는 것, 다른 기타영업수익에 속하는 계정에 포함시키기가 적정하지 않은 것을 일괄하여 잡이익으로, 발생빈도가 적고, 금액적으로도 중요성이 없는 것, 다른 기타영업 비용계정에 포함시키기에 적정하지 않은 것을 일괄하여 잡손실로 처리한다.

4. 세전이익에서 법인세비용을 차감한 금액이 당기순이익이다

계정과목	내용
법인세비용	법인세법 등의 법령에 의하여 당해 사업연도에 부담할 법인세 및 법인세에 부가되는 세액의 합계에 당기 이연법인세 변동액을 가감하여 산출된 금액을 말한다. 법인세비용과 법인세법 등의 법령에 의하여 당기에 부담하여야 할 금액과의 차이는 이연법인세자산(또는 부채)의 과목으로 하고 차기 이후에 발생하는 이연법인세자산(또는 부채)과 상계한다.
당기순이익	1회계기간(보통 1월 1일~12월 31일) 동안 기업이 영업활동 등으로 발생한 총수익에서 총비용을 제한 금액을 가리킨다. 당기순손익이란 당기순이익과 당기순손실을 합친 말인데, 총수익이 총비용보다 많으면 당기순이익이 발생하고, 총수익이 총비용보다 적으면 당기순손실이 발생한다.

5. 수익에서 비용을 뺀 것을 이익이라고 한다

손익계산서에서는 비용을 4개(① 매출원가, ② 판관비, ③ 영업외비용, ④ 법인세비용)로 나누어 이익이 4번(① 매출총이익, ② 영업이익, ③ 세전이익, ④ 당기순이익) 등장한다. 순서는 중요성에 따른 것이다. 즉, 매출총이익은 당기순이익에 비하여 기업의 주된 영업활동과 관련이 깊고 미래에도 계속적으로 발생할 가능성이 높은 이익을 의미한다.

건설회사의 부가가치세 신고서

건설회사에서 가장 중요한 세목은 부가가치세(VAT)이다. 부가가치세는 PJ의 거래구도를 반영하고 현장과 긴밀히 연결되어 있기 때문이다.

우리나라의 부가가치세법은 기본적으로 제조업과 유통업을 중심으로 만들어져 있다. 이 때문에 건설업에 대한 세부적인 사항이 없는 경우가 많다. 그러나 오랜 역사 동안 수많은 예규와 판례로 이 부분을 보충하고 있다.

건설사는 다양한 유형의 사업을 한다. 일반적으로 면세란 부가가치세법상 면세를 이야기한다. 면세는 부가가치세 납세의무가 없으므로 매출세액에 영향을 미치지 않고 면세매출과 관련한 매입세액은 공제받을 수 없으므로 매입세액불공제하여 납부세액에 영향을 미친다.

구분	사업	비고
과세	국내건설공사 일반주택분양	국민주택분양, 해외공사는 세금계산서 교부 의무가 없다.
영세율	도시철도공사 해외건설공사	
면세	국민주택건설 주택임대 토지분양	매출VAT가 없고, 관련 매입VAT도 공제받을 수 없다.

(1) 일반주택건설: 과세(10%) → 주택의 건설은 세금계산서 교부대상이나, 주택의 분양은 세금계산서의 교부의무를 면제한다.

(2) 국민주택건설: 면세 → 부가가치세법상 사업이 아니다. 따라서 납부나 환급이 없다.

(3) 도시철도공사: 과세(0%) → 매출 부가가치세는 없지만, 매입 부가가치세는 환급받는다.

(4) 해외건설공사: 과세(0%) → 해외 발주처에 대한 세금계산서는 교부면제이다.

부가가치세 신고서(별지 서식 제12호)에 따른 부가가치세 신고서를 요약하면 다음과 같다.

구분	내용	가액	세액	비고
매출	세금계산서 교부	1,200,000	120,000	일반건설공사
		70,000	0	도시철도공사
	교부면제	100,000	10,000	일반주택분양
		1,000,000	0	해외건설공사
	소계	2,370,000	130,000	
매입	세금계산서 수취	1,300,000	130,000	세금계산서 수취
		100,000	0	영세율 T/I 수취
	매입세액불공제	N/A	−20,000	면세사업 관련 접대비 관련 공통매입세액 사실과 다른 세금계산서 위장·가공세금계산서
	소계	1,400,000	110,000	
납부			20,000	분기별 납부

(5) 사실과 다른 세금계산서: 세금계산서의 필요적 기재사항(사업자등록번호, 공급가액, 작성일자)이 거래사실과 다른 세금계산서를 말한다. 원칙적으로 사실과 다른 세금계산서는 매입세액을 공제받지 못한다. '사실과 다른 세금계산서'는 흔히 '사다세'라고 줄여서 부를 정도로 자주 등장하는 용어이다(이런 용어는 '한글 파괴'인 것 같고, 다른 업종의 종사자가 세법을 이해하기 어렵게 하는 듯하다).

매입세액불공제는 전단계세액공제법의 근간을 파괴하므로 제한적으로 적용한다. 특히 문제가 되는 것은 세금계산서를 실제거래시기(공급시기)보다 빨리 발행(선발행)하거나, 늦게 발행(후발행)하는 경우이다. 선발행 및 후발행은 '세금계산서 발행규제 완화'에서 다시 다루기로 한다.

(6) 위장·가공세금계산서: 재화 또는 용역의 공급이라는 실물거래 없이 세금계산서를 수수하는 가공거래세금계산서와 실물거래를 수반하나 공급자나 공급받는 자가 다른 위장거래세금계산서에 대해서는 조세범처벌법 제10조 위반으로 형사처벌을 받게 된

다. 나아가 영리목적으로 사실과 다른 세금계산서를 30억 원 이상 수수하면 특정범죄가중처벌법 제8조의2 위반으로 처벌받게 된다. 여기서 영리목적이란 세금계산서를 사고파는 행위를 말하고, 이런 자를 '자료상'이라고 부른다.

건설회사의 회계와 세무

1. 건설업이란?

건설업은 건설공사계약 또는 도급계약에 의해 각 종류의 건축물에 대해 신축, 증축, 개축, 보수, 해체 등의 건설활동을 수행하는 산업활동을 말한다.

건설활동을 수행하지 않으면서 건설업자에게 일괄도급을 하여 분양하는 경우에는 부동산공급업으로 분류한다.

2. 건설업의 업무 흐름

(1) 건설업자는 외주업체로부터 건설용역을 공급받고 발주처 등에게 건설용역을 공급한다.
(2) 분양이익은 발주자에게 귀속되며, 건설업자는 공사이익("시공이익"이라 부르기도 한다)만 영위한다.

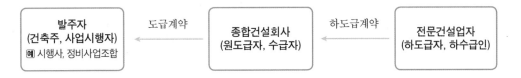

3. 공사원가명세서란?

건설업은 일반 상기업과 달리 공사원가명세서를 작성하여야 한다. 공사원가명세서를 작성하기 위해서는 공사활동과 관련된 원가(공사원가)와 공사활동과 관련이 없는 판매비와 관리비를 구분하여야 한다.

공사원가	재료비, 노무비, 외주비, 장비사용료, 기타 비용 등으로 구분하여 공사원가명세서를 작성한다. 판매분은 매출원가로 비용처리하고, 미완공·미판매분은 기말재고로 자산처리한다.
판매비와 관리비	건설활동과 관련 없는 비용으로, 당기 비용으로 처리한다.

4. 건설업의 회계 및 세무

1) 수익비용 인식 및 손익귀속시기 비교

구분	계약조건	기업회계기준상 수익의 인식기준	법인세법상 손익귀속시기	부가가치세법상 공급시기
분양매출 (자체사업)	할부판매	인도기준	인도기준	받기로 한 때
	예약매출	진행기준 (단, 중소기업의 단기건설은 인도기준 선택 가능)	진행기준 (단, 중소기업의 단기건설은 인도기준 선택 가능)	
도급공사 (외주사업)	일정급			
	기성급			
	완성급 (준공급)			준공 시

　　건설업의 수익비용 인식과 관련하여 일반기업회계기준에서는 원칙적으로 진행기준을 적용한다. 따라서 매출액은 부가가치세법상 공급시기와 세법상 손익귀속시기와 차이가 있다.

2) 건설업 관련 용어

예약매출	아파트 상가 등을 신축 분양하는 경우와 같이 매매목적물의 판매조건을 매수희망자에게 제시하고 그 대금의 일부 또는 전부를 수령한 후 매매목적물을 제조, 건설하여 인도하는 형태의 매출로 분양수익을 인식
도급공사	건설업자가 건설공사를 완성할 것을 약정하고 상대방이 그 대가를 지급할 것을 약정하는 계약에 의거 수행하는 공사로 공사수익을 인식
인도기준	공사가 완성되어 인도되는 시점에 공사수익을 인식하는 방법
진행기준	도급금액에 공사진행률을 곱하여 공사수익을 인식하는 방법

중간지급조건부	계약금을 받기로 한 날의 다음 날부터 재화를 인도하는 날, 용역제공이 완료되는 날까지 기간이 6개월 이상인 경우로 계약금 외에 대가를 분할하여 받는 경우
완성도기준조건부	당해 건설용역의 제공이 완료되기 전에 그 대가를 용역제공의 완성도에 따라 분할하여 받기로 하는 경우
장기할부조건부	재화나 용역을 공급하고 그 대가를 2회 이상 분할하여 받고 해당 용역의 제공이 완료된 날의 다음 날부터 최종 할부금 지급기일까지의 기간이 1년 이상인 경우

3) 세금계산서 교부

건설공사를 하도급하는 경우 하도급인(수급사업자)은 도급인(원사업자)에게, 도급인은 발주자에게 순차로 세금계산서를 발행하여야 한다. 하도급인이 발주자로부터 직불받은 금액에 대하여서도 발주자에게 직접 세금계산서를 발급할 수 없다.

공사도급계약서상 대금의 지급 방법에 따라 부가가치세법상 공급시기에 세금계산서를 발행하여야 한다.

4) 건설업의 자가공급 적용 여부

통상 사업자 본인이 주요 자재의 전부 또는 일부를 부담하고 재화를 가공하여 인도하는 경우는 재화의 공급으로 보나, 건설업의 경우에는 건설업자가 건설자재의 전부 또는 일부를 부담하더라도 용역의 공급으로 본다. 용역의 공급은 재화의 공급과 달리 용역을 자가공급하더라도 공급으로 간주하지 않으며, 건설용역을 무상으로 공급하는 경우에도 공급으로 보지 않는다.

5) 과세와 면세의 구분

건설업의 경우 상가건설뿐 아니라 국민주택의 신축판매와 그 건설용역을 제공하는 경우가 있는데, 상가건설의 경우는 부가가치세 과세가 적용되고, 토지의 공급과 국민주택 규모 이하의 건설용역을 제공하는 경우에는 면세가 적용되므로 각각 세금계산서 및 계산서를 발급하여야 한다. 국민주택이란 국민주택기금에 의한 자금을 지원받았는지의 여부에 불구하고 주택법에 의한 주택으로서 주거전용면적이 1호 또는 1세대상 85㎡ 이하인 주택(수도권을 제외한 도시 지역이 아닌 읍 또는 면 지역은 100㎡ 이하)을 말한다.

6) 매입세액 안분계산

부가가치세법의 가장 중요한 원칙은 매출과 매입을 대응시키는 것이다. 매출이 과세이면 매입은 공제이고, 매출이 면세이면 매입은 불공제하여야 한다. 부가가치세 과세사업과 면세사업을 함께 영위하는 사업자가 매입한 재화 또는 용역의 매입세액 중 과세사업과 면세사업에 공통으로 사용되어 실지귀속을 구분할 수 없는 부가가치세 매입세액을 공통매입세액이라고 한다. 예를 들어 일반주택건설(과세사업)과 국민주택건설(면세사업)을 함께 영위하는 사업자가 용역비를 부담한 경우, 용역에 대한 매입세액은 공통매입세액이 된다. 따라서 각 PJ의 과·면세비율에 따라 안분비율이 결정되고 면세비율만큼은 불공제처리하여야 한다. 건설업의 경우 현장이 여러 곳인 경우가 많으므로 공통매입세액의 안분계산은 사업장 단위(건설현장단위)로 하고, 본사 사업장의 임차료 및 사무용비품 등(본사 판관비라함)은 전체 사업장(현장)의 공급가액 합계액으로 안분하여 계산한다.

7) 매입세액불공제

건설업의 경우 부가가치세가 면제되는 용역을 공급하는 사업(토지의 공급과 국민주택 규모 이하 건설용역공급)에 관련된 다음의 매입세액은 공제되지 않으므로 주의하여야 한다.
① 토지의 취득 및 형질변경 관련 매입세액("형질변경"이란 절토, 성토, 정지, 포장 등의 방법으로 토지의 형상을 변경하는 행위를 말한다)
② 건축물이 있는 토지를 취득하여 그 건축물을 철거하고 토지만을 사용하는 경우 건축물의 매입세액

구분	매출용역	매출증빙	관련매입	매입증빙	안분 여부
본공사 용역	국민주택건설, 일반주택건설, 상가건설, M/H건립	세금계산서와 계산서	외주비, 설계비	세금계산서와 계산서	공제 가능
			자재비, 하자보수비, 감리비, 현장관리원가, E.V설치비, M/H건립비, 사업관련원가 (수주추진비)	세금계산서	면적비율로 안분하여 과세분 공제

구분	매출용역	매출증빙	관련매입	매입증빙	안분 여부
기타 용역	단지외부공사, 기부채납공사, 옹벽, 공원, 동사무소 등 사업시행인가 조건 공사	세금계산서	외주비, 자재비	세금계산서	공제 가능
	발코니옵션 공사		외주비, 자재비		
	분양대행용역, M/H운영비, 홍보용역, 입주관리비		용역비		

5. 기타 사항

1) 공사대금을 대물변제 받는 경우 처리사항

건설업을 영위하는 법인이 거래처와 약정에 의해 미회수 공사대금을 건축물 등으로 대물변제 받는 경우 당해 자산의 시가가 공사대금 채권액에 미달한다면 그 차액은 약정에 의해 포기한 것으로 보아 동 금액을 접대비 처리하여야 한다.

2) 건설업의 재무제표 작성의 중요성

건설업종은 세무신고 및 금융기관의 대출목적 이외에도 등록관청에서 요구하는 실질 자본금 심사, 적격심사, 시공능력평가, 신용평가를 위한 경영비율 분석 등을 위하여 재무제표가 활용될 수 있으므로 재무제표 작성에 주의를 기울여야 한다.

3) 건설업등록 및 기업진단

건설업을 영위하고자 하는 자는 관계기관에 업종별로 등록하여야 하며, 일정 기간마다 건설업 등록 기준의 충족 여부를 확인하기 위하여 기업진단을 받아야 한다. 실질자본금이 미달하는 경우 영업정지나 건설업등록 말소처분을 받을 수 있으므로 주의하여야 한다.

4) 산재보험 등 주의사항

종합건설회사의 경우 외주비는 산재보험의 보수총액 산정에 있어 매우 중요한 계정과목으로, 건설회사가 외주비를 재료비 등으로 분산 처리하여 보수총액을 줄이는 경우 거액의 보험료 추징 및 가산금 등이 부과될 수 있으므로 주의하여야 한다.

5) 도급계약서 작성

도급계약을 계약서로 체결하지 아니하거나 계약서를 교부하지 아니한 건설업자(하도급인 경우에는 하도급 받은 건설업자는 제외)에게는 과태료가 부과될 수 있으므로 주의하여야 한다.

6) 인지 첨부

도급에 관한 증서 중 인지세 과세대상 문서에 해당하는 경우 도급계약서 작성 시에 작성 문서마다 인지를 첨부하여야 하며, 인지 미첨부 시 가산세 등의 불이익을 받을 수 있다.

제**3**편

기성매출

건설회사의 세금계산서

세금계산서는 국책은행이 발행한 유가증권과 유사하다. 신고일자에 국세청에 세금계산서를 제출하면 부가가치세액을 돌려주기 때문이다. 그런데 세금계산서의 작성의 흠결을 이유로 돌려받지 못하는 경우가 있다. 유가증권으로 치자면 부도가 발생한 것이다. 더군다나 경영진의 의사결정에 의한 것이 아니라 실무자의 실수로 인해 지급이 거절되면 실무자로서는 매우 부담스러울 수밖에 없다. 그뿐만 아니라 경기가 좋을 때는 직접세(법인세, 소득세 등)의 추징이 활발하고, 경기가 나쁠 때는 간접세(부가가치세, 취득세 등)의 추징이 활발하다. 즉, 불경기에 근로자가 과거 5년 동안 저지른 잘못이 드러나게 되는 것이다.

필요적 기재사항이란 ① 사업자등록번호, ② 작성일자, ③ 공급가액, ④ 세액을 말하고 이 부분에 흠결이 있으면 환급받지 못할 수 있다. 따라서 대표자명이나 비고사항을 잘못 적어도 불공제나 가산세는 없다. 요즘과 같이 시스템화된 업무환경에서 필요적 기재사항 중 잘못 작성될 가능성이 있는 부분은 작성일자가 유일할 것이다. 단적으로 말해서 작성일자는 법률로 정해져 있다.

원칙적으로 부가가치세법에 따른 재화 또는 용역의 공급시기에 세금계산서를 교부(수취)하여야 하는 것으로, 각 사례별 세금계산서 교부시기는 다음과 같다.

1. 일반적인 물건구매: 재화가 인도되는 때 또는 확정되는 때

자재구입과 같은 재화의 거래 시 특별한 조건이 없는 거래인 경우 자재가 입고된 때가 공급시기이나, 검수조건부와 같이 특별한 조건이 있는 경우 입고되어 그 검수한 때가 공급시기가 된다.

2. 설계용역 및 외주비 등 각종 용역: 완료된 때 또는 기성확정한 때

외주비, 용역비와 같은 용역의 거래 시 용역기간이 단기인 경우 완료된 때이고 장기인 경우 기성확정일이다.

▶ 완성도기준지급조건부란 재화나 용역의 공급에 있어 장기간을 요하는 경우와 같이 그 진행도 또는 완성도를 확인하여 그 비율만큼 대가를 지급하는 것을 말한다. 완성도의 측정은 일의 시작부터 완성 시까지만 발생하는 곳이므로 공사종료 후에는 완성도라는 것이 있을 수 없다. 즉, 준공하면 공사대금의 유예 여부에 상관없이 세금계산서를 발급하여야 한다.

3. 상가 등 건축물 분양의 경우

주택은 교부면제이기 때문에 세금계산서 작성일자에 대한 이슈가 없다. 상가분양의 경우 잔금청산 전에 등기를 치거나 키를 넘기는 일이 없다면, 2회 분납인 경우 잔금청산일이고, 중간지급조건부에 해당하는 경우 계약서상 납부예정일이 세금계산서의 작성일자가 된다.

▶ 중간지급조건부계약이란 계약금을 지급하기로 한 날부터 잔금을 지급하기로 한 날까지의 기간이 6개월 이상이고 대가를 3회 이상 분할하여 지급하는 것을 발한다.

4. 부동산임대용역

(1) 매월 임대료를 지급하는 경우: 계약서상 임대료를 지급하기로 한 날
(2) 후불로 일시 지급하는 경우: 각 분기별로 안분한 날
(3) 선불로 일시 지급하는 경우: 각 분기별로 안분한 날 또는 지급한 날

5. 선수금을 받거나 선급금을 지급하는 경우

원칙적으로 재화·용역의 공급시기가 도래하기 전에 세금계산서를 발급하는 것은 인정되지 않는다. 그러나 다음의 경우에는 특례로서 세금계산서를 발급하는 때를 재화·용역의 공급시기로 본다.

① 사업자가 재화·용역의 공급시기가 도래하기 전에 재화·용역에 대한 대가의 전부 또

는 일부를 지급받고, 그 받은 대가에 대하여 세금계산서를 발급하는 경우

② 사업자가 재화·용역의 공급시기가 도래하기 전에 세금계산서를 발급하고, 그 발급일로부터 7일 이내에 대가를 받는 경우

③ 사업자가 재화·용역의 공급시기가 도래하기 전에 세금계산서를 발급하고, 그 발급일로부터 7일이 지난 후 대가를 받더라도 다음 중 어느 하나에 해당하는 경우

    (a) 거래 당사자 간에 계약서 등에 대금 청구시기(세금계산서 발급일을 말한다)와 지급시기를 따로 적고, 대금 청구시기와 지급시기 사이의 기간이 30일 이내인 경우

    (b) 재화·용역의 공급시기가 세금계산서 발급일이 속하는 과세기간 내(매입자가 조기환급을 받은 경우에는 세금계산서 발급일로부터 30일 이내)에 도래하는 경우

위와 같은 부가가치세법의 특례규정을 적용하여, 선수금과 같이 기성확인과 관계없이 수령한 금액에 대해 수령한 날짜로 세금계산서를 교부할 수 있다. 건설업은 세금계산서로 선수금을 청구하는 것이 관행이며 선수금은 지급시기가 기재되지 않는바, 세금계산서 발급후 7일 이내 선수금을 수령하면 된다. 만일 선수금을 먼저 받은 경우 과세기간 내에 세금계산서를 발행하여야 한다.

6. 월합 세금계산서

거래가 빈번한 고정거래처와 재화 또는 용역을 공급하는 경우 거래처별로 1역월의 공급가액을 합계하여 해당 거래 월의 말일자로 세금계산서를 교부할 수 있다. 다만, 1역월이란 달력상 월을 의미하는 것이므로 1월 이내라 하여 두 개의 역월에 걸치는 경우에는 월 단위로 발급하여야 한다. 예를 들어 1월 15일부터 2월 14일까지 계속 거래한 경우에도 1월 15일~31일 거래분을 하나의 세금계산서로 교부하고, 2월 1일~14일 거래분을 다른 하나의 세금계산서로 교부하여야 한다.

7. 준공세금계산서

준공검사일 또는 사용승인일이 준공세금계산서 교부일이 되지만, 계약서상 특별한 조건

이 있는 경우 그 조건을 충족한 날이 공급시기가 된다. 준공일을 경과하여 공사비에 대한 세금계산서를 수취한 경우에는 계속공사 여부를 입증하여야 한다.

(1) 계약에 의하여 받기로 한 대금이 정해진 상태에서 공사가 완료되어 사용검사까지 받은 이상, 그 후 공사대금의 정산에 대한 분쟁으로 소송이 제기되고 판결에서 공사잔금이 확정되었다 하더라도, 이는 공급이 완료된 용역의 하자 및 별도의 추가공사용역에 관한 분쟁일 뿐 당초 역무제공의 완료시점이 공급시기에 해당한다. 따라서 준공일 현재 유효한 도급계약서에 기재된 도급금액에 대한 세금계산서는 발행되어야 한다.

(2) 통상적으로 건물의 사용승인일이 당해 건물 신축공사용역의 공급시기가 될 것이나, 건물에 대하여 사용승인을 받은 후에도 마무리공사 및 보완공사를 진행한 것이 확인되는 경우에는 실제 공사완료일을 용역의 공급시기로 보는 것이 타당하다.

(3) 사업자가 완성도지급조건부로 건설용역을 공급하면서 결정된 기성금 중 일정금액을 유보금 명목으로 공제하여 지급받고 건설용역 제공 완료 후 하자이행보증증권 제출 후에 유보금을 지급받기로 한 경우에도 준공일자에 세금계산서를 교부하여야 한다.

(4) 협력업체가 건설용역 제공은 종료되었으나 정산이 미완료된 경우 해당 용역제공 완료일을 공급시기로 하여 현재 계약금액에 대한 잔여기성부분에 대해 세금계산서를 수취한 후, 추후 정산이 완료된 때 정산합의서일자로 수정세금계산서를 수수하여야 한다. 이때는 정산합의서상 변동된 계약금액만큼만 수수하여야 한다. 변동된 계약금액 이상으로 세금계산서를 교부하는 것은 준공일자에 세금계산서를 과소발행한 것이 된다.

8. 공동도급 시 원가배분

(1) 발주처로부터 선수금 수령하는 경우: 선수금은 재화용역의 공급거래가 아니라 자금거래이므로 원칙상 세금계산서 교부대상이 아니다. 그러나 건설업은 선수금에 대하여 세금계산서로 거래하고 이후 기성확정 시 선수금공제액을 차감한 공급가액만 세금계산서를 교부할 수 있다. 납세자가 선택할 수 있는 사항이다.
　① 일반적인 경우: 발주처로부터 선수금을 받는 경우 각 사별 지분율에 의거하여 각

각 발주처에 세금계산서를 교부 및 수금하여야 한다.

② 세금계산서는 각각 발행하나 주간사 계좌로 전액 입금된 경우: 추가적인 세금계산서 교부 없이 주간사는 참여사에게 해당 선수금을 입금해주면 된다.

③ 주간사가 세금계산서 일괄발행 및 수령하는 경우: 주간사가 선수금 전체에 대해 발주처에 세금계산서를 교부 및 수금하는 경우 참여사는 지분율에 의한 선수금에 해당하는 세금계산서를 주간사에 교부하며 주간사는 각 사별 선수금을 송금한다.

(2) 매월 원가배분하는 이유: 공동도급에 있어 일반적인 형태는 주간사가 각 거래처 등으로부터 세금계산서를 받아 대금을 집행하며, 이에 대한 원가를 각 참여사에 세금계산서(계산서, 영수증) 교부를 통해 배부하는 형태로 이루어진다. 본래 부가가치세법 규정에 따르는 경우 다음의 방법으로 하는 것이 원칙이되, 실무상 2안으로 진행되는 것이 일반적이다.

(1안) 외주업체 등 거래업체가 각각 공동도급사에게 세금계산서 등을 교부

(2안) 외주업체 등 거래업체가 주간사에 일괄적으로 세금계산서 교부하고, 주간사는 내역을 월별로 집계 후 월합계 세금계산서 규정에 따라 각 참여사에 세금계산서 등을 교부

본래 (1안)에 따르는 것이 부가가치세법상 원칙이나, 실무상 번거로우므로 시행규칙 제51조 "공동매입 등에 대한 세금계산서 발급규정 및 부가가치세법 제34조 세금계산서의 발급시기 특례규정에 따라 (2안)으로 진행하는 것이다.

실무에서 주간사는 컨소시엄을 위하여 자금을 선집행하고, 1달 이후 회수하고 있다. 즉, 주간사는 자신의 유동성을 악화시켜 가며 참여사에게 신용을 공여하고 있는 것이다. 이러한 관행은 신속한 의사결정 및 주간사의 배려로 가능한 것이다. 그러나 아래와 같은 문제점이 발생하므로 원칙적인 (1안)을 고려해 볼 필요가 있다.

참여사 파산 등: 공동수급체의 대표사가 공동원가를 선집행한 후 공동수급체의 구성원 중 어느 한 구성원이 회생절차, 파산 등으로 무자력이 된 경우, 그 무자력이 된 구성원이 부담하여야 하는 공동원가 분담금은 대표사를 비롯하여 나머지 구성원들이 지분비율대로 부담하는 것이 기존 건설업계에서 이루어지던 관행이었다. 그런데 최근 대법원(대법원 2016. 6. 10. 선고 2013다31632 판결)은 건설공동수급체 개별구성원의 대표사에 대한 공동원가 분담금 채무가 개별채무로서의 성격을 지닌다고 판단하였고, 이러한 대법원 판결의 취지

에 따르면, 공동수급체의 대표사는 더 이상 위 공동원가를 다른 구성원들에게 지분비율대로 청구할 수 없게 되어, 결과적으로 그에 따른 손실을 주간사가 단독으로 부담하게 되는 문제가 발생하게 된다.

특히 이때 수정세금계산서의 발급이 곤란하다는 문제가 생긴다. 주관사와 참여사 간에는 직접적인 계약이 존재하지 않으므로, 참여사가 공동수급사에서 탈퇴하는 것을 주관사와 참여사 간 계약의 해제 또는 해지로 보기 어렵다. 참여사의 탈퇴를 부(-)의 세금계산서, 즉 수정세금계산서 발급 사유로 보기는 어려우며, 부가가치세법 시행규칙 제18조에서 참여사 탈퇴 시의 부(-)의 세금계산서 발급에 대한 규정이 없다. 공동도급계약의 공동시공사로서의 지위를 타인에게 양도하는 것으로 보는 것이 보다 자연스러우나 부도난 참여사가 세금계산서를 발급할리 만무하다.

(3) 배분원가에 대해 합의가 이뤄지지 않는 경우 일방적으로 거부된 세금계산서는 세금계산서가 아니며, 미발행에 해당한다. 이 경우 수정세금계산서를 발행할 수도 없다. 따라서 사전에 원가배분에 대해 합의를 최대한 이끌어 내되 합의가 이루어지지 않는 경우 배부대상 원가에 대해 세금계산서 수취분에 대해서는 세금계산서를 교부하며, 추후 합의 시 수정세금계산서를 교부하여야 한다(원가분담금은 쟁점이 많은바 제6편에서 다시 다루기로 한다).

건설회사의 사업유형 및 대금지급조건은 대략 아래와 같다. 물론 임대사업 등이 있을 수 있고, 대금지급조건은 계약마다 차이가 있을 수 있다. 일반적으로 아래 유형으로 계약하는 경우가 많다.

구분	발주유형			대금지급조건
도급사업	공공도급	턴키/대안		기성불
		최저가		
		일반		
	민간도급	재개발		분양불
		재건축	도급제	
			지분제	
		리모델링		기성불
		그룹공사		
		일반		
		BTO		
		BTL		
자체사업		개발분양		확정불
		개발운영		확정불

- **도급제**: 가장 일반적인 건축공사 발주방식으로서 건축물의 평당 공사비를 정하여 공사계약을 체결하고 상업이 진행되는 도중 물가상승이나 설계변경 등으로 공사비 증가요인이 있을 경우 변경계약한다. 도급제는 대금지급방식에 따라 기성불과 분양불로 나눈다.

- **지분제**: 조합은 분양가 변동에 상관없이 정해진 분담금을 부담하며 사업에 따른 위험이나 초과이익은 건설사에 귀속된다. 정해진 분담금이 불변인 경우 확정지분제라고 한다. 실무상 확정지분제 계약은 존재하지 않는다. 지분제는 모두 변동지분제라고 보는 것이 타당하고 이 경우 지분제 계약은 도급금액을 결정하는 방법으로 보아야 한다.

- **기성불**: 장기간에 걸쳐 용역을 공급하는 경우 진행도 또는 완성도를 확인하여 그 비율만큼 대가를 지급하는 거래(국심2007서0256, 2007. 12. 27.)로 세법상 완성도기준조건부계약에 해당한다.

- **분양불**: 장기간에 걸쳐 용역을 공급하는 경우 발주처의 분양수금 상황에 따라 분양수입금 통장의 잔고 내에서 대가를 지급하는 방식이다. 세법상 규정된 바 없으므로 계약의 조건에 따라 다양하게 해석될 수 있다(일반적인 경우 대금지급조건이 없는 것으로 보거나, 기타조건부로 본다).

- **확정불**: 장기간에 걸쳐 용역을 공급하는 경우 용역의 대가를 계약금, 중도금, 잔금 등으로 분할하여 수회에 나누어 지급하는 방식으로, 세법상 중간지급조건부에 해당한다.

- **조합채권과 개별채권**: 공동이행방식의 공동수급체는 기본적으로 민법상 조합의 성질을 가지는 것이므로, 공동수급체가 공사를 시행함으로 인하여 도급인에 대하여 가지는 채권은 원칙적으로 공동수급체 구성원에게 합유적으로 귀속하는 것이어서 특별한 사정이 없는 한 구성원 중 1인이 임의로 도급인에 대하여 출자지분 비율에 따른 급부를 청구할 수 없고, 구성원 중 1인에 대한 채권으로써 그 구성원을 집행채무자로 하여 공동수급체의 도급인에 대한 채권에 대하여 강제집행을 할 수 없다. 그러나 공사채권을 개별채권으로 판시(2012년) 및 원가분담금채권도 개별채권으로 판시(2016년)되어 적어도 공동수급체 "내부적"으로는 조합이라는 성격이 흐려지고 있다(이는 기성대가 또는 준공대가를 구성원 각자에게 구분하여 직접 지급하도록 규정하고 있는 공동도급계약운용요령 제11조가 미치는 영향으로 보인다).

관련 법령

대법원 2012. 5. 17. 선고 2009다105406 판결: "공동이행방식의 공동수급체와 도급인이 공사도급계약에서 발생한 채권과 관련하여 공동수급체가 아닌 개별 구성원으로 하여금 지분비율에 따라 직접 도급인에 대하여 권리를 취득하게 하는 약정을 하는 경우와 같이 공사도급계약의 내용에 따라서는 공사도급계약과 관련하여 도급인에 대하여 가지는 채권이 공동수급체 구성원 각자에게 지분비율에 따라 구분하여 귀속될 수도 있고, 위와 같은 약정은 명시적으로는 물론 묵시적으로도 이루어질 수 있다"라고 판시하여, 공동수급체의 개별 구성원의 발주자에 대한 공사대금채권이 약정에 따라 개별채권으로서의 성격을 지닐 수 있다는 점을 판시하였다.

대법원 2016. 6. 10. 선고 2013다31632 판결: 건설공동수급체 개별 구성원의 대표사에 대한 공동원가 분담금 채무가 개별채무로서의 성격을 지닌다고 판단하였다. 이러한 대법원 판결의 취지에 따르면, 공동수급체의 대표사는 더 이상 위 공동원가를 다른 구성원들에게 지분비율대로 청구할 수 없게 되어, 결과적으로 그에 따른 손실을 그대로 단독으로 부담하게 되는 문제가 발생할 수 있게 되었다.

기성불 공사의 세금계산서 작성일자는?

건설도급계약에서 기성불 공사는 가장 일반적인 청구형태이다. 도급계약이란 업무의 완성을 조건으로 하는 계약이나 건설공사는 공사기간 중 많은 자금이 투입되고 투입된 자금으로 자재비나 노무비를 지급하여야 하므로 업무의 완성 이전에 대금을 분할해서 청구하기 때문이다.

기성불 공사란 장기간에 걸쳐 용역을 공급하는 경우 진행도 또는 완성도를 확인하여 그 비율만큼 대가를 지급하는 거래로 세법상 완성도기준조건부계약에 해당한다.

완성도기준지급조건부계약이란 공급자는 일의 완성도를 측정하여 기성금을 청구하고 공급받는 자가 완성도를 확인하여 대가를 확정하는 계약으로, 대가의 각 부분을 받기로 한 때가 세금계산서 교부시기이다. 완성도기준조건부계약의 요건은 아래와 같다.

① 계약서에 기성청구절차와 대가의 지급일자가 기재되어 있어야 하고,
② 실지로 기성청구가 이루어져야 한다.

일반적인 기성불 공사계약상 선수금은 지급시기와 청구시기가 명기되지 않는다. 비교하여 기성금의 지급시기와 청구시기는 명기된다.

구분	실무상 처리	상세설명
선수금	현금 수금하는 날. 단, 7일 내에 미입금된 경우 (-) 세금계산서 발행하여야 한다.	원칙상 선수금은 재화용역의 공급거래가 아니나, 건설업은 세금계산서로 선수금을 청구하는 것이 일반적이다.
회차별 기성금	매 기성금 청구일	받기로 한 때란 지급기일 이전 지급 시 실제 지급일, 이후 지급 시 지급기일의 말일(집행기준 9-22-1)이다. 즉, 작성일자가 바뀔 수 있는 것이다. 그러나 실무상 기성청구일을 정하여 매 청구월 일정일에 발행한다(기본총칙 9-22-4).

구분	실무상 처리	상세설명
준공 기성금	준공승인일	준공일 이후 세금계산서를 교부하는 경우 실제공사가 있었음을 입증하여야 한다.

국가 및 지자체와 계약한 건설업자가 선금 및 기성금을 청구하기 위해서는 세금계산서를 제출하여야 한다(행정규칙 선급금지급조건, 지방자치단체 계약체결·이행에 따른 선금 및 대가 지급요령). 따라서 건설공사계약상 세금계산서는 청구의 용도로만 사용된다. 이러한 관행은 관급공사뿐만 아니리, 건설업계 전빈에 일반직으로 존재한다. 그러나 세법상 선수금은 원칙상 세금계산서 발행대상이 아니고, 발행한 경우 7일 이내 대가를 수령하여야 한다(부가가치세법 제17조).

수급인의 기성대금 청구와 발주자의 검수확인에 의해 완성도에 따라 대가의 각 부분을 받기로 한 때이다. 즉, 기성대금에 대하여 세금계산서를 발행하기 위해서는 완성도기준지급 요건에 충족되는지를 확인하고 도급계약서에 대가의 각 부분을 받기로 한 때 세금계산서를 발행하여야 한다. 따라서 완성도기준지급에 해당되는지를 입증하기 위해서는 기성금의 집행요청공문, 발주자의 회신공문, 기성청구서, 기성검사원 등이 필요하다.

용어 설명

집행기준 또는 기본통칙은 법원성이 없는 과세관청의 해석지침으로 납세자에게 유리할 때는 공격의 수단, 불리할 때는 방어의 수단으로 활용된다.

- **집행기준**: 본통칙을 기본 토대로 판례·질의회신 등 다양한 사례를 반영·정리하여 기본통칙을 보완하는 실무지침에 해당한다.
- **기본통칙**: 예규·통첩·국세심판례를 법령체계에 맞추어 정리해 놓은 것으로 예규통첩의 일종이다.
- **예규통첩**: 상급행정관청이 행정의 통일을 도모하기 위하여 하부기관의 직무운영에 관한 세부적 사항이나 법령해석 등을 구체적 또는 개별적으로 시달하는 것을 말한다.

대법원 2005. 5. 27. 선고 2004두9586 판결: 건물준공검사 후에도 마무리공사 및 보완공사를 진행한 것이 확인되는 경우에는 실제 공사완료일을 용역의 공급시기로 보는 것이 타당함. 통상적으로는 건물의 준공검사일이 공사용역의 공급시기가 될 것이나, 건물에 대하여 사용승인 또는 준공검사 후에도 마무리공사 및 보완공사를 진행한 것이 확인되는 경우에는 실제 공사완료일을 용역의 공급시기로 보는 것이 타당하다.

서면3팀 1726, 2007. 6. 15.: 사업자가 건설용역을 공급함에 있어 대금지급기일을 사용검사에 합격한 때로 한 경우 건설용역 완료일은 사용승인일임. 사업자가 기존 건물의 한 층을 증축하는 공사를 건축시공업체에게 발주하면서 계약서상 준공대가의 지급은 당 계약 규정에 의한 검사(사용검사)에 합격한 때에는 소정절차에 따라 대가지급을 청구할 수 있다고 규정하고 있는 경우에는 건설공사의 공급시기는 사용승인일로 보아야 한다.

국심2006중1408, 2006. 9. 6.: 건물의 사용승인일 이후에도 공사가 진행되었다고 주장하나 이를 입증하지 못하므로 사용승인일이 거래시기임. 청구인은 쟁점건물의 준공예정일을 당초 2005. 10. 24.에서 2005. 12. 31.로 변경하는 계약서를 새로 작성하였고 쟁점건물의 사용승인일인 2005. 12. 20. 이후에도 공사가 진행되었다면서 상하수도 시설공사가 진행 중이라는 사진 3매 등을 제시하였으나, 청구인은 당초 조사 시에 준공예정일이 2005. 12. 31.로 변경되었다는 계약서를 제시하지 아니하였고, 심판청구 시에 청구인이 제출한 대금영수증의 일자가 처분청이 제출한 자료와 상이하고 청구인이 제시한 사진 자료가 일부 보수공사에 해당할 수도 있는 점 등을 감안하여 볼 때 쟁점건물의 건설용역의 공급시기가 불명확한 것으로 보아 사용승인일을 거래시기로 본 처분은 정당하다.

국심88중189, 1988. 5. 9.; 국심2001구2617, 2002. 3. 11. 등: 건설용역에 대한 검사를 거쳐 대가의 각 부분의 지급이 확정되는 경우에는 검사 후 대가의 지급이 확정되는 때를 공급시기로 보는 것임. 준공검사담당공무원이 현장에 나가 준공검사를 시행한 후 관련검사 및 내부결재를 거쳐 검사합격사실을 통지하고, 청구법인의 대금청구에 대하여 대금청구의 타당성을 검토하여 대금지급 청구내용을 수락한 시기를 대가의 지급이 확정된 때로 보아야 할 것임에도 준공검사일을 공급시기로 보아 과세한 처분은 부당하다.

부통 9-22-2【지급일을 명시하지 아니한 완성도기준지급조건부 건설공사의 공급시기】건설공사 계약 시에 완성도에 따라 기성대가를 수차에 걸쳐 지급받기로 했으나 그 지급일을 명시하지 아니한 경우에는 공사완성도가 결정되어 그 대금을 지급받을 수 있는 날을 그 공급시기로 본다.

부통 9-22-4【완성도기준지급 또는 중간지급조건부 건설용역의 공급시기】 사업자가 완성도기준 지급 또는 중간지급조건부 건설용역의 공급계약서상 특정 내용에 따라 해당 건설용역에 대하여 검사를 거쳐 대가의 각 부분의 지급이 확정되는 경우에는 검사 후 대가의 지급이 확정되는 때를 그 공급시기로 본다.

부가가치세법 집행기준 9-22-1【완성도기준지급조건부 거래의 공급시기 사례】 ① 완성도기준지급조건부로 건설용역을 공급함에 있어 당사자의 약정에 의하여 준공검사일 이후 잔금을 받기로 한 경우 해당 잔금에 대한 공급시기는 건설용역의 제공이 완료되는 때로 한다. ② 완성도기준지급조건부로 건설용역을 공급하면서 당사자 간 기성금 등에 대한 다툼이 있어 법원의 판결에 의하여 대가가 확정되는 경우 해당 건설용역의 공급시기는 법원의 판결에 의하여 대가가 확정되는 때로 한다. ③ 완성도기준지급조건부 건설용역을 공급함에 있어 기성부분에 대한 공급시기는 기성청구 후 대가의 지급이 확정되어 그 대가를 실제로 받은 날이 되지만, 기성부분에 대한 대가를 기성고 확정일로부터 약정된 날까지 지급받지 못한 때에는 그 약정일의 종료일이 된다.

분양불 공사의 세금계산서 작성일자는?

분양불계약이란 도급계약의 공사대금이 분양수입금통장의 입금내역에 따라 결정되는 방식으로, 세법상 동거래방식에 대한 유형을 정한 바 없으므로 계약의 대금지급조건에 따라 다양하게 해석될 수 있다.

분양불계약의 특성

(1) 수입분양대금의 한도 내에서 총도급금액을 지불하는 방식 또는 수입분양대금의 한도 내에서 승인된 공사기성금을 지불하는 방식(절충식)이다.
(2) 수입분양대금의 인출순서가 정해져 있으며 일반적으로 'PF원리금 → 대여금원리금 → 사업운영비 → 공사대금(연체이자 포함)' 순이다. 분양불계약은 도급계약의 대금지급방법에 따라 달리 해석된다.

대금지급방식	공급시기
지급기일에 대한 약정이 없는 경우	통상적인 용역의 공급으로 보아 용역제공완료일
공동명의 통장과 인출순서를 정한 경우	중간지급조건부계약으로 보아 공동예금계좌에 입금된 때
정산일시를 정한 경우	기타조건부계약으로 보아 약정한 때

따라서 분양불계약은 유형을 정형화하여 관리할 필요가 있으며, 가장 이견이 적은 유형을 선택하여야 한다. 가장 편리한 유형은 정산일시를 정한 경우일 것이다.

기타조건부로 해석되기 위해서는 대금지급조건상 아래 문구를 삽입하는 것이 좋다.

(1) 분양에 따른 일체의 업무는 시행사 명의로 하고 그 업무는 시행사 또는 시행사가 지정하는 자가 대행하되 동 분양업무에 관한 사항은 상호 협의하여 시행한다.
(2) 공사비 지불보장을 위하여 시공사와 시행사의 공동명의로 개설된 분양수입금관리용

예금계좌를 통하여 분양과 관련된 모든 금액이 입출금되도록 하여야 하며, 당일 직접 위 계좌에 입금되도록 분양계약서에 반영한다.

(3) 공사대금 정산일시는 매월 말일을 기준으로 정산하며, 자동 이체지급 방식으로 지급한다.

(4) 선순위 인출금 내역 등은 시행사 작성한 '공사대금지급액 계산내역서'에 명기하여 세금계산서 발행을 청구한다.

관련 법령

대법원 1997. 6. 27. 선고 96누16193 판결: 공사도급계약에 따른 공사가 완공 전에 중단된 경우, 기성고를 확정하여 공사대금을 지급받을 수 있게 된 때를 건설용역의 공급시기로 봄. → 공동주택을 신축하는 공사도급계약을 체결하면서 공사대금에 관하여는 신축하는 공동주택 중 호수를 특정한 몇 세대를 공사 도중에 임의 분양하여 그 대금을 공사대금 일부로 충당하기로 하고 공사를 진행하다 완공 전에 중단된 경우에, 그 기성고가 결정되어 그에 상응한 공사대금을 지급받을 수 있게 된 날을 건설용역의 공급시기로 봄이 상당하고, 기성고가 구체적으로 결정되지 않았음에도 이를 구 부가가치세법 시행령 제22조 제2호에 규정된 중간지급조건부 공급 등으로 보아 분양대금 수령일을 용역의 공급시기로 볼 수는 없다.

심사부가 2005-0629, 2006. 6. 26.: 공사가 지연되어 중도금의 지급연장사실 등을 통지한 것은 당초계약이 사정에 의하여 변경되었다고 보아야 할 것이므로 분양계약서상 중도금의 납부일자에 공급시기가 도래하였다고 본 것은 잘못임. → 상가를 분양하면서 계약 시부터 잔금 영수 시까지의 기간이 6개월 이상(계약금, 중도금 3회, 잔금)으로서 중간지급조건부로 재화를 공급하는 경우에 해당되나, 인근 주민들의 민원제기 및 암반노출로 인한 설계변경 등으로 쟁점공사가 당초 예정보다 지연될 뿐만 아니라 공사비가 추가되어 회사가 부도직전의 불가항력적인 상황에서 비록 서면으로 약정하지는 않았으나 청구법인과 분양계약자 사이에 중도금불입 연장 사실 등을 통지한 것으로서 당초 분양계약이 나중에 발생한 사정에 의하여 사실상 변경되었다고 보아야 할 것이므로 사실상 당초의 분양계약이 변경되었다고 인정되는 이 건의 경우 분양계약서상 중도금의 납부일자를 공급시기로 보아 과세한 처분은 잘못이다.

대법원 1999. 5. 14. 선고 98두3952 판결: 공사대금을 기성고가 아닌 분양성과에 따라 지급하기로 약정 한 경우, 용역의 공급시기는 대가의 각 부분을 받기로 한 때가 아니라 준공일임. → 건축공사대금을 기성고가 아닌 분양성과에 따라 지급하기로 약정한 경우, 건물 준공일에 역무의 제공이 완료되었고 그때 공급가액도 확정된 것으로 부가가치세법 시행령 제22조 제

1호에 따라 준공일을 공급시기로 보아야 할 것이고, 같은 조 제2호 소정의 기타 조건부 용역 공급에 해당한다고 볼 수 없어 그 대가의 각 부분을 받기로 한 때를 공급시기로 볼 수 없음.

국심2005서1940, 2005. 12. 9.: 수차례 대가를 분할하여 지급받는다 하더라도 대가의 각 부분을 확정하는 약정이 존재하지 않는 경우 중간지급 조건부가 아님. → 비록 청구법인이 ○○에 쟁점건물에 대한 대가를 계약금 외 8회에 걸쳐 분할하여 지급하고 계약금을 지급하기로 한 날부터 잔금을 지급하기로 한 날까지의 기간이 6월을 초과한다고 하더라도 청구법인이 ○○○에 금액을 지급한 때에는 그에 대한 대가의 각 부분이 확정되지 아니하였고 이에 대한 구체적인 약정도 존재하지 아니하였으므로 처분청이 쟁점금액이 중간지급조건부로 지급된 것임을 전제로 하여 동 금액에 대한 매입세액을 불공제하여 환급을 거부한 처분은 잘못임.

지분제 사업의 세금계산서 작성일자는?

　재개발·재건축 지분계약 형태는 조합원의 소유토지와 기존건축면적에 따라 사업시행 후 증가되는 세대당 건축면적에 비례하여 조합원에게 무상으로 제공하고, 시공사는 일반분양분(주택, 상가, 기타복리시설 등)을 매각하여 공사비에 충당하는 것을 말한다. 이 계약형태는 가장 보편화된 방식으로, 조합원은 토지를 제공하고 시공사는 건설용역을 제공하는 공동사업형태로 시공사의 책임으로 모든 사업을 수행하고 사업결과에 따른 추가이익은 시공사에 돌아가는 형태이다. 시공사는 공사에 소요되는 모든 비용에 대하여 책임을 지게 되며, 조합원은 각 조합원에게 부과되는 제세공과금을 책임지게 된다.

- 지분제계약: 조합은 분양가 변동에 관계없이 확정된 분담금만을 부담하며 사업에 따른 위험이나 초과 이익은 건설사에 귀속되어 분양에 따른 책임도 건설사가 부담하는 계약

　일정 도급금액을 수령하는 단순도급계약과 달리 지분제 도급계약의 경우, 일반분양대금이 감소하면 건설사의 수입금액도 감소한다.

(1) 시공사의 공사도급금액 ＝ 조합원분담금 ＋ 일반분양대금 － 조합의 사업경비
(2) 지분제계약은 조합원 추가분담금이 없는 확정지분제와 추가분담금이 있는 변동지분제로 나눈다.

　지분제 사업이란 시공사는 조합이 제공한 대지에 관할 지방자치단체장이 인가한 설계도서, 계약조건 등의 내용에 따라 건축시설을 시공하며, 조합은 각 조합원에게 계약에서 정한 무상지분율에 따라 신축된 아파트 및 부대복리시설을 공급하며 잔여 건축시설은 일반분양하여 공사비 및 사업경비('건설사업비')로 충당하는 공사계약으로 시공사는 조합의 사업경비를 무이자로 실비대여하거나 또는 금융기관을 알선하여 조합이 금융기관으로부터 직접 차입할 수 있도록 지급보증하고 조합은 차입한 사업경비를 입주지정 기간 만료일까지 충당 및 전액 정산하여야 한다. 시공사는 건설사업비를 계약서에 따라 계약금, 중도금 및 잔금을

납부하기로 한 약정일자, 약정비율에 의거하여 조합에게 청구하며 조합은 분양수입금 등의 입금 즉시 집금관리 후 시공사 명의의 예금계좌에 자동이체하여 정산하기로 하며, 공사비, 대여금, 금융비용 순으로 상환한다.

(1) 무상지분율: 무상지분율이란 아파트 재건축사업에 있어 시공사가 대지지분을 기준으로 어느 정도 평형을 추가 부담금 없이 조합원들에게 부여할 수 있는지 나타내는 비율이다. 무상지분율 및 부담금은 계약서에 명기된다.

(2) 이주비대여: 무이자 대여금은 기존 평형에 따라 5천만~1억 원 정도이며, 유이자 대여금은 담보한도 범위 내에서 정해진다.

(3) 사업비대여: 시공사는 조합에게 운영비, 설계비, 감리비, 감정평가비, 행정용역비, 등기비용을 무이자로 대여한다. 대여기간은 조합창립총회월부터 조합청산월까지이다.

(4) 분양금수금방식: 일반적으로 조합원분담금은 계약금(20%), 중도금(10%, 6회), 잔금(20%)으로 납부하며, 일반분양금은 주택공급에 관한 규칙에 따른다. 시공사와 조합의 공동명의 계좌를 개설하여 관리한다.

(5) 공사비회수방식: 공사채권은 조합원분담금과 일반분양금으로 충당하며 대여원리금, 공사비 순으로 상환한다. 즉, 분양불방식이다.

지분율이란 대지지분을 의미한다. 등기부등본에 대지권비율에 나와 있는 면적이 대지지분이다. 즉, 무상지분율이 150%로 결정되었다면 대지지분 10평을 소유한 조합원은 분양평수 15평을 무상으로 받으며 나머지 평형만큼 일반분양가로 추가부담금을 부담하게 된다.

비례율(개발이익률)은 재개발사업이 완료된 후 조합이 벌어들일 총수입금에서 사업비를 제한 금액을 구역 내 토지 및 건물감정평가액으로 나눈 금액을 말한다. 즉, 조합원 권리가액을 산정할 때 필요한 것이며 비례율이 낮으면 사업성이 낮고, 높으면 사업성이 좋아지게 된다.

• 비례율 = (구역 내 사업완료 후의 대지 및 건축시설의 총추산액 − 총사업비) / (구역 내 조합원의 종전토지 및 건축물의 총가액) × 100

그러나 요즘은 비례율이 높으면 조합에게 법인세만 많이 나오므로 보통 95~105% 정도로 설정한다. 즉, 비례율을 낮추고 대신 일반분양가보다 조합원분양가를 할인하는 것이 일반적이다.

1. 세금계산서 발행시기

분양불계약의 방식으로 세금계산서를 발행하며, 이후 각 정산합의서를 작성하는 시점에 수정세금계산서를 발행한다. 미확정비용은 추정치에 의하여 정산합의서를 작성하고 확정 시 또는 조합폐업 시 다시 정산합의서를 작성하는 것이 좋다.

(1) 준공시점: 미분양세대 및 조합의 추가소요 예상비용 등으로 수입금액이 확정되지 아니한다.
(2) 분양완료: 법인세 및 세무조정수수료, 조합해산비용, 조합원 취득세 등이 확정되지 아니한다.
(3) 할인분양: 미분양분 할인분양 금액 등이 확정되지 아니한다.
(4) 조합폐업: 폐업하는 시점에서 기추정반영 비용증감분을 공사비로 정산한다.

2. 기타 세무문제

(1) 공동사업자 여부: 재건축조합과 시공사는 세법상 공동사업자에 해당하지 아니한다. 세법상 공동사업자는 손익분배비율이 가장 중요한데, 지분제사업은 도급금액을 결정하는 방법일 뿐 손익의 분배비율이 아니기 때문이다.

(2) 무상이주비 문제: 시공사가 조합에게 지급하는 이주비는 조합이 조합원에게 지급 시 배당소득으로 원천징수하여야 하며 시공사가 조합에게 지급 시 원천징수하지 않는다. 시공사가 조합원에게 직접 지급하는 경우 기타소득으로 원천징수 할 수밖에 없는데, 이 경우 조합은 수익계상을 누락하게 된다. 왜냐하면 조합의 입장에서 시공사로 받은 무상이주비는 익금인데 반하여, 배당은 조합의 손금이 아니기 때문이다.

(3) 무이자대여 문제: 특수관계 없는 자에게 업무상 금전을 무상 또는 저리로 대여하는 경우 부당행위계산부인 및 접대비 문제를 발생시키지 않는다.

법규부가 2013-421, 2013. 10. 29.: 시공사가 시행사와 지분제계약을 체결하고 건설용역을 제공한 경우로써 시공사가 시행사의 분양수입금액을 기준으로 공사도급금액을 산정하였으나, 상호 정산합의를 통하여 당초 공사도급금액의 일부가 차감되는 경우 시공사는 공사도급금액이 최종 확정된 날을 기준으로 그 차감되는 금액에 대하여 수정전자세금계산서를 발급할 수 있는 것임.

부가 46015-106, 1998. 1. 17.: 건설업을 영위하는 사업자가 국민주택 규모 초과분의 건설용역(귀 질의 조합의 조합원지분이든 비조합지분이든 모두 포함)을 주택재건축조합에 제공하고 받는 대가에 대하여는 부가가치세법 제7조 제1항의 규정에 의하여 부가가치세가 과세되는 것임.

부가 46015-1554, 2000. 7. 3.: 1. 주택건설촉진법에 의한 재건축조합이 건설회사로부터 건설용역을 제공받아 건축한 주택을 조합원에게 분양하는 경우에 있어 조합이 조합원에게 완성된 주택을 분양하는 경우에는 부가가치세가 과세되지 아니하는 것이나, 건설업자가 조합에 국민주택 규모를 초과하는 주택의 건설용역을 제공하는 경우에는 부가가치세가 과세되는 것이므로 당해 건설업자는 당해 조합으로부터 부가가치세를 거래징수하여야 하는 것임.
2. 한편, 건설업자가 재건축조합으로부터 부가가치세를 별도로 거래징수할 것인지, 아니면 건설용역공급계약에 부가가치세가 포함하여 거래징수할 것인지의 여부는 당사자 간에 결정할 사항임.

부가 46015-1022, 1997. 5. 8.: 귀 질의의 경우 '공동사업자 지분제 계약'의 내용이 불분명하여 명확한 답변을 드리기 어려우나, 건설업자가 자기 책임과 계산하에 제공하는 국민주택 규모(85평방미터) 초과분의 아파트와 상가의 신축용역대가 및 신축아파트와 상가의 공급대가에 대하여는 부가가치세법 제6조 제1항 및 제7조 제1항의 규정에 의하여 각각 당해 대가 전액(분양면적 전체 금액)에 대하여 부가가치세가 과세되는 것임.

부가 46015-1075, 1997. 5. 13.: 1) 귀 질의의 경우 재건축조합이 건설업자와 지분제계약으로 재건축사업을 시행하는 내용이 불분명하여 명확한 답변을 드리기 어려우나, 공동사업의 여부는 그 사업이 당사자 전원의 것으로서 공동으로 경영되고 이익의 분배방법 및 비율이 정하여져 있는지 등의 사실에 따라 판단하는 것임.
2) 주택재건축조합의 대표자 또는 관리인이 선임되어 있고 이익의 분배방법 및 분배비율이 정하여져 있지 아니한 경우에는 당해 조합을 하나의 거주자로 보는 것이며, 이 경우 당해 조합을 하나의 납세의무자로 하여 부가가치세법 제5조의 규정에 의한 사업자등록을 하는 것임.

부가 46015-106, 1998. 1. 17.【질의】건설업을 영위하는 사업자가 주택건설촉진법 제44조 제3항 규정에 의한 공동사업시행자로 당 재건축조합과 아파트재건축에 대한 지분제 계약을 체결하고, 그 이익의 분배나 비율, 출자내용 및 그 지분 등에 대해 별첨 가계약과 같이 구체적인 약정을 하여 건설용역(국민주택 초과 주택 부분)을 제공하는 경우, 재건축조합에게 계산서를 발행할 때 부가가치세의 과세 여부

【회신】건설업을 영위하는 사업자가 국민주택 규모 초과분의 건설용역(귀 질의 조합의 조합원지분이든 비조합지분이든 모두 포함)을 주택재건축조합에 제공하고 받는 대가에 대하여는 부가가치세법 제7조 제1항의 규정에 의하여 부가가치세가 과세되는 것임.

소득세과-579, 2010. 5. 18.: 주택재건축정비사업조합의 조합원이 해당 조합으로부터 지원받는 상환의무 없는 이사비용 상당액(해당 금액이 정비사업조합이 부담하는 정비사업비에 포함되어 있는 경우로서 해당금액이 일반분양분과 조합원분양분으로 배분되는 경우에는 일반분양분에 배분된 금액)은 소득세법 제17조의 배당소득에 해당하는 것임.

법인 46012-1353, 1994. 5. 11.: 건설업 법인이 대신 지급한 재건축조합사업비의 공사원가 해당 여부

건설업 법인이 재건축조합과 도급계약에 의한 공사를 함에 있어서 재건축조합이 부담하여야 할 사업비를 대신 지급하는 경우 동 금액은 재건축조합으로부터 회수하여야 할 채권이므로 당해법인의 공사원가로 처리할 수 없는 것임.

조심 2013서2105, 2013. 11. 6.: 손익분배비율을 초과하여 재건축조합에 대여한 자금이 특수관계자에 대한 업무무관가지급금에 해당하는지 여부

【인용】청구법인이 조합에 자금을 대여한 것은 업무대행계약에 따른 것이고, 동 자금은 조합이 당해 사업에 사용한 것으로 나타나므로, 비록 청구법인이 공동사업자 간 손익분배비율을 초과하여 조합에 자금을 대여하였더라도 그 자금은 당해 사업을 유지하기 위해 필수불가결하게 집행된 것이므로 청구법인의 업무와 관련이 있다고 봄이 타당함.

서이 46012-11622, 2003. 9. 9.: 법인이 특수관계 없는 법인에게 시중금리 또는 국세청장이 정하는 당좌대월이자율보다 낮은 이율로 금전을 대여한 경우 위 시중금리 등에 의하여 계산한 이자 상당액과 차액에 대하여는 법인세법 제24조(기부금의 손금불산입) 및 같은 법 제25조(접대비의 손금불산입)의 규정을 적용하지 아니하는 것임.

법인 46012-2509, 1993. 8. 23.: 법인이 제조한 제품의 판매확대를 위하여 특수관계 없는 자에게 금전을 무상으로 대여하는 경우에는 법인세법 제20조의 부당행위계산의 부인 규정 및 동법 제18조의3 제2항 제2호(업무무관가지급금)의 규정에 의한 지급이자 손금불산입 규정이 적용되지 아니하는 것이며, 이 경우 무상으로 금전을 대여한 것에 대하여는 동법 제18조의2(접대비등의 손금불산입)의 규정이 적용되지 아니하는 것임.

심사부가 2007 - 0369, 2008. 6. 24.: 세법상 공동사업이라 함은 일반적으로 공동사업장의 손익에 대하여 사업자들이 공동의 책임과 권리를 가지는 사업이라 할 것인데, 청구조합은 쟁점사업 손실에 대하여 책임을 진다거나 현물로 받은 아파트·상가 이외에 이익을 배당받을 권리를 가지지 않았고, 공동사업으로 사업자등록을 한 것도 아니므로 쟁점사업을 세법상의 공동사업으로 단정할 수 없다 하겠다.

공사 진행 도중 시행사가 변경되는 경우 세금계산서 발행 방법은?

중간지급조건부든 완성도기준조건부 계약이든 건설공사계약은 단일 거래에 대하여 수 개의 세금계산서로 나누어 발행하는 것에 불과하므로, 각 세금계산시마다 공급받는 자가 동일하여야 한다.

그러나 건설공사계약 중 시행사가 변경된 경우 시공사는 변경 후에는 변경된 내용에 따라 변경된 매수자에게 세금계산서를 교부하여야 하며, 당초 도급계약이 해지되지 않는 한 수정세금계산서를 교부할 필요는 없다.

매수인의 지위를 이전한 당초 매수자와 변경된 매수자는 대금수수 및 세금계산서를 교부하여야 하나, 시공사의 세금계산서 발행에는 영향을 미치지 않는다.

│ 발주자의 지위 이전 계약상 포함되어야 할 문구 예시 │

甲: 원발주자, 乙: 변경된 발주자, 丙: 시공사

원발주자 甲은 원도급공사계약상의 발주자로서 모든 권리와 의무를 乙에게 이전함.

丙은 甲에게서 乙로 원도급공사계약상의 발주자 지위가 이전됨을 동의함.

乙은 발주자 지위 양수대가를 甲의 본 매수인 지위 양도계약을 체결한 날로부터 0 영업일 이내에 지급함.

본 발주자 지위 양도계약 체결에 따른 당초 甲과 丙 간에 체결된 공사도급계약서는 조속한 시일 내에 변경 계약하기로 함.

부가, 부가 46015－2285, 1998. 10. 10.: 사업자 "갑"이 사업자 "을"에게 건설용역을 공급하던 중 공급시기 도래 전에 사업자 "을"이 사업자 "병"에게 사업양도를 하고, 갑, 을, 병 3자 간 건설용역 공급받는 자의 지위승계를 합의한 경우로서 공급시기가 을과 병 간의 사업양도·양수 후 도래 시 그 공급시기에 갑은 병에게 세금계산서를 교부하는 것임.

부가 46015－4866, 1999. 12. 11.: 사업자 갑이 건축물을 건설하여 매수자 을에게 중간지급조건부로 매도하기로 계약한 후 매수자 을로부터 계약금을 지불받아 이에 대한 세금계산서를 교부하였으나, 매수자인 을이 병에게 동 건축물의 권리의무 일체를 양도하기로 함에 따라 을·병 간에 매수자 지위양도·양수에 관한 계약을 체결한 경우에는 건축물을 공급하는 갑 사업자는 변경된 계약내용에 따라 병에게 중도금과 잔금에 대한 세금계산서를 교부하여야 하는 것이며, 을은 병에게 지위양도에 따른 대가관계 있는 금액 전액에 대하여 세금계산서를 교부하여야 하는 것임.

부가 46415－2822, 1999. 9. 16.: 당해 아파트 신축분양사업의 양도가 부가가치세법 제6조 제6항의 규정에 의한 사업의 양도에 해당되는 경우에는 양도자가 양도 이전에 교부한 세금계산서에 대하여는 영향을 미치지 아니하는 것이며, 동 규정에 의한 사업의 양도에 해당되지 않는 경우에는 당초 분양계약의 취소 여부에 따라 당초 분양계약이 취소된 경우에는 양도자는 분양받은 자에게는 당초 교부한 세금계산서를 수정하여 교부하고 당해 금액 상당액에 대한 세금계산서를 양도자에게 교부하는 것이며, 당초 분양계약이 취소되지 않은 경우에는 당초 양도자가 교부한 세금계산서에는 영향을 미치지 아니하는 것임.

재경부 소비 22601－15, 1989. 1. 12.: "갑"이 건축물을 건설하여 "을"에게 매도하기로 하고 계약금 및 중도금에 대한 세금계산서를 교부한 상태에서 매수자인 "을"이 "병"에게 동 건축물의 일체를 양도하기로 하고 "갑", "을", "병" 3자간에 매수자 지위 양도·양수에 대한 계약을 체결한 경우는 "갑" 사업자는 변경계약 내용에 따라 세금계산서를 교부하는 것임.

원칙적인 경우 선수금(공사선급금)은 세금계산서 발급 대상이 아니다. 세금계산서는 재화·용역의 공급거래에서 발행되는데 선수금은 재화·용역의 공급 전에 이루어지는 자금거래이기 때문이다. 다만, 특례에 의하여 발급할 수 있으며 건설업의 관행상 공사대금을 세금계산서로 청구하는바 실무상 선수금에 대하여 세금계산서를 발행하는 것이 일반적이다.

따라서 아래처럼 정리될 수 있다.

(1) 선수금에 대하여 세금계산서를 발행하지 않아도 아무런 문제가 없다.
(2) 선수금에 대하여 세금계산서를 발행한 경우 반드시 7일 이내 선수금을 수령하여야 한다.
(3) 일반적인 도급계약서에서 선수금의 경우 청구시기와 지급시기가 별도로 기재되지 않는다.

사업자가 완성도기준지급조건부로 예산회계법 제68조의 적용을 받지 아니하는 건설용역(관급공사)을 공급함에 있어 도급인으로부터 공사자금의 지원목적으로 선수금을 지급받고 동 선수금 중 작업진행률에 상당하는 부분을 확정된 기성고대금에 순차로 충당하기로 한 경우 동 선수금의 공급시기는 계약에 따라 확정된 기성고대금에 충당되는 때이다(부가 46015-1088, 1995. 6. 15.). 다만, 국고금관리법 등의 적용을 받는 공공공사의 경우에는 중간지급조건부에 해당되어 대가의 각 부분을 받기로 한 때이다.

선수금이 세금계산서 발행대상이 아닌데 비하여 계약금은 세금계산서 발행대상이다. 선수금과 계약금은 법률적 성격이 다른 것이므로 구별되어야 한다.

선금의 법적성격(국심95경0569, 1995. 10. 13.)에 관하여 선금이 계약금의 성질일 경우에는 대가를 받기로 한 때이나 선급금(선급공사대금)일 경우에는 기성대금에 충당되는 때이다. 이 경우 선급공대대금이 되기 위해서는 ① 하도급계약서에 선급금으로 표시되어 있고, ② 하도급계약서 본문에 선금에 대한 정산규정이 있어야 하며, ③ 계약이 해약될 때에는 배액상환(민법 제565조)이 아니라 손해배상을 별도로 정하여야 한다.

본문 제22조 【선급금】

④ 선급금은 계약목적 외에 사용할 수 없으며, 노임지급 및 자재확보에 우선 사용하도록 한다.

⑤ 선급금은 기성부분의 대가를 지급할 때마다 다음 산식에 의하여 산출한 금액을 정산한다. 선급금 정산액＝선급금액×(기성부분의 대가 상당액/계약금액)

본문 제25조 【계약해제, 해지】

⑤ 갑 또는 을은 제1항에 의한 계약의 해제 또는 해지로 손해가 발생한 때에는 상대방에게 손해배상을 청구할 수 있다.

계약금이란 재화 또는 용역의 공급이 완료되면 반환할 것을 조건으로 지급하는 경우와 공급대가의 일부로 충당되거나 상계할 것을 예정하고 지급하는 계약금을 말하는 것으로(조법 265.2-701, 1982. 6. 5.), 공급대상물이 확정되지 않은 상태에서 받는 청약금은 계약금으로 보지 아니한다(부가 46015-2266, 1997. 10. 1.). 완성도기준지급 또는 중간지급조건부로 재화를 공급하거나 용역을 제공함에 있어서 그 대가의 일부로 계약금을 거래 상대방으로부터 받는 경우에는 해당 계약조건에 따라 계약금을 받기로 한 때를 그 공급시기로 본다. 이 경우 착수금 또는 선수금 등의 명칭으로 받는 경우에도 해당 착수금 또는 선수금이 계약금의 성질이 있는 때에는 계약금으로 본다(부집 9-21-2).

건설업은 초기 투입자금이 크며 기성금은 확정 후 지급받게 되므로 현금흐름의 시점 차이로 인한 금융비용이 항상 중요한 관심거리가 된다. 시공사가 발주처로부터 선수금을 받은 경우 건설산업기본법에 따라 하도급업자에게 동등하게 지급하여야 한다. 따라서 시공사가 수령한 대가를 어떻게 볼 것인가에 따라서 현금흐름이 달라지게 된다. 즉, 기성금이나 선수금으로 볼 경우 하도급금이 선집행하여야 하므로 자금사정이 나빠지나, 단순한 예수금인 경우에는 그러하지 아니하다.

부가가치세법 제17조【재화 및 용역의 공급시기의 특례】② 사업자가 재화 또는 용역의 공급시기가 되기 전에 제32조에 따른 세금계산서를 발급하고 그 세금계산서 발급일부터 7일 이내에 대가를 받으면 해당 세금계산서를 발급한 때를 재화 또는 용역의 공급시기로 본다. (2013. 6. 7. 개정)

③ 제2항에도 불구하고 다음 각 호의 어느 하나에 해당하는 경우에는 재화 또는 용역을 공급하는 사업자가 그 재화 또는 용역의 공급시기가 되기 전에 제32조에 따른 세금계산서를 발급하고 그 세금계산서 발급일부터 7일이 지난 후 대가를 받더라도 해당 세금계산서를 발급한 때를 재화 또는 용역의 공급시기로 본다. (2021. 12. 8. 개정)

1. 거래 당사자 간의 계약서·약정서 등에 대금 청구시기(세금계산서 발급일을 말한다)와 지급시기를 따로 적고, 대금 청구시기와 지급시기 사이의 기간이 30일 이내인 경우 (2018. 12. 31. 개정)
2. 재화 또는 용역의 공급시기가 세금계산서 발급일이 속하는 과세기간 내(공급받는 자가 제59조 제2항에 따라 조기환급을 받은 경우에는 세금계산서 발급일부터 30일 이내)에 도래하는 경우 (2021. 12. 8. 개정)

법규과-27, 2010. 1. 13.: 사업자가 공급시기 도래 전에 대가의 지급 없이 선발행세금계산서를 교부받아 부가가치세 예정 신고를 하여 관할 세무서장으로부터 경정처분을 받은 후, 해당 재화 또는 용역의 공급시기를 거래일자로 하는 세금계산서를 그 공급시기가 속하는 과세기간 내에 다시 교부받아 경정청구 등을 하는 경우 해당 매입세액은 「부가가치세법」 제17조 제1항에 따라 자기의 매출세액에서 공제할 수 있는 것이다.

건설산업기본법 제34조【하도급대금의 지급 등】① 수급인은 도급받은 건설공사에 대한 준공금 또는 기성금을 받으면 다음 각 호의 구분에 따라 해당 금액을 그 준공금 또는 기성금을 받은 날(수급인이 발주자로부터 공사대금을 어음으로 받은 경우에는 그 어음만기일을 말한다)부터 15일 이내에 하수급인에게 현금으로 지급하여야 한다.

준공금을 받은 경우: 하도급대금

기성금을 받은 경우: 하수급인이 시공한 부분에 해당하는 금액

④ 수급인이 발주자로부터 선급금을 받은 때에는 하수급인이 자재를 구입하거나 현장노동자를 고용하는 등 하도급공사를 시작할 수 있도록 수급인이 받은 선급금의 내용과 비율에 따라 선급금을 받은 날(하도급계약을 체결하기 전에 선급금을 지급받은 경우에는 하도급계약을 체결한 날)부터 15일 이내에 하수급인에게 선급금을 지급하여야 한다. 이 경우 수급인은 하수급인이 선급금을 반환하여야 할 경우에 대비하여 하수급인에게 보증을 요구할 수 있다.

준공일 이후 하자유보금을 받기로 한 경우 준공세금계산서는?

건설공사의 경우 준공일 이후 하자이행보증증권 제출 시 하자보증유보금을 지급도록 계약하는 경우가 많다. 이 경우 유보금에 대한 세금계산서 교부시기에 관하여 다른 해석이 있을 수 있다.

(1안) 준공시점으로 보는 경우
(2안) 유보금지급시점으로 보는 경우

완성도기준조건부계약의 경우 대가의 각 부분을 받기로 한 때가 된다. 이는 준공일 전의 세금계산서의 발행에만 해당한다. 즉, 유보금도 기성 확정 시(준공시점)에 교부하여야 한다.

간혹 유보금 지급시기를 세금계산서 발급시기로 보는 예규(이하 1번 예규)가 있어 실무에 혼선을 가지고 온다.

부가, 서면인터넷방문상담3팀-1269, 2006. 6. 28.: 사업자가 완성도기준지급조건부로 건설용역을 공급하면서 결정된 기성금 중 일정 금액을 유보금 명목으로 공제하여 지급받고 건설용역 제공이 완료된 후 하자이행보증증권을 제출할 시 유보금을 지급받기로 한 경우 부가가치세 과세표준은 대가의 각 부분을 받기로 한 때 결정된 기성금이 되는 것이다.

앞 1번 예규는 이전 예규인 아래 예규(이하 2번 예규)에 근거했다. 그런데 결과는 반대가 되어 버렸다.

부가, 부가 46015-3949, 1999. 9. 28.: 사업자가 완성도기준지급조건부로 건설용역을 공급하면서 결정된 기성금의 일부를 당해 건설용역의 공급에 대한 하자보증금으로 유보하는 경우 당해 하자보증금의 공급시기는 당해 건설용역의 공급에 대한 기성고가 확정되어 대가의 각 부분에 받기로 한 때인 것이다.

2번 예규는 기성고가 확정되면 대가를 유보하든 안 하든 세금계산서를 발행해야 한다는 예규이고, 1번 예규는 받기로 한 때가 준공일 이후면 이후에 세금계산서를 발급해야 한다는 예규로 읽힌다. 당연히 기성고는 준공시점 100%가 되어야 하고 유보금은 기성고에 포함되어 있으므로 준공일까지 세금계산서가 발급되어야 한다.

따라서 받기로 한 때란 준공일(용역제공완료일) 이전일 경우만 한정한다.

부가가치세 집행기준 9-22-1 완성도기준지급조건부 거래익 공급시기: ① 완성도기준지급조건부로 건설용역을 공급함에 있어 당사자의 약정에 의하여 준공검사일 이후 잔금을 받기로 한 경우 해당 잔금에 대한 공급시기는 건설용역의 제공이 완료되는 때로 한다.

부가, 부가 22601-223, 1992. 2. 22.: 완성도기준지급 또는 중간지급조건부에 의해 건설용역을 제공하고 당사자의 약정에 의해 준공검사일 이후에 잔금을 받기로 한 경우 당해 잔금에 대한 공급 시기는 건설용역의 제공이 완료되는 때인 것

한장석·김용관의 『부가가치세』 307쪽에 의하면 완성도의 측정은 일의 시작에서부터 완성 사이에서만 이루어지므로 공사 종료 후 완성도는 있을 수 없다. 과세관청의 해석대로라면 "대가의 각 부분을 받기로 한 때"란 중간에 지급하는 대가(계약금 포함)를 말한다고 보아야 한다.

1번 예규는 법률에 대한 이해 없이 기존의 예규를 반복 생산하는 가운데 잘못 생성된 예규인 듯하다. 실제로 상반된 예규가 다소 있다.

국민주택건설용역이란?

1. 국민주택건설용역의 범위

국민주택이란 주택법에 따른 전용면적 85㎡ 이하인 주택을 말한다. 부가가치세상에서는 국민주택의 공급, 국민주택의 건설(리모델링)용역 및 설계용역에 대하여는 면세를 적용하고 있다. 면세가 적용되는 거래는 계산서로 수수하며, 과세거래는 세금계산서로 수수한다.

국민주택건설용역과 관련 있다하여 모두 면세를 적용하는 것은 아니며, 사업자가 당해 면허와 관계있는 국민주택건설용역을 제공하는 경우에만 면세를 적용하는 것으로 아래와 같은 요건이 있다.

(1) 주택법에 따른 국민주택 규모 이하의 주택일 것
(2) 주택의 건설용역으로서 건설산업기본법·전기공사업법·소방법·정보통신공사업법·주택법·하수도법 및 가축분뇨의 관리 및 이용에 관한 법률에 의하여 등록을 한 자가 공급할 것
(3) 주택의 설계용역으로서 건축사법·전력기술관리법·소방시설공사업법·기술사법 및 엔지니어링 기술진흥법에 따라 등록 또는 신고를 한 자가 공급하는 것일 것

예를 들어 건설산업기본법에 의한 창호전문 공사면허를 가진 사업자가 창호공사건설용역을 제공하는 경우에는 면세를 적용하나 국민주택 규모 이하의 주택에 신발장이나 가구 등을 제작하여 설치하는 경우(이러한 것은 목공사에 해당)에는 과세가 적용되는 것이며, 부가가치세가 과세되는 세금계산서로 거래해야 한다.

2. 국민주택건설용역의 (세금)계산서 교부

국민주택건설용역과 관련된 경우 세금계산서가 아닌 계산서를 교부하여야 하는 것이며, 시공사가 국민주택 규모 이하의 주택과 초과하는 주택의 건설용역을 같이 공급하는 경우 면적비율(과면세비율)로 안분하여 면세비율에 해당하는 계산서와 과세비율에 해당하는 세금계산서를 교부한다. 원도급사가 국민주택건설용역과 관련하여 협력업체로부터 국민주택건설 하도급용역을 공급받는 경우에도 동일하게 적용된다.

(1) 국민주택건설용역의 부수재화 또는 용역에도 적용: 국민주택건설용역에는 국민주택에 부수되는 부대시설 등의 건설용역도 포함된다. 다만, 국민주택의 공급에 부수하여 공급되지 아니하고 별도로 공급되는 경우에는 국민주택건설용역의 일부분으로 보지 아니하며, 면세를 적용할 수 없다.
예를 들어 준공검사가 완료된 후 별도로 공급되는 새시 공사나 자기의 제조장에서 제작한 엘리베이터를 국민주택에 직접 설치하는 경우 및 주택단지 밖의 도로변에 설치하는 가로등은 면세가 적용되지 않으므로 전액 세금계산서 대상이 된다.

(2) 발주처에 분양대행용역 등을 공급하는 경우: 도급계약에 따라 시공사가 분양대행용역이나 광고용역 등을 제공하는 경우 이러한 용역은 국민주택건설용역에 해당하지 않는다. 따라서 기성확인을 받아 청구하는 금액 중 이러한 분양대행용역이나 광고용역 등 국민주택건설용역에 해당하지 않는 용역부분에 대해서는 과면세비율로 안분하는 것이 아니라 전체 세금계산서를 교부하여야 한다.

(3) 국민주택건설용역과 관련한 기존 건축물 철거용역: 주택재건축조합과 기존의 건축물을 철거하고 국민주택건설용역을 제공하기로 계약을 체결하고, 전문공사 면허가 있는 다른 사업자에 하도급을 주더라도 재건축조합등에게 공급하는 철거용역은 면세적용이 가능하다.

(4) 하도급에 의하여 국민주택 건설현장 단지 내의 현장사무실 건설용역을 제공하는 경우: 과거 가설울타리 현장사무실 공사용역만을 제공하는 경우 부가가치세가 과세된다는 해석(서면3팀-144, 2005. 1. 27. 및 부가-808, 2013. 9. 9.)은 2021년 10월 국세청에서 자체해석변경(국세법령해석심의위원회의 심의를 거쳐 기존해석 사례를 변경하는 것)

하였다. 현재 유효한 예규는 가설울타리 등은 국민주택 착공을 위하여 필수적 부대시설이고 국민주택건설용역의 일부로서 부가가치세 면세라는 해석(서면법류-1199, 2014. 11. 14.)이다. 그러나 철구조물을 제조하는 업체는 철구조물은 울타리 펜스로서 건설현장에 납품설치하나 건설공사 완료 후 회수하는 형태로서 (건설업면허가 있다 하더라도) 실질적으로 임대라는 점과 국민주택건설용역과 함께 제공하는 용역이 아니라는 점에서 여전히 문제가 있다. 실제로 하청업체 단계에서 매입세액불공제를 발생시킬 것인가, 원도급사 단계에서 매입세액불공제를 발생시킬 것인가의 문제이고, 하도급사 단계에서 발생되는 매입세액불공제는 매입세의 형태로 계약금액에 영향을 미치게 된다. 면세의 범위를 확장하는 것이 납세자에게 유리한 점이 아니라는 점을 고려한다면, 일관성 있는 해석(즉, 하도급에 의한 가설울타리 등의 설치를 과세하는 기존 해석)을 유지하는 것이 타당하다고 여겨진다.

(5) 국민주택단지 진입로 건설용역: 국민주택건설용역에는 국민주택의 상시주거용 건물과 이에 부속되는 토지의 조성 등을 위한 건설용역을 말하는 것이므로, 건물에 부속되지 아니하는 도로의 건설용역은 국민주택건설용역에 해당되지 않는다.

(6) 국민주택건설에 대한 설계, 감리 용역: 예전에는 설계, 감리용역이 모두 과세대상이었다. 건축설계 및 건축감리 용역은 사업서비스업 중 건축설계 및 관련서비스업으로 분류된다. 이에 따라 건설업이 아니라고 보는 시각이 지배적이었기 때문이다. 그러나 2003. 7. 1. 이후 공급분부터 건설용역(조특법 제106조 제4항 제2호)에 추가하여 건축사법에 의하여 등록한 자의 설계용역(조특법 제106조 제4항 제3호)이 면세대상이 되었다(2009. 2. 4. 최초로 계약을 체결하여 공급하는 분부터 전력기술관리법, 소방시설공사업법, 기술사법 및 엔지니어링 기술진흥법에 의하여 등록 등을 한 자의 설계용역도 면세됨). 그러나 감리용역은 국민주택건설용역에 해당되지 아니하므로 세금계산서를 교부받아야 한다. 건축사법에 따르면 설계와 감리는 건축사의 주업무이다. 그러나 감리는 시공현장의 검측과 확인(품질 등) 등의 업무인 관계로 국민주택건설용역에서 제외된 것으로 이해된다.

(7) 발코니 확장공사 등을 제공하는 경우: 시공사와 시행사의 본 도급계약상 발코니 확장공사 계약을 포함하고, 대가를 본공사비에 포함하여 수수하는 경우 본공사의 부수용

역으로 보아 부가가치세 처리(본공사에 포함하여 과면세비율에 따라 처리)하여 왔다. 그러나 최근 발코니는 어떠한 경우에도 부수로 보지 않는 것으로 방향을 잡아가고 있다(발코니는 별도로 다시 다루기로 한다).

시공사와 시행사가 별도 계약을 통해 발코니 확장 공사를 제공하고, 대가 또한 본공사와 구분하여 수수하는 경우 본공사의 부수용역으로 보지 아니한다(전액 과세대상 거래). 시공사가 수분양자와 계약을 직접 체결하고 발코니 확장 공사를 제공하는 경우, 본공사의 부수용역으로 보지 아니한다(전액 과세대상 거래).

시행사가 주택 분양 계약과는 별도로 수분양자와 발코니 새시 설치 계약을 체결하고 주택공급과 함께 발코니 새시 설치용역을 제공하기로 계약한 경우로 그 대가를 주택 분양가액에 포함하지 않고 별도로 청구하는 경우, 해당 발코니 새시 설치용역은 부가 가치세 과세대상에 해당하므로 세금계산서 발행대상이다.

관련 법령

서면3팀-620, 2005. 5. 9.: 부가가치세가 면제되는 국민주택 규모 이하의 건설용역이라 함은 건설산업기본법·전기공사업법·소방법·정보통신공사업법·주택건설촉진법 및 오수·분료 및 축산폐수의 처리에 관한 법률에 의하여 등록한 사업자가 조세특례제한법 시행령 제106조 제4항의 규정에 의한 국민주택건설용역을 제공하는 것을 말하며, 당해 국민주택건설용역에 따른 모델하우스 설치용역을 하도급 주어 설치하는 경우에는 원건설업자가 자기의 책임과 계산하에 당해 설치용역을 하도급하여 제공하는 경우에는 부가가치세가 면제되나, 하도급을 받은 건설업자가 당해 모델하우스 건설용역만을 별도로 제공하는 경우에는 부가가치세가 과세되는 것임.

부가-5035, 2008. 12. 29.: 건설산업기본법 등에 의하여 등록한 자가 국민주택 택지조성을 위한 건설용역을 제공하는 경우에는 조세특례제한법 제106조 제1항 제4호의 규정에 의하여 부가가치세가 면제되는 것임. 이 경우 그 건설업자가 당해 택지조성공사 중 일부를 건설산업기본법 등에 의하여 등록한 자에게 하도급한 경우 그 하수급자의 건설용역에 대해서도 부가가치세가 면제되는 것이나, 단순히 건설기계(중기)만을 임대하고 그 대가를 받는 경우에는 부가가치세법 제7조 제1항의 규정에 의하여 부가가치세가 과세되는 것임.

서면인터넷방문상담3팀-144, 2005. 1. 27.: 국민주택 규모 이하의 주택건설용역은 제공하지 아니하고 현장사무실 또는 가설울타리 공사용역만을 별도로 제공하고 대가를 받는 경우에는 과세되는 것임.

부가 46015 – 1653, 1997. 7. 22.: 건설업법에 의하여 면허를 받은 사업자가 주택(아파트)건설용역은 제공하지 아니하고 아파트 단지 둘레의 담장 및 방음벽에 대한 건설용역만을 별도로 제공하거나 또는 당해 아파트 건물에 부속되지 아니하고 주택단지 외에 위치한 시설물공사(귀 질의의 과선도로 및 교량공사, 쓰레기 압축장 등에 대한 공사, 저유소 하화장에 대한 비산물 낙하방지용 지붕공사 및 방화벽 등에 대한 공사)용역을 제공하는 경우 동 담장공사 또는 단지의 시설물 공사용역에 대하여는 부가가치세가 면제되지 아니하는 것임.

서면 2015 부가 1309, 2015. 12. 29.: 건설산업기본법 제8조에 따른 금속구조물, 창호공사업 및 강구조물설치업 등록을 한 전문건설업자가 소음·진동관리법 제22조 및 같은 법 시행규칙 제21조에 따라 국민주택 건설현장 내에 설치되는 가설울타리 건설용역을 (하)도급받아 제공하는 경우 해당 가설울타리 건설용역은 국민주택건설용역에 해당하는 것임.

서면법규과 – 1199, 2014. 11. 14.: 건설산업기본법 제8조에 따른 금속구조물, 창호공사업 및 강구조물설치업 등록을 한 전문건설업자가 소음·진동관리법 제22조 및 같은 법 시행규칙 제21조에 따라 국민주택 건설현장 내에 설치되는 가설울타리 건설용역을 (하)도급받아 제공하는 경우 해당 가설울타리 건설용역은 조세특례제한법 제106조 제1항 제4호에서 정하는 국민주택건설용역에 해당하는 것임.

서면인터넷방문상담3팀 – 1395, 2007. 5. 9.: [주택법], [도시 및 주거환경정비법] 및 [건축법]에 의하여 리모델링하는 국민주택의 건설용역과 건축사법에 의하여 등록한 자가 공급하는 설계용역은 부가가치세가 면제되는 것임.

서삼 46015 – 11107, 2003. 7. 11.: 건축사법에 의하여 등록을 한 자가 공급하는 국민주택 설계용역은 대통령령 제17829호(2002. 12. 30.)로 개정된 조세특례제한법 시행령 제106조 제4항의 규정에 따라 부가가치세가 면제되는 것이며, 동 개정규정은 2003. 7. 1. 이후에 부가가치세법 제9조에 의한 공급시기가 도래하는 분부터 적용하는 것임. 국민주택 공사감리용역과 건축사법에 의하여 등록을 한 자에 해당하지 아니한 자가 제공하는 국민주택 설계용역은 조세특례제한법 시행령 제106조 제4항 제3호의 규정에 의한 부가가치세가 면제되는 설계용역의 범위에 포함되지 아니하는 것임.

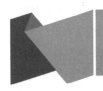

건축법의 적용을 받는 주상복합의 경우 국민주택건설용역인지?

오피스텔과 주상복합은 모두 건축법의 적용을 받는다. 최근 오피스텔 건설과 관련하여 국민주택의 판단기준으로 허가와 승인 시 '주택법의 적용 여부'로 보는 이들이 종종 있다. 그러나 이는 잘못된 해석이고 주택법상 준주택이냐 공동주택이냐가 기준이 되어야 할 것이며, 구체적으로는 허가와 승인 시 '용도허가'가 주택인지를 따져야 할 것이다.

세법상 주택은 이용실태에 초점을 맞추고 있는데, 신축하는 건물은 이용실태가 있을 수 없고, 주택법상 주택의 정의도 별반 다르지 않기 때문에 법률상 허가와 승인이 기준으로 대두된 것으로 보인다.

(1) 세법상 주택: 허가 여부나 공부(公簿)상의 용도구분에 관계없이 사실상 주거용으로 사용하는 건물을 말한다(소득세법 제88조 제7호).

(2) 주택법상 주택: 세대의 구성원이 장기간 독립된 주거생활을 할 수 있는 구조로 된 건축물을 말한다(주택법 제2조 제1호).

오피스텔의 용도에 무관하게 면세적용이 불가능한 것은 이제 굳어진 해석이다. 그러나 주상복합의 경우 심정적으로도 아파트와 동일하고, 299세대를 기준으로 적용 법률이 달라진다. 따라서 준거법률 기준은 타당하지 않다. 불필요한 쟁점의 재기를 방지하고자 노파심에 기술한다.

• 299세대 이하의 주상복합은 건축법에 따라 건축허가를 받지만 용도는 '공동주택'으로 기재하는바 주택법상 주택에 해당한다. 따라서 허가 승인 시 주택법 적용 여부가 기준이 될 수 없고 용도 허가가 기준이 된다고 보는 것이 합당할 것이다.

• 주상복합PJ가 건축허가 대상이 되려면 ① 준주거지역 또는 상업지역(유통상업지역 제외)이어야 하고, ② 300세대 미만 공급이며, ③ 주택과 주택 외의 시설을 동일 건축물로 건축하고, ④ 연면적에서 주택의 연면적이 차지하는 비율이 90% 미만이어야 한다(주택법 제15조 및 동령 제27조).

법률상 주택의 구분	
건축법상 분류	주택법상 구분
단독주택	단독주택
다중주택	
다가구주택	
아파트	공동주택
연립주택	
다세대주택	
기숙사	준주택 (주택법상 주택이 아님)
다중생활시설	
노인복지주택	
오피스텔	

1. 사건의 발단

국세매일뉴스(2018. 7. 18.) : 조세심판원, '주택'으로 사용해도 오피스텔로 건축허가 받았으면 부가가치세 과세대상

조세심판원: 조특법에서 부가가치세가 면제되는 국민주택 규모 이하의 주택은 주택법에 따른 주택에 해당되는 것 중 그 주거전용면적이 85제곱미터 이하인 것만을 의미하는 것으로 보아야 할 것인 점 등에 비추어 처분청이 쟁점부동산의 공급이 부가가치세가 면제되는 국민주택의 공급에 해당하지 아니하는 것으로 보아 청구인들에게 부가가치세를 과세한 이건 처분은 잘못이 없음(조심 2018중1075, 2018. 5. 15. 및 조심 2017중3080, 2017. 12. 11. 외 다수).

2. 문제의 제기

주상복합건축물은 건축법과 주택법에 의해 규율되는 주택의 일종으로서 '동일건축물'에 주택과 함께 상가 등 주택 외의 시설이 복합되는 건축물을 말한다. 통상 주상복합건축물이라 불리는 이유는 제도가 도입된 후 주택과 복합되는 용도의 대부분이 판매시설(상가)이었기 때문이지만 복합되는 용도가 그에 국한되는 것은 아니며, 실정법상의 명칭도 단순히 복합건축물일 뿐이다(주택건설기준 등에 관한 규정 제12조). 주상복합건축물의 경우 주택법에 의해 사업승인을 받는 것과 건축법에 의해 건축허가를 받는 것으로 나누게 되고 전자는 주택법의 적용을 받지만, 후자는 주택법의 적용 대상이 아니므로 법적 지위에 차이가 난다.

3. 세법상 해석

조세특례제한법에서 규정한 국민주택 규모 이하의 주택은 주택법의 적용 여부로 아래 세 가지를 종합적으로 고려하였는데, ③이 핵심적인 이유로 보인다.

① 주택법에 따른 주택으로서 그 주거전용면적이 85㎡(읍·면 지역은 100㎡) 이하인 것만을 의미하는 것으로 봄이 타당
② 부가가치세법 제15조 제1항은 재화의 공급시기를 원칙적으로 재화가 인도되거나 이용가능하게 되는 때로 규정하고 있으므로 부가가치세의 납세의무는 재화의 공급시점에 결정되어야 하고 공급시기 이후 사용자의 사용상황에 따라 사후적으로 결정될 수 없는 점
③ 업무시설로 건축허가를 받고 사용승인을 받은 이상 업무시설로 사용이 가능

4. 관련 사례 및 판단

건축법이 적용되는 경우에도 준공인가증상 용도가 "공동주택"으로 명기되는바 "공동주택"은 주택법상 주택에 해당한다. 건축법 시행령 별표 1 제2호 가목에 따른 아파트란 "주택으로 쓰는 층수가 5개 층 이상인 주택"으로 주택법상으로는 연립주택, 다세대주택과 함께

공동주택으로 구분된다. 주상복합의 경우에도 주택법상 공동주택임은 이론의 여지가 없을 듯하다.

주택법 제43조 제1항에서는 대통령령으로 정하는 공동주택을 건설한 사업주체는 입주예정자의 과반수가 입주할 때까지 당해 공동주택을 직접 관리하고, 입주예정자의 과반수가 입주하면 입주자에게 그 사실을 통지하고 해당 공동주택을 같은 조 제2항에 따라 관리할 것을 요구하여야 한다고 규정하면서, 공동주택의 범위를 "건축법 제11조(구 건축법 제8조)의 규정에 따라 허가를 받은 주택 외의 시설과 주택을 동일 건축물로 건축하는 경우와 부대시설 및 복리시설을 포함하되, 복리시설 중 일반에게 분양되는 시설을 제외한다. 이하 같다"라고 규정하고 있다(2007. 4. 20. 주택법 제43조 제1항 개정). 따라서 주상복합의 경우 주택법상 공동주택의 범위로 포함하여 공동주택관리규정을 적용받는다. 즉, 주택법에 의한 사업계획 승인을 받지 않고 건축법의 건축허가를 받아 건축될 뿐 주택법상의 적용이 있는 것이다.

따라서 299세대 이하 주상복합은 주택법상 공동주택이고 주택법의 적용도 받고 있는바, 주택법상 주택으로 보아야 할 것이다.

> 관련 자료 ●
>
> '주택'으로 사용해도 오피스텔로 건축허가 받았으면 부가가치세 과세대상[1]
>
> 조세심판원, "조특법상 부가가치세 면세 대상은 '주택법'상 국민주택에 한정" '이용 실질에 따른 해석기준'을 조특법상 면제 규정에도 적용, 혼선 빚어와
>
> '주택'으로 분양했더라도 '오피스텔' 용도로 건축허가와 사용승인을 받았다면 해당 오피스텔 건설업자는 부가가치세를 납부해야 한다. 조세특례제한법(조특법)에 따라 부가가치세가 면제되는 대상은 '주택법'상 국민주택에 한한다는 조세심판원의 심판결정례인데, 오는 25일 마감인 2018년 1기 부가가치세 확정신고를 앞두고 해당 사항이 있는 납세자가 주목할 유권해석이다.

---

1) 《국세신문》 2018년 7월 18일자 기사

건축허가와 사업계획승인

구분	건축법	주택법
건축대상	단독주택 29호 이하 공동주택 29세대 이하	단독주택 30호 이상 공동주택 30세대 이상
건축주	개인 또는 법인	주택건설등록사업자 등
착공 전	건축허가	사업계획승인
완공 전 입주	사용승인	사용검사
분양기준	개별분양	주택공급규칙상의 분양절차 · 기준 적용
입주자보호	임의	분양보증, 저당권설정제한
부대시설	임의	관리사무소, 놀이터, 경로당 등 세대규모에 따라 의무설치
유지보수	임의	관리주체

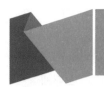

주거용 오피스텔의 분양 세금계산서를 발행하여야 하는지?

주택의 공급은 평형에 상관없이 세금계산서 교부 대상이 아니나, 오피스 건물의 공급은 세금계산서 교부 대상이다. 이에 따라 주거용 오피스텔의 취급이 문제시된다.

오피스텔은 건축법을 따르며, 아파트는 주택법을 따른다.

오피스텔을 분양하는 경우 항상 세금계산서를 발행하는 것이 좋다. 가장 결정적으로 오피스텔은 주택법상 준주택으로 분류되고 주택이 아니다. 수분양자가 사업자인 경우 사업자등록번호로 발급하며, 수분양자가 비사업자인 경우 주민등록번호로 발급하여야 한다.

세법상 주택은 상시 주거용 건축물을 말하므로 용도기준인바, 주거용 오피스텔의 경우 주택으로 볼 여지도 있다. 그러나 사실상 주거용의 입증은 쉽지 않을 뿐더러 투입하는 노력에 비해 지나친 세무 리스크(세금계산서 미발행에 대한 가산세)를 지게 되기 때문이다. 아파트의 경우에는 주거용 건물공급업으로 원칙상 영수증을 교부하며, 매수자가 요청하는 경우 (세금)계산서를 교부하면 될 것이다.

사실상 주거용을 입증하기 위하여 아래 자료가 필요할 것이다.

① 주방, 욕실의 유무
② 바닥난방의 기능
③ 내부를 촬영한 사진 및 도면

주택이라 함은 공부상 용도 구분에 관계없이 사실상 주거용으로 사용하는 건물을 말하는 것(조심 2010전1566, 2010. 10. 25.)인바, 건축허가, 용도변경, 사업자등록 여부, 일반건축물대장은 사실관계를 입증할 서류가 아니다. 사실상의 사용이란 준공 및 입주 이후의 사실관계인바 준공 이전인 공사기간의 세금계산서 발행에 적용될 여지도 적다. 그뿐만 아니라 주택법상 준주택에는 고시원, 기숙사도 포함된다. 주택법상 준주택 중 오피스텔만 제외하여 교부

면제로 가기에는 갈 길이 너무 먼 것이다.

간혹 일부 시행자들이 오피스텔을 '주거용'으로 분양하는 경우가 있다. 업무용 시설을 주거용으로 판매하는 것은 분양사기까지는 아니라 하더라도 허위 · 과장광고로 손해배상 책임 및 과태료 제재가 따른다.

관련 법령

부가가치세법 제36조【영수증 등】 ① 제32조에도 불구하고 다음 각 호의 어느 하나에 해당하는 자가 재화 또는 용역을 공급(부가가치세가 면제되는 재화 또는 용역의 공급은 제외한다)하는 경우에는 제15조 및 제16조에 따른 재화 또는 용역의 공급시기에 대통령령으로 정하는 바에 따라 그 공급을 받은 자에게 세금계산서를 발급하는 대신 영수증을 발급하여야 한다. ② 일반과세자 중 주로 사업자가 아닌 자에게 재화 또는 용역을 공급하는 사업자로서 대통령령으로 정하는 사업자. ③ 제1항 및 제2항에도 불구하고 재화 또는 용역을 공급받는 자가 사업자등록증을 제시하고 세금계산서의 발급을 요구하는 경우로서 대통령령으로 정하는 경우에는 세금계산서를 발급하여야 한다. (2013. 6. 7. 개정)부칙

부가가치세법 시행령 제73조【영수증 등】 ① 법 제36조 제1항 제2호에서 "대통령령으로 정하는 사업자"란 다음 각 호의 사업을 하는 사업자를 말한다. 13. 주로 사업자가 아닌 소비자에게 재화 또는 용역을 공급하는 사업으로서 기획재정부령으로 정하는 사업
③ 일반과세자 중 제1항 제1호부터 제3호까지, 제5호(여객자동차 운수사업법 시행령 제3조에 따른 전세버스운송사업으로 한정한다), 제7호, 제8호, 제12호 및 제13호와 제2항의 경우에 공급을 받는 사업자가 사업자등록증을 제시하고 법 제32조에 따른 세금계산서 발급을 요구할 때에는 제1항과 제2항을 적용하지 아니한다.

부가가치세법 시행규칙 제53조【영수증을 발급하는 소비자 대상 사업의 범위】 영 제73조 제1항 제13호에서 "기획재정부령으로 정하는 사업"이란 다음 각 호의 사업을 말한다. 3. 주거용 건물 공급업(주거용 건물을 자영건설하는 경우를 포함한다)

조심 2010전1566, 2010. 10. 25.: 신축 양도한 오피스텔의 부동산임대계약서에 대부분 그 용도가 주거용으로 기재되어 있고, 전체건물의 내외부를 촬영한 사진자료를 보면 실제 주거용으로 사용된 것이라는 주장이 신빙성이 있다고 할 것이므로 부가가치세가 면제되는 국민주택의 공급에 해당되는 것으로 판단됨.

법규부가 2011-109, 2011. 5. 4.: 사업자가 상시 주거용으로 사용하는 주택(주거용 오피스텔 포함)을 사업장으로 하여 부가가치세법 시행령 제4조 제4항에 따라 사업자등록을 하고 사업을 영위하다가 해당 주택을 양도하는 경우 사업자가 해당 주택을 사업용으로 사용하지

아니한 사실이 객관적으로 명백한 경우에는 해당 주택의 양도에 대하여는 부가가치세가 과세되지 아니함.

서울고등법원 2009. 8. 14. 선고 2009노504 판결: 건축자가 오피스텔을 주거용 전용으로 사용하기에 편리하도록 건축하고 그 점을 홍보해 분양했다해도 오피스텔 건축기준을 갖춰 건축한 이상 건축자의 의도와 목적 자체만을 가지고 처벌할 수 있는 법률의 규정이 없다면 범죄행위가 성립할 수 없다.

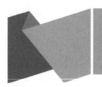

세금계산서를 계산서로 잘못 발행한 경우 수정발급 가능한지?

거래증빙은 매출자의 책임하에 교부되는 것으로 매출자에 대한 가산세는 당연히 발생하나 매입자가 합계표를 정상적으로 제출하는 한 매입자는 일반적으로 가산세가 없다. 단, 매출자든 매입자든 수정발급 대상 여부에 불구하고 결과적으로 과거에 부가가치세를 적게 신고·납부하여 수정신고하는 경우 국세기본법상 신고불성실, 납부불성실가산세가 발생한다.

당초 잘못 발행하였으나 과세기간 경과 후 수정발행하는 경우(과거 날짜로 수정발행)는 다음과 같이 정리할 수 있다.

잘못 발행한 증빙	바른 증빙	리스크
세금계산서	계산서	가능하다. 수정하지 않는 경우 매출자는 2%, 매입자는 불공제 당할 수 있다. (단, 2013. 2. 15.~2013. 12. 31.분으로 매출자가 매출세액을 납부한 경우 수정교부 없이 매입자는 매입세액공제 가능함)
영세율세금계산서	세금계산서	가능하다.
세금계산서	영세율세금계산서	가능하다.
계산서	세금계산서	불가능하다. 수정발행하는 경우에도 매출자는 미교부가산세(2%)가 부과되고, 매입자는 매입세액을 공제받을 수 없다.

과세기간 및 가산세의 종류는 바른 증빙의 근거법상 가산세를 말한다. 단, 가산세가 경합하는 경우 부가가치세법상 가산세가 적용된다.

구분	세금계산서	계산서
근거법	부가가치세법	법인세법, 소득세법
대상	과세재화용역	면세재화용역 및 국외거래
과세기간	6역월(1~6월, 7~12월)	1역년(1~12월)

법인 – 303, 2009. 3. 20.: 귀 질의와 같이 법인이 부가가치세가 면제되는 용역을 공급하면서 계산서를 교부하여야 하나 착오로 세금계산서를 교부한 경우에는 법인세법 제76조 제9항의 규정에 의한 가산세가 적용되는 것임.

법인세법 기본통칙 76 – 120…2 【착오로 교부한 계산서에 대한 가산세의 적용】 법인이 세금계산서 교부대상 재화를 공급하면서 착오로 계산서를 교부함에 따라 부가가치세법 제22조 제2항 제1호의 세금계산서 미교부가산세가 적용되는 부분에 대하여는 법 제76조 제9항의 가산세를 적용하지 아니한다.

재법인 46012 – 175, 2001. 10. 10.: 부가가치세 과세재화를 공급하면서 세금계산서를 교부하여야 하나 착오로 계산서를 교부한 경우 계산서를 교부한 자에 대하여는 부가가치세법 제22조 제2항의 규정에 따라 가산세가 부과되는 부분은 법인세법 제76조 제9항 후단의 규정에 의하여 가산세를 징수할 수 없는 것이나, 그 계산서를 교부받은 자가 매입처별계산서합계표를 제출하지 않았다면 동법 제76조 제9항의 규정에 의한 가산세를 징수하여야 하는 것임.

서면3팀 – 115, 2005. 1. 24.: 부가가치세가 면제되는 설계용역 제공분에 대하여 착오로 세금계산서를 교부하였을 경우에는 부가가치세법 제21조의 규정에 의하여 부가가치세의 과세표준과 납부세액 또는 환급세액을 경정하여 통지하기 전까지 동법 시행령 제59조의 규정에 의한 수정세금계산서(당초 세금계산서의 작성일자를 기재함)를 교부하고 추가로 계산서를 교부할 수 있는 것이며, 또한 이 경우 수정·교부한 세금계산서에 의하여 매출처별세금계산서합계표를 작성하여 국세기본법 제45조의2의 규정에 의하여 경정 등의 청구를 하는 경우에 착오로 교부한 당해 세금계산서에 의하여 작성된 매출처별세금계산서합계표에 대하여는 부가가치세법 제22조 제3항 제2호의 규정에 의한 가산세는 적용되지 아니하는 것임.

부가 – 3082, 2008. 9. 16.: 사업자가 부가가치세가 과세되는 재화를 공급하면서 그 거래 시기에 부가가치세법 제16조 제1항의 규정에 의하여 세금계산서를 교부하지 아니한 경우에는 같은 법 제22조 제3항 제1호의 규정에 의한 세금계산서 미교부가산세가 적용되는 것이며, 과소신고, 초과 환급신고, 무납부(미달납부) 등에 해당하는 경우에는 국세기본법 제47조의3 내지 제47조의5의 규정에 의한 가산세가 각각 적용되는 것임.

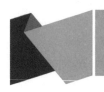

기부채납도로 등 단지외부공사는 세금계산서 교부 대상인지?

단지외부공사는 도급계약서상 시공사의 업무 범위에 포함되는 것이 일반적이나, 부가가치세법상 국민주택건설에 부수하는 용역의 공급으로 보지 않는다.

저자의 사견으로는 어떤 용역이 주된 용역인지 부수적인 용역인지는 거래 당사자가 결정할 문제이지 세법이나 판사가 규정할 사항이 아니다. 그러나 현행 판례는 부수용역의 범위를 규정하고자 한다. 공사계약은 기본적으로 무수하게 많은 용역의 일괄완성을 조건으로 하는 도급계약이다. 따라서 부수용역을 세법이 규정하는 경우 도급계약을 상세히 구분함으로써 부가가치세법상 본세 및 가산세가 발생할 수 있고, 이는 납세의무자의 법적 안정성을 위태롭게 할 수 있다.

(1) 시공사: 기부채납도로 등 단지외부공사는 부가가치세가 과세되는 용역으로, 관련 세금계산서를 교부하여야 하며 하도급업체로부터 전체 세금계산서를 교부받아야 한다. 이 경우 시공사는 매입세액공제가 가능하다.

(2) 시행사: 국민주택 건설 사업장 이외 지역 기부채납 도로부지 건설공사는 국민주택의 부대시설에 해당하지 않으므로 동 건설용역에 대해서는 세금계산서를 수취하여야 하며, 사업인허가조건으로 기부채납하는 도로건설 관련 매입세액은 아파트 단지 내외를 불문하고 토지의 조성 등을 위한 자본적 지출과 관련된 매입세액에 해당하여 불공제된다.

따라서 단지외부공사 등에 대하여 세금계산서를 교부하지 않고 과면세 비율대로 세금계산서와 계산서를 교부하는 경우(계약서상 구분하여 명기하지 않으면 이렇게 될 확률이 높다), 시행사는 세금계산서를 수취하여야 할 부분에 대하여 계산서를 수취하였으나 매입세액공제를 받지 않았으므로 가산세 등 불이익이 없다. 그러나 시공사는 부가가치세를 거래징수할 수 없으므로 가산세뿐만 아니라 본세도 추징당하게 된다.

세법에서 제척기간이란 과세관청이 세금을 부과할 수 있는 기간을 말하고 일반적으로 (부과할 수 있는 날로부터) 5년이다. 제척기간 내에는 세금을 부과할 수 있고 세금을 부과하여야 비로소 소멸시효가 기산한다. 이에 비하여 납세의무자는 세금을 과다납부한 경우 환급을 청구할 수 있는데 이를 경정청구라 한다. 과거 경정청구가 가능한 기간은 (신고한 날 또는 고지받은 날로부터) 3년 이었다. 따라서 신고기한 경과 후 3년 이후 5년까지 2년간은 과세관청은 패권적 지위를 가지게 된다. 이 기간 동안 과세관청이 손익귀속시기 또는 거래처의 세금계산서 발급 등에 대하여 납세의무자와 다른 해석을 하는 경우 납세의무자는 속수무책으로 당할 수밖에 없었다. 납세자의 경정청구기간은 2017년 세법개정 시 제척기간과 동일하게 5년으로 수정되었다.

• **제척기간**: 법률상 일정한 권리가 존속하는 기간을 말한다. 일정한 권리에 관하여 법이 예정해 놓은 존속기간으로서 그 기간 내에 권리가 행사되지 않으면 그 권리는 소멸 내지 실추가 되는 기간을 말한다. 제소기간을 예정기간 또는 실권기간이라고도 하는바, 이는 일정한 권리에 관하여 법률이 예정하는 존속기간으로서 그 권리의 존속기간이나 제척기간이 만료하게 되면 그 권리는 당연히 소멸하는 것이 된다. 이러한 제척기간을 두는 이유는 일정한 권리를 중심으로 하는 법률관계를 조속히 확정시키고자 하는데 있으며, 형성권에 있어서 특히 그 존재 이유가 강하다. 시간의 경과에 의해서 권리가 소멸되는 점에서 소멸시효와 비슷하지만, 권리의 존속기간이 예정되고 그 기간만료에 의하여 권리가 당연히 소멸된다는 점, 즉 단순한 시간의 경과에 의하여 소멸되고 권리불행사라는 사실상태의 계속이라는 요건이 필요하지 않다는 점이 소멸시효와의 차이점이다. 따라서 제척기간에는 시효와 같은 원용이나 포기 또는 중단·정지의 문제가 생기지 않는다. 예컨대 심사청구기간, 심판청구기간 등이 제척기간에 해당된다(국세기본법 제26조의2).

• **경정청구권**: 법정 신고기한 내에 과세표준신고서를 제출한 자는 법에 정한 사유에 해당하는 사항이 있는 경우 법정 신고기한 경과 후 5년 내에 최초신고 및 수정신고한 국세의 과세표준 및 세액 등의 결정 또는 경정을 관할 세무서장에게 청구할 수 있는데, 이를 결정 또는 경정의 청구라고 한다. 즉, 과세관청의 경정·재경정권에 대응하는 조세채무자의 경정청구권인 것이다. 이러한 결정 또는 경정의 청구를 받은 세무서장은 그 청구를 받은 날로부터 3개월 이내에 과세표준 및 세액을 결정 또는 경정하거나 결정 또는 경정하여야 할 이유가 없다는 뜻을 그 경정청구자에게 통지하여야 한다. 경정청구에는 과세표준신고서 등에 기재한 과세표준 및 세액 등의 과다계상으로 납세의무자에게 불이익이 발생한 경우 이를 시정하기 위한 경정청구(통상의 경정청구), 매각계약의 무효판결 등 당초신고 시에는 예측하기 어려웠던 법정된 후발적 경정사유가 발생한 경우 납세자의 권리보호 측면에서 그 사유가 발생한 것을 안 날부터 3월 이내에 경정청구를 할 수 있는 경정청구(후발적 사유에 의한 경정청구)가 있다(국세기본법 제45조의2, 국세기본법 시행령 제25조의2·제25조의3).

조세특례제한법 기본통칙 106 - 0…1 【국민주택부대시설의 부가가치세 면제】 국민주택에 해당하는 집단주택의 부대설비 및 복리시설을 주택공급과 별도로 공급하는 경우에는 부가가치세를 면제하지 아니하나 동 설비시설을 주택의 공급에 부수하여 공급하고 그 대가를 주택의 분양가격에 포함하여 받는 경우에는 동 부가가치세를 면제한다.

서면3팀 - 2345, 2007. 8. 22.: 국민주택 규모 이하 주택 건설용역은 부가가치세가 면제되나 사업 인가조건에 따라 도로를 다른 건설회사에 도급을 주어 개설하여 기부채납하는 경우 부가가치세 면제대상이 아님.

부가 46015 - 1329, 1998. 6. 19.: 국민주택 규모 이하의 아파트를 건설하는 사업자가 아파트 건설 사업시행인가조건에 따라 아파트단지 외곽의 도시계획도로를 다른 건설회사에 도급을 주어 개설하게 하고 지방자치단체에 기부채납하는 경우 다른 건설회사가 제공하는 당해 도로건설용역은 국민주택건설용역에 해당하지 아니하여 부가가치세가 면제되지 아니하는 것이며 당해 도로건설과 관련한 매입세액은 부가가치세법 제17조 제2항 제4호의 규정에 의하여 자기의 매출세액에서 공제되지 아니하는 것임. 이 경우 인접한 아파트단지를 조성하는 수 개의 건설회사가 도로개설에 소요되는 비용을 공동으로 분담하기로 약정하고 그중 한 회사가 제3의 건설회사에 도급을 주어 시공하는 때에는 당해 도로개설과 관련하여 교부받은 세금계산서의 공급가액 범위 내에서 다른 공사비 분담회사를 공급받는 자로 하여 각 사의 분담비율에 따라 매출세금계산서를 교부하여야 하는 것이며 이와 관련하여 교부받은 매입세금계산서와 교부한 매출세금계산서 전부를 세금계산서합계표에 기재하여 제출하여야 하는 것임.

부가 46015 - 2815, 1997. 12. 15.: 건설업자가 국민주택 규모 이하의 주택(아파트)건설용역은 제공하지 아니하고 발주자(사업주체인 주택조합)로부터 직접 도급받아 제공하는 당해 국민주택 규모 이하의 아파트 단지 둘레 담장 및 방음벽 건설용역과 당해 아파트 건물에 부속되지 아니하고 주택단지 외에 위치한 시설물 공사(귀 질의의 과선도로 및 교량공사, 쓰레기 압축장 등에 대한 공사, 저유소 하화장에 대한 비산물 낙하방지용 지붕 공사 및 방화벽 등에 대한 공사) 용역에 대하여는 조세감면규제법 제100조 제1항 제1호에 규정하는 국민주택건설용역에 해당하지 아니하는 것임.

부가 1265.1 - 1366, 1983. 7. 9.: 조세감면규제법 시행령 제58조에 규정하는 자가 공급하는 국민주택건설용역에는 국민주택 택지조성을 위한 건설용역과 국민주택에 부수되는 부대시설인 도로 포장, 상수도, 조경, 어린이놀이터, 운동시설, 울타리(담장) 등의 설치에 대한 건설용역이 포함되는 것임.

부가 46015 - 1527, 1997. 7. 5. : 조세감면규제법 제100조 제1항에서 규정하는 부가가치세가 면제되는 국민주택의 건설용역에는 국민주택의 상시주거용 건물과 이에 부속되는 토지의 조성 등을 위한 건설용역을 말하는 것이므로, 국민주택에 부수되는 부대시설인 아파트 둘레의 담장 및 방음벽 설치에 대한 건설용역은 면세하는 국민주택건설용역에 포함하는 것이나, 건물에 부속되지 아니하고 주택단지 외에 위치한 시설물공사(귀 질의의 과선도로 및 교량의 공사, 쓰레기 압축장 등에 대한 공사, 저유소 하화장에 대한 비산물 낙하방지용 지붕공사 및 방화벽 등에 대한 공사) 용역은 면세하는 건설용역에 포함하지 아니하는 것임.

국심2004전4577, 2005. 6. 20. : 아파트단지 밖에 위치한 진입도로 및 교량은 주택건설촉진법에서 규정하고 있는 국민주택건설 부대시설 및 복리시설에 해당되지 아니할 뿐만 아니라 청구법인은 국민주택건설용역을 제공하지도 아니하였으므로(주택건설용역은 ○○건설에서 제공) 쟁점공사용역이 국민주택건설용역에 부수되어 면세대상용역에 해당한다는 청구법인의 주장은 이유가 없다고 판단되고 쟁점처분은 잘못된 법률행위를 시정한 행위라고 할 수 있으므로 신의성실원칙에 위배되었다고는 볼 수 없는 것임.

재부가 - 534, 2007. 7. 13. : 사업자가 부가가치세가 과세되는 주택(도시)개발사업을 수행하기 위해 기반시설 등을 신축하여 지방자치단체에 기부채납하는 조건으로 인·허가를 득한 경우, 자기사업과 관련이 있는 것으로 보아 동 시설의 건설과 관련된 매입세액은 부가가치세법 제17조 제1항의 규정에 의하여 자기의 매출세액에서 공제할 수 있는 것임. 다만, 당해 매입세액이 토지의 조성 등을 위한 자본적 지출과 관련된 매입세액에 해당하는 경우에는 같은 법 같은 조 제2항의 규정에 의하여 매출세액에서 공제하지 아니하는 것임.

재부가 - 801, 2011. 12. 16. : 인·허가 조건으로 사업장 인근에 진입도로를 건설하여 자치단체에 기부채납한 경우 관련 매입세액은 토지의 조성 등을 위한 매입세액으로 공제되지 아니함.

부가 22601 - 1805, 1991. 12. 14. : 부가가치세 면제 대상 국민주택의 건설용역에는 상시주거용 건물과 부속토지 조성 등을 위한 건설용역을 말하므로 진입도로 건설용역은 부가가치세 과세대상임.

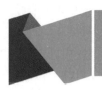

기부채납공사는 항상 세금계산서 발행 대상인지?

세법은 기부채납을 정의하지 않고 용어를 사용하고 있다. 부가가치세에서 사용하는 기부채납은 ① 사용수익권을 부여받는 경우, ② 공유수면을 매립하고 대가를 받는 경우만 인용하므로 마치 모든 기부채납공사가 세금계산서 발행대상인 것처럼 오해하는 경우가 많다.

	법률	계약성격	유형	비고
기부 채납	행정행위 부관	부담부증여	인허가조건	대가를 지급하지 않음.
			용도폐기자산 이전	대가를 측정해서 대가를 한도로 지급
	반대급부	도급계약	사용수익권 부여	대가를 측정해서 대가만큼 지급
			매립공유수면 이전	

시공사가 공사범위의 일부로 기부채납공사를 수행하는 경우 시공사는 세금계산서를 발행하여야 한다. 그러나 기부채납의 주체인 시행사의 세금계산서 및 매입세액공제는 아래와 같이 나눈다.

1. 경제적 대가관계가 있는 경우(도급계약의 성격인 경우)

금전 이외의 대가를 받는 경우 매출세금계산서 교부대상이며, 관련매입세액은 공제가능하다.

2. 인허가의 조건인 경우

건축법상 용적률의 상향 조정으로 기존 지점 사업장 및 공원부지 일부에 대한 추가공사를 시행하여 지방자치단체에 이를 기부채납하기로 한 경우 경제적 대가관계 없이 무상으로 인도하는 것으로 매출부가가치세가 발생하지 않는 것이며, 매입부가가치세는 대응되는 매출의 과면세 비율에 따라 안분한다. 다만, 토지의 자본적 지출에 해당하는 경우에는 매입세액이 공제되지 않는다.

기부채납 물건	매입세액공제 여부
건물	사업의 허가조건인 경우 매입세액공제
도로 · 토지	매입세액불공제

3. 용도폐기자산의 이전인 경우

기부대양여사업은 공사용역을 제공하고 불용자산을 수취하는 사업인바, 현금 이외의 대가를 받는 거래로 보아 세금계산서 교부 및 부가가치세를 신고 · 납부하고 있다. 그러나 헌재 전원재판부는 서울 서초구가 '용도 폐지되는 기반시설을 사업시행자에게 일률적으로 양도하도록 한 것은 지자체의 재산권과 자치재정권을 침해한다'며 낸 헌법소원을 만장일치로 기각한 바 있다(2007헌바80). 도시 및 주거환경정비법(도정법) 제65조 제2항에는 '정비사업의 시행으로 용도가 폐지되는 지자체 소유 정비기반시설은 새로 설치하는 정비기반시설의 설치비용에 상당한 범위 안에서 사업시행자에게 무상으로 양도된다'고 규정되어 있다. 재판부는 '이 사건 조항은 새로 설치되는 정비기반시설이 국가 및 지자체에 무상귀속됨으로써 생기는 사업시행자의 손실을 보상하기 위해 만들어졌고, 지자체는 주민의 복리를 위해 존재하는 점을 고려할 때 자치재정권의 본질적 내용을 침해한다고 볼 수 없다'며 합헌 결정을 내렸다.

용도폐기자산의 이전은 지방세법상 취득세 소송 등으로 교환거래가 아니라 무상제공으로 방향을 잡아가고 있다. 취득세와 부가가치세는 동일한 거래세로 거래의 해석에 관한 쟁점이 같다. 부가가치세법상 용역의 무상공급은 과세대상이 아니므로 용도폐기자산의 이전 또한 부가가치세는 과세대상에서 제외될 수 있는 것이다.

서면3팀-2826, 2006. 11. 16.: 사업자가 과세사업과 면세사업을 겸영하는 경우에 면세사업과 관련된 매입세액의 계산은 실지귀속에 따라 하되, 과세사업과 면세사업에 공통으로 사용되어 실지귀속을 구분할 수 없는 매입세액(이하 '공통매입세액'이라 함)은 부가가치세법 제61조 제1항의 규정에 의해 총공급가액에 대한 면세공급가액의 비율에 따라 계산하는 것이며, 다만 당해 과세기간 중 과세사업과 면세사업의 공급가액이 없거나 그 어느 한 사업의 공급가액이 없는 경우에 당해 과세기간에 있어서의 공통매입세액 안분계산은 같은 법 시행령 제61조 제4항 각 호의 순(다만, 건물을 신축 또는 취득하여 과세사업과 면세사업에 제공할 예정면적을 구분할 수 있는 경우에는 제3호를 제1호 및 제2호에 우선하여 적용)에 의해 계산하는 것. 이 경우에 과세사업과 면세사업의 공급가액 또는 과세사업과 면세사업의 사용 면적이 확정되는 과세기간의 납부세액을 확정신고 하는 때에 같은 법 시행령 제61조의2의 규정에 따라 공통매입세액을 정산하는 것임.

법규과-1326, 2011. 10. 7.: 도시 및 주거환경정비법에 의한 주택재개발정비사업조합이 주택과 상가를 신축하여 조합원 및 일반인에게 분양함에 있어 건설산업기본법에 의한 건설업으로 등록한 사업자로부터 건설용역을 공급받고 과세되는 건설용역 및 면세되는 건설용역에 대하여 각각 세금계산서와 계산서로 구분하여 교부받은 경우에 공제되지 아니하는 매입세액은 당해 건설업자로부터 교부받은 세금계산서의 매입세액 중 당해 세금계산서에 관련된 총 예정건축면적에 대하여 관리처분계획에 의하여 조합원에게 분양하는 예정건축면적의 비율에 의하여 부가가치세법 시행령 제61조 제4항에 따라 매입세액 안분계산하는 것이고, 사업자가 같은 법 같은 영 제61조 제4항의 규정에 의하여 매입세액을 안분계산한 경우에는 당해 재화의 취득으로 과세사업과 면세사업의 공급가액 또는 과세사업과 면세사업의 사용 면적이 확정되는 과세기간에 대한 납부세액을 확정신고하는 때에 같은 법 같은 영 제61조의2에 따라 정산하는 것임.

* 부가가치세법 시행령 제61조 제4항은 현행 제81조 제4항으로 변경(2013. 6. 28.)

* 부가가치세법 시행령 제61조의2는 현행 제82조로 변경(2013. 6. 28.)

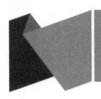

BOT, BTO 사업의 기부채납공사 세금계산서 교부 방법

　민간투자사업은 민간이 투자하여 법에 규정된 방식으로 사회기반시설을 건설하는 사업을 말한다.

　사회기반시설이란 각종 생산활동의 기반이 되는 시설들을 말하는데 당해 시설의 효용을 증진시키거나 이용자의 편의를 도모하는 시설 및 국민생활의 편익을 증진시키는 시설들로 전기, 항만, 도로, 학교, 철도, 수도 등이 있다.

[출처: 서울시 도시계획 용어사전]

- BOT(Build－Operate－Transfer)：임차인이 건물을 신축하여 사용하고 계약종료 시 임대인에게 무상으로 이전하므로 세법상 건물이전과 후불임대료로 해석한다.
- BTO(Build－To－Order)：임차인이 건물을 신축하여 사용하고 계약체결 시 임대인에게 무상으로 이전하므로 세법상 건물이전과 선불임대료로 해석한다.

(1) 건물이전: 임차인(사업시행자)은 건물이전 시(기부채납완료 시) 세금계산서를 교부하여야 한다. 금전 이외의 대가를 받는 경우에 해당하므로 건물원가가 과세표준이 된

다. 후불임대료의 경우 건물의 장부가액이 감가상각으로 인하여 감소하므로 장부가액과 과세표준의 불일치가 발생한다. 즉, 회계상 처분익이 계상될 수 있다. 사견으로 부가가치세 공급가액을 회계상 이익으로 계상할 근거는 없을 것이다. 합리적으로 고민한다면 처분이익이라는 회계처리가 생길 수 없을 듯하다.

(2) 선(후)불임대료: 임대인은 기부채납 재화의 대가를 과세기간(3개월) 해당분에 대하여 세금계산서 발행 임차인에게 교부하여야 한다.
물론 선불임대료의 경우 공급시기 도래 전 전체금액(건물)을 제공하고 전체금액에 대하여 세금계산서를 수수하는 경우 인정된다. 동시 동액 세금계산서를 수수하는 모양새가 되나 제공하는 용역(건물공급, 임대용역공급)마다 모두 주고받아야 한다.

(3) 건설회사: 건설회사는 임차인(사업시행자)에게 세금계산서를 교부한다. 임대인명의(국가 등)로 건물 보존등기하나 건축비용은 임차인이 부담한다.

(4) 임차인이 공사선수금, 국고보조금을 지급받는 경우: 부가가치세 과세표준에서 제외하는 국고보조금이란 모든 국고보조금이 아니라, 재화용역의 공급과 "직접관련하지 아니하는 것"에 한정한다(부가가치세법 시행령 제48조 제10항). 민간투자사업의 경우 공사선수금목적 보조금은 사업시행자(일반적으로 SPC)가 공급하는 재화(사회기반시설)와 직접 관련하여 받는 보조금이므로 부가가치세 과세표준에 해당하고 세금계산서 교부대상이 될 수 있다. 또한 같은 이유로 운영손실을 보전하기 위하여 지급하는 국고보조금도 부가가치세 과세대상이 된다(법규부가 2011-526).

1. 기부채납의 재화·용역 구분

(1) 사업자가 자신의 명의로 공공시설물을 건설하여 일단 그 소유권을 취득한 후 국가 등에 그 소유권을 이전하는 경우 → 재화의 공급
(2) 처음부터 시설물을 국가의 소유로 하기로 하고 단지 자신의 비용으로 그 시설물을 건설하는 경우 → (건설)용역의 공급

판례를 보면, 기부자가 국가 등과 시설물의 소유권 귀속 및 그 설치의 대가로서의 무상사용권의 부여 등에 관한 약정을 하고 그 약정에 따라 시설물을 설치하여 국가 등에 그 소유권을 귀속시킨 경우, 공급되는 것은 시설물의 건축 내지 설치라고 보아 '용역의 공급'으로 보고 있으며 특히 그 시설물이 도시계획시설에 해당하여 도시계획법 제83조 제5항에 의하여 사업시행자인 기부자가 준공검사를 필한 후 관리청에 사업완료통지를 함으로써 그 소유권이 원시적으로 그 관리청에 귀속되는 경우에는 예외 없이 용역의 공급으로 보고 있다(① 대법원 1990. 3. 27. 선고, 89누3656 판결; ② 대법원 1990. 4. 13. 선고 89누3496 판결; ③ 대법원 1990. 4. 27. 선고 89누596 판결; ④ 대법원 1990. 8. 14. 선고 90누400 판결; ⑤ 대법원 1991. 3. 12. 선고 90누7227 판결).

2. 기부채납(재화·용역)의 공급시기

시설물의 기부채납을 재화의 공급으로 보는 경우 시설물은 대부분 부동산일 것이므로 재화의 이동이 필요하지 아니한 경우에 해당하여 부가가치세법 제9조 제2호 내지 제3호에 의하여 그 공급시기가 정하여질 것이어서 기부채납절차가 완료됨으로써 재화가 이용가능하게 되거나 재화의 공급이 확정된다고 보아야 할 것이다. 따라서 그 경우에는 기부채납 시를 재화의 공급시기로 보아야 할 것이다.

이를 용역의 공급으로 볼 경우에는 부가가치세법 제9조 제2항 및 같은 법 시행령 제22조 제1호에 따라 그 공급시기는 역무의 제공이 완료된 때로 보아야 할 것이므로 위 시설물의 건축이 완료된 때이거나 늦어도 이에 관한 기부채납절차가 완료된 때로 보아야 할 것이다. 그리고 건축이 완료된 때라 함은 대체로 준공검사가 끝난 날(준공검사필 통보일)로 보아야 할 것이다(대법원 판례해설 제25호 1996. 11.). 기부채납과 사용권의 무상취득의 경우 역무의 제공이 완료된 때인 기부채납 시에 그 공급이 이루어졌다고 본다.

무상사용권을 취득하기로 하고 위락시설을 ○○시에 기부채납한 경우 용역의 공급에 대하여 그 대가로서 무상사용권 자체가 부여된 것으로 보아야 할 것이고 그 무상사용권이 존속하는 전 기간에 걸쳐 대가를 나누어 분할지급되는 연불조건부의 용역공급으로 볼 것이 아니므로 부가가치세법 제9조 제2항 및 같은 법 시행령 제22조 제1호의 규정에 의하여 역무의 제공이 완료된 때인 기부채납 시에 그 공급이 이루어졌다고 할 것임(대법원 1991. 3. 12.

선고 90누6972 판결, 대법원 1991. 4. 26. 선고 90누7272 판결).

시설물의 건축과 기부채납에 의한 용역의 공급시기는 그 시설물의 건축이 완료된 때이거나 늦어도 이에 관한 기부채납절차가 완료된 때로 보아야 한다(대법원 1990. 12. 21. 선고 90누6842 판결).

기부채납과 사용권의 무상취득의 경우, 시설물을 실질적으로 완성하여 기부채납함으로써 그 역무의 제공이 완료된 때는 최초의 준공 전 사용승인을 얻은 때로 보아야 함.

구 도시계획법(2000. 1. 28. 법률 제6243호로 전문 개정되기 전의 것) 제83조 제2항 전단은, 행정청이 아닌 자가 관계 규정에 의한 실시계획의 인가 또는 허가를 받아 새로이 설치한 공공시설은 그 시설을 관리할 행정청에 무상으로 귀속된다고 규정하고 있으므로, 도시계획사업의 시행으로 공공시설이 설치되면 그 사업완료와 동시에 당해 공공시설을 구성하는 토지와 시설물의 소유권이 그 시설을 관리할 국가 또는 지방자치단체에 직접 원시적으로 귀속된다 할 것이고, 이때 사업완료 시는 준공검사를 마친 때라고 볼 것이지만, 사업자가 자기의 비용을 투입하여 공공시설인 지하도 및 상가시설 등을 완성하여 기부채납하고 그에 대한 반대급부로 일정 기간 무상사용권 등을 취득하는 것을 부가가치세 과세대상이 되는 용역의 공급에 해당한다고 보는 것은 그 기부채납과 무상사용권 등 사이에 실질적·경제적 대가관계가 있다는데 있으므로, 부가가치세법 제9조 제2항, 같은 법 시행령 제22조 제1호에서 용역의 공급시기로 규정한 '역무의 제공이 완료되는 때'를 정함에 있어서는, 서로 대가관계에 있는 기부채납과 무상사용권 등에 관한 구체적 사정을 종합적으로 살펴 판단하여야 하고, 기부채납의 대상이 도시계획사업의 시행에 따른 공공시설이라고 하여 그 공급시기를 일률적으로 사업완료 시인 준공검사를 마친 때라고 단정할 것은 아니다(대법원 2003. 3. 28. 선고 2001두9950 판결).

- BTL(Build−Transfer−Lease): 민간사업자가 자금을 투입하여 사회기반시설을 건설하고, 준공시점에 소유권을 정부에 귀속시키고 관리운영권은 민간사업자가 획득한다. 정부는 이 시설을 임대, 사용하고 약정기간 동안 임대료를 지급하여 투자비를 보전해 주는 방식이다. 주로 교육시설, 문화복지시설, 환경시설 등에 적합한 방식이다. 이 BTL 방식은 민간이 건설한 시설을 정부가 리스해서 사용하고 리스 요금을 지급하기 때문에 위험이 없고 적정수익률이 보장되기 때문에 프로젝트 파이낸싱을 해주는 금융계에서 선호하는 사업방식이다.

- BTO(Build−Transfer−Operate): 민간이 공공시설을 짓고 준공시점에서 소유권을 정부에 양도한 후 운영하면서 최종소비자에게 사용료를 부과해 투자비를 회수하는 방식이다. 주로 도로, 철도, 항만 등 SOC(Social Overhead Capital: 사회간접자본) 시설 건설에 적합한 사업방식이며, 이 방식은 민간사업자가 건설 및 운영위험도 부담해야 한다.

BTL과 BTO 방식의 비교

추진방식	BTL	BTO
대상시설 성격	최종 수요자에게 사용료 부과로 투자비 회수가 어려운 시설	최종 수요자에게 사용료 부과로 투자비 회수가 가능한 시설
투자비 회수	정부의 시설 임대	최종 사용자의 사용료
사업 리스크	민간의 수요위험 배제	민간이 수요위험 부담

- BOT(Build−Operate−Transfer): 이 방식은 기획·설계·건설까지 함께 수주하는 풀턴키방식의 프로젝트를 준공한 후에도 그 운영을 맡아 프로젝트의 건설비용을 회수한 뒤에 정부에 양도하는 방식이다.

집행기준 6-14-2 【재화와 용역의 교환거래 사례】 사업자가 타인 소유의 토지 위에 건물을 신축하여 일정 기간 동안 사용하기로 약정하고 토지 소유자의 명의로 신축건물을 보존등기 하는 경우 해당 건축물의 이전은 재화의 공급에 해당한다.

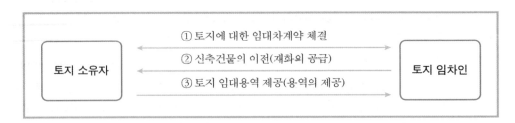

대법원 2012. 12. 27. 선고 2012두19946 판결: 토지 임차인이 건물신축비용을 부담하였다면 임대인 명의로 건물이 등기되었다고 하더라도 그 매입세액은 임대인의 매입세액이 아님.

법규부가 2010-161, 2010. 6. 8.: 위 사전답변 신청의 사실관계와 같이 지방자치단체 및 ⊙ ⊙⊙ 간 '○○○전시장 건립사업협약' 체결에 따라 신청인이 전시시설을 건립하여 ◎◎◎에 기부채납 하고 그에 대한 사용·수익권을 허가받는 경우, 신청인(기부채납자)은 ◎◎◎(기부채납을 받은 자)에게 계약상의 원인에 따라 재화에 해당하는 전시시설을 공급한 것이므로 부가가치세법 제16조 제1항에 따라 세금계산서를 발급하여야 함. 또한, ◎◎◎(기부채납 받은 자)는 기부채납에 따라 신청인(기부채납자)에게 부지와 전시시설 사용·수익권을 준 경우 부동산임대용역을 제공하는 것에 해당하므로 예정신고기간 또는 확정신고기간의 종료 일을 공급시기로 하여 세금계산서를 발급하여야 함. 다만, 부가가치세법 제9조 제3항의 규정을 적용하여 ◎◎◎가 신청인으로부터 임대료 명목으로 받은 대가에 대하여 세금계산서를 발급할 수 있는 것임. 한편, ◎◎◎는 신청인으로부터 채납한 전시시설과 관련하여 발급받은 세금계산서가 부동산임대업을 운영하기 위한 것에 해당하는 경우 관련 매입세액은 부가가치세법 제17조 제1항에 따라 매출세액에서 공제할 수 있는 것임.

서삼 46015-10355, 2001. 9. 26.: 귀 질의 1, 2의 경우, 사업자가 과세사업과 관련하여 터미널상가 건물을 신축하여 지방재정법에 따라 지방자치단체에 기부채납하고 그 대가로 향후 일정 기간 동 시설물에 대한 무상사용·수익권을 취득하는 경우, 동 기부채납에 대하여는 부가가치세법 제6조 제1항 규정에 의한 재화공급으로 보아 부가가치세가 과세되는 것이며, 이 경우 과세표준은 지방재정법 시행령 제83조 규정에 의한 기부채납된 가액(부가가치세가 포함된 경우에는 이를 제외한다)에 의하는 것이며, 또한 이 경우 그 공급시기는 당해 기부채납 확정일로 하는 것임.

부가-1090, 2010. 8. 19. : 항만공사가 항만시설을 국가에 귀속시키고 그 대가로 당해 시설을 일정 기간 무상사용할 수 있는 권리를 취득하는 경우, 항만법에 따른 기부채납이 완료되는 때에 항만공사는 국가로부터 부가가치세를 거래징수하여야 하는 것임.

사회기반시설에 대한 민간투자법 제4조【민간투자사업의 추진방식】 민간투자사업은 다음 각 호의 어느 하나에 해당하는 방식으로 추진하여야 한다. (2011. 8. 4. 개정)

1. 사회기반시설의 준공과 동시에 해당 시설의 소유권이 국가 또는 지방자치단체에 귀속되며, 사업시행자에게 일정 기간의 시설관리운영권을 인정하는 방식(제2호에 해당하는 경우는 제외한다)
2. 사회기반시설의 준공과 동시에 해당 시설의 소유권이 국가 또는 지방자치단체에 귀속되며, 사업시행자에게 일정 기간의 시설관리운영권을 인정하되, 그 시설을 국가 또는 지방자치단체 등이 협약에서 정한 기간 동안 임차하여 사용·수익하는 방식
3. 사회기반시설의 준공 후 일정 기간 동안 사업시행자에게 해당 시설의 소유권이 인정되며 그 기간이 만료되면 시설소유권이 국가 또는 지방자치단체에 귀속되는 방식
4. 사회기반시설의 준공과 동시에 사업시행자에게 해당 시설의 소유권이 인정되는 방식
5. 민간부문이 제9조에 따라 사업을 제안하거나 제12조에 따라 변경을 제안하는 경우에 해당사업의 추진을 위하여 제1호부터 제4호까지 외의 방식을 제시하여 주무관청이 타당하다고 인정하여 채택한 방식
6. 그 밖에 주무관청이 제10조에 따라 수립한 민간투자시설사업기본계획에 제시한 방식

법규부가 2010-306, 2010. 10. 28. : 위 사전답변신청의 사실관계와 같이 「○○○지원특별법」 제4조에 따라 설립된 신청인이 ●●● 해양생물관 민간투자사업과 관련하여 사업시행자를 선정하여 실시협약을 체결한 후 쟁점시설물을 기부채납받기로 하고 그에 대한 관리운영권을 ○○년간 설정하여 주면서 총사업비 중 일부를 건설보조금으로 부담하기로 한 경우 사업시행자는 쟁점시설물에 대한 기부채납절차가 완료되는 때에 「부가가치세법」 제13조 제1항 각 호의 가액을 합한 금액을 공급가액으로 하여 신청인에게 세금계산서를 발급하여야 합니다. 다만, 사업시행자가 기부채납절차가 완료되기 전에 신청인으로부터 건설보조금 명목의 대가를 받은 경우에는 같은 법 제9조 제3항에 따라 그 받은 대가에 대하여 세금계산서를 발급한 후 나머지 가액에 대하여 기부채납절차가 완료되는 때에 발급할 수 있는 것입니다. 또한 신청인이 사업시행자에게 쟁점시설물에 대한 관리운영권을 설정하여 줌에 따라 부동산임대업을 운영하는 것과 관련하여 해당 시설물을 취득하면서 발급받은 세금계산서 관련 매입세액은 매출세액에서 공제할 수 있는 것입니다.

공익사업의 지장물이설용역비는 부가가치세 면세인지?

　일반적인 지장물이설공사비는 당연히 과세대상 용역으로, 세금계산서를 교부하고 관련 매입세액을 공제받을 수 있다. 그러나 공익사업의 시행자가 지급하는 지장물이전의 비용은 보상비로, 부가가치세 과세대상이 아니다. 이에 따라 현업에서 혼선이 야기되며 도로공사 등 공익사업의 시행자가 시공사에게 지급하는 이설용역비에 대하여 세금계산서 수취를 거부하는 문제가 발생한다.

(1) 공익사업의 시행자가 지장물소유자에게 지급하는 이설비용인 경우 지장물소유자는 세금계산서를 교부하지 않아도 된다. 즉, 지장물소유자는 세금계산서를 교부하지 않는다.

(2) 시공사가 지장물소유자 또는 공익사업의 시행자에게 공급하는 지장물이전공사비는 세금계산서 교부 대상이다. 즉, 시공사는 세금계산서를 교부하여야 한다.

　본 건은 공익사업의 시행자가 지장물소유자에게 손해배상 또는 손실보상하는 경우 부가가치세 과세대상이 아니라는 뜻을 담고 있다. 즉, 지장물소유자가 공익사업의 시행자에게 지장물을 양도한 거래로 해석할 수 없다는 의미이다. 따라서 시공사가 이설용역을 제공하고 대가를 받는 것과는 전혀 관련이 없다. 단, 시공사가 공익사업의 시행자의 대행자(위수탁계약)로서 지장물소유자에게 지장물이전비용을 지급하는 경우 세금계산서를 수취하지 않아도 무방할 것이다.

부가가치세법 기본통칙 1-0-2【손해배상금 등】

① 각종 원인에 의하여 사업자가 받는 다음 각 호에 예시하는 손해배상금 등은 과세대상이 되지 아니한다. (2011. 2. 1. 항번개정)

1. 소유재화의 파손·훼손·도난 등으로 인하여 가해자로부터 받는 손해배상금
2. 도급공사 및 납품계약서상 그 기일의 지연으로 인하여 발주자가 받는 지체상금
3. 공급받을 자의 해약으로 인하여 공급할 자가 재화 또는 용역의 공급 없이 받는 위약금 또는 이와 유사한 손해배상금 (1998. 8. 1. 개정)
4. 대여한 재화의 망실에 대하여 받는 변상금

부가, 감사원 2012 감심147, 2012. 9. 27.: 청구인이 수령한 이 사건 지장전주 이설비용은 공익사업 시행자가 그 소유자에게 지급하는 이전비로서 손실보상금일 뿐 아니라 지장전주 이설에 대한 원인을 제공한 자인 이 사건 공단이 그 소유자인 청구인에게 부담하는 원인자 부담금으로 이는 보상차원의 금전에 해당하므로 과세대상 거래의 대가로 볼 수 없다.

재부가-296, 2013. 5. 6.: 공익사업을 위한 토지 등의 취득 및 보상에 관한 법률 제75조 제1항에 따라 건축물 등의 소유자가 그 건축물 등의 이전에 필요한 비용(이전비)을 보상받고 같은 법 제2조 제3호에 따른 사업시행자에게 그 건축물 등의 이전용역을 제공하는 경우 그 이전비는 손실보상금이므로 부가가치세가 과세되지 않는 것임. 귀 질의 사례가 이에 해당하는지 여부는 사실판 단할 사항임.

부가가치세법 시행령 제18조【재화 공급의 범위】

③ 제1항 제4호에도 불구하고 다음 각 호의 어느 하나에 해당하는 것은 재화의 공급으로 보지 아니한다. (2013. 6. 28. 개정)

1. 국세징수법 제61조에 따른 공매(같은 법 제62조에 따른 수의계약에 따라 매각하는 것을 포함한다)에 따라 재화를 인도하거나 양도하는 것
2. 민사집행법에 따른 경매(같은 법에 따른 강제경매, 담보권 실행을 위한 경매와 민법·상법 등 그 밖의 법률에 따른 경매를 포함한다)에 따라 재화를 인도하거나 양도하는 것
3. 도시 및 주거환경정비법, 공익사업을 위한 토지 등의 취득 및 보상에 관한 법률 등에 따른 수용절차에서 수용대상 재화의 소유자가 수용된 재화에 대한 대가를 받는 경우
4. 도시 및 주거환경정비법 제64조 제4항에 따른 사업시행자의 매도청구에 따라 재화를 인도하거나 양도하는 것 (2023. 2. 28. 신설)

시공사가 제공하는 분묘이장용역은 면세되는 것인지?

공사부지에 분묘가 있는 경우 분묘의 이장을 도급공사의 업무범위에 포함하는 것이 일반적이다.

의료보건용역과 마찬가지로 장의업도 부가가치세 면세사업이다. 분묘이장용역은 장의업의 범위 내에서 면세를 적용하며 장의업자가 아닌 건설업자가 발주처에 제공하는 분묘이장용역은 부가가치세가 과세되는 것이다.

따라서 시공사의 업무범위에 분묘의 이장이 포함되어 있고, 장의업자에게 분묘이장을 외주를 준 경우 장의업자는 시공사에 계산서(면세)를 발행하는 것이나, 시공사는 발주처에 세금계산서(과세)를 교부하여야 한다.

물론 이 경우 누적효과의 발생으로 시장참여자의 후생이 감소한다. 누적효과란 전단계세액공제법하에서 면세거래 이후 과세거래가 따르는 경우 면세사업자가 창출한 부가가치에 대해서도 세금이 과세되는 효과이다. 재정학적 이론이 입법에 반영될 수는 있지만, 재정학적 입장으로 법학을 해석할 수는 없다. 안타깝게도 부가가치세는 누적효과의 발생에 관하여 (의제매입세액 공제를 제외하면) 구체적인 보완조치를 두고 있지 않다.

부가 46015-2616, 1994. 12. 24.: 매장 및 묘지등에 관한 법률 제8조의 규정에 의한 묘지설치운영업허가를 받은 자가 묘지분양 후 매장용역을 제공하거나 분묘이장처리용역을 제공하고 별도로 그 대가를 받는 경우에는 장의용역의 공급에 해당되어 부가가치세법 제12조 제1항 제4호 및 동법 시행령 제29조 제6호의 규정에 의하여 부가가치세가 면제되는 것임.

부가 46015-1097, 1995. 6. 16.: 매장 및 묘지등에 관한 법률 제17조의 규정에 의하여 시체운반업 허가를 받은 자가 제공하는 분묘이장처리용역은 부가가치세법 시행령 제29조 제6호에 규정한 장의용역에 해당하여 부가가치세가 면제되는 것임.

부가가치세법 제26조 【재화 또는 용역의 공급에 대한 면세】 ① 다음 각 호의 재화 또는 용역의 공급에 대하여는 부가가치세를 면제한다.
5. 의료보건용역(수의사의 용역을 포함한다)으로서 대통령령으로 정하는 것과 혈액

부가가치세법 시행령 제35조 【면세하는 의료보건용역의 범위】 법 제26조 제1항 제5호에 따른 의료보건 용역은 다음 각 호의 용역(의료법 또는 수의사법에 따라 의료기관 또는 동물병원을 개설한 자가 제공하는 것을 포함한다)으로 한다.
6. 장의업자가 제공하는 장의용역
7. 장사 등에 관한 법률 제14조 및 제15조에 따라 사설묘지, 사설화장시설 또는 사설봉안시설을 설치한 자가 제공하는 화장, 묘지분양 및 관리업 관련 용역

발코니 확장 공사 및 용도변경 등의 제한

'발코니'란 건축물의 내부와 외부를 연결하는 완충공간으로서 전망이나 휴식 등의 목적으로 건축물 외벽에 접하여 부가적(附加的)으로 설치되는 공간을 말한다. 반면, 테라스란 정원의 일부를 높게 쌓아올린 대지(臺地)를 말하는데, 옥외실로서 이용된다. 2005. 12. 2. 건축법 시행령의 개정으로 발코니는 필요에 따라 거실·침실·창고 등의 용도로 사용할 수 있게 되어, 발코니 확장 공사가 합법화되었다.

발코니 확장 공사는 준공 전에 할 수도 있고 준공 이후에 할 수도 있다. 준공 이후에 수분양자가 개별적으로 인테리어 업자가 발코니 확장 공사를 하는 경우에는 세무상 쟁점이 없다. 즉, 인테리어 업자는 부가가치세를 거래징수하여 납부하면 되고, 대수선이 아닌 경우 수분양자에게 취득세 납세의무도 성립하지 않는다.

그러나 준공 전에 발코니 확장 공사를 하는 경우 발코니 공사가 국민주택 면세적용 대상인지의 문제 및 취득세 과세대상 문제에 관한 쟁점이 있다. 세무상 쟁점은 별도로 다루기로 하고 이하에서는 발코니 확장 공사 관련 법령을 살펴보기로 한다.

1. 준공 전 발코니 확장 공사

건축주는 발코니를 거실 등으로 변경하려는 경우 사용승인 신청을 하기 전에 주택의 소유자(주택법 제38조에 따른 세대별 입주예정자를 포함)로부터 동의를 받아야 한다(발코니 등의 구조변경절차 및 설치기준 제10조).

주택법 제2조 제7호에 따른 사업주체(이하 '사업주체'라 함)는 발코니를 거실 등으로 사용하려는 경우에는 다음에 해당하는 일체의 비용을 주택법 제38조에 따른 주택공급 승인을 신청할 때 분양가와 별도로 제출해야 한다(발코니 등의 구조변경절차 및 설치기준 제7조 제1항).

- 단열창 설치 및 발코니 구조변경에 소요되는 부위별 개조비용
- 구조변경을 하지 않는 경우 발코니 창호공사 및 마감공사비용으로서 분양가에 이미 포함된 비용

사업주체는 주택의 공급을 위한 모집공고를 하는 때에 위에 따라 신청 및 승인된 비용 일체를 공개해야 한다(발코니 등의 구조변경절차 및 설치기준 제7조 제2항).

2. 기존 건축물의 발코니 구조변경

2005년 12월 2일 전에 건축허가를 신청한 경우와 건축신고를 하거나 건축허가를 받은 주택에 설치된 발코니의 경우 개정법령에 의하여 발코니 확장 공사를 할 수 있다. 이 경우 1992년 6월 1일 이전에 건축신고를 하거나 건축허가를 받은 주택에 설치된 발코니를 거실·침실·창고 등으로 사용하려는 경우에는 건축사 또는 건축구조기술사의 구조 안전점검을 받은 후 구조안전확인서를 해당 허가권자에게 제출해야 한다(건축법 시행령 부칙 제2조 제1항).

위에도 불구하고 주택법 적용 대상인 주택의 발코니를 구조변경하려는 경우 주택법 제42조에 따라야 한다(발코니 등의 구조변경절차 및 설치기준 제12조 제3항).

발코니 확장 공사는 비내력벽 및 창호 철거, 바닥 수평 작업, 바닥재 시공, 천장 목공 작업 및 난방 배관 등의 작업이 포함된다. 따라서 발코니 확장 공사는 비내력벽의 파손·철거가 수반되는 경우에는 해당 동에 거주하는 입주자 또는 사용자 2분의 1 이상의 동의를 얻어 시장·군수·구청장의 허가를 받아야 한다(주택법 제42조 제2항, 주택법 시행령 제47조 제1항 및 별표 3).

3. 발코니 창호 공사

공정거래위원회는 발코니 창호 공사와 관련하여 소비자 피해를 줄이기 위하여 계약체결시 내건축·창호 공사 표준계약서(공정거래위원회 제10079호, 2018. 3. 21. 발령·시행)의 사용을

권장하고 있다(약관의 규제에 관한 법률 제19조의3 제5항).

표준계약서(표준약관)는 건전한 거래질서를 확립하고 불공정한 내용의 약관이 통용되는 것을 방지하기 위해 공정거래위원회에서 마련한 것으로 일정한 거래 분야의 표준(약관의 규제에 관한 법률 제19조의3 제1항)이 되는 것을 말하나 표준계약서(표준약관)에서 정하고 있는 사항에 관해 사업자와 소비자가 표준계약서의 내용과 다르게 합의한 사항이 있을 때에는 그 합의사항(개별약정)이 표준계약서(표준약관)보다 우선한다(약관의 규제에 관한 법률 제4조).

발코니 창호 공사 표준계약서의 주요 내용은 아래와 같다.

(1) 소비자가 언제든지 적정 위약금을 지불하고 계약을 해제할 수 있도록 함(제7조 제2항).
(2) 제품명, 제품 색상, 유리 색상 및 두께 등을 계약서에 구체적으로 명시하여야 함(제3조).
(3) 하자담보책임기간을 2년(유리는 1년)으로 명시(제10조 제1항)
(4) 공사 후 하자가 발생할 경우 하자보수에 상응하는 공사대금의 지급을 거절(제5조 제2항)
(5) 계약 내용과 다르게 시공하는 경우에는 교체시공이나 차액환급 등 손해를 배상(제10조 제3항)

공동주택 중 아파트로서 4층 이상인 층의 각 세대가 2개 이상의 직통계단을 사용할 수 없는 경우에는 발코니에 인접 세대와 공동으로 또는 각 세대별로 대피공간을 하나 이상 설치해야 한다(건축법 제49조 및 건축법 시행령 제46조 제4항). 그러나 아파트의 4층 이상인 층에서 발코니에 다음과 같은 구조를 설치한 경우에는 대피공간을 설치하지 않을 수 있다(건축법 시행령 제46조 제5항 및 건축물의 피난·방화구조 등의 기준에 관한 규칙 제14조 제3항).

(1) 인접 세대와의 경계벽이 파괴하기 쉬운 경량구조 등인 경우
(2) 경계벽에 피난구를 설치한 경우
(3) 발코니의 바닥에 하향식 피난구(덮개, 사다리, 경보시스템을 포함함)를 설치한 경우

건축법 시행령 제2조 제14호: '발코니'란 건축물의 내부와 외부를 연결하는 완충공간으로서 전망이나 휴식 등의 목적으로 건축물 외벽에 접하여 부가적(附加的)으로 설치되는 공간을 말한다. 이 경우 주택에 설치되는 발코니로서 국토교통부장관이 정하는 기준에 적합한 발코니는 필요에 따라 거실·침실·창고 등의 용도로 사용할 수 있다.

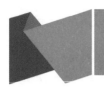

시행사가 수분양자에게 공급하는 발코니는 과세인데…

부가가치세법상 부수공급은 본공급과 동일하게 처리하도록 인정하고 있지만, 실무상 부수공급이 인정되는 사례는 별로 없다. 따라서 사례 및 판결에 의하여 명확히 부수공급으로 보는 것을 제외하고는 별도의 공급으로 보아야 한다. 사견으로 주된 거래와 부수거래는 거래 당사자가 정하는 것이지 법리 또는 다른 거래에 비추어 판단할 것이 못된다. 다른 경제주체와 동일한 세부담효과를 전제로 한 '형평과세'가 '계약자유의 원칙'보다 더 중요하다고 단정할 수도 없을 듯하다.

시행사가 수분양자에게 공급하는 발코니 확장 용역의 특징은 아래와 같다.

① 시행사는 주택공급승인을 신청할 때 발코니 확장 금액을 분양가와 별도로 제출해야 한다(발코니 등의 구조변경절차 및 설치기준 제7조 제1항).
② 사업계획승인 시(기본형과 확정형 모두) 평면도를 제출한다(발코니 등의 구조변경절차 및 설치기준 제7조 제1항).
③ 분양안내책자상 기본형만 나타난다.
④ 수분양자와 발코니 공사계약 시 계약주체는 시행사이나 시공사도 함께 날인한다.
⑤ 공사 마무리는 아파트 준공과 동시에 시공 완료하는 것으로 한다.
⑥ 모델하우스에 시공된 제품으로 시공한다.
⑦ 발코니 공사와 주택분양은 별도의 계약서에 의하며 대금도 분리하여 수금한다. 보통 발코니계약일자와 분양계약일자는 다르다.

시행사가 수분양자에게 공급하는 발코니가 부가가치세 과세대상이라는 점은 이제 쟁점의 여지가 없다. LH 공사의 특정 PJ에서는 발코니계약서를 별도로 작성하지 않고, 수분양자가 선택도 하지 못하는 경우였음에도 불구하고 대법원에서 부수용역으로 인정받지 못하여 확인사살까지 한 바 있다.

시행사는 불특정다수의 수분양자(주로 비사업자)와 계약한다. 따라서 수분양자를 보호하기 위하여 계약의 체결 이전에 별도의 발코니공급에 관한 기준을 마련한 것이다. 그러나 시공사와 시행사의 계약은 1 : 1의 계약이며 사업자 간 거래로 별도의 절차 및 규칙의 규정을 받지 않는다. 즉, 거래 당사자가 발코니의 공사금액을 별도로 정할지 말지는 당사자끼리 결정할 사항일 뿐이었다. 실제로 발코니가 PJ의 수지에 중요한 역할을 차지하지 않으므로 발코니 금액을 구분하지 않는 도급계약서도 많이 있다.

기존 예규 및 유권해석이 시행사와 수분양자 간의 쟁점에서 비롯된바 시공사와 시행사 간의 동일쟁점에 적용하기 타당하지 않다(부가, 조심 2008구3131, 2009. 4. 1.). 부가가치세 및 세금계산서의 판단은 거래단위로 이루어지는바 공사도급계약과 분양계약은 다른 거래이다. 충분히 합리적인 해석이며 거래단위별 적용이라는 의의가 크다. 다만, 상반된 유권해석이 생성되고 있으며 숫자에서 밀린다는 점, 이미 굳어진 해석 원칙이 있다는 점에서 시공사가 시행사에게 공급하는 발코니 확장 공사의 과세쟁점은 여전히 뜨겁다.

시공사가 전체 국민주택 규모의 아파트단지를 시공하는 경우 놀이터, 양로원, 정문, 주차장 모두 면세가 적용된다. 현행쟁점은 유독 발코니만 세금계산서를 교부하라는 뜻이므로 심정적으로 거부감이 크다. '도대체 발코니가 뭐라고'라는 인상이 있는 것이다. 문제는 주택을 시공하고 일부를 부수어 다시 발코니를 시공하는 것이 아니라, 주택과 발코니가 함께 시공되므로 원가가 구분되지 않는다는 점이다.

쟁점거래는 시공사가 시행사와 일괄 도급계약하여 금액이 분리되어 있지 않고 일괄 수금하는 계약이다. 발코니가 주택건설의 부수용역이라면 면세적용이 가능하고, 부수용역이 아니라면 과세일 것이다. 이에 관한 기존의 심판례는 다음과 같다.

> 시행사가 수분양자에게 별도계약으로 발코니를 공급하는 경우 시공사의 발코니공사용역은 주택의 부수용역으로 볼 수 없다(부가-778, 2011. 7. 19. 외 다수).

부가-778, 2011. 7. 19.: 시공사가 국민주택 규모의 아파트를 분양하는 시행사에 조세특례제한법 시행령 제106조 제4항에 의한 국민주택건설용역을 공급함에 있어, 시행사와 입주예정자의 별도 계약에 따른 발코니확장건설용역을 도급계약에 포함하여 공급하는 경우, 당해 발코니확장건설용역의 대가는 국민주택건설용역에 필수적으로 부수되는 용역의 공급대가에 해당하지 아니하는 것임.

부가-3480, 2008. 10. 7.: 시공사가 국민주택 규모의 아파트를 분양히는 시행사에게 조세특례제한법 시행령 제106조 제4항에 의한 국민주택건설용역을 공급함에 있어, 시행사가 입주예정자에게 국민주택 규모의 아파트 공급과는 별도로 공급하기로 한 발코니확장건설용역을 당해 시행사로부터 도급받아 국민주택건설용역과 함께 공급하는 경우, 당해 발코니확장건설용역의 대가(귀 질의의 경우 43억 원)는 국민주택건설용역에 필수적으로 부수되는 용역 공급의 대가에 해당하지 아니하는 것임.

기획재정부 부가가치세제과-202, 2008. 12. 26.: 발코니 확장 공사용역은 국민주택건설용역과 별도로 수분양자들의 신청에 의해 개별적으로 체결된 계약에 의한 용역의 공급으로 국민주택건설용역에 필수적으로 부수되는 용역의 공급에 해당되지 않음.

기획재정부 부가가치세제과-202, 2008. 12. 26.: 발코니 확장 공사용역은 국민주택건설용역과 별도로 수분양자들의 신청에 의해 개별적으로 체결된 계약에 의한 용역의 공급으로 국민주택건설용역에 필수적으로 부수되는 용역의 공급에 해당되지 않음.

부가, 조심 2010부0732, 2010. 10. 19.: 수분양자와 아파트 분양 계약 체결 시 발코니 공사 계약도 동시에 체결하여 본공사와 함께 시공하였으며, 공사대금도 함께 지급된 사실로 보아 당해 발코니 공사는 국민주택 규모 아파트 신축공사에 포함되는 주택건설용역으로 보아 면제함이 타당함.

부가, 조심 2008구3131, 2009. 4. 1: 시행사와 수분양자 간에 체결한 별도품목공급계약에 따라 공사를 수행하는 것으로 약정하였다 하더라도 본공사가 진행되는 기간에 함께 공사를 진행하였으며, 본공사의 기성금과 쟁점공사의 기성금을 함께 수취한 사실이 확인되는 만큼 면세대상인 국민주택 규모 이하의 건설용역에 해당함.

관련 법령 및 사실관계를 종합하여 살펴보면, 조세특례제한법 제106조 제1항 및 같은 법 시행령 제106조 제4항에서 국민주택 규모 이하의 국민주택 및 당해 주택의 건설용역에 대하여는 부가가치세를 면제하도록 규정하고 있는바, 시행사와 청구법인 간 쟁점아파트사업협약 및 도급계약체결 내용에서 쟁점공사비를 총공사비에 포함하는 것으로 하여 청구법인이 쟁점아파트 시공 시 본공사와 쟁점공사를 함께 시공하였으며, 시행사에게 기성금 청구 시 본공사와 쟁점공사 구분 없이 일괄청구하여 지급받았고, 수분양자와 아파트분양계약 체결 시 쟁점공사 계약도 동시에 체결하여 쟁점아파트 분양대금과 쟁점공사대금이 함께 지급된 사실 등을 종합적으로 고려하면, 본공사와 쟁점공사를 각각 별개의 공사로 보기 어려우므로, 쟁점공사용역은 쟁점아파트 건설공사용역에 포함되는 일련의 주택건설용역으로 보는 것이 타당하다고 하겠다(조심 2008구3131, 2009. 4. 1. 및 국심2006전265, 2006. 11. 16., 같은 뜻).

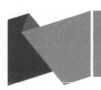

본공사와 동시에 시공하는 발코니 확장 공사도 과세인지?

과거뿐만 아니라 현재도 시공사에 대한 발코니 확장 공사에 대해 부가가치세 추징 시도가 매우 거세게 진행되고 있다. 발코니 공사 관련 부가가치세 과·면세에 관한 판례 등은 아래와 같다.

구분	청구법인: 시공사	청구법인: 시행사
부수용역인정	부가, 조심 2008구3131, 2009. 4. 1. 시행사와 수분양자 간에 체결한 별도품목 공급계약에 따라 공사를 수행하는 것으로 약정하였다 하더라도 본공사가 진행되는 기간에 함께 공사를 진행하였으며, 본공사의 기성금과 쟁점공사의 기성금을 함께 수취한 사실이 확인되는 만큼 면세 대상인 국민주택 규모 이하의 건설용역에 해당함.	대전지방법원 2014. 11. 27. 선고 2014구합100565 판결 이 사건 발코니 확장 공사용역은 거래의 관행으로 보아 통상적으로 주된 용역인 아파트건설용역에 부수된다고 봄이 타당하므로 이 사건 부과처분은 위법함.
	부가, 조심 2010부0732, 2010. 10. 19. 수분양자와 아파트 분양 계약 체결 시 발코니 공사 계약도 동시에 체결하여 본공사와 함께 시공하였으며, 공사대금도 함께 지급된 사실로 보아 당해 발코니 공사는 국민주택 규모 아파트 신축공사에 포함되는 주택건설용역으로 보아 면제함이 타당함.	광주지방법원 2013. 9. 5. 선고 2013구합10205 판결 주된 거래인 재화 또는 용역의 공급에 필수적으로 부수되는 재화 또는 용역의 공급은 주된 거래인 재화 또는 용역의 공급에 포함되는 것으로 보도록 규정하고 있으므로, 부가가치세의 면제대상이 되는 국민주택 규모 이하의 주택의 공급에는 이에 필수적으로 부수되는 재화 또는 용역의 공급이 포함된다고 할 것이다.
부수용역불인정	사전답변 법규부가 2014-266, 2014. 3. 25. 시공사가 시행사에게 조세특례제한법 시행령 제106조 제4항에 따른 국민주택건설용역을 공급함에 있어, 당해 발코니확장건설용역은 부가가치세가 면제되는 국민주택건설용역에 필수적으로 부수되지 아니하는 것임.	서면인터넷방문상담3팀-1690, 2005. 10. 5. 국민주택 규모 아파트를 신축·분양하는 사업자가 분양가액에 선택품목을 원하는 계약자에게 별도의 계약을 체결하여 공급하는 경우 과세대상임.

구분	청구법인: 시공사	청구법인: 시행사
	부가가치세과-3480, 2008. 10. 7. 시공사가 국민주택 규모의 아파트를 분양하는 시행사에게 조세특례제한법 시행령 제106조 제4항에 의한 국민주택건설용역을 공급함에 있어, 시행사가 입주예정자에게 국민주택 규모의 아파트 공급과는 별도로 공급하기로 한 발코니확장건설용역을 당해 시행사로부터 도급받아 국민주택건설용역과 함께 공급하는 경우, 당해 발코니확장건설용역 대가(귀 질의의 경우 43억 원)는 국민주택건설용역에 필수적으로 부수되는 용역공급의 대가에 해당하지 아니하는 것임.	조심 2013전4054, 2013. 11. 22. 국민주택공급에 발코니 확장 공사가 필수적으로 포함되어야 하는 것이 아니고 선택적인 측면으로 이는 부가가치세 면세용역이 아님.
	부가가치세과-778, 2011. 7. 19. 시공사가 국민주택 규모의 아파트를 분양하는 시행사에 조세특례제한법 시행령 제106조 제4항에 의한 국민주택건설용역을 공급함에 있어, 시행사와 입주예정자의 별도계약에 따른 발코니확장건설용역을 도급계약에 포함하여 공급하는 경우, 당해 발코니확장건설용역의 대가는 국민주택건설용역에 필수적으로 부수되는 용역의 공급대가에 해당하지 아니하는 것임.	대전고등법원 2015. 7. 2. 선고 2014누12664 판결 지구 전체를 발코니 확장형으로 시공하였다고 하더라도 발코니 확장 공사용역은 부가가치세 과세대상에 해당되며, 가산세 면제의 정당한 사유가 있다고 볼 수 없음.
	조심 2017광0572, 2017. 4. 17. 발코니는 공동주택의 경우 전용면적에 포함되지 않으며 건축법에서도 발코니는 주거전용면적에서 제외하고 있는 점 등 발코니확장은 국민주택 규모 아파트 공급에 필수적으로 부수되는 건설용역이 아닌 점 등에 비추어 쟁점공사용역이 국민주택건설용역의 부수용역으로서 부가가치세 면제 대상이 아님.	대법원 2016. 1. 28. 선고 2015두48617 판결 아파트 발코니 확장 공사용역의 공급은 부가가치세가 과세되는 독립된 거래로 부가가치세 과세거래에 해당하는 것이며 세금계산서 미발급 시 가산세 적용 대상에 해당함.
	조심 2017서2344, 2017. 7. 20. 발코니는 전용면적에 포함되지 않고 주택법도 주거전용면적에서 제외하고 있는 점, 쟁점공사는 국민주택 규모 이하 아파트의	대법원 2014. 12. 11. 선고 2014두40036 판결 수분양자의 선택에 따라 그 공급 여부가 결정되는 것일 뿐, 이 사건 각 아파트의 공급에 통상적으로 포함되어 공급된다거나, 거

구분	청구법인: 시공사	청구법인: 시행사
	공급에 필수사항이 아니고 본공사와 구분이 가능한 것으로 보이는 점 등에 비추어 거래의 관행상 국민주택 규모 이하의 아파트 공급에 통상적 또는 필수적으로 부수되는 것이 아니라 별개의 독립된 부가가치세가 과세되는 건설용역으로 봄이 타당함.	래의 관행으로 보아 이 사건 각 아파트의 공급에 부수하여 공급된다고 보기는 어렵다 할 것이므로, 이 사건 각 아파트의 공급에 필수적으로 부수되는 용역에 해당한다고 볼 수는 없음.

세법상 부수적 공급의 기준은 통상성(부법 제14조 제1항)이다(필수성은 구 부가가치세법 제1조 제4항에서 언급되었으나 2013. 6. 7. 개정으로 삭제되었다. 최근 심판례는 통상성은 사라지고 필수성만 언급하고 있다. 거래당사자가 통상적으로 하는 거래방식 중에서 필수적으로 선택해야만 하는 거래형식이 과연 몇 개나 있을지 의문이다). 통상성이나 필수성은 불특정다수인을 대상으로 하는 판매계약이나 분양계약에는 합리적인 것으로 보인다. 그러나 매도자 1인과 매수자 1인이 단일물건을 거래하는 공사도급계약은 다음과 같은 원론적인 통상성이 판단기준이 되어야 할 것이다.

① 대가의 수취 방법
② 계약의 구분 방법
③ 용역의 수행 방법

시행사가 제공하는 발코니공급은 재화의 공급이나, 시공사가 제공하는 발코니 확장 공사는 용역의 공급이다. 재화의 경우와 달리 용역의 경우 구분이 쉽지 않다.

예를 들어 발코니 확장 공사를 하는 경우 외주업체 A가 콘크리트를 일괄적으로 타설한다. 외주업체 B가 보일러호일을 일괄적으로 시공한다. 외주업체 C가 일괄적으로 마루공사를 시공한다. 외주업체 D가 단창을 설치한다. 상기 A~D 건설업체가 제공하는 용역은 건설용역이므로 발코니를 제외한 주택의 면적에 따라 세금계산서나 계산서를 교부할 것이다.

그나마 바닥 쪽은 면적기준을 강요할 수도 있을 것이다. 그러면 벽공사, 전기공사, 미장공사, 조명공사는 어떻게 할 것인가의 문제가 다시 남는다. 발코니는 크게 안방 쪽, 주방 쪽, 거실 쪽으로 구분할 수 있다. 주방 쪽 발코니를 확장하는 경우 주방가구가 커지게 된다. 주방가구도 발코니공사에 포함시켜야 할지의 문제가 또 남게 된다.

준공 후 아파트에 별도 인테리어 업자가 발코니 확장 공사를 하는 경우는 가액적인 구분이 명확하다. 따라서 부수공급의 문제가 발생하지 않는다. 그러나 건물준공 이전에 주택건설과 함께 공급되는 발코니 공사에 세법상 공급대가를 구분하는 것은 인위적이고 작위적인 방법으로 허구의 숫자를 산출하는 과정을 거치게 된다.

주택매매업자가 신축 국민주택을 취득하여 판매하는 경우 발코니가액을 별도로 구분하여 세금계산서를 교부하는 것이 과연 통상적일 수 있을지 의문이다. 어떤 매매계약서에도 이런 구분은 하지 않을 것이다. 발코니는 주택가격의 1~2% 수준의 부속물일 뿐이고 주방가구나 붙박이가구와 하등 다를 것이 없기 때문이다. 사실 아파트의 준공, 분양, 승계의 전체 거래 단계에서 발코니 가격이 구분되는 것은 시행사가 수분양자에게 분양할 때 뿐이다. 그리고 이는 주택공급에 관한 규칙에 따라 주택가격을 규제하기 위한 수단일 뿐이며, 분양 이전 또는 이후 단계에서 발코니가액은 구별되지 않는다.

건축법상 발코니를 주거전용면적에서 제외(조심 2017광0572 외 다수 인용)하는 것은 주택 면적에 해당하지 않으므로 국민주택건설용역이 아니라는 의미일 것이다. 세법상 주택은 '상시주거용 건축물'을 말하는바, 본래 주거할 수 없는 공간(발코니)을 주거하도록 만든 공사(확장공사)라면 세법상 주택건설용역이라고 보아야 할 것이고 해당주택이 주택법상 국민주택 규모에 해당한다면 국민주택건설용역이 되어야 할 것이다. 실제로 도급계약상 일괄시공하는 모델하우스는 국민주택건설용역(서삼 46015-12050, 2002. 12. 2. 외 다수)으로 보는바 모델하우스 면적은 건축법상 주거전용면적에 포함되는지 묻고 싶다. 사용 목적을 불문하는 건축법의 면적 개념을 차용해서 세법에 적용할 문제가 아니라고 본다.

건설도급계약은 무수히 많은 용역의 일괄적 완성을 조건으로 하는 계약이다. 세세하게 구분하면 터파기공사, 옹벽공사, 발코니공사, 조명공사, 미장공사, 전기공사, 조경공사, 철골공사 등은 주택건설이 아닌 것으로 보일 여지도 있다. 그러나 이 모든 것들을 한꺼번에 묶어서 전부를 완성할 것을 요건으로 공급하는 것이 건설도급계약이다. 발코니만 구분하여 따로 판단할 사안이 아닌 것이다. 건설도급계약상 일부를 분리하여 다른 해석을 적용하는 것은 불필요한 행정비용을 지출시키고, 납세의무자의 법적 안정성을 심각하게 훼손할 여지가 크다.

발코니 문제는 세금계산서 교부면제로부터 시작(대법원 2008. 5. 15. 선고 2008두3579 판결)되었다. 즉, '발코니는 국민주택이 아니다'가 아니라 '발코니는 주택이 아니다'가 쟁점의 시작이다.

아래에서 보듯이 단지 내 모든 공사는 국민주택건설공사이다. 발코니 쟁점을 제외하고 본다면 주택인지 아닌지, 전용면적에 포함되는지 아닌지는 사실 문제가 아니었다.

과면세	공사내용
국민주택 규모는 면세	천장, 바닥, 벽체의 확장 마감공사, 창호공사, 엘리베이터 설치공사, 주방가구 설치 등 가구공사 단지 내 도로, 놀이터, 양로원, 주차장, 조경공사, 모델하우스 설치공사, 단지 내 택지 조성공사, 철거공사
전체 과세	분양 및 홍보 용역, 단지 외부 도로 및 기부채납 공사, 토지조성 공사

관련 법령

대법원 2016. 2. 3. 선고 2015두54322 판결: (심리불속행) 국민주택 규모 아파트 발코니 확장 공사용역은 가산세 감면의 정당한 사유에 해당하지 않음.
(원심 요지) 국민주택 규모 이하 아파트 발코니 확장 공사용역을 부가가치세가 면제되는 것으로 오인한 정당한 사유가 없고 세금계산서 발급이 불가능하거나 현저히 곤란한 사업에도 해당하지 아니한다.

부가 1265.1-1622, 1984. 7. 30.: 건설업법에 의하여 면허를 받은 사업자가 부가가치세가 과세되는 주택과 부가가치세가 면제되는 주택의 공통부대시설의 건설용역을 제공하는 경우 부가가치세 과세표준은 실지귀속에 따라 계산하며, 실지귀속이 불분명한 경우에는 동 건설용역의 대가에 과세주택의 예정건축면적이 총 예정건축면적 중 차지하는 비율을 곱하여 계산한다.

부가 46015-1611, 1997. 7. 15.: 전문건설업면허를 받은 건설업자가 다른 건설업자로부터 건축물 철거용역을 하도급 받아 용역을 제공하는 경우 철거용역 중 국민주택 규모 이하의 주택분은 면세되는 것이나 초과분의 주택분에 대하여는 과세되는 것임.

서면인터넷방문상담3팀-225, 2008. 1. 29.: 관련 법령에 의하여 등록한 사업자가 제공하는 국민주택건설용역(하도급 포함)은 부가가치세가 면제됨.
【질의내용】 1. 가구 공사(주방가구 포함) 계약이 하도급계약인지 자재납품 계약인지 여부
2. 하도급계약에 해당한다면 국민주택 규모 이하 아파트 주방가구 공사의 경우 면세적용을 받아 계산서 발행이 가능한지 여부
발코니는 건축물의 내부와 외부를 연결하는 완충공간으로서 건축물 외벽에 접하여 부가적

으로 설치되는 공간으로서 공동주택의 경우 외벽의 내부선을 기준으로 산정한 전용면적에 포함되지 않는 것으로 해석되고(대법원 2010. 9. 9. 선고 2009두23419 판결, 같은 뜻), 발코니 확장공사는 외부 공간을 내부화하는 과정으로 볼 수 있는 점 등에 비추어 쟁점공사용역은 조세특례제한법 제106조 제1항 제4호에서 규정하고 있는 국민주택의 건설용역에 해당하지 아니하고 이러한 해석은 조세법률주의 원칙에도 맞다.

대법원 2010. 9. 9. 선고 2009두23419 판결: 과세관청이 오랜 기간 동안 고급주택 등의 기준이 되는 공동주택 전용면적을 산정함에 있어 발코니 면적을 제외함으로써 발코니 부분의 면적은 공동주택의 전용면적에 포함시키지 않는다는 의사를 대외에 묵시적으로 표시한 것으로 볼 수 있고, 납세자가 그와 같은 관행을 신뢰하는 것이 무리가 아니라고 인정될 정도에 이르렀다고 할 수 있으므로 공동주택의 전용면적을 산정함에 있어 발코니 부분의 면적을 제외하는 과세관행이 성립됨.

조심 2017서2344, 2017. 7. 20.: 발코니는 전용면적에 포함되지 않고 주택법도 주거전용면적에서 제외하고 있는 점, 쟁점공사는 국민주택 규모 이하 아파트의 공급에 필수사항이 아니고 본공사와 구분이 가능한 것으로 보이는 점 등에 비추어 거래의 관행상 국민주택 규모 이하의 아파트 공급에 통상적 또는 필수적으로 부수되는 것이 아니라 별개의 독립된 부가가치세가 과세되는 건설용역으로 봄이 타당함.

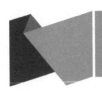

수분양자에게 직접 공급하는 발코니 공사는 세금계산서 교부 대상인지?

본 건은 시공사가 시행사가 아니라 수분양자에게 공급하는 발코니가 세금계산서를 발행하는 것이 좋다는 내용을 정리한 것이다. 과거에는 세금계산서는 사업자끼리 주고받은 거래증빙이었다. 사업자가 아닌 경우 매입세금계산서를 받는다고 하여도 매입세액공제가 불가능하므로 필요치 않았던 것이다. 이런 관행이 대법원 판결에 의해 깨어졌다. 부가가치세법상 교부면제 대상을 제외하고는 발급의무는 강제라는 것이 현재 해석의 입장이다.

사업가 아닌 개인에게 주거용 건물을 공급(분양)하는 경우 세금계산서 교부의무가 없다. 다만, 주거용 건물 이외에는 주민등록번호로 세금계산서를 교부하여야 한다. 건설회사에서 일반 개인에게 세금계산서를 교부하는 매출 사례는 아래와 같다.

① 발코니/플러스옵션
② 오피스텔(주거용 오피스텔 포함)

• 관련 HISTORY
  (1) 2008년: 발코니는 주택이 아니므로 세금계산서 교부 면제에 대항하지 않음(대법원 2008. 5. 15. 등). → 세금계산서 대상
  (2) 2012년: 부법 시행규칙 주거용건물 수리/보수 및 개량업 영수증 교부대상으로 추가(부가가치세과-528, 2012. 5. 9.) → 영수증 대상
  (3) 2014년: 실내건축 및 건축마무리 공사업종을 현금영수증 발행대상으로 추가(소법 시행령 별표 3의2) → 현금영수증 대상

일반적으로 시공사는 현금영수증 관련 ERP 시스템을 구비하지 않고 있으며, 인테리어업의 등록 여부에 불구하고 통계청이 한국표준산업분류표상 건설사가 인테리어 업종을 영위하고 있다고 해석할 수 있는바 세금계산서를 발행하여 현금영수증 발행 의무를 회피하는 것이 타당하다.

기존 예규상 논란 및 수분양자들의 현금영수증 발급 요구로 인해 혼선이 있었으나, 2012년부터 부가가치세법 시행규칙에 영수증 발급 대상에 주거용 건물 수리 · 보수 및 개량업을 명문화하여, 영수증 발급 대상으로 명확히 하였다. 그러나 2013년에도 발코니를 세금계산서 발행대상으로 보는 심판례(조심 2013중4048, 2013. 11. 22.)가 꾸준히 생산되고 있으며 2014년부터 법인세법 제117조의2에 따라, 주로 사업자가 아닌 소비자에게 재화 또는 용역을 공급하는 사업자로서 업종 등의 요건에 해당하는 현금영수증 가입대상 법인은 그 요건에 해당하는 날부터 3개월 이내에 현금영수증가맹점으로 가입하여야 한다. 이때, '업종 등의 요건에 해당하는 법인'이라 함은 소득세법 시행령 별표 3의2에 따른 소비자상대업종을 영위하는 법인을 말하며 실내건축 및 건축마무리 공사업은 소비자 상대업종에 해당한다. 그러나 대부분의 건설회사는 ERP에 현금영수증이 연동되어 있지 않다. 개인과 거래할 일이 별로 없기 때문이다.

　업종의 구분은 통계청에서 제정하는 한국표준산업분류를 기준으로 하며 한국표준산업분류는 사업체에서 주로 수행하는 산업활동을 그 유사성에 따라 유형화한 것으로 '산출물의 특성, 투입물의 특성, 생산활동의 일반적인 결합형태'에 의하여 분류된다.

　이때, 생산 단위의 산업활동은 일반적으로 주된 산업활동, 부차적 산업활동 및 보조적 활동이 결합되어 복합적으로 이루어진다. 따라서 사업자등록증상 주된 업종만 등록되나, 과세관청의 입장(공평과세)상 사실상 실내건축 및 건축마무리 공사업을 등록하지 않았다 하더라도 사실상 해당 업종을 영위하는 경우 현금영수증발행대상업종을 영위하는 것으로 볼 수 있다.

　법문(법인세법 제117조의2)상 사업자에게 세금계산서를 발행하는 경우 현금영수증발행 의무를 면제하고 있으나 예규(재소득-547, 2011. 12. 21.)상 비사업자에게 세금계산서를 발행하는 경우(주민등록번호 발행)에도 현금영수증 발행의무를 면제하고 있으므로 세금계산서를 발행하여 리스크를 제거하는 것이 타당하다(법인세법 제117조의2의 취지는 현금영수증가맹점 확대를 통한 과세표준양성화를 도모하기 위한 것이며 동 거래에 대하여 회사는 세금계산서를 발급하며 소비자는 취득세 과세표준 신고 시 포함하는바, 매출누락이 없어 현금영수증을 발행하지 않더라도 동법 취지에 반하지 않는다).

부가가치세법 시행규칙 제53조【영수증을 발급하는 소비자 대상 사업의 범위】영 제73조 제1항 제13호에서 '기획재정부령으로 정하는 사업'이란 다음 각 호의 사업을 말한다.
10. 주거용 건물 수리·보수 및 개량업

부가, 부가가치세과 - 528, 2012. 5. 9.: 실내건축공사를 전문으로 하는 건설업자가 아파트 수분양자(최종소비자)에게 발코니 확장 공사용역을 제공하는 경우 부가가치세법 시행규칙 제25조의2 제10호에 따라 2012. 2. 28. 이후 최초로 공급하는 분부터 영수증을 발급할 수 있는 것임.

부가가치세과 - 528, 2012. 5. 9.: 실내건축공사를 전문으로 하는 건설업자가 아파트 수분양자(최종소비자)에게 발코니 확장 공사용역을 제공하는 경우 부가가치세법 시행규칙 제25조의2 제10호에 따라 2012. 2. 28. 이후 최초로 공급하는 분부터 영수증을 발급할 수 있는 것임.

부가, 조심 2013중4048, 2013. 11. 22.: 발코니는 건축물의 내부와 외부를 연결하는 완충공간으로 주택으로 볼 수 없으므로 발코니확장건설용역은 부가가치세 과세대상으로 세금계산서 발급의무가 면제되지 아니함.

재소득 - 547, 2011. 12. 21.: 현금영수증 의무발급사업자가 현금거래에 대하여 비사업자에게 주민등록번호 기재분 전자세금계산서를 발행한 경우 현금영수증 의무발급 대상 아님.

서삼 46015 - 10044, 2002. 1. 14.: 사업자가 재화 또는 용역을 공급하는 경우에는 세금계산서를 공급받는 자에게 교부하여야 하는 것이며, 공급받는 자가 사업자가 아닌 경우에는 공급받는 자의 주민등록번호를 기재하여 세금계산서를 교부하는 것임.

부가 46015 - 19, 2001. 1. 15.: 1. 일반과세자 중 부가가치세법 시행령 제79조의2 제1항 각 호의 사업 이외의 사업을 하는 사업자가 재화 또는 용역을 공급하는 경우에는 부가가치세법 제16조 제1항의 규정에 의한 세금계산서를 공급받는 자에게 교부하여야 하는 것이며, 이 경우 공급받는 자가 사업자가 아닌 경우에는 공급받는 자의 주민등록번호를 기재하여 세금계산서를 교부하는 것임.

사업자등록번호 정정으로 세금계산서를 수정발행하는 경우 가산세는?

사업자등록번호의 정정은 실무상 거의 발생하지 않는다. 그러나 오피스텔을 분양하는 경우 수천 건의 세금계산서를 발행하게 되는바, 간혹 실무자들이 실수하는 경우도 생길 수 있다. 이 경우 공급가액이 크므로 가산세 등 세무 리스크도 크다.

이미 발행한 세금계산서의 사업자등록번호를 수정하는 경우 언제나 가산세 대상이 된다.

(1) 과세기간에 대한 확정신고기한 경과 후 공급받는 자의 변경은 수정세금계산서 발급사유가 아니다. 발급자는 2%의 가산세, 수취자는 원칙적으로 매입세액을 공제받을 수 없다.
(2) 과세기간에 대한 확정신고기한 내인 경우 수정세금계산서 발급은 가능하나 발급자에게는 1%의 가산세, 수취자에게는 0.5%의 가산세가 발생한다.

세금계산서 관련 규정은 거래의 포착이 어려웠던 시기에 제정되었다. 이에 따라 법률상 착오 중 '표시의 착오'만 인정하는 해석이 지배적이었다. 그러나 1,000원짜리를 구매해도 신용카드로 결제하는 현대사회에서는 규정이 완화될 필요가 있다. 세금계산서 관련 가산세는 탈세범을 미워하는 규정이 아니라 담당 실무자를 곤경에 빠뜨리는 규정이기 때문이다.

법률상 착오에는 표시, 내용, 동기의 착오가 있으나, 세금계산서 착오 기재에서 착오는 표시의 착오만 인정하고 있다. 따라서 대부분의 착오는 세법상 착오가 아니며 과세기간 경과 후 세금계산서를 수정발행하는 것은 사실상 불가능하다(한장석·김용관, 『부가가치세』, 광교이택스, 2013, p.1237; 이영준, 『민법총칙』, 박영사, 1997 참조).

1. 표시상의 착오(表示上의 錯誤)란 표의자가 표시행위를 잘못하는 경우를 말한다.
   예 매도인이 매매계약서에 매매대금 2억 원을 기재해야 하는데 착오로 2천만 원이라고 기재하거나, 2019년을 2109년으로 기재하는 경우

2. 내용의 착오(內容의 錯誤)란 표의자가 표시행위의 의의를 잘못 이해하는 경우, 즉 의사표시의 내용에 관하여 착오에 빠지는 것을 말한다.
   예 영세율세금계산서에 현지화로 표시한다고 잘못 인지하고 공급가액에 $로 기재한 경우

3. 동기의 착오(動機의 錯誤) 또는 연유의 착오(緣由의 錯誤)란 의사형성의 과정에 있어서의 착오, 즉 표의자가 효과의사결정에 의미를 갖는 상황을 실제와 달리 인식할 경우에 존재하는 착오를 말한다.
   예 7일 이내 선수금이 입금될 것으로 예상하여 선세금계산서를 발행하였으나 입금되지 않은 경우

부가 46015-3833, 2000. 11. 27.: 사업자가 부가가치세법 제16조 제1항의 규정에 의하여 세금계산서를 교부한 후 그 기재사항에 관하여 착오 또는 정정사유가 발생한 경우에는 부가가치세법 제21조의 규정에 의하여 부가가치세의 과세표준과 납부세액 또는 환급세액을 경정하여 통지하기 전까지 세금계산서를 수정하여 교부할 수 있는 것이며, 당초의 공급가액에 추가되는 금액 또는 차감되는 금액이 발생한 경우에는 그 발생한 때에 세금계산서를 수정하여 교부할 수 있는 것이나, 공급받는 자의 수정은 기재사항 착오로 볼 수 없으므로 수정세금계산서를 교부할 수 없는 것입니다.

서면법규과 1255, 2013. 11. 14.: 사업자가 부가가치세법 제32조에 따른 세금계산서를 발급한 후 공급받는 자가 잘못 적힌 경우에는 같은 법 시행령 제70조 제1항 제6호에 따라 재화나 용역의 공급일이 속하는 과세기간에 대한 확정신고기한까지 수정세금계산서를 발급할 수 있는 것이며 이 경우 부가가치세법 제60조 제2항 제1호 및 제7항 제1호에 따른 가산세를 적용하는 것입니다.
제60조 제2항 제1호: 지연발행가산세
제60조 제7항 제1호: 매입처별세금계산서합계표 불성실가산세(지연수취가산세)

부가가치세법 제39조【공제하지 아니하는 매입세액】① 제38조에도 불구하고 다음 각 호의 매입세액은 매출세액에서 공제하지 아니한다.
8. 제8조에 따른 사업자등록을 신청하기 전의 매입세액. 다만, 공급시기가 속하는 과세기간이 끝난 후 20일 이내에 등록을 신청한 경우 등록신청일부터 공급시기가 속하는 과세기간 기산일까지 역산한 기간 내의 것은 제외한다.

서면3팀-697, 2008. 4. 2.: 사업자가 당초 교부한 세금계산서에 기재된 공급가액에 관하여 착오 사유가 발생한 경우에는 수정세금계산서에 당초 세금계산서의 작성일자를 기재하여 부가가치세의 과세표준과 납부세액 또는 환급세액을 경정하여 통지하기 전까지 교부한 후 경정청구 또는 수정신고를 할 수 있는 것임.

주민등록번호로 발급한 세금계산서는 수정발행하여야 하는지?

분양 시 수분양자로부터 사업자등록증을 수취하고 세금계산서 발급을 요청받았으나, 실무담당자의 실수로 주민등록번호로 발행한 경우 민원이 발생할 수 있다.

사업자등록번호가 있는 상대방에게 주민등록번호로 세금계산서를 발행하면 합계표불성실가산세가 적용된다(국심2000구337, 2000. 10. 2., 감사원 심사 99-344, 1999. 11. 16.). 단, 사업자가 건설업자로부터 상가를 분양받아 매매계약 체결 후 사업자등록증 사본을 제시하였으나 착오로 주민등록번호로 세금계산서를 발급한 경우 착오로 인정하여 합계표불성실가산세를 적용하지 아니한다(부가 46015-393, 2000. 2. 19.). 따라서 발행자의 귀책이 명확한 경우(세금계산서 발행 당시 사업자등록증을 제시했으나 주민등록번호로 발급한 경우) 수정세금계산서의 발행이 불필요한 이유를 충분히 설명하고 수분양자가 납득하지 못하는 경우에만 세무리스크를 감수하고 수정발행하여야 할 것이다.

(1) 분양담당자 귀책인 경우: 사업자등록증을 제시하였으나 착오로 주민등록번호로 발급받은 경우에도 매입세액공제 가능함(부가 46015-393, 2000. 2. 19.)을 안내하여도 민원이 해소되지 않는 경우 수정발급하여야 한다.
(2) 수분양자 귀책인 경우(사업자등록증을 제시하지 않은 경우): 주민등록번호로 세금계산서를 발급받고 이후에 사업자등록신청을 하는 경우 매입세액공제가 가능하므로 사업자등록신청을 하나 더 하는 방법을 고려해야 한다. 이후 사업자단위과세제도 신청 등을 통해서 사업자번호를 하나로 만드는 것이 타당할 것이다.

부가, 서면법규과-1255, 2013. 11. 14.: 사업자가 세금계산서를 발급한 후 공급받는 자가 잘 못 적힌 경우에는 재화나 용역의 공급일이 속하는 과세기간에 대한 확정신고 기한까지 수정 세금계산서를 발급할 수 있는 것이며, 이 경우 지연발급(수취)가산세를 적용하는 것임.

부가, 국심2007부0059, 2007. 4. 26. 인용: 세금계산서의 공급시기와 교부시기의 과세기간 이 다르다거나 기재 내용 중 청구인의 주민등록번호를 기재하여야 할 것을 사업자등록번호 로 잘못 기재하였다는 것만으로 사실과 다른 세금계산서라 할 수는 없음.

부가, 서삼 46015-10514, 2003. 3. 27.: 사업자등록을 한 자가 재화 또는 용역을 공급받고 주민등록번호를 기재한 세금계산서를 교부받았으나 사업자등록번호로 수정한 세금계산서 를 교부받아 국세기본수정신고를 하는 경우 가산세는 적용되지 아니하는 것임.

부가, 부가 46015-72, 1994. 1. 11.: 사업자가 부가가치세가 과세되는 재화를 구입하고 주민 등록번호를 기재한 세금계산서를 교부받는 경우 주민등록번호를 사업자등록번호로 수정한 세금계산서를 교부받아 정부에 제출하는 경우에는 동 매입세액은 공제받을 수 있는 것임.

부가가치세법 시행령 제108조 ③ 세금계산서의 필요적 기재사항의 전부 또는 일부가 착오 또는 과실로 적혀 있지 아니하거나 사실과 다른 경우. 다만, 필요적 기재사항 중 일부가 착오 나 과실로 사실과 다르게 적혔으나 세금계산서에 적힌 나머지 필요적 기재사항 또는 임의적 기재사항으로 보아 거래사실이 확인되는 경우에는 사실과 다른 세금계산서로 보지 아니함.

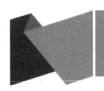

분양권 전매 시 수정세금계산서를 발행하여야 하는지?

오피스텔 등을 분양하는 경우 당초 분양자가 분양권을 전매하여 공급받는 자가 변경되는 경우가 있다. 이때 당초 발행한 세금계산서를 수정하여야 하는지가 문제시된다.

일반적으로 중간지급조건부계약의 경우 원칙적인 공급시기(용역제공완료일) 이전에 계약서상 공급시기를 두어 세금계산서를 다수로 분리하는 것인바, 다수세금계산서의 공급받는 자가 변경되는 경우 아무래도 불편한 감이 있다. 그러나 중간지급조건부의 각 세금계산서는 독립된 세금계산서이며 독립된 공급시기를 규정하였는바 공급받는 자가 달라진다 하여도 문제될 것은 없다.

예를 들어 당초 분양자(A)가 계약금(10), 중도금(85) 납부 후 분양권이 전매되어 변경 분양자(B)가 잔금(5)을 납부한 경우 다음과 같이 처리하여야 한다.

전매에 대한 규정	계약금 약정일	중도금 약정일	잔금 약정일 (입주 지정일)
승계조건인 경우	A에게 10 발행	A에게 85 발행	B에게 5 발행
해지조건인 경우	A에게 10 발행	A에게 85 발행	B에게 100 발행 A에게 △95 발행

중간지급조건부계약은 약정일 기준이므로 잔금 약정일 이후 전매한 경우 당초 분양자에게만 세금계산서를 발행하여야 한다.

공급시기	공급받는 자	비고
전매 전	A	수정세금계산서 발행 대상이 아니다. 단, 분양권전매가 계약취소 및 재계약사유인 경우 수정가능하다.
전매 후	B	공급받는 자의 명의 변경 후의 공급시기 도래분에 대하여는 변경된 자를 공급받는 자로 하여 세금계산서를 교부한다.
잔금 청산 후	N/A	거래가 정상 종결하였으므로 수정세금계산서 발급할 필요가 없다.

부가가치세법 시행령 제28조 【구체적인 거래 형태에 따른 재화의 공급시기】 ③ 다음 각 호의 어느 하나에 해당하는 경우에는 대가의 각 부분을 받기로 한 때를 재화의 공급시기로 본다. 다만, 제2호와 제3호의 경우 재화가 인도되거나 이용 가능하게 되는 날 이후에 받기로 한 대가의 부분에 대해서는 재화가 인도되거나 이용 가능하게 되는 날을 그 재화의 공급시기로 본다. (2013. 6. 28. 개정)

3. 기획재정부령으로 정하는 중간지급조건부로 재화를 공급하는 경우

간세 1235-1355, 1978. 5. 8.: 사업자가 아파트를 중간지급조건부 또는 완성기준지급조건부 공급 계약을 체결하고 계약에 따라 대가의 각 부분을 받기로 한 때에 세금계산서를 교부하였으나 당해 공급계약의 종료 전에 공급받는 자의 명의가 변경되는 경우 아래와 같이 세금계산서를 교부함.

1. 아파트 공급계약이 공급받는 자의 명의 변경이 가능한 경우에는 아파트를 공급하는 사업자는 공급받는 자의 명의 변경 후의 공급시기 도래분에 대하여는 변경된 자를 공급받는 자로 하여 세금계산서를 교부하며, 2. 아파트 공급계약이 공급받는 자의 명의 변경 시 당해 공급계약이 취소되고 변경된 자의 명의로 재계약을 하도록 하는 경우에는 이미 공급시기의 도래로 인하여 교부된 세금계산서를 수정하여 교부하여야 함.

법규부가 2014-69, 2014. 3. 14.: "갑"이 토지·건물을 "을"에게 매도하기로 계약한 후 "을"로부터 계약보증금을 지급받았으나, 공급시기가 도래하지 아니하여 세금계산서를 발급하지 아니한 경우로서, 토지·건물을 공급하는 "갑"은 변경된 계약내용에 따라 "병"에게 세금계산서를 발급해야 하는 것이며, "을"이 "병"에게 공급시기 도래 전 지급한 계약보증금에 대해서는 세금계산서를 발급하지 아니함.

부가 46015-4866, 1999. 12. 11.: 사업자 갑이 건축물을 건설하여 매수자 을에게 중간지급조건부로 매도하기로 계약한 후 매수자 을로부터 계약금을 지불받아 이에 대한 세금계산서를 교부하였으나, 매수자인 을이 병에게 동 건축물의 권리의무 일체를 양도하기로 함에 따라 을·병 간에 매수자 지위양도·양수에 관한 계약을 체결한 경우에는 건축물을 공급하는 갑 사업자는 변경된 계약내용에 따라 병에게 중도금과 잔금에 대한 세금계산서를 교부하여야 하는 것이며, 을은 병에게 지위양도에 따른 대가관계 있는 금액 전액에 대하여 세금계산서를 교부하여야 하는 것임.

조심 2014부3578, 2014. 12. 11.: 분양권 전매의 거래 당사자는 분양권의 양도자인 1차계약자와 양수자인 2차계약자로서 청구법인은 전매거래에 관한 세금계산서를 교부할 의무자에 해당하지 않고, 거래 당사자가 아닌 자가 발행하는 세금계산서가 과세관청에게 이해득실이 없다거나 실무상 편의를 도모한다는 이유로 정당화될 수 없으므로 쟁점세금계산서를 정상

적인 세금계산서에 해당하지 않는 것으로 보아 세금계산서기재불성실가산세를 과세한 처분은 잘못이 없음(기각). 오피스텔 분양권이 전매되는 경우 당초 분양권 소유자에게 부(－)의 수정세금계산서를 발행하고, 후소유자에게 정(＋)의 세금계산서를 발행하는 것이 정상적인 세금계산서 발행에 해당하는지 여부

제도 46015－11979, 2001. 7. 7.: 건설업을 영위하는 사업자가 중간지급조건부 용역제공 시 약정에 의하여 분양받은 자가 변경되는 때 경과된 공급시기의 미납된 대가를 변경된 분양받은 자가 납부하는 경우 이미 발행한 세금계산서에 대하여는 수정하여 교부할 수 없는 것임.

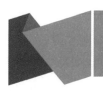

수분양자가 분양계약을 일방적으로 해제할 수 있는지?

우리나라는 선분양이 일반적인바, 수분양자는 부동산가격의 상승을 예상하고 분양계약을 체결한다. 따라서 이후 부동산가격이 하락하는 경우 분양계약을 해제하고자 하는 경우가 있다. 이때 분양계약의 일방적 해제는 계약금 완납 후 1차 중도금 지급 전까지만 가능하다.

시점	임의해제 가능 여부	비고
계약 체결	해제 불능	본계약 성립
계약금 일부 지급	해제 불능	
계약금 전부 지급	해제 가능	계약금 계약 성립
중도금 1차 지급	해제 불능	

▶ 주된 계약과 계약금 계약은 구별하여 보아야 한다. 계약금 지급 후 중도금 1차 지급 전까지 민법 제565조에 따라 계약금의 포기로 임의해제할 수 있다. 그러나 계약금이 없는 계약 및 계약금 지급 전에는 계약금 계약은 성립하지 않고 일방이 임의로 주계약을 해제할 수 없다.

계약금은 민법 제565조 (해약금) 제1항에 따르면 매매의 당사자 일방이 계약 당시에 금전 기타 물건을 계약금, 보증금 등의 명목으로 상대방에게 교부한 때에는 ① 다른 약정이 없는 한 ② 당사자의 일방이 이행에 착수할 때까지 교부자는 이를 포기하고 수령자는 그 배액을 상환하여 매매계약을 해제할 수 있다. 이행에 착수한다는 것은 객관적으로 외부에서 인식할 수 있는 정도로 채무의 이행행위의 일부를 하거나 또는 이행을 하기 위하여 필요한 전제행위를 하는 경우를 말하는 것(대법원 1994. 5. 13. 선고 93다56954 판결)이며, 그 예로 중도금의 지급이나, 목적물의 인도, 잔대금을 준비하고 등기절차를 밟기 위해 등기소에 동행할 것을 촉구하는 것 등을 들고 있다(대법원 2016. 11. 24. 선고 2005다39594판결 등). 따라서 중도금 1차 납부 후에는 당사자 일방이 임의로 계약을 해제할 수 없다.

부동산 매매계약을 체결할 때 계약금, 중도금, 잔금의 방식으로 지급하는 경우가 많이 있다. 이때, 계약금은 여러 가지 역할을 하게 된다.

① 증거금: 계약이 성립되었음에 대한 증거로서의 기능
② 위약금: 배액을 상환하거나 몰수하는 내용으로 채무불이행에 의한 제재 기능
③ 해약금: 배액을 상환하거나 계약금을 포기함으로써 계약을 해제하는 기능

이러한 관점은 양도소득세에도 영향을 미친다. 계약금만 지급한 상태에서 토지를 양도하는 경우 "미등기자산"의 양도가 아니라 "부동산을 취득할 수 있는 권리"의 양도에 해당하여 일반세율이 적용된다(대법원 1992. 9. 14. 선고 91도2439 판결 참조).

토지거래의 계약금과 중도금의 일부를 지급하게 되면 양 계약당사자는 일방적으로 매매계약을 해제할 권리를 잃게 되므로, 중도금의 일부를 지급한 상태에서 토지를 양도하는 것은 부동산을 취득할 수 있는 권리의 양도에 해당한다. 또한 제565조에 의하여 토지에 대한 계약금만을 지급한 상태에서는 양 계약당사자는 계약금의 배액 상환 또는 교부금을 포기하고 언제든지 계약을 포기할 수 있으므로, 그 자산의 취득에 관한 등기 자체가 원칙적으로는 불가능하다. 그러므로 이를 양도하였다고 하여 미등기자산을 양도한 경우에 해당한다고는 볼 수 없게 되어 미등기양도자산에 관한 중과세율을 적용할 수는 없고, 통상의 양도소득세율을 적용하여야 한다(대법원 1992. 9. 14. 선고 91도2439 판결 참조).

용어 설명

• **해제와 해지**: '해지'는 '해약'과 같은 말로 '계약 당사자 한쪽의 의사 표시에 의하여 계약에 기초한 법률관계를 말소하는 것'을 의미한다. "만기가 되어 정기예금을 해지했다" 또는 "만기가 되어 정기예금을 해약했다"라는 표현을 쓸 수 있다. '해제'는 '유효하게 성립한 계약의 효력을 당사자의 일방적인 의사 표시에 의하여 소급(遡及)으로 해소함'을 의미하며 "매매 계약을 해제하다"와 같이 쓰인다.

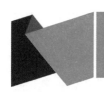

일반차입금의 이자가 취득세 과세표준에 포함되는지?

A라는 납세의무자는 부유하여 차입 없이 건물을 신축하였다. 반면, B라는 납세의무자는 빈곤하여 은행에서 차입하여 주택을 신축하였다. 취득세는 납세의무자의 취득행위에 담세력을 인정하여 과세하는 조세이다. 현행 지방세법은 빈곤한 B가 더 많은 담세력이 있다고 본다. 바로 자본화이자의 쟁점이다. 거래세인 취득세가 일물일가의 법칙과 무관하게, 취득행위자의 자금사정에 따라 세금을 달리하는 것은 고민해보아야 할 문제이다.

취득세법은 취득 당시 지급하였거나 지급하여야 할 모든 비용을 과세표준으로 규정하고 있을 뿐 다른 언급이 없다. 따라서 아래 내용은 판례에 따른 서술이다.

취득세 과세표준에 포함되는 금융비용

구분	회계처리	과세표준
특정차입금	회계처리 여부 불문	포함
일반차입금	자산으로 회계처리	포함
	비용으로 회계처리	제외 (단, 과세관청이 실질적 투자임을 입증한 경우 포함)

회계처리에 따라 취득세가 달라지는 것은 일반적인 해석이 아니다. 회계처리 여부가 담세력에 무관하기 때문이다. 어쨌든 최근 대법원은 자본화회계처리를 납세의무자의 "특별한 사정"으로 해석하고 있다(대법원은 납세의무자의 회계처리를 납세자의 의사표현으로 해석하는 경향이 있다).

1. 재고자산의 건설자금이자가 취득세 과세표준에 포함되는지?

법인세법상 손금불산입 대상인 건설자금이자는 사업용 고정자산에 관한 것에 국한되나 구 지방세법상 취득세의 과세표준에 산입되는 건설자금이자는 이에 한정되지 않는 것(서울고등법원 2014. 11. 12. 선고 2014누44436 판결)이다. 따라서 취득세 과세표준에 포함되는 건설자금이자는 유형자산 및 투자자산에 국한되지 않고 재고자산(분양하는 부동산)도 포함한다.

2. 납세의무자의 회계처리(자본화 이자)가 납세의무에 영향을 미치는지?

(일반차입)자금의 지급이자는 납세의무자가 자본화하여 취득가격에 적정하게 반영하는 등의 특별한 사정이 없는 한 그 차입한 자금이 과세물건의 취득을 위하여 간접적으로 소요되어 실질적으로 투자된 것으로 볼 수 있어야 취득세의 과세표준에 합산할 수 있다고 할 것이다(대법원 2018. 3. 29. 선고 2014두46935 판결).

3. 과세표준 산정방식에 대한 지방세법상 기준이 있는지?

지방세법상 취득세의 과세표준에 산입되는 건설자금이자는 법인세법상 손금불산입 대상인 건설자금이자와 그 범위가 반드시 일치하는 것은 아니지만, 그 이자는 취득에 소요되는 비용으로서 해당 자산의 원가를 구성하는 자본적 지출이 된다는 점에서 양자가 서로 공통되므로 그 건설자금이자는 같은 방식으로 산정함이 타당하다(대법원 2013. 9. 12. 선고 2013두5517 판결 참조).

4. 자본화 대상이자의 입증책임은 누가에게 있는지?

과세요건사실의 존재 및 과세표준에 대한 증명책임은 과세관청에게 있으므로, 그 밖의 목적으로 차입한 자금의 지급이자가 과세물건의 취득을 위하여 소요되었다는 점에 관하여도 원칙적으로 과세관청이 그 증명책임을 부담(대법원 2018. 3. 29. 선고 2014두46935 판결)한다.

건설자금에 충당한 차입금의 이자를 취득세의 과세표준에 포함하도록 규정하는 것은 그 것이 취득을 위하여 간접적으로 소요된 금액임을 근거로 한다(대법원 2010. 4. 29. 선고 2009두 17179 판결 등 참조). 그렇다면 어떠한 자산을 건설 등에 의하여 취득하는 데에 사용할 목적으로 직접 차입한 자금의 경우 그 지급이자는 취득에 소요되는 비용으로서 취득세의 과세표준에 포함되지만, 그 밖의 목적으로 차입한 자금의 지급이자는 납세의무자가 자본화하여 취득가격에 적정하게 반영하는 등의 특별한 사정이 없는 한 그 차입한 자금이 과세물건의 취득을 위하여 간접적으로 소요되어 실질적으로 투자된 것으로 볼 수 있어야 취득세의 과세표준에 합산할 수 있다고 할 것이다.

또한 과세요건사실의 존재 및 과세표준에 대한 증명책임은 과세관청에게 있으므로, 그 밖의 목적으로 차입한 자금의 지급이자가 과세물건의 취득을 위하여 소요되었다는 점에 관하여도 원칙적으로 과세관청이 그 증명책임을 부담한다고 보아야 한다.

관련 법령

대법원 2018. 3. 29. 선고 2014두46935 판결: 원고는 이 사건 지급이자를 비용계정으로 회계처리를 하였을 뿐 이를 자본화하여 이 사건 부동산의 취득가격에 반영한 바가 없고, 피고가 제출한 증거에 의하더라도 원고가 차입한 자금들이 이 사건 부동산의 취득에 사용할 목적으로 직접 차입한 것이라거나 이 사건 부동산의 취득을 위하여 간접적으로 소요되어 실질적으로 투자되었다는 점이 충분히 증명되었다고 보기도 어려움(국패).

부동산개발과 신탁사업

　토지신탁이란 토지소유자로부터 토지를 수탁받아 개발계획의 수립, 건설자금의 조달, 공사관리, 건축물의 분양 및 임대 등 개발사업의 전 과정을 수행하여 빌생한 수익을 토시소유자(위탁자 겸 수익자) 또는 그가 지정하는 자(수익자)에게 돌려주는 개발방법이다.

　건설자금 조달책임의 부담유무에 따라 개발형 토지신탁과 관리형 토지신탁으로 분류한다.

개발형 토지신탁	관리형 토지신탁
• 신탁사가 시행사(사업주체, 건축주)가 됨. • 신탁사가 건설자금 등 사업비를 조달함(채무자는 신탁사). • 시공사는 책임준공과 미분양물건에 대한 대물인수조건을 통상적으로 부담함. • 개발형은 매출액의 3~5% 정도의 신탁보수를 부담함.	• 신탁사가 시행사(사업주체, 건축주)가 됨. • 토지소유자가 건설자금 등 사업비를 조달함(채무자는 위탁자). • 시공사는 책임준공과 위탁자는 사업비조달에 대한 지급보증을 통상적으로 부담함(따라서 시공사가 소위 1군 건설사여야 한다). • 관리형은 대리사무 등에 준한 1% 이하의 신탁보수를 지불

▶ 토지신탁은 처분유형에 따라 분양형 토지신탁과 임대형 토지신탁으로 분류하기도 한다.

신탁의 특성은 아래와 같다.
① 영국의 형평법에서 기원하여 미국에서 발전하였다. 대륙법의 체계에서 어울리기 어렵다.
② 신탁의 본질적인 특성인 조세회피적인 기능은 세무상 쟁점이 발생하는 본질적인 이유이다.
③ 우리나라는 시행사가 영세하고 선분양제도를 취하고 있는바 시행사의 도산위험을 단절하기 위하여 신탁을 널리 활용하고 있다.
④ 신탁의 유연성은 신탁이 단순히 아래의 종류로 규정할 수 없음을 나타낸다.

부동산 등기에는 신탁 여부만 표시되므로 신탁원부를 확인하여야 한다.

1) 담보신탁: 근저당권과 유사한 신탁상품으로 채무자가 자신의 부동산을 담보로 제공할 목적으로 이용하는 신탁(위탁자: 채무자, 우선수익자: 채권자)

   담보신탁은 자금관리대리사무와 함께 위탁자가 사업주체 및 분양자가 되는 부동산 개발사업의 방식으로 사용되고 있다.

2) 토지신탁: 수탁자가 사업주체가 되어 부동산을 개발하고 그에 따른 수익을 수익자에게 교부하는 상품이다. 차입형 토지신탁은 자금조달의무가 부여되므로 개발신탁으로 부르기도 하며, 단순히 사업 관리 역할만 수행하는 경우 관리형 토지신탁이라 한다.

3) 처분신탁: 위탁자가 부동산의 처분을 목적으로 수탁자에게 처분부동산을 신탁하고 수탁자가 그 부동산을 처분하여 수익자에게 매매대금을 정산해 주는 신탁이다. 주로 토지거래허가구역 또는 고가부동산 등 매수예정자가 있는 경우 중개사 역할을 수행한다. 가등기와 유사한 효과가 있다.

4) 관리신탁: 갑종관리신탁은 수탁자가 부동산의 소유권 및 그 부동산의 현상과 세무, 임대차 등의 종합적 관리를 한다. 을종관리신탁은 단순히 부동산의 소유권 관리만 목적으로 하므로 사해신탁 이슈가 있다. 대규모 부동산 개발사업에서 PFV 또는 SPC 등이 관리신탁의 형식으로 토지소유권을 취득하기도 한다.

5) 분양관리신탁: 동대문굿모닝시티사기분양사건으로 제정된 건분법(2005년)이 적용되는 경우 분양관리신탁 또는 분양보증하여야 한다. 담보신탁과 유사하나 수분양자 보호하는 자금관리규정이 추가되어 있다.

구분	대상사업	비고
담보신탁 및 자금관리대리사무	주택법이 적용되는 후분양사업 건축법이 적용되는 사업	위탁자가 건축주, 사업주체가 됨.
토지신탁(개발신탁)	주택법이 적용되는 선분양사업	수탁자가 건축주, 사업주체가 됨.

▶ 아파트는 주택법이 적용되고, 오피스텔이나 상가는 건축법이 적용된다. 주상복합은 299세대 초과하는 경우 주택법이 적용된다.

▶ 주택법 제40조 금지사항의 부기등기: 선분양 시 담보신탁과 충돌이 발생하기 때문에 토지신탁으로 해결한다. 신탁재산의 공매는 담보신탁에서 위탁자가 기한의 이익을 상실할 때 발생하는 것으로 민사집행법을 준용한 사인 간 매매계약일 뿐이다. 즉, 처분신탁으로 전환된 것이 아니라 담보신탁의 핵심 내용이다.

1. 도시정비사업의 적용례

조합원이 조합에 신탁을 하고 조합이 신탁사에게 신탁하여 재신탁의 문제가 있었으나 법 개정(2016. 3.)으로 조합원이 신탁사에 직접 신탁할 수 있게 되었다.

이 경우 시공사를 건축심의 이전에 선정할 수 있고 추진위 및 조합을 설립할 필요가 없기 때문에 사업추진속도가 매우 빨라진다. 기존 조합사업은 조합장의 비리 및 주민들 간의 갈등이 심각한 문제였는바 신탁보수(1~2%)를 감안하더라도 사업성이 있다.

- 도시정비법 제8조(시행자 방식) : 정비사업 초기부터 신탁회사가 참여하는 방식
- 도시정비법 제9조(대행사 방식) : 정비사업 중간부터 신탁회사가 참여하는 방식

2. 택지개발사업의 적용례

택지개발촉진법상 신탁사는 매수할 수 없고, 매수자는 전매 내지 명의변경할 수 없다(택지개발촉진법 제19조의2). 그러나 매수자가 위탁자가 되어 매수한 토지를 신탁할 수 있다(택지개발촉진법 제13조의3 제8의2호).

미준공토지는 등기할 수 있는 지번이 없는바 신탁공시할 방법이 없으므로 권리의무 승계 이후 신탁사가 토지대금을 완납하여야 한다. 소유권이전등기청구권을 신탁사로 이전하여 청구권의 압류를 방지할 수 있다. 본 건에는 신탁사와 위탁자 간의 취득세 이중과세의 문제가 있었다. 본 건은 2018년 대법원 판결(대법원 2018. 2. 28. 선고 2017두64897 판결)로 쟁점이 종결된 건이다. 아래와 같은 이유로 신탁사 일방에게만 취득세가 과세된다.

① 지방세법 제7조 및 동법 시행령 제20조에 의하면 부동산의 유상승계취득에서는 등기 전이라도 잔금 지급 시를 그 취득시기로 보고 있으며, 취득세 비과세를 규정한 지방세법 제9조 제3항은 신탁법 제27조에 따라 수탁자가 직접 신탁재산을 취득하는 경우에 대하여서는 비과세 대상으로 하고 있지 않다(시공사의 세무문제가 아니므로 깊게 다루지 않는다).

② 대법원 1987. 7. 7. 선고 87누22 판결 및 대법원 2012. 6. 14. 선고 2010두2395 판결에서도 신탁법 제27조에 의해 수탁자가 금전등 신탁재산을 재원으로 신탁부동산을 취득

하는 경우 수탁자가 취득세 신고 및 납부의무자라고 판시한 바 있다.

③ 위탁자는 부동산 등기부에 나타나지 않으므로 수탁자 앞으로 소유권이전 및 신탁등기 시 등기업무에 혼란이 초래된다(위탁자는 신탁원부에서만 확인할 수 있음).

④ LH공사로부터 위탁자 그리고 수탁자를 거쳐 순차 이전등기를 받아야 한다면 해당 신탁사업의 수분양자들의 대지권 확보에 문제가 발생하게 된다.

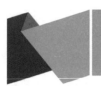

신탁자산 매각 시 부가가치세 납세의무자에 대한 대법원 입장 변경

우리나라는 성문법 국가로서 헌법재판소 판례 외에는 법원성이 없다. 그러나 대법원 판례는 실무에 매우 중요한 영향을 미치는 것이 사실이며, 우리나라는 해석의 변경에 관하여 후발적 경정청구사유로 인정하지 않는바 판례가 변경되면 납세의무자는 경제적 손실을 입게 된다. 판례의 변경은 전원합의체의 판단에 따라 변경하기로 한다는 명시적인 결단의 산물이다. 잘못된 판례의 변경은 환영할 만하지만, 개별사안만을 다루는 법원이 앞뒤 전후의 쟁점을 해소할 수는 없는 것이므로, 관련된 예규 및 판례의 생성될 때까지 납세의무자는 한동안 나침판이 없이 항해를 하여야 한다.

• 대상 판결: 대법원 2017. 5. 18. 선고 2012두22485 판결

(1) 구 대법원 판례: 우선수익자가 수분양자에게 세금계산서 발행(실질적통제권이 우선수익자에 이전된 경우)

(2) 신 대법원 판례: 수탁자가 수분양자에게 세금계산서 발행(실질적통제권의 이전과 무관)

구 대법원 판례	전원합의체 판례 변경
대법원은 수익자가 별도로 있는 이른바 타익신탁의 경우에는 수익자가 신탁부동산 매각에 대한 부가가치세 납세의무를 부담한다고 해석(대법원 2003. 4. 25. 선고 99다59290 판결, 대법원 2008. 12. 24. 선고 2006두8372 판결)	부가가치세 납세의무자는 그 거래에서 발생하는 이익이나 비용의 귀속이 아니라 재화 또는 용역의 공급이라는 거래 행위를 기준으로 판단
이에 따라, 과세관청은 타익신탁의 경우 위탁자와 수익자 사이의 거래관계를 의제하여 해석. 즉, 위탁자가 신탁재산에 대한 ① 실질적통제권이 이전되는 시점에 수익자에게 신탁부동산을 공급한 것으로 보아 위탁자에게 부가가치세를 과세하고, 그 후 ② 신탁부동산이 매각되는 시점에 다시 수익자에게 부가가치세를 과세하는 방식으로 과세실무가 형성	재화를 공급하는 자는 재화를 사용·소비할 수 있는 권한을 이전하는 행위를 한 자를 의미
	수탁자 자신이 신탁재산에 대한 권리의무의 귀속주체로서 계약당사자가 되어 신탁업무를 처리한 것이므로, 재화의 공급이라는 거래행위자는 수탁자
	수탁자를 부가가치세 납세의무자로 보는 것이 인식하기 쉽고, 혼란을 방지할 수 있음.

1. 남아 있는 문제

본 건 판례 변경으로 시공사(수익자)는 신탁물권에 관한 세금계산서 리스크에서 제외된다. 그러나 합의체 판결에서 아래와 같은 문제점이 언급되지 않았는바, 법률 검토 및 유권해석의 생성이 필요하다.

① 위탁자가 수탁자에게 교부하는 세금계산서의 '발행시기'는 언제인지?
② 대상 판결이 이전의 신탁부동산의 공급거래에도 '소급적'으로 적용되는 것인지?
③ 신탁재산의 처분거래에만 적용되는 것인지, 사용·수익거래에도 적용되는 것인지?

대법원 판례 변경 및 예규 및 세법개정으로 시행사는 그야말로 심각한 세무 리스크에 노출된다. 현행과 같은 환경에서 2017년 생성된 유권해석(기획재정부 부가가치세제과-447, 2017. 9. 1.)은 납세의무자의 법적안정성을 담보할 수 없어 보인다. 현 상태는 과도기적인 상황으로 완전히 세무 리스크가 없는 해결책은 있을 수 없다. 따라서 시행사는 신탁사와 협의하여 아래처럼 처리하는 것이 세무 리스크 관리 차원에서 바람직하다.

2. 시행사의 처리 방법 제안

가급적 시행사가 발행하고 만일 신탁사가 수분양자에게 세금계산서를 발행하는 경우 동일 시점에 신탁사로 위탁자(시행사)도 수탁자(신탁사)에 세금계산서를 발행하는 것이 좋다. 판단에 대한 이유는 아래와 같다.

① 구 대법원 판례의 목적이 거래징수의 단절을 방지하기 위한 것이었던 점
② 구 대법원 판례에 따라 과세관청이 실질적통제권이 이전되는 시점에 위탁자가 우선 수익자에게 세금계산서를 발급하도록 해석한 점
③ 현행 개정세법상 발행금지가 원론적 조항으로 보이는 점
④ 거래당사자 일방은 매입세금계산서만 수취하고 또 다른 일방은 매출세금계산서만 발행하는 것이 논리상 모순인 점
⑤ 일단 세금계산서를 발행하면 수정 취소가 가능하나 미발행 시 수정 취소가 불가능한 점

해당 주제 관련 개정사항은 신탁사업의 부가가치세 및 지방세 납세의무자(2021년 개정사항)에서 다시 다루기로 한다.

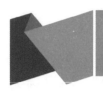

담보 · 처분신탁 시 세금계산서를 수수하여야 하는지?

본 건은 2017년 5월 대법원 전원합의체 판결로 판례가 변경되어 폐기된 쟁점이다. 그러나 세무행정의 변동과정과 혼란의 양상을 보여주므로 의의가 있다. 또한 국세청 유권해석에 따라 2017년 8월까지의 거래에서 납세자에게 유리하게 적용할 수 있는 부분이다.

신탁재산에 대한 세금계산서 교부문제는 대법원이 엄청난 혼란을 야기한 문제이고 이후 국세청이 혼란을 가중시켰다. 또한 국세청의 유권해석은 취지는 좋았으나 2018년 세법개정으로 또 한 번 혼란을 야기하였다.

이하는 대법원 판례 변경 이전의 대법원 판결로 인한 업무의 혼선 및 논리상 흠결에 관한 내용이다. 구 판례는 '실질적 통제권'이라는 자의적인 용어를 만들어 거래관계에 적지 않은 악영향을 미쳤다.

2017년 이전에 신탁계약 시 실질적인 통제권이 이전된 경우 위탁자는 우선수익권자에게 세금계산서를 교부하여야 했다.

(1) 계약시점에 통제권이 이전되는 경우
  ① 신탁사(수탁사)가 신탁재산을 처분하는 경우 우선수익자의 채권정산이 없는 경우
  ② 공사대금 변제에 있어 당사자 간의 대물변제합의서에 따라 시행사가 보유하고 있던 부동산으로 시공사에 대물변제를 하면서, 대물변제 방식을 부동산관리 · 처분신탁계약에 의하는 경우(즉, 신탁 시 채권정산이 끝난 것으로 보는 경우임)
  ③ 신탁의 기간, 관리비용, 처분손익, 거래 상대방 처분가격이 우선수익자에 의하여 결정되고 신탁부동산의 매각을 우선수익권자만 요청할 수 있으며 수탁자는 단순히 승인만 하는 경우
  ④ 우선수익권증서가 양도가능하고 우선수익권을 취득하는 경우 부동산을 취득하는 것으로 볼 수 있는 경우
  ⑤ 채무미상환 사유발생으로 우선수익권자가 공매 등을 요청하는 경우

⑥ 특약으로 실질적 통제권이 이전되는 시점을 정한 경우

(2) 통제권이 이전되지 않는 경우
   ① 수익권증서를 반환하기로 약정한 경우 또는 수익권증서를 행사할 의사가 없음을 공탁 등으로 입증 가능한 경우
   ② 신탁재산의 관리·처분 등으로 발생한 이익은 신탁재산을 구성하며, 신탁재산의 관리·처분 등으로 발생한 비용 및 신탁계약과 관련된 수익과 비용이 위탁자에 귀속하며, 수익자는 단순히 (담보채권 범위 내에서) 신탁이익만 귀속하는 경우(신탁기간, 매수자 선정 매수가격 결정권한이 없어야 함)
   ③ 대출채권회수 후 수익권 증서를 반환하기로 한 경우 및 신탁재산의 관리처분 등 비용을 위탁자가 부담하며 신탁계약 관련 수익도 위탁자에게 귀속되며 우선수익권자는 담보채권의 범위 내에서 채권회수만 하며 차액은 위탁자에게 귀속하는 경우

용어 설명

- **위탁자**: 신탁부동산의 소유자로서 수익자의 이익을 위하여 신탁을 설정한 자
- **수익자**: 본 계약에 따라 신탁이익을 향수하고, 신탁제비용을 부담하는 자
- **우선수익자**: 수익 한도 금액 범위 내에서 다른 수익자보다 우선하여 신탁이익을 교부받을 수 있는 자
- **수분양자**: 신탁재산인 토지와 건물 중 일정 부분에 대하여 수탁자와 분양계약을 체결한 자
- **시공사**: 건물 건축공사의 수급인으로 계약기간 내에 책임준공 의무를 부담하는 자
- **수익권증서**: 수익자의 지위를 증명하기 위하여 수탁자가 발행하는 증서
- **신탁수익**: 신탁재산에서 발생된 수입에서 신탁보수, 수탁자가 신탁재산에 관하여 부담한 조세·공과금, 그 밖의 비용과 이자 또는 신탁사무를 처리하기 위하여 과실 없이 받은 손해 등을 공제한 후에 수익자에게 귀속되는 이익

수익자와 우선수익자는 법률상 지위가 다르다. 시행사가 수익권증서를 양도하지 않는 이상 위탁자 겸 수익자이다. 관토신계약에서 수익자는 어디까지나 위탁자이며 시공사는 우선수익자에 불과한 것이다. 따라서 우선수익자가 있다고 하여 타익신탁으로 볼 수 없고, 위탁자가 제3자를 수익자로 지정한 경우에 수익자는 본 계약의 내용을 인지하고 동의한다는 취지의 승낙서에 서명(또는 기명)날인하여 수탁자에게 제출하여야 하며 이 경우 비로소 타익신탁이 되는 것이다(타익신탁이라는 용어는 법률상 용어가 아니고 일본의 아라이 마코토

교수가 만든 학술상 용어이다).

수익권은 신탁사업이 종료되었을 경우 신탁재산에서 그 정한 방법에 따라 신탁이익을 향수할 수 있는 권리를 말한다. 우선수익권은 위탁자의 요청에 따라 설정한 수익 한도 금액 범위 내에서 다른 수익자보다 우선하여 신탁이익을 교부받을 수 있는 권리를 말하며, 우선수익자가 다수인 경우 그 정한 순위에 따라 신탁이익을 지급받는다.

우선수익자가 가지는 우선수익권의 수익범위는 금융기관(1순위 우선수익자)인 경우 위탁자(채무자)가 본 신탁사업과 관련하여 설정한 여신거래약정 등에 따라 발생한 명목상의 채권(비용·손해배상금·원금·이자를 포함한다)을 말하며 시공사(2순위 우선수익자)인 경우 공사도급계약 등에 따라 발생하는 명목상의 채권(공사기성, 연체이자 등 포함)을 말한다. 따라서 우선수익자가 채권액의 전부를 변제받은 경우에는 관토신계약에서 정한 우선수익자의 권리 및 의무는 자동으로 소멸된다. 선순위 우선수익자의 채권이 소멸한 경우 차순위 우선수익자의 순위가 승진한다(표준계약서 제9조 제3항). 그런데 국세청 입장에서 수익자와 우선수익자를 달리 볼 수 없다. 과세표준의 계산문제가 걸리기 때문이다. 따라서 대법원은 분명히 판결문에 수익자로 명시하였으나 국세청은 우선수익자도 수익자 확장해석하는 것이다. 이와 관련하여 행정법원에서도 의문을 제기하였다(2009구합159).

관련 법령

대법원 2003. 4. 25. 선고 99다59290 판결: 일반적으로 부가가치세는 사업상 독립적으로 재화 또는 용역을 공급하는 자, 즉 사업자가 이를 납부할 의무를 지는 것이고(부가가치세법 제2조 제1항), 한편 신탁법상의 신탁은 위탁자가 수탁자에게 특정의 재산권을 이전하거나 기타의 처분을 하여 수탁자로 하여금 신탁 목적을 위하여 그 재산권을 관리·처분하게 하는 것인바(신탁법 제1조 제2항), 수탁자가 신탁재산을 관리·처분하면서 재화 또는 용역을 공급하거나 공급받게 되는 경우 수탁자 자신이 계약당사자가 되어 신탁업무를 처리하게 되는 것이나 그 신탁재산의 관리·처분 등으로 발생한 이익과 비용은 최종적으로 위탁자에게 귀속하게 되어 실질적으로는 위탁자의 계산에 의한 것이라고 할 것이므로, 신탁법에 의한 신탁 역시 부가가치세법 제6조 제5항 소정의 위탁매매와 같이 '자기(수탁자) 명의로 타인(위탁자)의 계산에 의하여' 재화 또는 용역을 공급하거나 또는 공급받는 등의 신탁업무를 처리하고 그 보수를 받는 것이어서, 신탁재산의 관리·처분 등 신탁업무의 처리와 관련하여 사업자 및 이에 따른 부가가치세 납세의무자는 원칙적으로 위탁자라고 봄이 상당하다 할 것이다. 그런데 신탁계약에 있어서 위탁자 이외의 수익자가 지정되어 신탁의 수익이 우선적으로 수익자에게 귀속하게 되어 있는 타익(他益)신탁의 경우에는, 그 우선수익권이 마치는 범위 내에서는 신탁재산의 관리・처분 등으로 발생한 이익과 비용도 최종적으로 수익자에게 귀속되어 실질적으로는 수익자의 계산에 의한 것으로 되므로, 이 경우 사업자 및 이에 따른 부가가치세 납세의무자는 위탁자가 아닌 수익자로 봄이 상당하다.

서울행정법원 2009. 10. 22. 선고 2009구합15906 판결: 부가가치세는 전단계매입세액공제 방식을 통해 사업자에서 최종소비자에게로 부가가치세가 전가될 수 있어야 하는데 위 대법원 판례로 인해 부가가치세 전가가 단절되지 않도록 수익자가 위탁자로부터 "신탁재산에 대한 실질적 통제권을 이전받는 경우"에 위탁자가 수익자에게 신탁재산에 대한 세금계산서 교부 등을 통해 부가가치세가 이전될 수 있도록 한 것임. 따라서 "납세의무자이나 채권을 변제받기 위한 우선수익자의 경우까지 납세의무자로 볼 수 있는지는 다소 의문점이 있으나" 대법원 판결문상 "신탁계약에 있어서 위탁자 이외의 수익자가 지정된 타인신탁의 경우 부가가치세의 납세의무자는 수익자이며"라고 한 이상 타익신탁은 원칙적으로 부가가치세가 세법상 거래로 보아야 함.

서면3팀-76, 2008. 1. 9.: 사업자(위탁자)가 소유 부동산을 신탁법 규정에 따라 부동산신탁회사(수탁자)에게 신탁하고 이를 수탁자가 임대 및 양도하는 경우 당해 신탁부동산과 관련된 납세의무자는 위탁자가 되는 것임. 다만, 신탁계약상 위탁자가 아닌 수익자가 따로 지정되어 있어 신탁의 수익이 우선적으로 수익자에게 귀속하게 되어 있는 신탁(타익신탁)에 있어 당해 신탁계약 및 특약에서 정한 조건에 의하여 신탁재산에 대한 사용・수익 및 처분 등에 대한 권한(실질적 통제권)이 위탁자에서 우선수익자로 이전되는 경우에는 위탁자가 우선수익자에게 재화를 공급한 것으로 봄.

신탁사업의 부가가치세 및 지방세 납세의무자(2021년 개정사항)

"신탁"이란 신탁을 설정하는 자(위탁자)와 신탁을 인수하는 자(수탁자 또는 신탁회사) 간의 신임관계에 기하여 위탁자가 수탁자에게 특정의 재산을 이전하거나 담보권의 설정 또는 처분을 하고 수탁자로 하여금 일정한 자(수익자)의 이익 또는 특정의 목적을 위하여 그 재산의 관리, 처분, 운용, 개발, 그 밖에 신탁 목적의 달성을 위하여 필요한 행위를 하게 하는 법률관계를 말한다.

수탁자 명의의 신탁재산에 대하여 원칙적으로 위탁자의 채권자는 강제집행을 할 수 없고, 예외적으로 '신탁 전의 원인으로 발생한 권리' 또는 '신탁사무의 처리상 발생한 권리'에 기한 경우에만 강제집행을 할 수 있다. 바로 신탁재산의 독립성에 관한 내용이다.

과세당국의 위탁자에 대한 부가가치세 채권은 '신탁사무의 처리상 발생한 권리'에 해당하지 않는다. 이로 인해 납세의무자를 누구로 지정하느냐에 따라 조세채권의 확보가 문제시 된다(위탁자는 망할 수 있지만, 신탁사는 망하지 않기 때문이다).

이에 대해 2021. 12. 8. 부가가치세법 개정을 통해 원칙적으로 수탁자가 신탁재산별로 각각 별도의 납세의무자로서 부가가치세를 납부할 의무가 있다고 개정하였다(부가가치세법 제3조 제2항).

신탁재산과 관련된 재화 또는 용역을 공급하는 때에는 원칙적으로 「신탁법」에 따른 수탁자가 신탁재산별로 각각 별도의 납세의무자로서 부가가치세를 납부할 의무가 있다.

대법원 판결 및 법률의 개정 등에 따라 신탁사업의 부가가치세 납세의무자는 다이나믹하게 변경되었다. 주요시점별 부가가치세의 납세의무자는 아래처럼 개정되었다.

2017년 12월 19일 개정 전	2017년 12월 19일 개정 후	2020년 12월 22일 개정 후
수익자(실질적 통제권자)	위탁자 원칙	수탁자 원칙
신탁재산의 이익과 비용이 수익자에게 귀속→신탁재산의 관리·처분에 따른 부가가치세 납세의무자는 수익자(대법원 2003. 4. 25. 선고 99다59290 판결) 자익신탁의 수익자인 위탁자가 체납한 부가가치세를 수탁자 명의의 신탁재산으로부터 징수하지 못하게 되는 문제가 발생	분양형 토지개발신탁의 위탁자 겸 수익자가 그 상가건물의 분양과 관련한 부가가치세를 납부하지 않자, 국가가 신탁재산인 수탁자의 예금채권을 압류한 사안에서 압류처분은 무효(대법원 2012. 4. 12. 선고 2010두4612 판결) 이후 신탁재산의 부가가치세 납세의무자는 수탁자라고 판시(대법원 2017. 5. 18. 선고 2012두22485 전원합의체 판결) 이에 부가가치세법을 개정하여 원칙적으로 위탁자, 예외적으로 수탁자(담보신탁의 수탁자가 위탁자의 채무이행을 위하여 신탁재산을 처분한 경우)	재화·용역을 공급하는 계약의 명의자를 기준으로 부가가치세 납세의무자 예외적으로 위탁자가 신탁재산을 실질적으로 지배·통제하는 일정한 경우 등에는 위탁자 • 2021. 1. 1. 이후 신탁계약 또는 공급부터 적용 • 수탁자는 PJ별로 사업자 등록하여야 한다. • 위탁자 명의로 수취한 세금계산서는 수탁자의 부가가치세 신고 시 공제 가능 • 2022. 1. 1. 이후 담보신탁의 경우 단일 사업자등록 허용

　　상기 판결을 보면 최초의 문제는 대법원 2003. 4. 25. 선고 99다59290 판결이고, 마지막 판결은 대법원 2017. 5. 18. 선고 2012두22485 판결이다. 판례번호 중 가운데 있는 "다" 또는 "두"를 사건부호라고 한다. 사건부호는 사건유형을 구분하는 부호이다. 즉, 신탁사업의 부가가치세 납세의무자는 (국세청의) 채권확보의 문제(즉, 민사)에서 시작하여, 납세의무자 문제(즉, 조세)로 번져갔다는 것을 짐작할 수 있다.

사건유형	1심	2심	3심
민사	가	나	다
형사	고	노	도
행정(조세 포함)	구	누	두

　　채권확보라는 뚜렷한 목표의식(?)은 함께 개정된 다른 법률조항에도 잘 드러난다.

　　수탁자가 납부하여야 하는 부가가치세 등을 신탁재산으로 충당하여도 부족한 경우에는 그 신탁의 수익자는 지급받은 수익과 귀속된 재산의 가액을 합한 금액을 한도로 하여 그 부족한 금액에 대하여 제2차 납세의무를 진다.

신탁재산과 관련된 재화 또는 용역을 공급하는 때에 원칙적인 부가가치세 납세의무자는 수탁자이지만, 특례를 두어 부가가치세 납세의무자를 위탁자로 보는 예외도 있다. 위탁자가 부가가치세 납세의무자인 경우에도, 위탁자가 부가가치세 등을 체납한 때에는 그 위탁자의 다른 재산에 대하여 강제징수하여도 징수할 금액에 미치지 못할 때에는 해당 신탁재산의 수탁자는 그 신탁재산으로서 위탁자의 부가가치세 등을 납부할 의무가 있다. 이를 수탁자의 물적납세의무라 한다.

신탁재산의 소유권 이전과 관련하여 다음 중 어느 하나에 해당하는 경우에는 재화의 공급으로 보지 않기 때문에 부가가치세의 납부 의무가 없다.

① 위탁자로부터 수탁자에게 신탁재산을 이전하는 경우
② 신탁이 종료로 인하여 수탁자로부터 위탁자에게 신탁재산을 이전하는 경우
③ 수탁자가 변경되어 새로운 수탁자에게 신탁재산을 이전하는 경우

그러나 「신탁법」에 따라 위탁자의 지위가 이전되는 경우에는 기존 위탁자가 새로운 위탁자에게 신탁재산을 공급한 것으로 보아 부가가치세가 과세된다. 이는 수탁자가 변경되어 새로운 수탁자에게 신탁재산을 이전하는 경우에 재화의 공급으로 보지 않는 것과 다르기 때문에, 부가가치세가 과세되는 것이다.

참고로 재산의 보유에 대하여 과세하는 재산세 납세의무자는 신탁재산의 위탁자를 납세의무자로 지정하였다. 이 또한 2013년까지 위탁자에서 2020년까지 수탁자였다가, 2021년 이후 다시 위탁자로 개정된 혼란의 시기가 존재하였다.

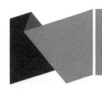

주택공동사업 시 공동사업장을 개설하여야 하는지?

건축법상 오피스텔 사업은 단독 시행사가 가능하나 주택법상 공동주택(아파트) 사업은 주택법 제10조에 의하여 시행사(조합 등)와 시공사는 공동사업체에 해당한다. 그러나 주택법상 공동사업체와 세법상 공동사업은 다른 개념이다.

주택법상 공동사업주체는 수분양자들을 보호하기 위하여 영세한 시행사(조합 등)가 시공사와 함께 수분양자에 대한 법률적 책임을 지도록 하기 위함이며 공동사업주체 간 손익의 문제와는 무관하다.

세법상 공동사업자는 민법상의 조합계약에 의하여 2인 이상이 그 지분 또는 손익분배의 비율, 대표자 기타 필요한 사항 등을 정하여 공동으로 출자하여 공동으로 경영하고 당사자 전원이 그 사업의 성공 여부에 대해 이해관계를 가지는 사업을 말하는 것으로서 손익이 배분기준에 따라 배분되는 사업자를 말한다.

따라서 주택법상 공동사업주체라 하더라도 시공사가 시행사로부터 일정한 시공대가만 받게 되는 경우 시행사와 시공사는 공동사업자에 해당하지 않는 것이다. 세법상 공동사업자에 해당할 경우 수익과 비용이 공통으로 귀속되고 세금에 관한 연대납세의무를 지게 된다.

그러나 다수의 건설회사가 공동시행하는 경우 세법상 공동사업에 해당한다. 이 경우 공동사업장을 개설하는 방법과 개발신탁을 하는 방법을 고려해 볼 수 있다.

구도	사업유형	비고
공동사업장 개설	자체	형식적인 도급계약 체결, 분양매출로 인식한다.
개발신탁	도급	사업시행자 명의 변경 어렵고, 매출이 감소한다.

아래는 공동사업장을 개설하는 경우에 대한 검토이다.

1. 주택공동시행 시 공동사업장 개설하여야 하는지?

일반적으로 주택공동사업 시 공동사업장을 개설하여야 한다(서면3팀-148, 2006. 1. 20., 서면3팀-897, 2008. 5. 7., 서면3팀-1563, 2005. 9. 20.). 건설업자가 공동사업하는 경우 공동사업장을 개설하지 않아도 무방하다(부가, 조심 2009서1637, 2010. 5. 4.)는 심판례가 있으나 사실관계가 상이하며, 유사 심판례가 부족하고, 세무 리스크가 크므로 공동사업장을 개설하는 것이 타당하다.

2. 공동사업장 개설하는 경우 자체사업으로 진행 가능한지?

공동사업장을 개설하는 경우 공동사업자에게 세금계산서를 교부하기 위해서는 도급 계약을 하는 것이 일반적이다. 물론 공동사업장은 조합으로 법인격이 없으므로 도급계약은 공동사업장의 업무집행사원(대표사)과 모든 조합원이 계약하는 형태가 되어야 한다. 이 경우에도 계약상 도급계약은 체결하나 분양매출로 인식하여야 한다(의견 회신 05-041). 판단컨대 모든 참여사가 공동사업장에 세금계산서를 교부하는 것은 타사업장반출의 의미이며 세금계산서 수수의 문제이므로 별도 계약이 없어도 가능할 것이나, 사업지분을 초과하는 시공지분을 공사이익으로 인식하고, 공통매입세액의 배분과정에서 공동도급특례사항을 준용하므로 도급계약을 체결하는 것이 바람직하다.

3. 공동도급원가분담금의 방식으로 원가정산할 수 있는지?

일반적인 경우 자체사업으로 직접 공사를 진행하는 경우 도급이 아니므로 공동도급원가분담이라는 말 자체에 무리가 있다. 공동도급원가분담금은 부가가치세법 시행령 제69조 제15항에서 위탁판매 등의 세금계산서 교부방법을 준용하는바, 동법 시행령 제69조 제15항에 공동도급과 함께 열거된 동업자가 조직한 조합 또는 이와 유사한 단체로 보아 같은 조항을 준용할 수 있는 지가 쟁점이 된다. 그러나 위에서 언급하였듯이 업무집행사원과 조합원 간 도급계약하는 경우 각 시공사는 계약상 업무집행사원의 공동수급인이 되므로 공동도급원가분담금의 특례를 준용할 수 있다.

부가, 조심 2009서1637, 2010. 5. 4. : 부가가치세는 부가가치세법 제4조 규정에 따라 사업장 단위별로 부가가치세를 신고·납부하는 것이 원칙이라고 하겠으나, 위 규정의 예외로서 같은 법 시행령 제4조 제1항 제3호에서 건설업에 있어서는 사업자가 법인인 경우에 그 법인의 등기부상의 소재지를 사업장으로 하도록 규정하고 있는바, 본 건 사업의 참여자는 각 건설업 법인에 해당하므로 각 건설사 업장마다 사업자등록을 하여야 할 필요가 없고, 비록 쟁점사업을 공동으로 운영한다고 하더라도 쟁점사업의 신탁계약, 회계처리 등 사업에 관한 대부분의 업무를 각 건설업법인의 본사에서 직접 수행하였으며, 청구법인이 공급받은 재화·용역에 대한 부가가치세 신고는 처분청을 통해 정상적으로 이루어져 처분청의 쟁점사업에 대한 부가가치세 세원관리에는 별다른 문제가 있다고 보기 어려운 한편, 쟁점사업은 청구법인이 영위하는 기존 건설업의 확장으로서 그 신규 건설 사업 관련 매입세액을 기존사업장에서도 공제받을 수 있다(국심2005서 2491, 2005. 10. 20. 같은 뜻)고 할 것인바, 건설업법인이 다른 건설업법인과 공동의 쟁점사업을 추진하는 과정에서 부가가치세 신고 등에 대한 납세지를 처분청 관할인 쟁점사업 장소로 하면서 쟁점세금계산서의 사업자등록번호를 부가가치세법 시행령 제4조 제1항 제3호의 규정에 따라 청구법인의 본점 사업자등록번호로 교부받은 것은 사실과 다른 세금계산서로 보기 어렵다고 하겠으므로, 처분청이 쟁점세금계산서를 사실과 다른 세금계산서라고 하여 부가가치세를 과세한 처분은 잘못이 있다고 판단된다.

주택법 제10조 【공동사업주체】 1. 토지소유자가 주택을 건설하는 경우에는 제9조 제1항에도 불구하고 대통령령으로 정하는 바에 따라 제9조에 따라 등록을 한 자(이하 "등록사업자"라 한다)와 공동으로 사업을 시행할 수 있다. 이 경우 토지소유자와 등록사업자를 공동사업주체로 본다. 2. 제32조에 따라 설립된 주택조합(세대수를 증가하지 아니하는 리모델링주택조합은 제외한다)이 그 구성원의 주택을 건설하는 경우에는 대통령령으로 정하는 바에 따라 등록사업자(지방자치단체·한국토지주택공사 및 지방공사를 포함한다)와 공동으로 사업을 시행할 수 있다. 이 경우 주택조합과 등록사업자를 공동사업주체로 본다. 3. 고용자가 그 근로자의 주택을 건설하는 경우에는 대통령령으로 정하는 바에 따라 등록사업자와 공동으로 사업을 시행하여야 한다. 이 경우 고용자와 등록사업자를 공동사업주체로 본다. 4. 제1항부터 제3항까지의 규정에 따른 공동사업 주체 간의 구체적인 업무·비용 및 책임의 분담 등에 관하여는 대통령령으로 정하는 범위에서 당사자 간의 협약에 따른다.

서면인터넷방문상담2팀-1686, 2006. 8. 31. : 주택건설사업에 따른 실질적 권리 및 의무의 경제적 손익이 PFV에 귀속되고 주택건설등록사업자는 시공사로서 PFV로부터 일정한 시공대가만 받게 되는 경우 PFV와 주택건설등록사업자는 공동사업에 해당되지 않는 것임.

소득세과-0340, 2011. 4. 12.: 공동사업의 실질적인 권리 및 의무의 경제적 손익이 일방에게만 귀속되고 상대방은 일정한 용역대가만 받게 되는 경우는 공동사업에 해당되지 않는 것임.

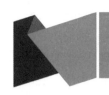

공동사업자등록 시 세무상 취급 및 세금계산서 발행

민법상 조합이란 2인 이상이 상호 출자하여 공동사업을 경영하기로 약정하는 계약을 말한다. 세법상 조합은 영리조합과 비영리조합으로 구분할 수 있다. 세법상 영리조합이란 공동사업을 말한다(민법상 조합, 기업회계상 조인트벤처, 세법상 공동사업에 해당함).

일반적인 공동도급도 조합의 법리가 적용되나 별도의 사업자등록을 하지 않는다. 본 건은 별도의 사업자등록을 하는 경우(산업단지 등 공동으로 판매하는 경우)에 관한 건이다. 공동사업장이 손익분비율을 정하지 않아 세법상 1거주자로 의제되는 경우 독립된 납세의무자가 성립하므로, 개별세목에 대한 납세의무는 물론 부당행위계산부인의 주체 또한 될 수 있다. 따라서 공동사업장을 구성할 경우 손익분배비율을 명확히 하여야 한다.

부가가치세법 제29조 제4항은 부가가치세법상 독립된 납세의무자 간 거래에 해당하면 당연히 적용될 수 있음을 전제로 하는 것인바, 쟁점조합이 부가가치세법상 독립된 납세의무자에 해당하는 이상 법인세법 및 소득세법상 '법인', '개인' 또는 '거주자'로 보고 조합원들과의 특수관계 해당 여부를 판단함이 타당하다는 견해가 있을 수 있으나, ① 부가가치세법 시행령 제26조는 명문으로 법인세법 및 소득세법상 특수관계인을 의미한다고 규정하고 있는바, 쟁점조합은 법인세법 및 소득세법상 법인, 개인, 거주자 등에 해당하지 않으므로 조세법률주의 및 엄격해석의 원칙상 조합원들과 특수관계가 성립할 수 없고, ② 조세심판원은, 공동사업자인 청구인들이 다른 공동사업자인 배우자들에게 건물을 저가로 임대한 사안에서 공동사업자 간 거래를 특수관계 있는 자 간의 거래로 볼 수 없다는 입장인 점(조심 2008서2389, 2008. 11. 7.), 특수관계자 간에 공동사업을 영위하는 경우로서 공동사업자가 당해 공동사업장에 토지를 무상제공하는 경우 자신의 토지를 자신에게 제공하는 결과가 되어 소득세법상 부당행위계산부인 대상이 될 수 없다는 입장인 점(국심2002서3374, 2003. 5. 13., 대법원 2005. 3. 11. 선고 2004두1261 판결 등 참조) 등에 비추어 보면, 쟁점조합과 조합원들 간 거래는 부가가치세법상 부당행위계산부인 규정의 적용대상이 아닌 것으로 봄이 타당하고, ③ 쟁점조합의 조합원들은 공동사업에 관계되는 조세에 대하여 연대납세의무를 부담하고(국세기본법 제25조), 쟁점조합이 민사상 별도의 법인격이 있는 단체도 아니므로, 조합원들과 쟁점조합이 부담하는 세액에는 실질적인 차이도 없는 점을 고려하면 특수관계자에 해당하지 않는다.

1. 세법상 납세의무자

법인 (법인세)	일반법인	법인격이 있는 납세의무의 주체이며 법인세, (사업자인 경우: 이하 생략) 부가가치세 납세의무가 있다.
	법인으로 보는 단체	절차상 하자로 법인격이 없거나 신청한 경우(대표자 있으나 손익분배비율 없는 경우) 법인으로 의제하는 것으로 법인세, 부가가치세 납세의무가 있다.
개인 (소득세)	일반개인 (자연인)	개인이라 함은 유기적인 육체를 가지고 자연적인 생활을 영위하는 인간으로 소득세, 부가가치세 납세의무가 있다.
	1거주자	손익분배비율이 불분명할 경우 1거주자로 의제되며 소득세, 부가가치세 납세의무가 있다.
	공동사업	손익분배비율이 명확할 경우 개별조합원이 분배비율에 따라 손익을 분배하므로 소득세 납세의무는 없으며 부가가치세 납세의무만 있다.

인격(또는 법인격)이란 권리·의무의 주체가 될 수 있는 자격을 말하며 민법상 모든 살아 있는 사람(자연인)과 일정한 단체(법인)에 대하여 법인격을 인정하고 있다.

2. 조합의 의사결정

조합의 업무집행은 조합원의 과반수로 결정하여 조합원 전부의 이름으로 하는 것이 원칙이며(민법 제706조 제1항), 통상의 사무는 조합원 각자가 전행(專行)할 수 있다(동조 제3항).

조합계약에서 업무집행조합원에게 업무집행을 맡기기로 한 경우나 조합원 3분의 2 이상의 찬성으로 업무집행조합원을 둔 경우에는 업무집행조합원이 조합의 업무집행 전반을 관장한다(민법 제706조 제1항). 이 경우 업무집행조합원은 조합의 목적을 달성하는 데에 필요한 범위 내에서 조합을 위하여 모든 행위를 할 수 있는 대리권이 있는 것으로 추정되며(민법 제709조), 이로 인해 다른 조합원은 통상의 사무에 대한 전행권을 상실한다.

3. 조합의 자산취득

민법은 조합의 재산소유 방식을 조합원의 '합유'라는 독특한 형식으로 규정하고 있으며 (민법 제271조 및 제704조), 부동산의 경우 조합원 전원의 명의로 '합유' 등기에 의하여 합유관계가 성립한다(민법 제186조, 부동산등기법 제44조 제2항). 조합의 재산 소유형태를 합유로 규정한 민법 제271조 제1항은 물권에 관한 규정으로 강행규정에 해당한다. 따라서 조합재산을 합유등기가 아닌 조합원 단독명의 또는 조합원들의 공유로 등기하는 경우에는 명의신탁이 문제될 수 있다.

판례 또한 조합원 1인 명의로 조합재산을 취득한 경우 혹은 공유등기를 한 경우, 이는 조합이 조합원에게 명의신탁한 것으로 보아야 하고, 나아가 이러한 등기는 부동산실권리자 명의 등기에 관한 법률(이하 '부동산실명법') 위반으로 무효라고 판단하고 있다(대법원 2006. 4. 13. 선고 2003다25256 판결 등). 과거 부동산실권리자 명의 등기에 관한 법률이 시행되기 전의 판례 중에는 업무집행조합원이 이를 취득한 경우에는 명의신탁이라고 함부로 단정할 수 없고, 업무집행조합원이 조합을 위하여 자기 명의로 취득한 권리로 조합에게 이전하여야 할 의무를 지는 재산으로 본 판례가 있다(대법원 1997. 5. 30. 선고 95다4957 판결). 그러나 부동산실명법 시행 이후 판례들은 조합원 1인 명의로 취득한 조합재산에 대한 권리관계를 명의신탁으로 보고 있다.

한편, 민법이 정한 합유물의 처분·변경 및 합유지분 처분의 요건(조합원 전원의 동의)은 조합계약으로 달리 정할 수 있다. 민법은 위 규정을 조합에 달리 정하지 않은 경우에만 적용한다고 규정하고 있기 때문이다(민법 제271조 제2항). 따라서 조합계약으로 합유물의 처분 및 변경을 합유자의 과반수로 정할 수 있도록 하거나, 조합원 총회의 결의 또는 업무집행조합원의 결정에 따라 합유물에 대한 지분을 처분할 수 있다고 규정하는 경우 이러한 규정은 민법에 우선하여 효력을 갖는다. 다만, 등기 실무상 합유물을 처분하거나 합유자가 변경되는 경우에는 합유자 전원의 인감증명서를 첨부하여 신청을 하여야 하므로, 실제로 특약에 따른 처분결정을 등기로 실현하기 위해서는 합유자 전원의 협조를 구해야 하는 문제가 있다.

4. 조합의 회계처리

공동사업체의 수익은 참여자의 수익으로 직접인식(분양수익)하고 그 참여자에게 발생된 비용(분양원가)으로 수익과 대응하여 인식하는 것이다. 즉, 공동사업체와 참여사 간의 용역을 제공하는 계약이 있다 하더라도 참여자는 수익(공사수익)이나 비용을 인식할 수 없다. 기준서에 따르면 공동지배되는 조인트벤처의 참여자는 ① 참여자가 발생시킨 비용과 ② 조인트벤처에 의한 재화 또는 용역의 판매 수익 중 참여자 지분을 재무제표에 인식하여야 한다(기준서 문단13). 이와 같은 수익 및 비용인식에 대한 회계처리 기준은 조인트벤처는 단순히 도관이므로 참여자는 자신이 직접 그 공동지배되는 계약을 수행하는 것으로 보아 수익 및 비용을 인식하라는 것으로 이해된다. 따라서 조인트벤처의 수익은 참여자의 수익으로 직접 인식하고, 조인트벤처 수행으로 그 참여자에게 발생된 비용을 조인트벤처 수익에 대응하여 인식하게 된다. 그러므로 조인트벤처와 참여자 간에 용역(예컨대, 공사용역 등)을 제공하는 계약을 하더라도, 참여자는 그 계약과 관련된 수익(참여자의 공사수익)이나 비용(조인트벤처의 분양원가 중 분배받은 금액)은 인식할 수 없는 것이 일반 원칙이다.

5. 세금계산서 수수

공동사업체의 구성원이 공동사업자에게 재화나 용역을 제공하는 경우에는 세금계산서는 수수하여야 한다. 부가가치세법상 납세의무자로 등록한 사업자가 재화 또는 용역을 공급하는 때에는 그 공급시기에 세금계산서를 교부하여야 한다(부가가치세법 제16조). 또한 부가가치세법상 납세의무자인 사업자는 재화 또는 용역을 공급받은 경우 세금계산서를 수취하여야 매입세액을 공제받을 수 있다(부가가치세법 제17조 제1항 제1호의2). 그런데 동업계약에 의해 공동사업을 영위하는 경우 그 공동사업체는 참여자와는 별개의 사업체로서 사업자등록을 하여야 한다(재소비 46015-65, 2002. 3. 15. 외). 따라서 공동사업체는 부가가치세법상 납세의무자이므로 공동사업체가 공급하는 재화나 용역에 대해서는 세금계산서를 교부하여야 하며, 공급받는 재화나 용역에 대해서는 공동사업체를 공급받는 자로 하는 세금계산서를 교부받아야 한다. 이 경우 공동사업체의 구성원이 공동사업체에 재화나 용역을 공급하는 경우에도 세금계산서를 수수하여야 한다(서면3팀-897, 2008. 5. 7., 서면3팀-1563, 2005. 9. 20.).

6. 조합의 설립 절차

일반적인 공동도급사업은 별도의 공동사업자 등록 없이도 조합의 법리가 적용된다.

본 건은 별도의 사업자등록을 하는 경우(즉, 공동도급이 아니라 공동시행인 경우)에 관한 것이다. 2인 이상이 각자의 지분 또는 손익분배의 비율, 대표 등을 정한 동업계약을 체결하고 공동으로 사업을 운영하는 경우 공동사업자로서 사업자등록을 할 수 있으며 동업 계약서를 추가로 첨부하고 공동사업자 중 1인을 대표자로 하여 대표자 명의로 사업자등록을 신청하면 된다. 공동사업에 관련된 부가가치세는 실질적으로 공동사업을 한 날부터 공동사업자가 연대하여 납세의무를 진다. 공동사업자 중 일부의 변경 및 탈퇴, 새로운 공동사업자 추가의 경우에는 사업자등록을 정정해야 한다.

> **용어 설명**
>
> - **조합**: 2인 이상이 상호 출자하여 공동사업을 경영할 것을 약정함으로써 성립하는 계약이며, 계약당사자를 조합원이라 하고 조합계약의 조항을 기재한 조합계약서를 작성한다. 조합은 또한 각종의 공동목적수행을 위한 사단법인의 한 형태를 의미하는 말로 쓰이기도 한다. 민법 규정상 조합은 법인격이 없다. 세법상 조합은 영리조합과 비영리조합으로 구분할 수 있다. 세법상 영리조합이란 공동사업자를 말하며, 2인 이상이 공동사업계약을 체결하고 영리를 목적으로 하는 사업을 하는 조합이다. 과세 방법은 공동사업체를 하나의 사업장으로 하여 소득을 계산한 후 소유지분에 상당하는 소득금액을 각 조합원(공동사업자)에 대한 소득으로 하여 개별납세의무를 지운다.
>
> - **공유와 합유**: 공유는 공유자 전원의 이름으로 공유등기를 한 경우에도, 공유자는 자신의 의사에 따라 지분을 자유롭게 처분할 수 있고, 언제라도 공유물 분할 청구를 통해 공유물을 자신의 지분만큼을 분할받아 단독 소유로 전환할 수 있다. 반면, 합유물은 원칙적으로 조합원 전원의 동의가 있어야 처분 또는 변경할 수 있으며(민법 제272조 본문), 조합원 전원의 동의가 없이는 합유물에 대한 지분을 따로 처분할 수 없다. 또한 합유자는 합유물의 분할을 청구하지 못한다(민법 제273조). 다만, 합유물의 보존행위는 각자가 할 수 있다(민법 제272조 단서). 위와 같은 특징 때문에 공유 등기가 이루어진 경우, 공유자는 자신의 지분에 대하여 담보를 설정할 수 있고, 공유자의 채권자는 해당 지분에 대한 보전처분을 하거나 향후 집행의 대상으로 삼을 수 있다. 그러나 합유 등기가 이루어진 경우, 이는 조합의 재산이기 때문에 합유자는 자신의 지분에 대하여 담보권 기타 제한물권을 설정할 수 없고, 합유자의 채권자 또한 해당 지분을 보전 처분 또는 집행의 대상으로 삼을 수 없다.
>
> - 합유등기는 등기원인에 합유라는 취지를 기재하는 방식으로 신청한다. 예를 들어 조합체가 매매를 통하여 부동산을 취득하는 경우, 조합원 전원을 등기신청인으로 하고, 등기원인에 "매매(합

유)"라고 기재하여 등기신청을 하면, 등기관은 등기부에 "합유자" 전원을 기재하여 합유 등기임을 표시한다.

- **조인트벤처**: 기업회계기준은 둘 이상의 당사자가 구성한 계약구성체(이하 '조인트벤처')가 그 당사자들에 의해 공동지배되는 경우는 기업회계기준서 제18호(이하 '기준서')를 적용하도록 하고 있다(기준서 문단3). 공동지배란 조인트벤처의 재무정책과 영업정책이 그 조인트벤처 참여자의 지분율에 따라 결정되는 것이 아니라, 계약합의사항에 기초하여 참여자 전체의 동의에 따라 결정되는 것을 의미한다(기준서 문단4 및 결론도출근거 A13).

- **시행비율과 시공비율**: 분양사업을 복적으로 하는 조인트벤처에게 참여자가 시공용역을 제공하기로 하면서 그 시공용역의 비율(시공비율)이 시행이익 분배비율(시행비율)과 다른 경우가 있을 수 있다. 도시개발사업조합의 조합원인 회사가 사업전체 시공용역을 제공한 경우 다른 조합원에 대한 것은 도급공사로 회계처리(공사수익으로 인식)하고, 회사 부분에 대해서는 공동주택사업의 수행으로 회계처리(분양수익으로 인식)하여야 한다고 해석된 바 있다(질의회신 05－041, 한국회계연구원, 2005. 11. 25.). 한편, 수주전담회사와 시공담당회사가 합작으로 도급계약을 체결한 후 수주전담회사가 별도 계약에 의하여 합작도급계약상 수주전담회사 지분을 시공담당회사에게 하도급한 경우 수주전담회사는 해당지분의 매출액을 총액주의에 의하여 인식하여야 한다고 해석된 바 있다(해석 6－11, 1999. 6. 29.).

관련 법령

대법원 2006. 4. 13. 선고 2003나25256 판결: 매수인들이 상호 출자하여 공동사업을 경영할 것을 목적으로 하는 조합이 조합재산으로서 부동산의 소유권을 취득하였다면 민법 제271조 제1항의 규정에 의하여 당연히 그 조합체의 합유물이 되고, 다만 그 조합체가 합유등기를 하지 아니하고 그 대신 조합원 1인의 명의로 소유권이전등기를 하였다면 이는 조합체가 그 조합원에게 명의신탁한 것으로 보아야 한다.

대법원 2002. 6. 14. 선고 2000다30622 판결: 동업을 목적으로 한 조합이 조합체로서 또는 조합 재산으로서 부동산의 소유권을 취득하였다면, 민법 제271조 제1항의 규정에 의하여 당연히 그 조합체의 합유물이 되고(이는 민법 제187조에 규정된 '법률의 규정에 의한 물권의 취득'과는 아무 관계가 없다. 따라서 조합체가 부동산을 법률행위에 의하여 취득한 경우에는 물론 소유권이전등기를 요한다), 다만 그 조합체가 합유등기를 하지 아니하고 그 대신 조합원들 명의로 각 지분에 관하여 공유등기를 하였다면, 이는 그 조합체가 조합원들에게 각 지분에 관하여 명의신탁한 것으로 보아야 한다.

민법 제271조【물건의 합유】① 법률의 규정 또는 계약에 의하여 수인이 조합체로서 물건을 소유하는 때에는 합유로 한다. 합유자의 권리는 합물 전부에 미친다. ② 합유에 관하여는 전항의 규정 또는 계약에 의하는 외에 다음 제3조의 규정에 의한다.

부가 46015-456, 1994. 3. 10.: 2인 이상이 각자의 지분 또는 손익분배의 비율, 대표 등을 정한 동업계약을 체결하고 공동으로 사업을 운영하는 경우 부가가치세법 제5조의 규정에 의하여 공동사업자로 사업자등록을 할 수 있는 것이나, 이에 해당되는지 여부는 사업의 운영실태 등 실질내용에 의하여 사실판단할 사항임.

부가가치세 집행기준 16-54-3【공동도급에 대한 세금계산서 발급 방법】
① 의의: 공동도급이란 공사·제조·기타 도급계약에 있어서 발주처와 공동수급체가 체결하는 계약으로서 1개의 사업현장에서 둘 이상의 사업자(공동수급체)가 각각 자기의 지분 또는 공동의 지분에 대하여 사업을 수행하는 형태
② 사업자등록: 원칙적으로 공동수급체는 공동사업자로 보지 아니하므로 사업자등록 대상에 해당하지 아니한다.

국심2000구3001, 2001. 5. 4.: 공동수급체는 구성원 내부 간의 조합으로 볼 수는 있을지라도 적어도 외부적으로는 민법상 조합으로서의 단체성을 인정하기 어렵다 할 것이고, 그 실질이 별도의 사업자등록을 하지 않은 공동사업자에 해당한다 할 것.

부가, 조심 2009서1637, 2010. 5. 4.: 건설업법인 간 공동사업 시 사업자등록 없이 본점 사업자등록번호로 세금계산서 교부받을 수 있음. 건설업법인 간에 공동사업을 하면서 별도 공동사업자 등록을 하지 아니하고 기존 본점 사업자등록번호로 교부받은 세금계산서를 사실과 다른 세금계산서로 볼 수 없음.

공동사업장에 토지 출자 시 취득세 부담하여야 하는지?

2015년 택지개발촉진법 개정으로 LH공사와 민간사업자(시공사)가 택지분양사업을 공동으로 진행하는 사업구도가 새로이 등장하였다.

이 경우 아래와 같은 사정으로 신탁을 이용할 수 없다. 따라서 취득세 과세문제의 쟁점이 발생한다.

① 부동산신탁에서 노무출자자인 시공사 등이 위탁자가 될 수 없으며, 택지개발촉진법 상 이익분배내용에 비추어 우선수익권자도 될 수 없다.

② 택지개발촉진법 제7조 제1항 제5호상 민간참여자는 6%를 한도로 동등한 순위에서 이익을 분배받게 된다.

• 조합원(시공사)이 다른 조합원(LH) 소유의 부동산을 합유취득하는 경우 조합원(시공사)에게 취득세 과세문제가 발생한다.

• 지방세법상 현물출자는 법인에 대한 현물출자만 과세하므로 조합출자는 과세대상이 아니다.

본 건 쟁점은 2015년 3월 저자가 아래 예규를 생성함으로써 해결되었다. 그러나 2015년 11월 법률용어에 관한 혼선 및 사실관계의 변동 등으로 다시 쟁점화되었으며, 결국 시공사들은 PJ 준공 이후 취득세를 신고 · 납부하고 경정청구하여 과세 여부를 확인하는 것으로 의견을 모았다.

• 서울특별시 세제과-4189, 2015. 3. 20.: 토지를 소유한 법인과 노무를 제공하는 법인이 별도의 법인 설립 없이 공동사업자등록만을 하여 사업을 시행하는 경우라면 당해 공동사업자에 대하여 토지분 취득세 납세의무가 없다.

세법상 정의에서 공동사업자는 조합원이고 공동사업은 조합이다. 국기법 및 지방세법은 이렇게 쓰고 있는데, 부가가치세법에서 공동사업은 별도의 사업장을 구성하므로 공동사업장(조합)으로 쓰는 경향이 있다. 법률상 용어는 공동사업이다. 그런데 이후 참여사들이 공동사업장(조합)과 공동사업자(조합원)를 동일한 것으로 오해하였다. 이 때문에 공동사업자를 조합으로 해석하였고 조합원의 취득세 의무는 불분명하다고 결론 내렸다. 상기 예규는 조합원의 취득세 의무를 질의하였고 공동사업자의 취득세 문제를 회신받았다.

본 건 취득세 납세의무 성립에 관한 저자의 의견은 아래와 같다.

1. 본 건의 쟁점은 '합유취득'이다

취득세는 행위세이다. 취득세는 취득행위에 대하여 과세하는 행위세이나 토지출자계약은 토지출자조합원과 조합(조합의 업무집행조합원) 간의 계약으로 노무출자조합원은 토지취득과 관련한 아무런 법률행위를 하지 않았다. 따라서 취득행위가 없고 취득세가 과세될 수 없다. 유사한 경우로서 과점주주 간주취득세의 경우 법률상 의제규정으로 인하여 법인의 매매계약이 과점주주의 납세의무를 성립시키지만, 본 건은 의제규정이 없는바 조합의 출자계약이 다른 조합원의 납세의무를 성립시킬 수 없다.

2. 합유등기는 처분권의 제한목적이다

출자금이란 사업을 영위하기 위한 자본으로서 자본충실의 원칙이 적용된다. 그런데 조합은 소유주체가 될 수 없으므로 출자재산이 임의로 처분되는 것을 방지하기 위하여 합유취득하게 된다. 즉, 조합의 합유취득은 출자자의 물권을 제한하여 조합사업의 안정성을 담보하기 위한 것으로 재산권의 이전목적이 아니다. 같은 이유로 합유등기하는 경우 토지출자자의 소유권이 더 강력히 제한되는 것일 뿐 합유등기 여부가 취득세 납세의무의 성립에 영향을 미칠 수 없을 것이다.

지방세정팀-2129, 2006. 5. 25.: 지방세법 제105조 제2항 및 지방세법 시행령 제73조 제1항 규정에 따라 유상거래의 경우 등기·등록을 하거나 잔금지급이 이루어진 경우에 과세물건을 취득한 것으로 보아 취득세 납세의무가 성립하는 것이라고 하겠습니다. 질의내용의 경우, 2개 법인이 공동으로 건물을 시공하기 위하여 토지를 각각 취득·등기한 후 별도의 법인설립 없이 공동사업자 등록만을 하여 사업을 시행하는 경우라면 당해 공동사업자에 대하여 토지분 취득세가 다시 과세되는 것은 아니라고 하겠습니다만, 이에 해당하는지 여부는 과세권자가 사실관계를 확인하여 판단할 사항임을 알려드립니다.

지방세정담당관-84, 2003. 6. 5.: 1. 지방세법 제110조 제1호에서 신탁법에 의한 신탁으로 인한 신탁재산의 취득(주택건설촉진법 제44조의 규정에 의한 주택조합과 조합원 간의 신탁재산취득을 제외)으로서 위탁자로부터 수탁자에게 신탁재산을 이전하는 경우의 취득과 신탁의 종료 또는 해지로 인하여 수탁자로부터 위탁자에게 신탁재산을 이전하는 경우의 취득에 대하여는 취득세를 비과세하도록 규정하고 있는바, 귀문의 경우 토지소유자들이 공동주택신축사업을 하면서 주택건설촉진법 제44조의 규정에 의한 주택조합을 구성하지 아니하고 토지소유자 중 대표자 개인명의로 토지에 대한 신탁등기를 하여 이전하는 경우라도 추후 공동주택을 신축·분양하는 경우에는 당해 공동사업의 대표자는 토지를 새로이 취득하는 것이 아니므로 당해 대표자에 대하여 취득세납세의무가 없으나, 이에 해당 여부는 과세권자가 사실조사 후 판단할 사항임.

지방세법해석운용매뉴얼 18-1【공유물·공동사업】 1. 공유물이라 함은 민법 제262조(물선의 공유)의 규정에 의한 공동소유의 물건을 말한다. 2. 공동사업이라 함은 그 사업이 당사자 전원의 공동의 것으로서, 공동으로 경영되고 당사자 전원이 그 사업의 성공 여부에 대하여 이익배분 등 이해관계를 가지는 사업을 말한다.

민법 제262조【물건의 공유】 ① 물건이 지분에 의하여 수인의 소유로 된 때에는 공유로 한다. ② 공유자의 지분은 균등한 것으로 추정한다.

민법 제271조【물건의 합유】 ① 법률의 규정 또는 계약에 의하여 수인이 조합체로서 물건을 소유하는 때에는 합유로 한다. 합유자의 권리는 합유물 전부에 미친다.

민법 제275조【물건의 총유】 ① 법인이 아닌 사단의 사원이 집합체로서 물건을 소유할 때에는 총유로 한다.

대법원 2002. 3. 29. 선고 2000두6084 판결: 거부처분은 관할 행정청이 국민의 처분신청에 대하여 거절의 의사표시를 함으로써 성립되고, 그 이후 동일한 내용의 새로운 신청에 대하여 다시 거절의 의사표시를 한 경우에는 새로운 거부처분이 있는 것으로 보아야 할 것이다.

과세관청이 체납처분의 일환으로 납세자의 재산을 압류하였으나 국세징수법 제53조 제1항 각 호가 정하는 압류해제사유가 발생한 경우 세무서장은 압류를 해제하여야 하는 것으로서, 압류한 재산이 제3자의 소유에 속하는 것으로 판명되는 경우에 그 제3자가 같은 법 제50조의 규정에 의한 증거서류를 따로 제출하지 아니하더라도 압류해제의 신청이 있는 이상 세무서장은 같은 법 제53조 제1항 제2호에 의하여 압류를 해제하여야 하는 것이다.

공유수면매립권자들의 공동명의로 된 공유수면매립면허가 유효한 이상 면허권자들은 공동으로 당해 매립지 중 면허권자에게 귀속되는 토지의 소유권을 취득하게 되고, 나아가 공동면허권자가 공유수면매립법의 규정에 의하여 가지는 권리의무는 그들의 합유에 속한다고 할 것이므로 당해 토지는 매립권자들이 합유로 취득한 것이 되며, 따라서 비록 위와 같은 토지가 부동산등기부상 공동면허권자의 공유로 등기되어 있다고 하더라도 세무서장은 이를 공동면허권자의 합유로 인정하여 처리하여야 하는 것이다.

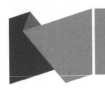

시공사의 공사용역 노무출자가 부가가치세 과세대상인지?

시공사와 LH 등이 공동으로 사업하여 주택이나 택지를 분양하는 경우 LH 등은 토지를 출자하고 시공사는 공사용역을 출자하여 주택이나 택지를 제3자(수분양자)에게 공급한다. 이 경우 시공사의 노무출자는 당연히 부가가치세 과세대상이다.

오해가 발생한 요지는 법률상 노무와 경제상 노무의 개념차이 때문이다. 법률상 '노무 계약'이란 도급, 고용, 현상광고, 위임, 임차를 포함한다. 부가가치세법상 면세되는 노무란 부가가치를 창출하는 원본이 되는 생산요소를 의미한다. 따라서 부가가치세법상 노무란 노동자의 노동공급만을 의미한다고 보아야 한다.

현물출자는 과세대상거래로 명시(부가령 제18조 제1항 제4호)하고 있으나 과세대상용역을 노무 출자하는 경우 명시가 없으나 예규상 부가가치세가 과세된다(재정경제부 소비세제과-23, 2005. 1. 11.).

공동사업의 시공(노무)출자와 관련하여 부가가치세 과세대상으로 보지 않은 심판례(조심 2008서2612, 2008. 11. 20.)는 시공사의 대응되는 매출이 있을 뿐만 아니라(시행사와 시공사가 세대를 나누어 직접 매매계약을 체결하였음) 세대를 구분하여 각각의 매출로 인식하였다. 현물출자를 과세하는 것은 과세대상인 현물을 출자 등의 사유로 공급하는 것도 과세한다는 의미로 보아야 한다. 일반적으로 노무는 과세대상이 아니나 택지조성용역은 과세대상이므로 출자를 이유로 공급하는 경우에도 과세대상에 해당한다.

자기의 사업을 위해 공한다는 의미는 주사업장이 공동사업장에 공급하는 경우를 포함하지 않는다. 타사업장반출도 과세대상 공급에 해당하며 공동사업장은 공동사업자 구성원의 타사업장이 될 것이다.

• 이동헌, 『건설판례에 대한 문제와 의문의 제기』, 한국학술정보, 2006년

　도급은 고용, 현상광고, 위임, 임치와 더불어 '노무공급계약'의 일종이지만, '일의 완성'을 목적으로 하는 데에 그 특색이 있다. '일'은 물건의 제작이나 수리와 같은 유형적인 것일 수도 있고 운반과 같은 무형적인 것일 수도 있으나, 노무 그 자체가 계약의 목적이 아니고 노무에 의하여 이루어진 결과가 계약의 목적이다.

• 곽윤직, 『민법주해[XV]』, 박영사, 2000년, 29~430면

　이에 반하여 '고용'은 노무자 자신에 의한 노무의 공급 그 자체를 목적으로 하는 계약이며, 제공되는 노무에 의한 어떤 일의 완성이나 또는 어떤 통일적인 사무의 처리와 같은 일정한 결과의 달성 여부는 고려되지 않는다는 점에서 도급과 구별이 된다.

　'위임'은 특정한 사건의 처리와 같은 일정한 사무를 처리하기 위한 통일적인 노무를 목적으로 하는 계약으로서, 어디까지나 신임을 기초로 하여 부탁한 사무를 처리한다는데 주안이 있을 뿐, 사무처리에 따른 일의 완성을 목적으로 하지 않는 점에서 도급과 다르다.

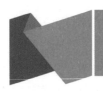

토지의 매각 관련 매입세액불공제 대상인지?

흔히 부가가치세법에서 매입세액 안분비율은 대응되는 매출의 안분비율과 동일하여야 한다. 동일물건·동일사업의 매출·매입거래의 일관성을 의미하는바, 공통사용자산의 처분 시 발생하는 거래비용에 적용하는 것은 아니다. 즉, 매각과 관련한 중개 및 자문수수료는 단순 거래비용이며 이에 대한 매입세액공제 비율은 납세의무자의 과세비율이다.

예를 들어 토지를 취득하면서 발생한 중개수수료는 매입세액불공제 대상이지만, 토지를 양도하면서 발생한 중개수수료는 매입세액공제가 가능하다. 토지 관련 매입세액이라 함은 토지의 조성 등을 위한 자본적 지출에 관련된 매입세액을 말한다. 따라서 토지의 양도와 관련한 매입세액은 토지 관련 매입세액이 아니고, 단순한 업무와 관련한 일반 매입세액이다.

부가, 서면인터넷방문상담3팀-877, 2008. 5. 1.: 주차장 운영업을 영위하던 사업자가 당해 과세 사업에 사용하던 토지를 양도하기 위하여 중개수수료를 지급하면서 부담한 매입세액은 자기의 매출세액에서 공제되는 것임.

서면인터넷방문상담3팀-309, 2008. 2. 12.: 부동산 임대업을 영위하던 사업자가 과세사업에 사용하던 건물과 그 부속 토지를 양도하기 위하여 부동산컨설팅 및 중개수수료를 지급하면서 부담한 매입세액은 자기의 매출세액에서 공제되는 것임.

부가가치세법 집행기준 39-80-1【토지 관련 매입세액의 범위】② 토지 관련 매입세액으로 보지 않는 매입세액은 다음과 같다.
1. 공장 또는 건물을 신축하면서 건축물 주변에 조경공사를 하여 정원을 만든 경우 해당 공사 관련 매입세액
2. 과세사업에 사용하기 위한 지하건물을 신축하기 위하여 지하실 터파기에 사용된 중기사용료, 버팀목 및 버팀 철근 등에 관련된 매입세액
3. 토지와 구분되는 감가상각자산인 구축물(옹벽, 석축, 하수도, 맨홀 등) 공사 관련 매입세액
4. 공장 구내의 토지 위에 콘크리트 포장공사를 하는 경우 해당 공사 관련 매입세액
5. 과세사업에 사용하여 오던 자기 소유의 노후 건물을 철거하고 신축하는 경우 해당 철거비용과 관련된 매입세액

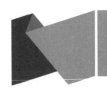

멸실예정 건물의 건물분 부가가치세
(2022년 개정사항)

　사업자가 토지와 그 토지 위에 설치된 건물 또는 구축물 등을 함께 공급하는 경우에 토지의 공급에 대해서는 부가가치세가 면세되는 것이고, 건물 또는 구축물 등의 공급에 대해서는 부가가치세가 과세된다. 그러므로 건물 또는 구축물 등의 공급가액만이 부가가치세가 과세된다. 이에 따라 사업자가 토지와 함께 건물 또는 구축물 등을 공급하는 경우, 건물 또는 구축물의 공급가액을 축소하고 토지의 공급가액을 늘리고자 하는 유인이 생길 수 있다. 특히 멸실예정물의 경우 공급받는 자가 매입부가가치세를 공제받지 못하는바, 이러한 유인은 더욱 커지게 된다.

　세법은 실지거래가격을 존중한다. 그러나 최근 부가가치세법 등에서 세법상 기준으로 안분한 금액과 30% 이상 차이가 나는 경우 실지거래가액을 부인(부가가치세법 제29조)하거나, 실지거래가액이 불분명한 것으로 본다(소득세법 제100조). 법개정을 관련하여 살펴보면 2019. 1. 1. 이후부터 납세자가 실지거래가액으로 구분한 가액이 기준시가 등에 따른 안분가액과 30% 이상 차이가 나는 경우 납세자가 구분한 실질거래가액을 인정하지 않고 있다. 실무상 많이 발생하는 경우로서, 부가가치세가 면세되는 토지(제26조 제14호)와 과세되는 건물이나 그 밖의 구축물을 함께 거래하는 경우, 전체 공급가액을 어떻게 안분할 것인지를 정하는 규정이다. 이때 당사자들이 계약서에 명확히 토지와 건물 가격을 구분하여 적는 경우 이는 '실지거래가액'으로서 그대로 각각의 공급가액이 되어야 하는 것이 원칙이지만, 실제 과세 실무상으로는 당사자들이 아무리 계약서에 분명하게 토지와 건물 가격을 구분하여 적었다고 하더라도 이 가격들의 상대적 비율이 적정하지 않다고 판단하는 경우에는 단서 규정을 적용하는 경우가 많다. 물론 이러한 과세실무가 제9항의 문언에 부합하는 것인지에 관하여는 논의의 여지가 많다. 특히 개발사업에서 토지와 멸실예정건물을 취득할 때, 멸실할 건물은 재산적 가치가 있는 재화라고 하기 어려운 경우가 있으므로, 건물분 부가가치세가 발생하는 경우 매도자는 해당 부가가치세를 납부하지만, 매수자는 토지 관련 매입세액으로 공제받지 못하기 때문에 비판이 제기된다.

이후 2022. 1. 1.부터는 "다른 법령에서 정하는 바에 따라 가액을 구분한 경우" 및 "건물이 있는 토지를 취득하여 건물을 철거하고 토지만 사용하는 경우"에는 납세자가 구분한 실질거래가액을 인정하고 있다. 판단컨대 해당 조문은 지극히 행정편의적인 개정으로 인한 재개정을 거쳐서 결과적으로 2019년 이전보다 못한 사업환경이 만들어졌다고 여겨진다.

관련 법령

부가가치세법 제29조【과세표준】 ⑨ 사업자가 토지와 그 토지에 정착된 건물 또는 구축물 등을 함께 공급하는 경우에는 건물 또는 구축물 등의 실지거래가액을 공급가액으로 한다. 다만, 다음 각 호의 어느 하나에 해당하는 경우에는 대통령령으로 정하는 바에 따라 안분계산한 금액을 공급가액으로 한다. (2018. 12. 31. 단서개정)
1. 실지거래가액 중 토지의 가액과 건물 또는 구축물 등의 가액의 구분이 불분명한 경우 (2018. 12. 31. 신설)
2. 사업자가 실지거래가액으로 구분한 토지와 건물 또는 구축물 등의 가액이 대통령령으로 정하는 바에 따라 안분계산한 금액과 100분의 30 이상 차이가 있는 경우 (2018. 12. 31. 신설)

소득세법 제100조【양도차익의 산정】 ② 제1항을 적용할 때 양도가액 또는 취득가액을 실지거래가액에 따라 산정하는 경우로서 토지와 건물 등을 함께 취득하거나 양도한 경우에는 이를 각각 구분하여 기장하되 토지와 건물 등의 가액 구분이 불분명할 때에는 취득 또는 양도 당시의 기준시가 등을 고려하여 대통령령으로 정하는 바에 따라 안분계산(按分計算)한다. 이 경우 공통되는 취득가액과 양도 비용은 해당 자산의 가액에 비례하여 안분계산한다.
③ 제2항을 적용할 때 토지와 건물 등을 함께 취득하거나 양도한 경우로서 그 토지와 건물 등을 구분 기장한 가액이 같은 항에 따라 안분계산한 가액과 100분의 30 이상 차이가 있는 경우에는 토지와 건물 등의 가액 구분이 불분명한 때로 본다.

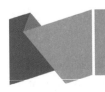

계약자의 지위이전 시 순차등기하여야 하는지?

중간생략등기란 중간 취득자가 있는 부동산물권의 이전등기를 최초 양도인에서 최종 취득자에게 바로 하는 등기를 말하고 중대한 위법사항이다.

부동산물권이 최초의 양도인으로부터 중간 취득자에게, 중간 취득자로부터 최종 취득자에게 이전되어야 할 경우에 그 중간 취득자에의 등기를 생략하고 최초의 양도인으로부터 직접 최종 취득자에게 하는 등기를 말한다. 예컨대 갑(甲)에서 을(乙)로, 을에서 병(丙)으로 가옥이 전전(轉轉) 매매된 경우에 병이 갑으로부터 직접 매수한 것으로 등기하고, 중간의 을의 등기를 생략하는 경우이다.

물권의 공시제도(公示制度)로서의 등기는 진실한 권리변동의 과정을 정확히 충실하게 기재하여야 한다는 원칙을 엄격히 관철하면, 중간생략등기는 무효가 되는 것이 원칙이다. 그러나 중간생략등기인 줄 모른 채 전전 매매된 후에 그것이 무효가 된다면 거래의 안전을 해하게 되며, 중간생략등기라도 현재의 등기자는 진실한 권리자임에는 틀림없는 것이므로 판례는 중간자의 동의(同意)가 있는 중간생략등기의 유효를 인정하였다.

그러나 등기소는 중간생략등기인 것이 서류상 명백한 때에는 등기신청서를 수리하지 아니한다. 중간생략등기를 하는 이유는 양도소득세・상속세・취득세・등록세 등을 면탈하려는데 있으며, 부동산 투기로 전전 매매되는 경우에 많이 행하여진다. 1990년 9월 1일부터 시행된 부동산등기특별조치법은 중간생략등기를 악용하는 경우 3년 이하의 징역이나 1억원 이하의 벌금에 처하도록 규정하고 있다.

부동산사업 중 법인은 탈세의도와 무관하게 중간생략등기 리스크에 직면할 수 있다. 매매계약의 완료이전에 계약자의 지위를 이전하는 경우 주의하여야 한다. 계약자의 지위이전계약의 경우 계약상 반대급부이행일 또는 반대급부이행일 이후에는 순차등기하여야 한다.

이에 비하여 부동산의 매도청구권을 행사(매매계약체결)하지 않고, 매도청구권 그 자체를 양도하는 것은 미등기 전매에 해당하지 않는다.

부동산등기특별조치법 및 동법에 따른 대법원 규칙의 시행에 관한 등기 사무처리지침

2. 계약당사자의 지위를 이전하는 계약과 소유권이전등기

　(가) 부동산의 소유권을 이전받을 것을 내용으로 하는 계약을 체결한 자가 다시 제3자에게 계약 당사자의 지위를 이전하는 계약을 체결한 경우, 그 지위이전계약의 체결일이 법 제2조 제1항 제1호에 정하여진 날(쌍무계약의 경우 반대급부의 이행이 완료된 날) 전인 때에는 먼저 체결된 계약의 매도인으로부터 지위이전계약의 양수인 앞으로 직접 소유권이전등기를 신청할 수 있는 것이므로(법 제2조 제3항 참조), 이와 같은 등기신청을 받은 등기관은 위 지위이전계약의 체결일이 ① 먼저 체결된 계약서상에 표시된 반대급부 이행일 전이거나 ② 먼저 체결된 계약에 따른 실제의 반대급부 이행일 전임을 서면에 의하여 소명한 경우(예컨대, 영수증 또는 당사자의 진술서 등)에는 그 등기신청을 수리하여야 한다.

　(나) 위 (가)의 소유권이전등기를 신청함에 있어 등기원인증서로 제출하는 먼저 체결된 계약서와 지위이전계약서(지위이전계약이 순차로 이루어진 경우에는 그 지위이전계약서 전부)는 각각 검인을 받은 것이어야 한다.

계약상 지위이전이 사업권 양수도인지?

흔히 신규사업에 진출하는 경우 (자회사 설립 전에) 모회사 및 그룹의 명의로 계약을 진행하고 이후 설립된 자회사의 명의로 계약을 이선하는 경우가 있다. 이때 계약당사자의 지위가 변경되는바 신규사업의 경우 인적·물적 설비 없이 사업권만 양도하는 것이므로, 사업권의 양도로 보는 경우 가치평가문제와 함께 세무문제가 발생한다.

구분	법적 성격	비고
계약상 지위	자격(신분)	가치측정 대상이 아님.
사업권	자산	가치측정 가능

세법상 영업권은 평가하는 방법이 있으나, 사업권은 평가하는 방법이 없다고 여겨 가치를 산정하려는 시도가 있을 수 있다. 사실 사업권은 영업권에 포함된 개념이다. 흔히 법률적 보호가 있는 인·허가상의 지위를 사업권, 법률적 보호가 없는 권리금을 영업권으로 구분하고 있으나, 이는 편의상 구분일 뿐이며 우리 세법은 사업에 관한 허가·인가 등 법률상 지위도 영업권(소득세법 기본통칙 33-62…2 및 법인세법 시행규칙 제12조)으로 구분하고 있다. 영업권은 어업권, 광업권, 특허권, 저작권 이외의 재산적 가치가 있는 사업상 모든 권리를 의미하는바, 사업권을 영업권과 분리된 별도의 개념으로 볼 수 없다. 따라서 신규사업의 경우 영업권가치가 있을 수 없다. 세법상 영업권은 직전 3개년 초과손익으로 평가하기 때문이다.

> **관련 자료** ●
>
> 회계상 영업권과 법인세법상 영업권이 동일한 개념은 아니다. 기업회계상의 영업권이 잔액 개념이라면 법 세법상의 영업권은 가치개념이다. 따라서 합병차손익 등 기업회계상 영업권으로 계상하지 않은 경우에도 세법상 영업권으로 볼 수 있다. 법인세법상 영업권이란 '사업상 가치가 있어 대가를 지급한 것'을 의미한다(삼일회계법인, 『합병』, 삼일인포마인, 2006년, 37쪽; 송우철, 『기업의 합병과 관련된 세법상의 몇 가지 문제점』, 2001, 133쪽).

영업권은 스스로 창설할 수 없다(기업회계기준 제20조 제1호 및 K-IFRS 제1038호 문단48.). 따라서 계약의 체결(사업의 수주)로 영업권이 발생하지는 않는다. 회계상 자산이 미래경제적 효익인데 반해서 세법상 자산은 미래의 비용이다. 계약의 체결로 확정되는 미래의 비용이란 있을 수 없기 때문이다. 이에 따라 세법도 특수관계자 간 거래를 통하여 과도하게 자가 창설한 영업권을 규제하려고 하는 것이 주류를 이룬다(법인세법 기본통칙 52-88…2 및 법인세법 기본통칙 67-106…9). 즉, 영업권에 대가를 받는 쪽이 세무 리스크가 더 크다고 할 수 있다.

일반적인 계약상 지위이전은 자산양수도가 아니다. 상속세 및 증여세법에는 일부 '계약자의 지위이전'에 대한 평가방법도 규정하고 있다. 전매계약(상증법 제61조 제3항) 및 신탁의 수익자 변경(상증법 제65조 제2항)에 관한 평가 방법이 그것이다.

상기 두 가지 유형 이외의 '계약자의 지위이전'은 대가가 없는 것이 일반적이다. 일반적인 상사계약은 한쪽이 용역을 제공하고 다른 쪽이 대가를 지급하는 식의 채권계약이다(쌍무계약). 계약의 성립으로 인하여 양당사자는 채권적 청구권을 가지게 된다. 즉, 甲은 이행청구권을 가지게 되고 乙은 대금청구권을 가지게 된다. 사업의 이익인 대금청구권은 계약상 의무를 이행한 이후 발생하게 되는바, 乙이 정상이익을 초과하여 분여받은 이익이 있다고 볼 여지가 없다.

구분	계약상 지위이전	사업권 양수도
효력 발생	상대방의 승인	인허가권자의 승인 필요
유형	전매 계약(계약인수) 신탁의 수익자 변경	사업권양수도 계약
비교	일반적인 계약자 변경은 자산의 이전이 아님. 세법상 영업권이 아님.	일반적으로 영업과 분리하여 양수도 할 수 없음. 신규사업의 경우 세법상 영업권이 아님.

법인세법 시행규칙 제12조 【감가상각자산의 범위】 ① 영 제24조 제1항 제2호 가목에 따른 영업권에는 다음 각 호의 금액이 포함되는 것으로 한다. (2015. 10. 30. 개정)

1. 사업의 양도·양수과정에서 양도·양수자산과는 별도로 양도사업에 관한 허가·인가 등 법률상의 지위, 사업상 편리한 지리적 여건, 영업상의 비법, 신용·명성·거래처 등 영업상의 이점 등을 감안하여 적절한 평가방법에 따라 유상으로 취득한 금액 (2015. 10. 30. 개정)

2. 설립인가, 특정사업의 면허, 사업의 개시 등과 관련하여 부담한 기금·입회금 등으로서 반환 청구를 할 수 없는 금액과 기부금 등 (1999. 5. 24. 개정)

상속세 및 증여세법 시행령 제59조 【무체재산권의 평가】 ② 영업권의 평가는 다음 산식에 의하여 계산한 초과이익금액을 평가기준일 이후의 영업권지속연수(원칙적으로 5년으로 한다)를 감안하여 기획재정부령이 정하는 방법에 의하여 환산한 가액에 의한다. 다만, 매입한 무체재산권으로서 그 성질상 영업권에 포함시켜 평가되는 무체재산권의 경우에는 이를 별도로 평가하지 아니하되, 당해 무체재산권의 평가액이 환산한 가액보다 큰 경우에는 당해 가액을 영업권의 평가액으로 한다. (2003. 12. 30. 개정; 2008. 2. 29. 직제개정)부칙

[최근 3년간(3년에 미달하는 경우에는 당해 연수로 한다)의 순손익액의 가중평균액의 100분의 50에 상당하는 가액 - (평가기준일 현재의 자기자본×1년 만기 정기예금 이자율을 감안하여 기획재정부령이 정하는 율)]

제 4 편

외주비 · 자재비

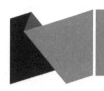

발주자, 수급인, 하수급인의 법률관계 및 세금계산서 발행관계

1. 도급계약과 하도급계약

　도급은 당사자 일방이 어느 일을 완성할 것을 약정하고 상대방이 그 일의 결과에 대하여 보수를 지급할 것을 약정함으로써 그 효력이 생기는 낙성·유상·쌍무·불요식계약이다 (민법 제664조). 즉, 수급인이 일정한 일을 완성할 것을 약정하고 도급인이 그 일의 결과에 대하여 보수를 지급할 것을 약정하는 동시이행관계에 있으며, 수급인의 완성물 인도의무는 일의 완성의무와 도급인의 검수를 포함하는 노무공급계약이다.

　민법상 도급계약은 불요식계약으로 서면 계약서 작성을 요구하지 않으나 특별법 지위에 있는 건설산업기본법에서는 건설공사에 관한 도급계약의 당사자는 계약을 체결할 때 도급 금액, 공사기간, 그 밖에 대통령령으로 정하는 사항을 계약서에 분명하게 적어야 하고, 서명 또는 기명날인한 계약서를 서로 주고받아 보관하도록 규정하고 있고(건설산업기본법 제22조), 만일 이를 이행하지 아니한 경우 수급인(하수급인은 제외)은 과태료 500만 원 이하를 부과 하도록 하고 있다(건설산업기본법 제99조).

　하도급은 도급받은 건설공사의 전부 또는 일부를 도급하기 위하여 수급인이 제3자와 체 결하는 계약을 말한다(건설산업기본법 제2조).

2. 발주자와 수급인과의 관계

　발주자는 건설공사를 건설업자에게 도급하는 자를 말한다. 다만, 수급인으로서 도급받은 건설공사를 하도급하는 자를 제외한다(건설산업기본법 제2조). 수급인은 발주자로부터 건설공 사를 도급받은 건설업자를 말하며, 하도급 관계에 있어서 하도급하는 건설업자를 포함한다. 발주자는 수급인에게 목적물의 완성의무를 지우며 수급인은 목적을 완성하여 인도할 의무를 지고 그에 대한 보수를 지급받을 권리를 갖게 된다. 수급인은 노무제공과 건설자재의 투입이라는 재화와 용역의 공급이 혼합된 상태에서 제공하지만, 부가가치세법에서는 용역의 공급으로 보아 부가가치세법에서 정한 공급시기에 세금계산서를 발행하여 공사대금을 청구하게 된다.

3. 수급인과 하수급인의 관계

수급인은 발주자로부터 일괄도급 받은 금액 중 일부를 하수급인에 하도급하고, 하도급 용역제공에 대한 대가로 외주비를 지급하게 된다. 이 경우 건설업자는 도급받은 건설공사의 전부 또는 주요 부분의 대부분을 다른 건설업자에게 하도급할 수 없다(건설산업기본법 제29조). 하수급인은 하도급계약서에 따라 하도급공사대금을 계약서에서 정한 보수지급방법에 따라 세금계산서를 발행하여 대금을 청구하고, 수급인은 기성확인을 통하여 대금을 지급하게 된다. 다만, 발주자가 하도급대금을 직접 하수급인에게 지급하기로 발주자와 수급인 간 또는 발주자·수급인 및 하수급인이 그 뜻과 지급의 방법·절차를 명백하게 하여 합의한 경우 등 일정한 요건이 충족되는 경우 발주자는 하수급에게 하도급대금을 직접 지급할 수 있으며, 이 경우 발주자의 수급인에 대한 대금 지급채무는 하수급인에게 지급한 한도에서 소멸한 것으로 본다(건설산업기본법 제35조). 디만, 하도급대금 직불의 경우에도 부가가치세법 제29조 제3항(과세표준)에 따른 총액주의(대금, 요금, 수수료, 그 밖에 어떤 명목이든 상관없이 재화 또는 용역을 공급받는 자로부터 받는 금전적 가치있는 모든 것을 포함) 원칙에 따라 하수급인은 수급인에게 수급인은 발주자에게 세금계산서를 발행하여야 한다.

공사 하도급계약의 세금계산서 발행시기

표준하도급계약서는 아래 예시와 같으며, 완성도기준(또는 중간지급)조건부계약의 형태를 가진다.

[예시 1] 건설공사표준하도급계약서 일부(완성도기준지급조건부)

```
6. 대금의 지급
   가. 선급금
      (1) 계약체결 후 (    )일 이내에 일금 원정 (₩            )
      (2) 발주자로부터 지급받은 날 또는 계약일로부터 15일 이내 그 내용과 비율에 따름
   나. 기성부분금
      (1) 월 (  )회
      (2) 목적물 수령일로부터 (  )일 이내
      (3) 지급방법: 현금 (   )%, 어음 (   )%
```

월 ( )회 지급하기로 약정하고 대금을 실제로 청구받은 것이 확인되면 완성도기준지급에 해당되어 대가의 각 부분을 받기로 한때 세금계산서를 발급하여야 한다. 다만, 건설 계약내용에 계약금지급 및 중도금지급에 대하여 그 금액이나 지급일자 등을 구체적으로 명시하지 아니하였으며, 기성금 지급은 월 ( )회로 약정하고 있으나 그 지급기일을 명시하지 아니하였으며, 기성부분 확인 및 청구 절차를 명시하고 있으나 공사 기간 중 기성부분의 확인 및 청구절차를 이행한 사실은 확인되지 아니하는 경우 건설용역이 완성되는 때를 공급시기로 한다(조심 2001전3249, 2002. 2. 23.).

[예시 2] 건설공사표준하도급계약서 일부(완성도기준지급조건부)

> 6. 대금의 지급
>   가. 선급금: 상동
>   나. 기성부분금
>   (1) 기성고(30%) 5억 원, 기성고(50%) 8억 원, 기성고(70%) 10억 원, 기성고
>   (100%) 10억 원을 지급하기로 한다. 대금지급일은 기성고 확인일로부터 10일
>   이내 지급하기로 한다.
>   (2) 목적물 수령일로부터 ( )일 이내
>   (3) 지급방법 : 현금 ( )%, 어음 ( )%

기성고확인일에 세금계산서를 발급할 수 있다. 사업자가 완성도기준지급 또는 중간지급 조건부 건설용역의 공급계약서상 특정내용에 따라 해당 건설용역에 대하여 검사를 거쳐 대가의 각 부분의 지급이 확정되는 경우에는 검사 후 대가의 지급이 확정되는 때를 그 공급시기로 본다(부기통 9-22-4).

세금계산서 발급시기는 기성고 확인일부터 10일이 되는 날이며, 그 이전에 대금을 지급받은 경우에는 그 지급받은 날을 세금계산서 발급시기로 할 수 있다(재부가-254, 2010. 4. 16.).

부가가치세 집행기준 9-22-1 【완성도기준지급조건부 거래의 공급시기】

① 완성도기준지급조건부로 건설용역을 공급함에 있어 당사자의 약정에 의하여 준공검사일 이후 잔금을 받기로 한 경우 해당 잔금에 대한 공급시기는 건설용역의 제공이 완료되는 때로 한다.

② 완성도기준지급조건부로 건설용역을 공급하면서 당사자 간 기성금 등에 대한 다툼이 있어 법원의 판결에 의하여 확정되는 경우 해당 건설용역의 공급시기는 법원의 판결에 의하여 대가가 확정되는 때로 한다.

③ 완성도기준지급조건부 건설용역을 공급함에 있어 기성부분에 대한 공급시기는 기성청구 후 대가의 지급이 확정되어 그 대가를 실제로 받은 날이 되지만, 기성부분에 대한 대가를 기성고 확정일로부터 약정된 날까지 지급받지 못한 때에는 그 약정일의 종료일이 된다.

부가가치세 집행기준 9-22-2 【지급일을 명시하지 아니한 완성도기준지급조건부 용역의 공급시기】

① 건설용역을 공급함에 있어 건설공사기간에 대한 약정만 체결하고 대금지급기일에 관한 약정이 없는 경우의 공급시기는 다음과 같다.

1. 해당 건설공사에 대한 건설용역의 제공이 완료되는 때. 다만, 해당 건설용역제공의 완료 여부가 불분명한 경우에는 준공검사일

2. 해당 건설공사의 일부분을 완성하여 사용하는 경우에는 그 부분에 대한 건설용역의 제공이 완료되는 때. 다만, 해당 건설용역 제공의 완료 여부가 불분명한 경우에는 그 부분에 대한 준공검사일

② 건설공사계약 시 완성도에 따라 기성고 대금을 나누어 받기로 하였으나, 그 지급일을 명시하지 아니한 경우에는 공사기성고가 결정되어 그 대금을 받을 수 있는 때를 그 공급시기로 한다.

③ 사업자가 완성도기준지급 또는 중간지급조건부 건설용역의 공급계약서상 특정내용에 따라 해당 건설용역에 대하여 검사를 거쳐 대가의 각 부분의 지급이 확정되는 경우에는 검사 후 대가의 지급이 확정되는 때를 그 공급시기로 본다.

세금계산서 발행은 언제까지 가능한지?

세금계산서는 하나의 유가증권과 맞먹는다. 즉, 거래 후 신고기한에 국세청에 제출하면 부가가치세 만큼을 돌려준다. 그러나 세금계신시에 흠결이 있는 경우 돌려주지 않거나, 가산세를 떼고 돌려준다. 유가증권으로 치면 지급거절이 발생한 것이다.

현재와 같이 시스템에 의한 관리가 이루어지는 경우 세금계산서에 흠결이 발생할 가능성은 많이 낮아졌다. 있다면 '작성일자'가 유일할 것이다.

"작성일자"란 세금계산서상에 기재되는 날자를 의미한다. 부가가치세법상 세금계산서는 원칙적으로 공급시기에 발급하여야 하고, 공급시기는 법률로 정하고 있다. 따라서 법률을 모르면 리스크에 노출된다. 거래 당사자가 합의로 정할 수 있는 것이 아니다. 이런 것들을 '강행법규'라고 한다.

[별지 제14호 서식] (적색) (2013. 6. 28. 개정)

전자세금계산서 (공급자보관용)

승인번호 2023013141000008abcdefgh
관리번호

공급자					공급받는자			
등록번호	101-81-12345				등록번호	104-81-54321		
상호(법인명)	㈜전문건설	성명(대표자)	하도급		상호(법인명)	㈜종합건설	성명(대표자)	원도급
사업장 주소	서울 종로구				사업장 주소	서울 중구		
업 태	건설업	종 목			업 태	건설업	종 목	

작성			공급가액												세액												비고
연	월	일	조	천	백	십	억	천	백	십	만	천	백	십	일	천	백	십	억	천	백	십	만	천	백	십	일
2023	1	31					1	0	0	0	0	0	0	0	0	0				1	0	0	0	0	0	0	0	0	0

월	일	품목	규격	수량	단가	공급가액	세액	비고
1	31	기성확인				1,000,000,000	100,000,000	

합계 금액	현금	수표	어음	외상 미수금	이 금액을 영수 함 청구
1,100,000,000					

210mm×148.5mm (인쇄용지(특급) 34g/㎡)

위의 세금계산서에 굵은 실선 칸에 기재되는 일자를 작성일자라고 한다. 이 작성일자는 증빙으로 입증되는 일자를 기재하여야 한다(계산서는 세금계산서와 모양이 유사한데 굵은 점선 칸만 없다).

작성일자와 달리 실제로 세금계산서를 생성하는 일자를 발급일이라고 하는데, 작성일자 이후에도 다음과 같이 발급할 수 있다.

발행시기	설명	예시
작성일 이전	기존 종이세금계산서와 달리 전자세금계산서는 작성일 이전에는 발급할 수 없다.	작성일자 1/10로 하여 1/9 발급
익월 10일까지	익월 10일까지 교부하는 경우 매출자·매입자 모두 가산세가 없다.	작성일자 1/10로 하여 2/10 까지 발급
과세기간 익월 25일까지	과세기간 익월 25일까지 발급하는 경우 매출자(매입자) 모두 1%(0.5%) 가산세가 부과되지만, 매입자는 매입세액공제가 가능하다.	작성일자 1/10로 하여 7/25 까지 발급
신고기한 후 1년까지	공급시기가 속하는 과세기간에 확정신고기한이 지난 후 세금계산서를 발급받았더라도, 그 세금계산서의 발급일이 확정신고기한 다음날부터 1년 이내이고, 다음 중 어느 하나에 해당하는 경우에는 매출자는 2% 가산세가 부과되지만, 매입자는 0.5% 가산세를 부담하면서 매입세액공제는 받을 수가 있다.	작성일자 1/10로 하여 다음 연도 7/25에 발급하는 경우
신고기한 후 1년 이후	과세기간 익월 25일 이후 발행하는 경우로 수정신고 및 경정청구서를 제출하지 않은 경우 매출자는 2% 가산세가 부과되고 매입자는 매입세액공제를 받을 수 없다. 즉, 발행하지 않은 것과 동일하다.	작성일자 1/10로 하여 다음 연도 7/26 이후 발급하는 경우

(1) 작성일자: 세금계산서상에 기재되는 날짜(기성청구한 날) → 공급시기와 같아야 한다.
(2) 발급일자: 실제로 세금계산서를 송부하는 날, 전자서명한 날 → 작성일 익월 10일까지 발급하여야 한다.
(3) 전송일자: 전자세금계산서를 국세청에 전송하는 날 → 발급일의 익일까지 전송하여야 한다.
(4) 공급시기: 부가가치세법상 규정된 교부시점
 • 지연발급가산세: 세금계산서의 발급시기가 지난 후 해당 재화·용역의 공급시기가 속하는 과세기간에 대한 확정신고기한까지 세금계산서를 발급하는 경우(1%)

- 미교부가산세: 과세기간 익월 10일 이후 교부하거나 교부하지 않는 경우의 가산세 (2%)

  ▶ 지연전송가산세는 ASP 사업자 등이 전송하므로 실무자들은 신경 쓸 필요가 없다.

세금계산서의 작성일자는 필요적 기재사항으로 작성일자를 실제와 다르게 작성한 경우 그 세금계산서는 사실과 다른 세금계산서로 취급된다. 지연발급가산세란 부가가치세법상 공급일자 이후로 세금계산서상 작성일자를 기재한 경우 부과한다. 종이세금계산서 시절 국세청은 합계표만 취합하고 개별세금계산서는 취합하지 않았다. 전자세금계산서의 노입으로 국세청은 세금계산서를 취합하게 되었고, 작성일자가 국세청에 자동 노출되므로 지연발급가산세(1%)가 중요하게 되었다.

공급자 측이 작성일자를 잘못 적었다 하더라도 세금계산서에 적힌 작성일자가 공급시기가 속하는 과세기간 내에 발급이 되었다면 매입자는 지연수취가산세를 부담하면서 매입세액공제를 받을 수 있다(부가가치세법 제39조 제1항 제2호 단서, 동법 시행령 제75조 제3호).

준공일은 세금계산서 마감일

준공일까지는 발주처 및 하도급업자 간 세금계산서 발행을 모두 종결하여야 한다. 용역의 공급시기는 역무가 제공되거나 재화시설물 또는 권리가 사용되는 때로 한다(부가가치세법 제9조 제2항). 역무제공완료일이란 여기에서 역무제공의 완료 시는 거래사업자 사이의 계약에 따른 역무제공의 범위와 계약조건 등을 고려하여 역무의 제공사실을 가장 확실하게 확인할 수 있는 시점, 즉 역무가 현실적으로 제공됨으로써 역무를 제공받는 자가 역무제공의 산출물을 사용할 수 있는 상태에 놓이게 된 시점을 말한다(대법원 2008. 8. 21. 선고 2008두5117 판결). 즉, 건설공사가 완료되는 날이나 공사완료일이 불분명한 경우 사용승인일이 공급시기가 된다. 건설공사의 완료시점인 사용승인일은 다음과 같이 확인 가능하다.

① 건설공사 도급계약서상 준공(예정)일
② 인허가권자가 발급한 사용승인서
③ 하자이행증권의 하자보증기간의 개시일 전일(건설공제조합, 서울보증보험)
④ 건축물관리대장

준공일 이후 세금계산서는 아래처럼 정리될 수 있다.

(1) 준공일 이후에는 정산합의서 등으로 변경된 계약금액에 대한 세금계산서만 발행할 수 있다.
(2) 계약서상 발주처가 검수한 때를 도급계약완료로 보는 경우 준공일은 검수일이 된다.

잔금에 대한 공급시기는 원칙적으로 공사완료일이나, 공사완료일이 불분명한 경우 사용승인일이다. 따라서 준공일 이후에 대금을 지급받기로 한 경우에도 준공일이 공급시기가 된다.

다만, 다음의 경우에는 입증하면 예외적으로 세금계산서를 발행할 수 있다. 그러나 입증책임이란 사실관계가 예매한 경우 납세의무자가 진다는 뜻이다. 단순히 자료를 제출한다고 입증책임이 면해지는 것이 아니다. 과세관청이 제시한 자료보다 압도적으로 명확히 입증될 때 겨우 세무 리스크가 제거되는 것이다.

(1) 사용승인 후 마무리공사가 진행되는 경우: 통상적으로 건물의 사용승인일이, 건물에 대하여 사용승인을 받은 후에도 마무리공사 및 보완공사를 진행한 것이 확인되는 경우에는 실제 공사완료일을 공급시기로 본다(국심2004중1994, 2004. 10. 29.). 이 경우에는 사용승인 후에도 공사가 진행된 사실을 작업일보, 원자재 투입내역, 현장사진 등으로 입증이 필요하다. 이자비용을 절약하고, 영업을 조기에 개시하기 위해 준공검사에 필요한 투숙과 관련된 주요 내·외 시설 식재, 쟁점공사의 감리자가 제출한 추가공사 후 사진을 보면 영업개시일 이후의 공사진행 사실을 알 수 있으므로 실제 공사완료일이 건설용역의 공급시기에 해당된다(조심 2012서4140, 2012. 12. 31.).

(2) 검사합격통보일: 건설용역에 대하여 검사를 거쳐 대가의 각 부분의 지급이 확정되는 경우에는 검사 후 대가의 지급이 확정되는 때를 공급시기로 보아야 할 것인바, 준공검사 담당 공무원이 현장에 나가 준공검사를 시행한 후 관련 검사 및 내부결재를 거쳐 검사합격사실을 통지하고, 청구법인의 대금청구에 대하여 대금청구의 타당성을 검토하여 대금지급 청구내용을 수락한 시기를 대가의 지급이 확정된 때로 보아야 할 것이다(심사부가 2006-5, 2006. 12. 27.). 공사계약서 제20조에서는 준공에 관련된 내용을 특별히 규정하고 있는데 동 규정에 의하면 을(수급인)은 공사를 완성한 때에는 갑(청구인)에게 통지하여야 하며, 갑은 을의 입회하에 검사를 하여야 하고, 검사에 합격하지 못한 때에는 지체 없이 보수 또는 개조하여 다시 검사를 받도록 규정되어 있어 검사 합격 여부가 준공의 조건이 된다고 볼 수 있고, 따라서 위 공사계약서 제7조 제3항에 규정한 허가기관에 검사를 의뢰한 날을 부가가치세법상의 용역제공 완료일로 보기보다는 외형적인 공사를 완료한 날로 볼 수 있고, 이 건 공사용역의 경우는 일정기간의 시운전이나 기초검사를 거쳐서 공사용역의 가장 중요한 요건인 폐오수 기준치가 적정 수준 이하로 나타나서 허가기관에 검사를 의뢰할 경우 합격할 수 있는 상태에 도달한 시점을 용역의 공급시기로 보는 것이 합당하다 할 것이다(국심2000전2062, 2000. 10. 19.).

(3) 사용승인 후 도급금액 변경소송: 공사 진행 중에 도급금액에 대한 다툼이 있어 사용 승인 이후에 도급금액 변경소송을 제기하여 도급금액이 판결에 의하여 확정되는 경

우 공급시기는 대법원 확정판결일이다. 다만, 하급심에서 소송이 종결되는 경우에는 상고기한 종료일이 공급시기가 된다.

(4) 사용승인 후 하자보수공사: 이미 공사 도급계약에 따라 받기로 한 공사대금이 정하여 진 상태에서 건물이 완공되어 사용승인까지 받은 이상, 그 후 공사대금 정산에 관한 분쟁으로 소까지 제기되어 그에 관한 판결에서 공사잔금이 확정되었다고 하더라도 이는 공급이 완료된 용역의 하자에 관한 문제일 뿐이므로 이를 이유로 역무제공의 완료 시 공급가액이 확정되지 아니한 경우에 적용되는 것은 아니다(대법원 2010. 8. 19. 선고 2010두731 판결).

관련 법령

건축법 제22조 【건축물의 사용승인】 ① 건축주가 제11조·제14조 또는 제20조 제1항에 따라 허가를 받았거나 신고를 한 건축물의 건축공사를 완료[하나의 대지에 둘 이상의 건축물을 건축하는 경우 동(棟)별 공사를 완료한 경우를 포함한다]한 후 그 건축물을 사용하려면 제25조 제5항에 따라 공사감리자가 작성한 감리완료보고서(같은 조 제1항에 따른 공사감리자를 지정한 경우만 해당된다)와 국토교통부령으로 정하는 공사완료도서를 첨부하여 허가권자에게 사용승인을 신청하여야 한다.

② 허가권자는 제1항에 따른 사용승인신청을 받은 경우에는 법 제22조 제2항에 따라 그 신청서를 받은 날부터 7일 이내에 사용승인을 위한 현장검사를 실시하여야 하며, 현장검사에 합격된 건축물에 대하여는 별지 제18호 서식의 사용승인서를 신청인에게 발급하여야 한다.

세금계산서는 작성일자에 발행하는 것이 원칙이고 작성일자는 부가가치세법상 규정된 것(강행법규)으로 계약지 쌍방(갑과 을)이 합의하여 결정할 수 있는 사항이 아니다.

세금계산서는 거래를 확인할 수 있는 기본적 과세자료로 활용되어 왔던바 십수 년 전 입법 당시부터 매우 엄격하게 적용하여 왔다. 그러나 최근 전자세금계산서의 도입 및 전자적 거래의 활성화로 과세자료의 확보가 용이해진 환경의 변화와 맞물려 2018년 및 2021년에 세금계산서 발행규제가 완화되었다.

1. 선발행특례

기존 선발행특례는 대가의 지급과 동시 또는 30일 조항만 있었으나, 2022년 이후 공급분부터는 아래처럼 개정되었다.

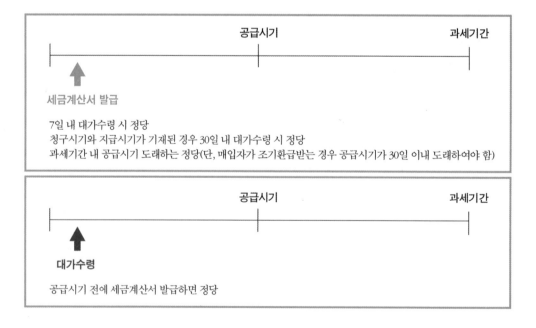

2. 후발급특례

후발급특례는 사실상 특례라기보다 세금계산서 발행방법이다.

후발급이란 공급시기 이후 발급을 의미하므로 선발급특례와 동시 적용하는 것이 맞지 않으나, 실무상 선발급세금계산서의 발급방법으로도 사용되기 때문이다. 후발급특례는 개정사항이 아니나 함께 설명하기로 한다.

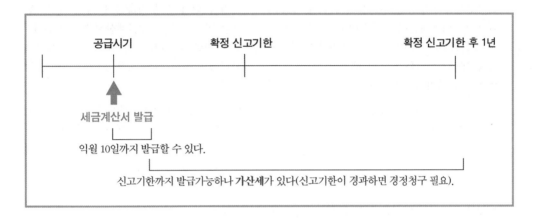

부가가치세법 제17조 개정 전	부가가치세법 제17조 개정 후 (2022년부터 적용)
① 사업자가 제15조 또는 제16조에 따른 재화 또는 용역의 공급시기(이하 이 조에서 "재화 또는 용역의 공급시기"라 한다)가 되기 전에 재화 또는 용역에 대한 대가의 전부 또는 일부를 받고, 그 받은 대가에 하여 제32조에 따른 세금계산서 또는 제36조에 따른 영수증을 발급하면 그 세금계산서 등을 발급하는 때를 각각 그 재화 또는 용역의 공급시기로 본다. (2017. 12. 19. 개정)	① 사업자가 제15조 또는 제16조에 따른 재화 또는 용역의 공급시기(이하 이 조에서 "재화 또는 용역의 공급시기"라 한다)가 되기 전에 재화 또는 용역에 대한 대가의 전부 또는 일부를 받고, 그 받은 대가에 대하여 제32조에 따른 세금계산서 또는 제36조에 따른 영수증을 발급하면 그 세금계산서 등을 발급하는 때를 각각 그 재화 또는 용역의 공급시기로 본다. (2017. 12. 19. 개정)
② 사업자가 재화 또는 용역의 공급시기가 되기 전에 제32조에 따른 세금계산서를 발급하고 그 세금계산서 발급일부터 7일 이내에 대가를 받으면 해당 세금계산서를 발급한 때를 재화 또	② 사업자가 재화 또는 용역의 공급시기가 되기 전에 제32조에 따른 세금계산서를 발급하고 그 세금계산서 발급일부터 7일 이내에 대가를 받으면 해당 세금계산서를 발급한

부가가치세법 제17조 개정 전	부가가치세법 제17조 개정 후 (2022년부터 적용)
는 용역의 공급시기로 본다. (2013. 6. 7. 개정)	때를 재화 또는 용역의 공급시기로 본다. (2013. 6. 7. 개정)
③ 제2항에도 불구하고 대가를 지급하는 사업자가 다음 각 호의 요건을 모두 충족하는 경우에는 재화 또는 용역을 공급하는 사업자가 그 재화 또는 용역의 공급시기가 되기 전에 제32조에 따른 세금계산서를 발급하고 그 세금계산서 발급일부터 7일이 지난 후 대가를 받더라도 해당 세금계산서를 발급한 때를 재화 또는 용역의 공급시기로 본다. (2013. 6. 7. 개정)	③ 제2항에도 불구하고 다음 각 호의 어느 하나에 해당하는 경우에는 재화 또는 용역을 공급하는 사업자가 그 재화 또는 용역의 공급시기가 되기 전에 제32조에 따른 세금계산서를 발급하고 그 세금계산서 발급일부터 7일이 지난 후 대가를 받더라도 해당 세금계산서를 발급한 때를 재화 또는 용역의 공급시기로 본다. (2021. 12. 8. 개정)
1. 거래 당사자 간의 계약서·약정서 등에 대금 청구 시기와 지급시기를 따로 적을 것 (2013. 6. 7. 개정)	1. 거래 당사자 간의 계약서·약정서 등에 대금 청구시기(세금계산서 발급일을 말한다)와 지급시기를 따로 적고, 대금 청구시기와 지급시기 사이의 기간이 30일 이내인 경우 (2018. 12. 31. 개정)
2. 대금 청구시기와 지급시기 사이의 기간이 30일 이내이거나 세금계산서 발급일이 속하는 과세기간(공급받는 자가 제59조 제2항에 따라 조기환급을 받은 경우에는 세금계산서 발급일부터 30일 이내)에 세금계산서에 적힌 대금을 지급받은 것이 확인되는 경우일 것 (2017. 12. 19. 개정)	2. 재화 또는 용역의 공급시기가 세금계산서 발급일이 속하는 과세기간 내(공급받는 자가 제59조 제2항에 따라 조기환급을 받은 경우에는 세금계산서 발급일부터 30일 이내)에 도래하는 경우 (2021. 12. 8. 개정)

수정세금계산서는 언제 발행할 수 있는지?

종이세금계산서도 수정사유가 발생한 경우 수정세금계산서를 발급해야 하나, 대부분의 경우 이미 발급된 종이세금계산서를 양자 간 약속에 의해 폐기처분하고 정확한 세금계산서를 다시 발급하는 관행이 존재하였다. 그러나 2010년 이후 도입된 전자세금계산서의 경우에는 이미 발급·전송된 세금계산서에 수정 사유가 발생한 경우 양자 간 합의에 의해 임의 폐기처분할 수 없으므로 반드시 세법에 맞는 수정세금계산서를 발급하여야 한다. 수정세금계산서의 발행 유형과 형태는 부가가치세법에서 엄격히 정하고 있으므로 주의가 필요하다.

필요적 기재사항이 잘못된 경우에만 수정세금계산서를 발급하는 것이므로 대표자명, 주소가 잘못된 경우 수정세금계산서를 발급할 필요는 없다.

유형	사례	비고
과세기간 내	모든 사항에 대하여 수정이 가능하다.	사업자등록번호 및 작성일자 수정 시에는 가산세 1%가 발생할 수 있다.
확정신고기한 다음 날부터 1년 이내	환입, 계약해제, 변경계약, 정산합의	수정세금계산서이나 변경날짜로 증감분을 수취하면 된다. 수정신고나 경정청구가 불필요하다. 수정세금계산서는 1장이 발급된다.
	이중발급, 면세분발급, 세율 수정(10% ⇔ 0%)	세금계산서는 2장[당초분(−), 수정분(+)]이 발급된다. 세금계산서가산세는 없으나 국기법상 가산세(신고불/납부불)가 있다. 수정신고나 경정청구가 필요하다.
	작성일자, 사업자등록번호	사업자등록번호 및 작성일자 수정 시에는 가산세 1%가 발생할 수 있다. 과세기간이 달라지는 경우 수정신고나 경정청구가 필요하다.
확정신고기한 다음 날부터 1년 이후	수정할 수 없다.	수정세금계산서를 발급할 수 없고, 수정하여도 세무 리스크가 치유되지 않는다.

공급받는 자가 잘못 기재한 경우 동일과세기간이라 하더라도 지연교부가산세가 발생한다 (서면법규과-1255, 2013. 11. 14.). 과세기간 경과 후(2022년 개정으로 현행 확정신고기한 다음 날부터 1년 이후로 개정) 착오에 의한 수정은 가능하다고 알려져 있으나 현행 부가가치세법 시행령 제70조 제1항의 제7·8·9호 내용이 과거 '착오' 부분의 예규를 2012년에 시행령화한 것이다. 즉, 시행령에 열거된 내용 이외의 착오란 없는 것이다. 법률상 착오중 표시의 착오만 인정하고 있다. 이러한 해석은 제도와 시스템의 선진화에 따라 달리 해석될 여지는 있다.

수정세금계산서를 잘못 발급한 경우 수정분에 대하여 다시 수정세금계산서를 발급하여야 한다.

관련 법령

부가, 전자세원과-36, 2012. 2. 2.: 동일 사업자가 2개 이상의 사업장을 가지고 있는 경우 동일사업자의 다른 사업자등록번호로 교부한 경우 인정

부가, 부가 22601-1898, 1986. 9. 16.: 작성일자를 과세기간 이전으로 잘못 기재한 경우 인정

부가 22601-1269, 1986. 6. 30.: 재화의 공급분에 대하여 거래 상대방의 요구에 의하여 세금계산서 작성일자를 다르게 하여 교부한 경우에는 사실과 다른 세금계산서에 해당되어 가산세가 적용됨. → 이 경우 착오가 아니므로 과세기간 경과 후 수정세금계산서로 취소할 수도 없다.

감심-2002-0002, 2002. 1. 9.: 부가가치세법상 세금계산서는 교부시기와 공급시기 및 작성일자가 일치하여야 하므로 실지거래가 있던 과세기간이 경과한 이후에 그 실지거래가 있던 과세기간에 속한 날을 공급시기 및 작성일자로 하여 사후 세금계산서를 교부할 수 없는 것이므로 이 수정세금계산서는 적법하게 교부된 것이 아니므로 이를 근거로 경정청구할 수 없음.

심사부가 2002-0011, 2002. 3. 25.: 과세기간을 달리하는 시기에 작성일자만 공급시기로 소급해 작성된 세금계산서의 매입세액은 매출세액에서 공제하지 않는 것이며, 정당하게 교부받지 아니한 세금계산서는 수정신고 대상도 아닌 것이므로, 소급 발행한 세금계산서는 불공제함.

서면법규과 1255 , 2013. 11. 14.: 사업자가 부가가치세법 제32조에 따른 세금계산서를 발급한 후 공급받는 자가 잘못 적힌 경우에는 같은 법 시행령 제70조 제1항 제6호에 따라 재화나 용역의 공급일이 속하는 과세기간에 대한 확정신고기한까지 수정세금계산서를 발급할 수 있는 것이며 이 경우 부가가치세법 제60조 제2항 제1호 및 제7항 제1호에 따른 가산세를 적용하는 것입니다.

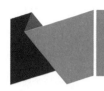

설계변경으로 수정세금계산서를 발급하여야 하는지?

사업자가 과세 및 면세가 적용되는 사업장에 대하여 건설용역을 제공하면서 당초 건축허가면적 비율로 세금계산서 및 계산서를 발급하다가 진행 중에 시행사 등의 설계변경으로 과세 및 면세비율이 변경되는 경우가 있다.

이 경우 설계변경일 이후 공급시기가 도래하는 건설용역에 대하여는 변경되는 과세 및 면세비율에 따라 세금계산서 및 계산서를 발급하고, 하도급업체로부터 공급시기일 이후 공급받는 건설용역부터 변경되는 과세 및 면세비율에 따라 세금계산서 및 계산서를 발급받아야 한다. 즉, 종전분은 소급하여 수정세금계산서 발급하거나 수정신고의 대상이 아닌 것이다.

1. 매출세금계산서

시공사는 설계변경 후부터 변경된 면적비율로 세금계산서를 발급하며 이전발급분을 수정발급하지 아니한다. 이 경우 전체 준공 후 총과세비율과 세금계산서발급비율이 다를 수 있을 것이므로 논란의 소지가 다분히 있다. 이는 PJ 전체의 매출비율에 대응하여야 하는가와 과세기간의 매출비율에 대응하여야 하는가의 문제이다.

구분(과세비율)	1안(과세분/면세분)	2안(과세분/면세분)
설계변경 전(70%)	350/150	350/150
설계변경 후(80%)	400/100 → 설계변경 후 과면세 비율 일치	450/50
전체	750/250	800/200 → PJ 전체 과면세 비율 일치
비고	설계변경 이후 변경된 과면세 비율 적용 전체 면세비율이 달라짐.	설계변경 이후 변경된 과면세 기성조절을 통하여 전체 과면세 비율을 일치시킴.

판단컨대 법률상 1안이 타당하다. 그러나 상기 사례는 과세기성과 면세기성을 일괄적으로 확정하는 경우에 발생한다. 즉, 과세기성과 면세기성을 별도로 확정하는 경우 1안과 2안은 동일해진다.

2. 외주비 매입세금계산서

하도급업체는 설계변경 후부터 변경된 면적비율로 세금계산서를 발급하며 이전세금계산서에 대하여 수정발급하지 아니한다. 건설면허가 있는 외주비 등의 경우 과면세를 구분하여 세금계산서와 계산서를 따라 발급하므로 공통매입세액의 대상이 아니고 안분수정의 대상도 아니다.

3. 용역비 매입세금계산서

설계변경 후부터 변경된 면적비율로 안분한다. 설계변경일이 속하는 과세연도의 예정신고분이 있는 경우 예정신고분은 확정신고 시 정산한다. 이전 과세기간에 대한 안분비율은 수정하지 않는다. 안분기준이 되는 예정비율이란 과면세 공급가액 중 둘 중 하나라도 없는 경우에 적용되는바, 안분비율의 수정은 예정비율의 수정이 아니다.

판단	비고
기발행(수취)세금계산서는 수정발행할 수 없음 (부가 46015-44, 1997. 1. 8.). 설계변경 후에는 변경된 과면세 비율에 따라 공통매입세액을 안분함(조심 2009서4189, 2010. 7. 1.).	건설공사의 경우 외주비는 공통경비가 아니라 과세사업과 면세사업이 구분된 개별경비가 된다. 따라서 외주비세금계산서를 수정수취할 수 없고 이에 대응하는 원도급계약상 매출세액도 수정발행할 수 없다.
당해 과세기간 중 과세사업과 면세사업의 공급가액이 없거나 그 어느 한 사업의 공급가액이 없는 경우 예정비율에 의해 계산하는 것임(서면3팀-2826, 2006. 11. 16.).	세법상 예정비율이 확정되는 경우 공통매입세액을 정산하나, 예정비율이란 당초 안분비율이 있는 경우 적용되지 않는다(과면세 공급가액 중 하나라도 없는 경우에만 적용됨). 따라서 설계변경 전 과면세 비율은 예정면적비율도 아니고, 확정된 경우 정산도 있을 수 없다.

서면3팀－47, 2008. 1. 8.: 사업자가 과·면세사업을 겸영하는 경우에 면세사업에 관련된 매입세액의 계산은 실지귀속에 따라 하되, 과세사업과 면세사업에 공통으로 사용되어 실지 귀속을 구분할 수 없는 공통매입세액은 총공급가액에 대한 면세공급가액의 비율에 따라 계산하는 것임.

서면3팀－2166, 2005. 11. 30.: 건물의 준공 전에 설계변경으로 인하여 당초 예정사용면적 비율이 변경된 경우 당해 변경일이 속하는 과세기간분부터 동 변경비율을 근거로 하여 관련 공통매입세액을 안분계산하는 것임.

서면3팀－1302, 2007. 5. 1.: 사업자가 건축 중에 있는 국민주택을 설계변경 등에 의하여 부가가치세가 과세되는 근린생활시설로 건축·완공하는 경우에 설계변경 건축허가 시점 이전에 공급한 건설용역에 대하여는 부가가치세법 시행령 제59조의 규정에 의하여 수정세금계산서를 교부할 수 없는 것임.

부가 46015－44, 1997. 1. 8.: 건설업자가 발주자에게 당초 부가가치세가 과세되는 주상복합건물을 신축하기로 계약을 체결하고 당해 건설용역을 제공하던 중 주택 부분에 대한 발주자의 설계변경으로 인하여 부가가치세가 면제되는 국민주택 규모 이하의 주택건설용역 제공으로 변경되는 경우 설계변경에 따른 건축허가 시점 이전의 과세되는 건설용역에 대하여는 설계변경을 이유로 소급하여 면세를 적용하는 수정세금계산서를 교부할 수 없는 것이며, 설계변경에 따른 건축허가 시점에서 발생한 면세전용에 해당하는 재화에 대하여는 부가가치세법 제6조 제2항 및 동법 시행령 제15조 제1호의 규정에 의해 부가가치세가 과세되는 것임.

부가 46015－730, 2000. 4. 3.: 사업자가 건축 중에 있는 국민주택을 설계변경 등에 의하여 국민주택 규모를 초과하는 주택으로 건축·완공하는 경우에 설계변경 건축허가 시점 이전에 공급한 건설용역에 대하여는 부가가치세법 시행령 제59조의 규정에 의하여 수정세금계산서를 교부할 수 없는 것임.

조심 2009서4189, 2010. 7. 1.: 건물의 준공 전에 설계변경으로 인하여 당초 예정사용 면적 비율이 변경된 경우 그 설계 변경일이 속하는 과세기간분부터 동 변경비율을 근거로 하여 관련 공통매입세액을 안분계산하는 것이 타당함.

서면3팀－2388, 2005. 12. 29.: 조세특례제한법 제106조 제1항 및 제4항 규정에 의해 건설산업기본법·전기공사업법·소방법·정보통신공사업법·주택법 및 오수·분뇨 및 축산폐수의 처리에 관한 법률에 의하여 등록을 한 자가 공급하는 국민주택건설용역은 부가가치세가 면제되는 것이며, 사업내용의 변경으로 국민주택 규모 초과의 주택을 건설하는 경우에는 사업내용 변경 이후 시점부터 부가가치세가 과세되는 것임.

부가 22601 - 2323, 1987. 11. 6.: 귀 질의의 경우 건설업자가 발주자와 부가가치세가 과세는 건물을 신축하기로 계약을 체결하고 건설용역을 제공하던 중 발주자의 설계변경으로 부가가치세가 면제되는 국민주택 규모 이하의 건설공사로 변경되는 경우 설계변경 전에 공급한 건설용역에 대하여는 부가가치세가 과세되는 것이므로 설계변경을 이유로 설계변경 전에 공급한 건설용역을 소급하여 면세를 적용한 수정세금계산서를 교부할 수 없는 것임.

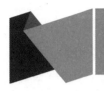

레미콘사에 골재를 공급하고 콘크리트를 받는 경우 세금계산서는?

레미콘은 원래 'ready-mixed concrete'였는데, 일본의 한 시멘트 회사가 영어 어휘 중 앞부분 're-mi-con'만 따서 '레미콘'이란 어휘를 만들어냈다.

레미콘사가 골재를 콘크리트로 만들 때 건설사가 공급한 골재 외에 추가로 소모하는 주요 자재가 있는 경우 건설사가 레미콘사에 공급하는 골재에 대하여 세금계산서를 교부하고 레미콘사가 건설사에 공급하는 콘크리트에 대하여 세금계산서를 수취하여야 한다.

부가가치세가 과세되는 재화의 공급이라 함은 계약상 또는 법률상의 모든 원인에 따라 재화를 인도하거나 양도하는 것으로 재화의 인도 대가로써 다른 재화를 인도받거나 용역을 제공받는 교환계약에 따라 재화를 인도하거나, 사업자가 거래대금을 상계처리하는 경우에도 재화의 공급에 해당되는 것이다.

거래처에 무상으로 원자재를 공급하고 그 원자재에 임가공계약에 따른 임가공료만 지급하는 계약의 경우에는 임가공료에 대하여만 세금계산서를 발급하는 것이나, 거래처에 원자재를 유상으로 공급하거나 임가공업자가 주요 자재의 일부를 부담하여 가공 후 납품하는 경우에는 거래 상대방 간에 주고받을 금액을 상계하지 아니한 금액을 과세표준으로 하여 세금계산서를 발급하여야 하는 것이다.

일반적으로 콘크리트의 주요 자재에는 골재와 시멘트가 있다.

부가 46015 - 63, 1999. 1. 12.: 사업자가 가공을 위하여 주요 자재의 일부를 인도하고 당해 재화를 인도받은 자는 여기에 주요 자재의 일부를 부담하여 가공된 제품을 반환하는 경우로서, 당해 사업자가 인도한 재화의 대가를 가공된 제품의 가액에서 차감하여 정산하기로 약정한 경우 당해 사업자가 가공을 위하여 인도한 재화에 대하여는 부가가치세가 과세되는 것임.

시면3팀 - 3354, 2007. 12. 17.: 부가가치세가 과세되는 재화 또는 용역의 공급에 내한 부가가치세 과세표준은 부가가치세법 제13조 제1항 규정에 의하여 대가의 합계액으로 하는 것이므로, 거래 상대방 간에 주고받을 금액을 상계하지 아니한 금액으로 하는 것임.

부가가치세법 시행령 제18조【재화 공급의 범위】
① 법 제9조 제1항에 따른 재화의 공급은 다음 각 호의 것으로 한다.
2. 자기가 주요 자재의 전부 또는 일부를 부담하고 상대방으로부터 인도받은 재화를 가공하여 새로운 재화를 만드는 가공계약에 따라 재화를 인도하는 것
3. 재화의 인도 대가로서 다른 재화를 인도받거나 용역을 제공받는 교환계약에 따라 재화를 인도하거나 양도하는 것

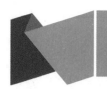

자재설치공사(엘리베이터 등) 시 계산서를 받을 수 있는지?

국민주택건설현장에서 엘리베이터 업체(또는 빌트인 주방 가구 업체 등)와 계약하는 경우 면세분은 계산서로 수취할 수 있다. 이 경우 현장원가는 매입세액불공제 비율(국민주택 비율)만큼 현장원가가 절감될 수 있을 것이다.

자재비의 경우 전체 세금계산서 수취 후 과면세 비율에 따라 안분처리하는 것이 일반적이다. 그러나 공급하는 자가 건설업자인 경우 주요 자재의 전부를 공급한다고 하여도 용역의 공급으로 보고 있다. 따라서 자재업자가 관련 공사 면허가 있고, 설치시공까지 수행하는 경우 면세적용이 가능하다. 반대로 건설산업기본법 등에 의하여 등록한 사업자가 자기의 제조장에서 엘리베이터를 제작하여 국민주택 규모 이하의 주택건설업자에게 납품하여 설치하는 것은 재화의 공급에 해당하므로 부가가치세가 면세되는 국민주택건설용역에 해당하지 아니하는 것이다(부가 46015-528, 2001. 3. 21.; 서면3팀-982, 2004. 5. 20.; 부가 46015-1004, 2000. 5. 2).

아래 요건을 충족한 경우 면세분거래에 대하여 계산서 수취가 가능하다.

(1) 건설산업기본법에 따라 등록한 업체여야 하므로 승강기설치공사업 면허가 필요하다.
(2) 직접 제작한 엘리베이터를 독립된 건설용역을 전문으로 제공하는 사업부서가 설치하여야 하므로 설치부서가 있어야 한다.
(3) 등록된 범위 내의 용역을 제공하여야 하므로 엘리베이터 제작설치용역에 한하고, 유지보수용역 또는 교체공사는 적용받을 수 없다.

건설산업기본법 제9조의 규정에 의한 전문건설업(승강기설치공사업) 등록을 한 자가 건설업을 위한 독립된 사업부서를 두고 자기의 공장에서 제작한 승강기를 국민주택 규모 이하의 주택에 설치ㆍ시공하는 경우 국민주택건설용역에 해당한다(부가 1046, 2011. 8. 31.; 부가 195, 2011. 3. 2.; 법규부가 2012-442, 2012. 11. 20.).

건설업과 제조업은 세법상 많은 차이가 있다.

(1) 건설업일 경우 자재의 일부 또는 전부를 부담하더라도 (건설)용역의 제공으로 본다.
(2) 건설업자(하도급자)가 국민주택을 건설하는 경우 계산서(면세)를 발행할 수 있다.
(3) 재위탁 시에도 위수탁세금계산서법리가 적용되지 않으므로, 전체 공사를 위임하더라
도 사실과 다른 세금계산서가 아니다.

건설용역의 해당 여부는 통계청장이 고시하는 한국표준산업분류표상의 사업의 분류에
따라 판단하는 것으로, 기존에는 기존사업장과 별도로 사업자등록번호(건설업)가 있는 경
우에만 건설업으로 보았다(부가, 부가 46015-1048, 1994. 5. 23.). 그러나 최근 예규의 변경으로
설치 부서가 있는 경우 건설업으로 보고 있다(법규부가 2009-102, 2009. 4. 9.; 법규부가 2012-442,
2012. 11. 20.; 법규부가 2011-314, 2011. 10. 14.).

건설산업기본법의 경우 승강기설치공사업을 건설업으로 보며, 승강기설치의 경우 건설
산업기본법상 승강기설치공사업 면허가 없는 자의 경우 승강기설치 자체를 할 수 없다.

자재공급인지 외주용역의 공급인지는 관련 계약서에 의하여 판단하여야 할 사항이나 국
민주택건설현장에 공급하는 경우 다음처럼 처리한다.

계약형태	업종	구분	과면세	계정과목	비고
매매계약	기타업	재화	과세	재료비 처리	세금계산서 발급
외주계약	건설업	용역	면세	외주비 처리	계산서 발급

부가, 부가 46015-1048, 1994. 5. 23.: 건설업법에 의하여 면허를 얻은 자가 공급하는 국민주택건설용역은 부가가치세가 면제되는 것이며, 조립식 건물 구성품 또는 구조물 등의 제조 또는 판매를 주로 하는 사업체에서 직접 이들을 조립·설치하는 경우에는 그 주된 활동에 따라 제조 또는 판매업으로 보는 것임.

건설산업기본법 제2장 건설업 제8조【건설업의 종류】① 건설업의 종류는 종합공사를 시공하는 업종과 전문공사를 시공하는 업종으로 한다. ② 건설업의 구체적인 종류 및 업무 범위 등에 관한 사항은 대통령령으로 정한다.

건설산업기본법 시행령 제7조【건설업의 업종 및 업무내용 등】법 제8조에 따른 건설업의 업종과 업종별 업무내용은 별표 1과 같다.

재부가 22601-1122, 1990. 11. 16.: 건설업자가 건설공사를 완성을 약정하고 상대방이 그 일의 결과에 대하여 대가를 지급할 것을 약정하는 도급계약의 경우에 위탁판매 등으로 보지 아니함.

서면인터넷방문상담3팀-645, 2005. 5. 11.: 위수탁공사에 대한 세금계산서 교부는 건설업자가 수탁자에게 세금계산서를 교부하고, 수탁자는 교부받은 당해 세금계산서를 근거로 계약내용에 따라 위탁자에게 세금계산서를 교부하는 것임.

서면인터넷방문상담3팀-2674, 2007. 9. 28.: 위·수탁공사에 대한 세금계산서 교부는 시공사인 건설업자가 수탁자에게 세금계산서를 교부하고, 수탁자는 교부받은 당해 세금계산서를 근거로 계약 내용에 따라 위탁자에게 세금계산서를 교부하는 것이며, 사업자가 위탁자와 건설사의 거래를 주선 또는 중개만을 하고 건설사가 위탁자에게 용역을 공급하는 경우에는 건설사가 위탁자를 공급받는 자로 하여 세금계산서를 교부하는 것으로서, 어느 경우에 해당하는지는 계약서 등 거래내용의 사실에 따라 종합적으로 사실판단할 사항임.

계약해지에 관한 분쟁 시 수정세금계산서 발급 시점은?

계약서와 세금계산서는 소송에서 거래사실을 입증하는 매우 기본적인 자료이다. 따라서 계약의 해지에 관한 소송이 진행 중인 경우 세금계산서 발행 여부가 소송에 영향을 미칠 수 있고 이때 세금계산서의 발행은 단순히 세법상 원칙에 따라 발급할 수만은 없다. 발행의무자가 이러한 상황에 처해 있는 경우 수정세금계산서 발급시점 및 가산세 문제에 대하여 서술한다.

(1안) 해지통보 시
(2안) 계약해지에 관한 분쟁종결 시

부가가치세법상 (1안)이 타당할 것이나 납세의무자에게 귀책을 물을 수 없으므로 (2안)으로 진행하여도 가산세 리스크는 없다.

부가가치세법은 계약의 해지에 따라 "공급가액에 추가되거나 차감되는 금액이 발생한 경우" 수정세금계산서를 발급하여야 한다고 규정하고 있으나, 계약의 해지 여부에 대하여 당사자들 사이에 법적 분쟁이 있는 경우에 대해서는 아무런 규정이 없다.

이와 관련하여 계약해지의 적법 여부와 무관하게 해지권 행사 시 공급가액이 변경된 것으로 보아 수정세금계산서를 발급하고 분쟁이 해결되면 다시 수정하는 방법 또는 분쟁이 해결된 때 공급가액이 변경된 것으로 보아 수정세금계산서를 발급하는 방법의 2가지 경우를 생각해 볼 수 있다.

관련 유권해석(부가 732, 2010. 6. 14.; 서삼 46015-11068, 2002. 6. 26. 등)과 심판례(조심 2011중1333, 2011. 11. 10.)는 납세자의 편의를 위해 분쟁해결일, 즉 법원의 확정판결일에 수정세금계산서를 교부해야 한다고 보고 있다.

그러나 최근 심판례는 계약해지는 해지의 의사표시에 의해 계약관계를 변동시키는 형성권으로 해지를 통지한 시점에 법률적 효력이 발생한다. 특별한 사정이 없는 한 계약은 공급받는 자의 이행불능을 이유로 한 공급하는 자의 해지의 의사표시에 의해 적법하게 해지되었다고 한 점(조심 2017구221, 2017. 6. 15.) 등에 비추어 쟁점선급금 관련 수정세금계산서는 그 발급사유가 발생한 날이 속하는 과세기간에 발급여야 할 것으로 판단된다.

이 경우 가산세가 문제시될 수 있다. 공급하는 자와 거래 상대방이 계약의 해지와 관련하여 다툼이 있는 상황에서 공급하는 자가 수정세금계산서를 발급하는 것은 계약이 해지되었다고 인정하는 근거가 되므로 공급자가 수정세금계산서를 발급할 것을 기대하기 어렵다는 주장이 신빙성 있고, 판례도 세법 해석상 견해의 대립이 생길 수 있는 등 납세의무자에게 그 의무의 이행을 기대하는 것이 무리인 경우를 가산세를 면제하는 "정당한 사유"로 보고 있는(대법원 2012. 4. 12. 선고, 2011두3173 판결) 점, 심판원도 공급하는 자의 쟁점계약 거래 상대방이 이 건과 동일한 쟁점인 수정세금계산서 발급시기와 관련하여 그 발급사유가 공급하는 자의 해지통보일에 발생하였다고 하면서 동 해지통보일에 거래 상대방이 수정세금계산서를 발급하지 않은 것에는 "정당한 사유"가 있다고 판단하여 가산세 부과처분을 취소(조심 2017구221, 2017. 6. 15.)한 점 등에 비추어 가산세는 발생하지 않을 것으로 보여진다.

관련 법령

조심 2016부2885, 2018. 11. 8.: 청구법인과 거래 상대방이 계약의 해지와 관련하여 다툼이 있는 상황에서 공급자가 수정세금계산서를 발급하는 것은 계약이 해지되었다고 인정하는 근거가 되므로 공급자가 수정세금계산서를 발급할 것을 기대하기 어렵다는 청구주장이 신빙성 있어 보이는 바, 청구법인에게 신고불성실가산세 및 납부불성실가산세를 부가하여 부가가치세를 부과한 처분은 잘못이 있는 것으로 판단됨.

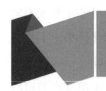

법인으로부터 종이세금계산서를 받아도 되는지?

법인은 전자세금계산서를 발급하여야 하고 종이세금계산서를 발급할 수 없다. 전자세금계산서 제도가 도입되기 전에는 매도자와 매수자가 작성일자를 합의하면 과거의 세금계산서도 만들 수 있었는바 사실상 지연발급이 문제시되지 않았다. 그러나 전자세금계산서 제도의 도입으로 세금계산서 발급기한을 놓치면 가산세가 나오는 상황이 되었다.

세금계산서는 영어로 Tax Invoice라고 하며, 실무에서는 T/I라고 쓰기도 한다. 거래시점이란 계약당사자가 합의한 송장인데 부가가치세법에서는 공급시기를 법률로 정하고 관련 문서를 즉시 만들어 국세청에 전송할 것을 요구하고 있다. 계약 당사자가 문제없다고 한 인보이스에 제3자인 과세관청이 흠결을 찾아내는 것이다. 실제로 신용카드매출전표는 작성일자에 관한 부가가치세법이 적용되지 않는다. 다른 나라에는 없는 세금계산서 제도를 시스템화하는 것은 정보화사회의 구현과 더불어 할 수 있는 것과 해도 되는 것의 문제로 다루어 보아야 한다.

법인이 종이세금계산서를 발급하면 매출자는 1% 가산세가 부과되지만 매입자는 매입세액공제 가능하다. 원칙상 세금계산서 작성일자로부터 다음 달 10일 이내에 교부받아야 하지만, 합계표 제출 전에만 주고받는다면 양방 간 문제의 소지는 없을 것이다. 2014. 6. 입법개정으로 납세의무자에게 입증책임을 전하하였는바 이월증빙처리 시 종이세금계산서의 경우 작성일에 교부받았음을 입증할 수 있는 서류를 구비하는 것이 좋다.

법령개정

- 발행대상자 확대: 법인사업자 및 공급가액 10억 원 이상 개인사업자 → 법인사업자 및 공급가액 3억 원 이상 개인사업자(2014. 6.부터) → 법인사업자 및 공급가액 2억 원 이상 개인사업자(2022. 7.부터) → 법인사업자 및 공급가액 1억 원 이상 개인사업자(2023. 7.부터)

- 입증책임 전가: 작성일자에 교부받은 것으로 추정 → 매입자가 작성일에 교부받았음을 입증하여야 함(2014. 6.부터).

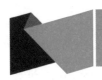

허위세금계산서 등 수수 시의 불이익

사업자가 허위(虛僞) 또는 부실한 세금계산서를 발급하거나 그와 같은 세금계산서를 발급받은 경우의 부가가치세법상의 불이익은 다음과 같다.

공급자(세금계산서 발급자)에 대한 불이익

세금계산서 불성실가산세	① 가공세금계산서 등을 발급한 경우(공급가액의 3% 또는 2%): 재화 또는 용역을 공급하지 아니하고 세금계산서를 발급(3%)하거나, 재화·용역을 공급하고 실제와 다른 공급 자 또는 공급받는 자 명의로 세금계산서를 발급한 경우(2%) ② 부실기재한 경우(공급가액의 1%): 필요적 기재사항의 전부 또는 일부가 기재되지 아니하거나 사실과 다른 경우
매출처별세금계산서 합계표불성실가산세	합계표의 기재사항 중 거래처별 등록번호 또는 공급가액의 전부 또는 일부가 사실과 다르게 기재된 경우: 부실기재한 공급가액의 1%

공급받는 자(세금계산서 수취자)에 대한 불이익

매입세액불공제	발급받은 세금계산서의 필요적 기재사항이 사실과 다른 경우: 매입세액 불공제
세금계산서 불성실가산세 (공급가액의 3% 또는 2%)	재화 또는 용역을 공급받지 아니하고 세금계산서를 발급받은 경우(3%), 재화 또는 용역을 공급받고 실제와 다른 사람 명의의 세금계산서를 발급받은 경우(2%)
매입처별세금계산서 합계표불성실가산세	합계표의 기재사항이 사실과 다르게 기재된 경우: 공급가액의 0.5%
신고불성실가산세, 납부불성실가산세	사실과 다른 세금계산서로 매입세액공제를 받은 것에 대하여 결정이 있는 경우

자료상(資料商)이란?

자료상이란 사업자등록을 해놓고 실물거래 없이 허위세금계산서를 발행하여 거래 상대방에게 부가가치세 매입세액을 공제받을 수 있도록 하여주고 그 대가로 일정 금액의 수수료를 받는 자를 말한다.

1. 자료상의 요건

① 재화·용역의 공급 없이 세금계산서를 전액 발행한 자
② 매출세금계산서 발행금액 중 가공세금계산서 발행비율이 50% 이상인 자
③ 50% 미만인 경우에도 1과세기간 중 가공세금계산서 발행금액이 5억 원 이상인 자

2. 가공세금계산서 발행자에 대한 조치

① 가공세금계산서를 통해 납부한 부가가치세: 즉시 환급하지 않고 향후 5년간 납부할 부가가치세에서 차감하고, 이후에도 남은 세액이 있는 경우에는 환급한다.
② 조세범처벌법에 의하여 처벌(3년 이하의 징역 또는 세액 상당액의 3배 이하의 벌금)

3. 가공세금계산서 수취자에 대한 조치

① 공제받은 매입세액은 추징조치한다.
② 조세범처벌법에 의하여 처벌(원칙적으로 자료상 행위자와 동일한 처벌)

가공세금계산서와 위장세금계산서

구분	가공세금계산서	위장세금계산서
개념	실물거래 없이 가공매출세금계산서를 발행하여 상대방이 불법으로 매입세액공제 등을 받도록 하는 경우	실물거래와 무관하게 거래 상대방이 아닌 다른 사람으로부터 세금계산서를 발급받는 경우
세금계산서발행자의 불이익	매출세금계산서불성실가산세	매출세금계산서불성실가산세
세금계산서수취자의 불이익	① 매입세금계산서불성실가산세 ② 결산 시 원가 인정 → 불가능	① 매입세금계산서불성실가산세 ② 결산 시 원가 인정 → 가능

제 5 편

노무비 · 경비

지출증빙은 어떤 것을 구비해야 하는지?

회사(사업자)가 비용(또는 자산구매)을 처리하는 경우 거래내용을 증명하는 거래 상대방(매출자)으로부터 증빙을 수취하여야 한다.

거래 상대방	거래내용	수취증빙
사업자	재화용역의 공급	법정증빙: 미수취 시 가산세 부과(2%) (세금계산서, 계산서, 신용카드매출전표 등)
	기타(손해배상금, 기부금)	인보이스, 공문, 영수증, 송금증, 기부금영수증
비사업자(개인)	부동산매입 등	계약서, 영수증, 송금증
	경조사비	없음(단, 건당 20만 원 초과 시 비용불인정).
	보상비, 강사료	원천징수영수증 발급하여야 함(2%).

원천징수영수증은 매입자가 발행하므로 법정증빙은 아니나, 미교부 시 동일한 가산세율(2%)을 적용하므로 함께 다루기로 한다.

(1) 정규증빙의 종류
  ① 신용카드 매출전표
  ② 지출증빙용 현금영수증(사업자등록번호 기재되어야 하고 소득공제용 해당되지 아니함)
  ③ 세금계산서(부가가치세 과세용역을 제공받는 경우)
  ④ 계산서(부가가치세 면세용역을 제공받는 경우)

미등록사업자와 거래하는 경우 또는 간이과세자와 거래하면서 신용카드로 결제하지 않는 경우 항상 가산세 부담이 발생할 수 있다(경비등송금명세서 대상은 제외).

(2) 정규증빙 수취대상에 해당하지 않는 거래
  ① 국가와 지방자치단체와의 거래: 세금, 공과금 등 재화용역의 공급과 관련 없는 거

래만 대상이고 국가 등으로부터 부동산 등 임차 시 세금계산서 수취하여야 함.
② 비영리법인과의 거래: 비영리법인의 수익사업(부동산임대, 물품판매 등) 관련 거래는 법정증빙 수취하여야 함.
③ 은행보험사로부터 이자비용 보험료를 지급하는 경우
④ 국내사업장이 없는 외국법인이나 비거주자와의 거래 또는 국외에서 재화 또는 용역을 공급받은 경우
⑤ 읍·면 지역의 간이과세자: 신용카드가맹전 또는 현금영수증가맹점인 경우 법정증빙 수취하여야 함.
⑥ 농·어민과 직접 거래한 경우: 농어업 용역 또는 생산물에 한함.
⑦ 원천징수하는 사업소득의 경우(강연료, 대학교수 연구자문료)
⑧ 공매·경매·수용에 의하여 재화를 취득하는 경우
⑨ 토지 또는 주택을 구입하거나 개인으로부터 주택을 임차하는 경우
⑩ 건물을 구입하는 경우로서 법인세 신고 시 매매계약서 사본을 제출하는 경우
⑪ 영화관, 공연장, 관광시설(유원지), 체육시설(스키장), 고속버스, 여객선: 전산발매통합 관리시스템 운영사업자일 것(국세청 고시 제1999-39호에 의하여 반기별 익월 말일까지 국세청에 자료제출함)
⑫ 철도여객운송, 항공기 항행용역, 유료도로의 통행료
⑬ 재화공급계약·용역제공계약 등에 의하여 확정된 대가의 지급지연으로 인하여 연체 이자를 지급하는 경우
⑭ 지출 건당 3만 원 이하인 경우(경조사비는 20만 원 이하)
⑮ 간이과세자의 부동산임대용역(사무실·숙소 월세, 부지임차료), 운송용역, 재활용 폐자원 용역, 부동산중개수수료, 상업서류송달용역, 인터넷쇼핑몰 이용거래 등은 은행을 통해 송금하고 경비 등 송금명세서를 작성제출하는 경우 가산세를 면제함.

(3) 정규증빙 경비처리 시 유의사항
① 상품권은 유가증권으로 재화용역 거래가 아니므로 세금계산서 등을 수취할 수 없는바 법인카드로 결제하여야 한다.
② 피해보상 손해배상금, 변상금, 면책금은 일반영수증 및 배상근거를 구비하면 된다.
③ 간이과세자나 면세사업자는 세금계산서를 발행할 수 없으므로 세금계산서를 수취한 경우에도 매입세액을 공제할 수 없다.

④ 폐업자로부터 폐업일 이후 정규증빙(세금계산서, 계산서, 신용카드매출전표 등)
수취한 경우 매입세액공제 받을 수 없고 수정세금계산서 교부도 불가능하다(집행
기준 16-59-1).

관련 법령

법인세법 기본통칙 4-0…2【법인의 거증책임】 법인세의 납세의무가 있는 법인은 모든 거래에 대하여 거래증빙과 지급규정, 사규 등의 객관적인 자료에 의하여 이를 당해 법인에게 귀속시키는 것이 정당함을 입증하여야 한다. 다만, 사회통념상 부득이하다고 인정되는 범위 내의 비용과 당해 법인의 내부통제기능을 감안하여 인정할 수 있는 범위 내의 지출은 그러하지 아니한다.

서면2팀-1881, 2005. 11. 23.: 부가가치세가 과세되는 재화를 공급하면서 세금계산서를 교부하여야 하나 착오로 계산서를 교부한 경우 계산서를 교부한 자에 대하여는 부가가치세법 제22조 제2항의 규정에 따라 가산세가 부과되는 부분은 법인세법 제76조 제9항 후단의 규정에 의하여 가산세를 징수할 수 없는 것이나, 착오가 아닌 고의로 세금계산서를 수취하여야 할 자가 계산서를 수취한 경우에는 같은 법 제76조 제5항의 규정에 의한 증빙미수취가산세를 징수하여야 하는 것으로서 고의인지 여부는 거래관계 및 계산서 수수관계 등을 종합적으로 검토하여 판단할 사항임.

서면2팀-467, 2004. 3. 16.: 법인세법 제76조 제5항의 규정에 의한 지출증빙미수취가산세의 적용 여부와 관련하여 읍·면 지역에 소재하는 간이과세자로서 여신전문금융업법에 의한 신용카드가맹점이 아닌 사업자의 경우 정규지출증빙 수취대상에서 제외되는 거래 상대방 사업자에 해당하며, 미등록사업자 및 일반과세자로부터 법인세법 제116조 제1항에 규정된 지출증빙을 수취하지 않을 경우 지출증빙미수취가산세가 적용됨.

법인 46012-1774, 2000. 8. 16.: 귀 질의의 경우 법인이 사업을 실질적으로 폐업하고 부가가치세법 제5조 제4항의 규정에 의하여 폐업신고를 한 자로부터 같은 법 제6조 제4항에 의하여 폐업 시 잔존재화(사업용 고정자산을 포함)로써 과세된 재화를 구입한 경우에는 사업자로부터 재화를 공급받은 것으로 보지 아니하므로 법인세법 제116조 제2항 및 같은 법 제76조 제5항의 규정을 적용하지 아니하는 것임.

조심 2008서2599, 2009. 4. 24.: 간이과세자 기준에 해당하는 미등록사업자로 확인된 임차인에게 지급한 임차료에 대하여 경비 등의 송금명세서를 제출하였다면 지출증빙서류미수취가산세를 과세하지 않음이 타당함.

부가가치세법 집행기준 16-59-2【폐업한 자의 수정세금계산서 발급 방법】재화 또는 용역의 공급에 대하여 세금계산서를 발급하였으나 수정세금계산서 발급사유가 발생한 때에 공급받는 자 또는 공급자가 폐업한 경우에는 수정세금계산서를 발급할 수 없다. 이 경우 이미 공제받은 매입세액 또는 납부한 매출세액은 납부세액에서 차가감하여야 한다.

부가가치세법 집행기준 16-59-1【수정세금계산서 발급 사유 및 사례】⑤ 공급받는 자의 수정은 기재사항 착오로 볼 수 없으므로 수정세금계산서를 발급할 수 없다.

부가 46015-3833, 2000. 11. 27.: 사업자가 부가가치세법 제16조 제1항의 규정에 의하여 세금계산서를 교부한 후 그 기재사항에 관하여 착오 또는 정정사유가 발생한 경우에는 부가가치세법 제21조의 규정에 의하여 부가가치세의 과세표준과 납부세액 또는 환급세액을 경정하여 통지하기 전까지 세금계산서를 수정하여 교부할 수 있는 것이며, 당초의 공급가액에 추가되는 금액 또는 차감되는 금액이 발생한 경우에는 그 발생한 때에 세금계산서를 수정하여 교부할 수 있는 것이나, 공급받는 자의 수정은 기재사항 착오로 볼 수 없으므로 수정세금계산서를 교부할 수 없는 것임.

법정증빙이 없이도 증빙불비가산세를 피할 수 있는 경우

법정증빙은 매우 엄격한 조문이나 지난 세월 동안 쌓여온 예규 등으로 아래의 경우 법적 증빙 없이도 증빙불비가산세를 피할 수 있다. 물론 수취할 수 있는 경우 법정증빙을 수취하여야 한다.

(1) 개인사업자에게 인적용역을 제공받는 경우 원천징수하면 세금계산서수취의무 면제된다.
(2) 영세한 개인 미등록사업자에게 부동산을 임대용역을 제공받는 경우 경비등송금명세서를 작성제출하면 증빙수취의무가 면제된다.
(3) 토지를 매매하는 경우 원칙적으로 계산서교부대상이지만, 헌재판결로 교부 및 합계표 제출의무가 없다.

건설사가 농민으로부터 나대지를 임차하여 야적장으로 사용하는 경우 농민은 미등록사업자이나 경비등송금명세서로 증빙불비가산세를 피할 수 있다. 농민이 농지를 임대하는 것은 면세지만, 농지를 야적장으로 임대하는 것은 농지임대로 보지 않기 때문이다.

구분	원천징수영수증	법정증빙
발행자	매입자	매출자
미교부 시 가산세	지급조서불성실 2%	미교부가산세 2%
미수취 시 가산세	없음.	증빙불비가산세 2%
국세청 전송기간	1년분을 익년 3/10까지	• 세금계산서: 매출자가 익일 전송 • 계산서: 매출자가 분기 익월 25일 또는 익년 2/10까지 중 선택 가능 • 신용카드, 현금영수증: Van사업자가 1일 1회 이상 전송
대상거래	면세사업자, 비사업자 거래	개인·법인사업자 거래

구분	원천징수영수증	법정증빙
비고	면세개인사업자 중 병원, 폐기물처리업체는 원천징수영수증을 발행하고 계산서도 수취해야 한다.	일반법인에게 이자를 지급하는 경우 원천징수해야 한다.

면세개인사업자의 경우 원천징수증발행과 계산서수취를 모두 하여야 한다. 원천징수한 경우 계산서를 교부한 것으로 간주하여 실수령이 없어도 계산서합계표는 제출해야 한다는 난해(?)한 해석이 있어 계산서를 수취하여 합계표를 제출하는 것이 타당하다.

경비등송금명세서란?

아래의 거래는 거래내역 및 입금방법(무통장입금, 계좌자동이체, 지로송금 시 거래 상대방의 계좌번호 또는 지로번호)을 법인세 신고 시 제출하면 증빙불비가산세를 피할 수 있다.

① 간이과세자에게 부동산임대용역, 운수용역 대가를 지급하는 경우
② 간이과세자에게 운수용역 대가를 지급하는 경우(택배, 서류송달 등)
③ 항공법에 의한 상업서류 송달용역을 제공받는 경우
④ 공인중개사에게 중개수수료를 지급하는 경우
⑤ 인터넷통신판매, 홈쇼핑, 우편 등으로 구입한 경우(인터넷쇼핑몰)
⑥ 개인에게 임가공용역을 제공받는 경우

법인 46012-944, 2001. 9. 25.: 귀 질의의 경우 법인이 인적용역을 제공받고 그 대가를 지급하면서 소득세법 제127조의 규정에 의하여 소득세를 원천징수하고 소득세법 제164조의 규정에 의하여 지급조서를 관할 세무서장에게 제출한 경우에는 추후 당해 거래가 세금계산서 교부대상 거래로 확인되는 경우에도 법인세법 제76조 제5항의 규정에 의한 가산세를 적용하지 아니하는 것입니다.

조심 2008서2599, 2009. 4. 24.: 간이과세자 기준에 해당하는 미등록사업자로 확인된 임차인에게 지급한 임차료에 대하여 경비 등의 송금명세서를 제출하였다면 지출증빙서류미수취 가산세를 과세하지 않음이 타당함.

소득세법 제144조【사업소득에 대한 원천징수시기와 방법 및 원천징수영수증의 발급】① 원천징수의무자가 원천징수대상 사업소득을 지급할 때에는 그 지급금액에 원천징수세율을 적용하여 계산한 소득세를 원천징수하고, 그 사업소득의 금액과 그 밖에 필요한 사항을 적은 기획재정부령으로 정하는 원천징수영수증을 사업소득자에게 발급하여야 한다.
(2010. 12. 27. 개정)

소득세법 시행령 제211조【계산서의 작성·발급】⑤ 사업자가 법 제144조의 규정에 의하여 용역을 공급받는 자로부터 원천징수영수증을 발급받는 것에 대하여는 제1항의 규정에 의한 계산서를 발급한 것으로 본다.

법인, 법인세과-57, 2010. 1. 15.: 법인이 소득세법 제144조 제1항에 의하여 원천징수영수증을 교부한 경우에는 같은 법 시행령 제211조 제5항에 따라 계산서를 교부받은 것으로 보는 것이므로 법인세법 제121조 제5항에 따라 제출하는 매입처별계산서합계표에는 이를 포함하여 작성하여야 하는 것임.

헌법재판소 2006. 6. 29. 선고 2002헌바80·87·88, 2003헌가22 전원재판부 결정: 법인이 부동산 공급 시 법인에게 계산서교부, 합계표제출의무를 부과하지 않아도 각 과세관청은 부동산등기법 등에 의하여 그 거래 내용을 파악하고 관리할 수 있음에도 납세자들로 하여금 부가적인 의무를 지워 이의 불이행 시 가산세를 부과하는 규정은 법익침해의 최소성원칙에 어긋나 재산권을 침해하므로 위헌인 것임.

법인, 서면인터넷방문상담2팀-710, 2006. 4. 28.: 법인이 토지를 공급하는 경우 2002. 1. 1. 이후 최초로 공급하는 분부터 계산서의 작성·교부의무가 없는 것임.

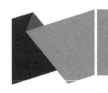

여행사에서 세금계산서를 받는 경우 주의할 사항

여행사나 법무사 등 실비를 청구하는 업종이 있다. 건설업에는 친환경인증 등의 인증대행용역도 자주 등장한다. 인증대행계약도 인증대행사가 취하는 수수료와 관련 실비로 구성된다. 이 경우 세금계산서 공급가액은 계약상 구분표시 여부를 따르도록 하고 있다.

여행사가 여행객이 부담해야 할 교통비, 숙박비, 주요 방문지의 입장료, 식대 등의 소요비용(수탁경비)과 여행알선 수수료를 각각 구분 계약하고 구분 수령하는 경우에는 여행알선 수수료만 부가가치세가 과세되는 것이며, 구분계약, 구분 수령하지 않는 경우에는 전체금액에 대해 부가가치세가 과세되는 것이다(부가가치세법 제29조 제3항).

① 계약상 관련 실비를 구분한 경우: 수수료만 세금계산서 발행 대상이 되고, 관련 실비는 공문 또는 영수증으로 지급한다.
② 관련 실비를 포함한 전체 금액을 계약금액으로 한 경우(관련 실비의 납부 등을 용역 범위로 포함한 경우): 전체 금액이 세금계산서 발행가액이 된다.

기본적으로 공급받는 자가 세금계산서의 공급가액을 키워서 좋을 것은 없다. 과세관청과의 매입세액공제 여부에 대한 분쟁거리만 많아지기 때문이다. 세금계산서는 리스크 덩어리라서 리스크를 전가시키는 역할을 한다. 따라서 계약상 구분할 수 있는 경우 구분하는 것이 좋다.

(구)부가가치세법 기본통칙 13-48-2【과세표준에 포함하는 금액】과세표준에는 거래 상대자로부터 받는 대금·요금·수수료 그 밖의 명목여하에 불구하고 실질적 대가관계에 있는 모든 금전적 가치 있는 것으로서 다음 각 호의 어느 하나에 해당하는 것을 포함한다. (2011. 2. 1. 개정)

3. 대가의 일부로 받는 운송보험료·산재보험료 등

4. 대가의 일부로 받는 운송비·포장비·하역비 등

(구)부가가치세법 기본통칙 13-48-3【부동산임대 시 월세 등과 함께 받는 공공요금】사업자가 부가가치세가 과세되는 부동산임대료와 해당 부동산을 관리해 주는 대가로 받는 관리비 등을 구분하지 아니하고 영수하는 때에는 전체 금액에 대하여 과세하는 것이나, 임차인이 부담하여야 할 보험료·수도료 및 공공요금 등을 별도로 구분징수하여 납입을 대행하는 경우 해당 금액은 부동산임대관리에 따른 대가에 포함하지 아니한다. (2011. 2. 1. 개정)

(구)부가가치세법 집행기준 13-48-7【여행업자 수탁경비의 과세표준】여행업자의 부가가치세 과세표준은 관광객으로부터 받는 알선수수료와 알선용역에 필수적으로 부수하여 발생되는 대가 관계에 있는 모든 금전적 가치 있는 것을 포함하고, 관광객으로부터 단순히 수탁받아 지급하는 숙박비, 운송비 등은 포함하지 아니한다. 다만, 관광객에게 여행의 목적지와 기간만을 제시하고 관광객이 부담하여야 할 비용의 종류별 금액과 알선 수수료를 구분하지 아니하고 받는 대가는 그 대가 전액이 과세표준이 된다.

부가-958, 2012. 9. 18.: 여행알선업자가 여행객에게 여행의 목적지와 여행기간만을 제시하고 여행객으로부터 여행자가 부담하여야 할 비용의 종류별 금액과 여행알선 수수료를 구분하지 아니하고 대가를 받는 경우에는 그 대가 전액이 부가가치세 과세표준이 되는 것이나, 여행알선업자가 교통비, 숙박비, 주요 방문지의 입장료, 식대 등의 소요 비용과 여행알선 수수료를 각각 구분하여 받는 경우에는 여행알선 수수료에 대하여만 부가가치세를 과세하는 것임.

부가 1265-2713, 1984. 12. 19.: 관광사업법에 의한 여행알선업자가 여행객에게 여행의 목적지와 여행기간만을 제시하고 여행객으로부터 여행자가 부담하여야 할 비용의 종류별 금액과 여행알선 수수료를 구분하지 아니하고 대가를 받는 경우에는 그 대가 전액이 부가가치세 과세표준이 되는 것이나, 여행알선업자가 교통비, 숙박비, 주요 방문지의 입장료, 식대 등의 소요 비용과 여행알선 수수료를 각각 구분하여 받는 경우에는 여행 알선 수수료에 대하여만 부가가치세를 과세함.

부가 46015-1296, 2000. 6. 2.: 관광진흥법에 의한 일반여행업을 영위하는 사업자가 여행객에게 여행용역을 제공하고 그 대가를 받는 경우에 부가가치세 과세표준은 여행객으로부터 받는 대금·요금·수수료 기타 명목여하에 불구하고 대가관계에 있는 모든 금전적 가치 있는 것을 포함하는 것이나, 여행알선 수수료와 여행객이 부담하여야 하는 숙박비, 교통비, 식사비, 입장료 등을 구분 계약하여 그 대가를 받는 경우에는 당해 숙박비 등은 부가가치세 과세표준에 포함하지 아니하는 것이며, 당해 숙박비 등에 대하여는 부가가치세법 제16조 제1항의 규정에 의한 세금계산서를 여행객에게 교부할 수 없는 것임.

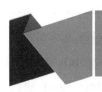

국제특송업체(Fedex 등)와 거래 시 세금계산서를 받아야 하는지?

국제특송업체는 부가가치세법상 외국항행용역과 동일하게 취급되며 영세율사업자이다.

외국항행용역이란 선박 또는 항공기에 의하여 여객이나 화물을 국내에서 국내외 또는 국외에서 국외로 수송하는 것을 말한다. 이론상 국외에서 국외로 항행하는 경우 영세율적용대상이 아니나 편의상 영세율로 규정하고 있다.

국제특송업체는 영세율대상 중 세금계산서 교부면제로 열거하고 있다. 따라서 국제특송업체는 세금계산서를 발급하지 않아도 된다. 또한 국제특송업체는 영세율적용대상자이나 영세율 첨부서류로 송장집계표(국세청장지침서류임, 시행령상 외화입금증명서로 규정)를 규정하고 있으며 이는 사실상 공급받는 자의 협조 없이 구비가 가능하다. 일반적인 영세율 첨부서류는 공급받는 자가 작성하는 것과 대조적이다.

좀 더 상세히 알아보면 영수증발행대상업체(세금계산서 교부면제라 함)는 영수증의 발급이 금지된 업체와 공급받는 자가 세금계산서의 교부를 요구하는 경우 세금계산서를 교부할 수 있는 업체로 나눈다.

교부면제(부법 제36조, 부령 제73조)

구분	업종	비고
세금계산서 발행가능	소매업, 음식점업, 숙박업, 전세버스, 변호사업 등, 소포배달업, 주거용건물공급업, 운수업, 부동산중개업, 도로및시설운영업, 자동차판매업, 주거용건물수리보수업, 공인인증서를 발급하는 사업	원칙적으로 세금계산서를 수취하면 매입세액공제가 가능하다. 물론 사업자가 면세사업자이거나 직전 연도 공급대가 합계액이 4,800만 원 미만인 간이과세자인 경우 세금계산서는 발행하지 못한다.
세금계산서 발행불가	미용업, 목욕탕업, 여객운송업(택시, KTX, 비행기), 성형수술, 무도학원, 자동차운전학원, 상업서류송달 위 사업자라도 업종 외의 다른 용역을 제공하는 경우 세금계산서를 발행해야 한다.	세금계산서 발행금지업체가 발행한 신용카드매출전표는 매입세액불공제하여야 함.

상기 사업자들은 증빙수취의무가 없는 자와 경비등송금명세서를 제출하는 경우 증빙불비가산세가 없는 자로 나눈다. 그러나 조문이 서로 다른 법에서 규정된 만큼 일치하지는 않는다. 즉, 세금계산서 교부면제와 적격증빙 수취면제는 상호 독립적인 규정이다. 즉, 발코니 공급 시 공급자는 세금계산서를 교부하여야 하나 매입하는 자는 받지 않아도 된다. 반대로 위 교부면제 사업자로부터 적격증빙을 받지 않으면 증빙불비가산세가 부과된다. 간이과세자와 현금거래 시 가산세가 부과되는 것과 마찬가지이다.

수취면제(법법 제116조, 법령 제158조)

구분	업종	비고
수취의무 면제	전기통신용역(부가통신역무 제외) 택시, 입장권, 승차권, 열차, 비행기, 도로통행료, 토지, 주택 구입 또는 임차건물 구입	상가임차는 세금계산서를 수취하여야 함.

부가가치세법 제23조【외국항행용역의 공급】 ① 선박 또는 항공기에 의한 외국항행용역의 공급에 대하여는 제30조에도 불구하고 영세율을 적용한다.

부가가치세법 시행령 제32조【선박 또는 항공기에 의한 외국항행용역의 범위】 ② 다음 각 호의 어느 하나에 해당하는 용역은 법 제23조 제3항에 따라 외국항행용역의 범위에 포함된다.
1. 운송주선업자가 국제복합운송계약에 의하여 화주(貨主)로부터 화물을 인수하고 자기 책임과 계산으로 타인의 선박 또는 항공기 등의 운송수단을 이용하여 화물을 운송하고 화주로부터 운임을 받는 국제운송용역
2. 항공법에 따른 상업서류 송달용역

부가가치세법 집행기준 16－57－1【세금계산서발급의무면제】 ⑦ 다음의 영세율이 적용되는 재화 또는 용역
2. 국외제공용역과 선박, 항공기의 외국항행용역 중 공급받는 자가 국내사업장이 없는 비거주자 또는 외국법인인 경우, 항공기에 의한 외국항행용역, 항공법에 따른 상업서류 송달용역

법인세법 시행규칙 제79조【지출증빙서류의 수취특례】 영 제158조 제2항 제5호에서 "기타 기획재정부령이 정하는 경우"란 다음 각 호의 어느 하나에 해당하는 경우를 말한다.
마. 항공법에 의한 상업서류 송달용역을 제공받는 경우

항공법 제2조【정의】 이 법에서 사용하는 용어의 뜻은 다음과 같다.
38. "상업서류 송달업"이란 타인의 수요에 맞추어 유상으로 우편법 제2조 제2항 단서에 해당하는 수출입 등에 관한 서류와 그에 딸린 견본품을 항공기를 이용하여 송달하는 사업을 말한다.

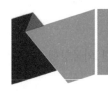

표준계약서상 대금지급조건은 2회로 하는 것이 좋다

세법상 세금계산서의 발행에 관하여 가장 편리한 대금지불방법은 대가를 2회로 나누고 청구시기와 지급시기를 명기하는 방법이다.

이 경우 대금을 지급하는 시점에 세금계산서를 발행해도 되고 발행하지 않아도 된다. 쟁점이 생길 여지가 없는 계약이다.

(1) 최초 대금의 청구시기에 세금계산서를 발행할 수 있다.
(2) 최초 대금의 청구시기에 세금계산서를 발행하지 않는 경우 잔금 지급 시 전체 세금계산서를 발행하면 된다.

당초 2회로 계약하고 이후 3회로 계약변경하는 경우 기지급된 금액은 변경계약시점 계약금으로 취급되므로 중간지급조건부 계약이 아니다.

당초 2회로 계약하고 이후 변경 없이 3회로 수령하는 경우 중도금 받은 부분은 선급금으로 취급되므로 세금계산서 발행대상이 아니다.

부가가치세법에 의하면 사업상 독립적으로 재화 또는 용역을 공급하는 자는 부가가치세를 납부할 의무가 있고 용역이 공급되는 시기는 역무가 제공되거나 재화, 시설물 또는 권리가 사용되는 때로 정하여져 있으므로 대가를 받기로 하고 타인에게 용역을 공급한 이상 그 대가를 실제로 받았는지 여부는 부가가치세 납부의무의 성립 여부나 용역의 공급 시기를 결정하는데 아무런 영향을 미칠 수 없다(대법원 1989. 4. 25. 선고 87누863 판결).

서면인터넷방문상담3팀-1009, 2005. 7. 1.: 귀 질의와 같이 당초 재화의 공급계약이 중간지급조건부에 해당하지 아니하여 계약금 지급 시 세금계산서를 교부하지 아니하였으나, 당사자 간에 계약조건을 변경하여 계약변경 이전에 이미 지급한 계약금은 변경계약일을, 변경계약일 이후에는 변경된 계약에 의하여 대가의 각 부분을 받기로 한 때를 각각 공급시기로 하여 부가가치세법 제16조의 규정에 의거 세금계산서를 교부하는 것입니다.

부가가치세법 집행기준 9-21-3【중간지급조건부계약의 변경에 따른 공급시기 사례】④ 당초 재화의 공급계약이 중간지급조건부에 해당하지 아니하였으나, 당사자 간에 계약조건을 변경하여 중간지급조건부계약으로 변경된 경우 계약변경 이전에 지급한 계약금은 변경계약일을, 변경계약일 이후에는 변경된 계약에 의하여 대가의 각 부분을 받기로 한 때를 각각 공급시기로 본다.

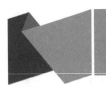

계속적으로 용역을 제공하는 경우 세금계산서 교부 시기는 언제인지?

계속적 공급이란 용역을 공급함에 있어서 부동산임대, 선박의 운항관리, 탑승권 등의 판매대행 등의 경우와 같이 공급단위를 구획할 수 없이 계속 잇대어 역무를 제공하거나 재화·시설물 또는 권리를 사용하게 하는 것을 말한다.

① 부동산임대용역: 예 모델하우스 임차료
② 중간지급(완성도기준)조건부계약: 예 공사도급계약
③ 판매대행: 예 분양대행계약

계속적 공급의 경우 원칙상 받기로 한 날(단, 후불임대료는 분기 말일)이나 이전에 세금계산서를 교부한 경우 교부한 날이 공급 시기가 되므로 발행일자 관련 이슈는 거의 없다.

부동산임대용역의 경우 임대인의 비용을 임차인이 부담한 경우 임차인이 부담한 비용은 임대료에 해당한다. 따라서 부담한 날을 공급일자로 한 세금계산서를 임대인으로부터 수취하여야 한다. 만일 임차인이 수선비 등을 부담한 경우 선급임대료로 보아 해당 기간에 안분하여 세금계산서를 수취하여야 하나 지급일 대가를 지급한 부분에 대하여 세금계산서를 발행할 수 있으므로 일시에 세금계산서를 교부하여도 무방하다. 특약에 의한 임차인 부담의 재산세 중과분은 용역의 공급에 해당하고, 판결에 의한 미불임대료의 수입 시기는 당초 임대계약에 의한 지급일이다. 지방세법상 재산세 등은 건축물 또는 토지소유자가 납세의무를 부담하도록 규정되어 있으므로 재산세 중과분도 청구법인을 납세의무자로 보는 것이 타당하며, 이 건의 경우 청구법인이 납부하여야 할 재산세 중과분을 임차인에게 전가시켜 경제적 부담을 면하기 위한 조건으로 임대한 것으로 보아야 하므로 청구인의 임대용역 제공과 재산세 중과분은 대가관계가 존재한다고 보아야 하므로 재산세를 임차자가 부담한 경우의 당해 재산세에 대한 공급 시기는 그 재산세의 납부기일로 하며(부가 1265.2-2184, 1983. 10. 13.) 한편, 미수임대료의 거래 시기는 이에 대한 청구소송의 여부에 불구하고 계약에 의하여 정하여진 지급일을 수입 시기로 하여 수입금액에 산입하는 것이므로 이를 지급받기로 한 날이 속하는 과세기간의 부가가치세 과세표준에 산입하여야 한다(국심2004부1873, 2004. 10. 5.).

대가의 지급조건 등에 의한 용역의 공급 시기를 대가의 각 부분을 받기로 한 때로 규정하고 있으며(부가령 제22조 제2항) 장기할부로 용역을 공급하거나 또는 통신 등 그 공급단위를 구획할 수 없는 용역을 계속적으로 공급하는 경우로서 대가의 각 부분을 받기로 한 날 이전에 세금계산서 또는 영수증을 교부하는 경우에는 그 교부하는 때를 용역의 공급 시기로 본다(부칙 제9조 제2항). 건물의 분양·홍보 등의 용역을 분양 완료 시까지 계속적으로 공급하고 대가를 받기로 하는 계약을 체결한 경우 공급 시기는 각 대가를 받기로 한 때이다. 건물의 분양 및 이에 부수되는 홍보, 시공비용의 융통 등 포괄적이고 복합적인 용역을 분양 완료 시까지 계속적으로 공급하고 그 대가를 지급받기로 하는 내용의 계약을 체결한 경우, 이는 부가가치세법 시행령 제22조 제2호에 따라 그 공급단위를 구획할 수 없는 용역을 계속적으로 공급하는 경우에 해당하여 그 대가의 각 부분을 받기로 한 때가 그 공급 시기가 된다(대법원 2003. 5. 26. 선고 2001두9264 판결).

공급단위를 구획할 수 없는 용역을 계속적으로 공급하는 경우 그 대가의 각 부분을 받기로 한 때가 공급 시기가 되는 것이다. 사업자가 완성도기준조건·중간지급·장기할부 또는 기타 조건부로 용역을 공급하거나 그 공급단위를 구획할 수 없는 용역을 계속적으로 공급하는 경우에는 그 대가의 각 부분을 받기로 한 때가 공급시기가 되는 것이며 그 대가의 각 부분을 받기로 한 금액을 부가가치세 과세표준으로 하여 부가가치세법 제16조의 규정에 의한 세금계산서를 교부하여야 하는 것이다(부가 46015-409, 2001. 2. 28.).

부동산임대용역의 공급 시기는 그 대가의 각 부분을 받기로 한 때이나 공급 시기 도래 전에 세금계산서 교부 시 그 교부하는 때이다. 사업자가 부동산임대용역을 계속적으로 공급하고 그 대가를 매월, 매분기, 매반기에 기일을 정하여 받기로 한 경우에 있어서 당해 부동산임대용역의 공급 시기는 부가가치세법 제9조 제2항 및 동법 시행령 제22조 제2호의 규정에 의하여 그 대가의 각 부분을 받기로 한 때가 되는 것이며, 이 경우 사업자가 당해 공급 시기가 도래하기 전에 동법 제16조의 규정에 의한 세금계산서 또는 동법 제32조의 규정에 의한 영수증을 교부하는 경우에는 그 교부하는 때를 당해 용역의 공급시기로 보는 것이다 (서면3팀-1284, 2004. 7. 5.).

2과세기간 이상에 걸쳐 부동산임대용역을 공급하고 그 대가를 선불 또는 후불로 받는 경우 공급 시기는 용역이 제공되는 예정신고기간 또는 과세기간의 종료일로 하는 것이다. 사업자가 2과세기간 이상에 걸쳐 부동산임대용역을 공급하고 그 대가를 선불 또는 후불로 받는 경우 당해 부동산임대용역의 공급시기는 용역이 제공되는 예정 신고기간 또는 과세기간의 종료일로 하는 것이다(서면3팀-921, 2006. 5. 19.; 서면3팀-2538, 2004. 12. 14.).

원천징수 하는 방법

거래징수나 원천징수는 과세관청이 거래를 파악하는 효율적인 방법이다. 거래징수란 부가가치세법에서 규정하고 있는데 사업자에게 1,000원짜리 물건을 팔면서 세금계산서를 주고 1,100원을 수취하는 것을 말한다. 원천징수란 소득세법에서 규정하고 있는데 비사업자로부터 1,000원짜리 물건을 사면서 원천징수영수증을 주고 900원을 지급하는 것을 말한다. 의무불이행 시 본세와 거래금액의 2%의 가산세를 추징당한다. 단, 원천징수의 경우 소득자가 종합소득세신고를 한 경우 징수의무자에게 본세를 추징하지는 않는다.

명칭	근거법	거래증빙	발급의무자	거래상대방	징수방법	세율
거래징수	부가가치세법	세금계산서	매도자	사업자	세금만큼 더 받는다.	10% 또는 0%
원천징수	소득세법 법인세법	원천징수영수증	매수자	주로 비사업자	세금만큼 덜 준다.	• 근로소득: 6~45% • 사업소득: 3% • 기타소득: 20%(또는 15%, 4%) • 이자소득: 14%(또는 25%) • 국제거래: 조약에 따라 다양 소득세의 10%만큼 지방소득세도 발생한다.

원천징수란 소득금액을 지급하는 자가 지급하는 때에 지급 금액의 일정률을 미리 징수하여 세무서에 납부하는 제도이다.

주로 근로자에 대한 근로소득세가 가장 큰 비중을 차지하나 시스템화 되어 인사팀에서 해결하는 부분이므로 기타소득과 사업소득을 설명하기로 한다. 국제거래에 따른 원천징수는 별도로 다루기로 한다.

1. 원천징수 업무의 흐름

법인에게 이자·배당을 지급하거나, 개인에게 소득을 지급하는 경우 원천징수를 한다. 원천징수영수증은 지급 시 소득자에게 교부하여야 하며, 원천징수한 세금은 다음 달 10일 국세청에 납부하며. 거래 내역은 익년 3월 10일에 제출한다. 이를 지급조서 또는 지급명세서 제출이라고 한다.

2. 사업소득의 원천징수

사업소득이란 사업자등록 여부와 상관없이 당해 거래를 업으로 하는 독립된 사업자에게 지급하는 소득이다. 개인에게 지급하는 대부분의 사업소득은 원천징수대상이 아니고 아래의 소득만 원천징수한다.

① 개인병원의 의료용역
② 개인사업자에게 지급하는 오수, 분뇨처리용역
③ 화가·미술가: 미술장식품을 공급하는 개인작가
④ 학원강사·꽃꽂이 강사: 안전체조 개인강사
⑤ 교수 등 전문 강사의 강연료, 연구용역비
⑥ 작가·저술가·작곡가
⑦ 가수·모델·배우
⑧ 자문·고문
⑨ 건축감독·학술용역

(1) 계약상 별도의 조건이 없는 경우 총지급액에서 원천징수세액을 차감하여 용역비 등을 지급한다.
(2) 계약상 원천징수세액을 지급자가 부담하기로 약정한 경우 원천징수세액을 포함한 금액을 지급총액으로 한다.
(3) 사업소득의 원천징수 하는 소득세액이 1,000원 미만인 경우 세액은 0으로 한다. 납부세액이 없는 경우에도 원천징수영수증을 발급하는 것이 좋다. 지급조서를 제출해야 하기 때문이다.

(4) 사업소득이 있는 경우 소득자는 다음 해 5월에 다른 소득과 합산하여 종합소득세 신고를 하여야 한다.

3. 기타소득의 원천징수

기타소득이란 근로, 퇴직, 이자, 배당, 사업소득에 속하지 않는 소득으로 세법에서 열거하고 있는 소득이다. 사업소득과 달리 모든 기타소득은 원천징수 대상이 된다.

① 경품, 사은품
② 재산권에 관한 계약의 위약 또는 해약으로 받는 배상금·배상금 중 본래 손해를 넘는 금액: 민원보상비
③ 사례금: 조합원 이사비를 직접지급하는 경우
④ 합의금: 소음분진 보상금
⑤ 재산권에 대한 알선 수수료: MGM수수료 등 분양알선수수료
⑥ 일시적인 인적용역(강연료, 방송 출연료, 전속계약금, 원고료, 인세)*
⑦ 사업재산권, 상표권, 토사석채취허가권, 지하수개발권의 양도나 임대대가*
⑧ 문예창작소득(미술, 음악, 사진에 속하는 창작품 대가)*
⑨ 주택입주지체상금(오피스텔입주지체상금은 해당하지 않음)*

(1) 기타소득은 다른 소득 이외의 소득이므로 계속·반복성이 있거나 직업으로 하는 전문적 소득은 사업소득으로 보아야 한다. 구분이 모호한 경우 기타소득으로 원천징수 하면 된다. 원천징수는 징수금액에 대한 가산세(납부불성실가산세)만 있는바 사업소득의 세율이 가장 낮기 때문이다.
(2) 일부 기타소득(상기 * 표시)에서는 80%(또는 60%)의 필요경비(소득을 얻기 위하여 소득자가 지출한 비용)를 인정하고 있다. 필요경비가 있을 경우 소득자는 필요경비를 제외한 금액(소득금액)에 대한 세금을 부담하므로 실질세부담은 4.4%(또는 8.8%)가 된다.
(3) 계약상 별도의 조건이 없는 경우: 총지급액에서 원천징수세액을 차감하여 강사료 등을 지급한다.

(4) 계약상 원천징수세액을 회사가 부담하기로 약정한 경우: 원천징수세액을 포함한 금액을 지급총액(회사의 비용처리액)으로 한다.

(5) 기타소득의 소득금액(총지급금액 − 필요경비)이 5만 원 이하인 경우 세액은 0으로 한다. 이 경우에도 원천징수영수증을 발급하는 것이 좋다.

(6) 기타소득의 소득금액의 1년간 합계가 300만 원 초과인 경우는 무조건 다음 해 5월에 다른 소득과 합산하여 종합소득세 신고를 하여야 한다(300만 원 이하인 경우 합산 여부는 납세자의 선택사항임).

4. 유형별 소득구분

1) 강사료

임직원에게 지급하는 경우	임직원이 강의를 하고 지급받는 금액은 근로소득으로 분류된다(사내 강사료).
외부업체가 법인인 경우	세금계산서를 수취하여야 한다. 이 경우 원천징수는 하지 않는다.
외부업체가 개인이고 전문강사인 경우	사업소득으로 원천징수 한다.
외부강사가 개인이고 전문강사가 아닌 경우	기타소득으로 원천징수 한다. 이 경우 60%의 필요경비를 인정한다.

2) 분양알선자 수수료

사업자등록하지 않은 개인인 경우	기타소득으로 원천징수 한다.
간이과세자인 경우	원천징수 없이 은행을 통해 지급한다. 경비등송금명세서 작성 대상이다.
일반과세자 또는 법인인 경우	세금계산서를 수취한다.

3) 병원 진료비

병원이 법인인 경우	계산서를 수취한다. 이 경우 원천징수는 하지 않는다.
개인병원인 경우	사업소득으로 원천징수 한다. 계산서도 수취하여야 한다.

4) 토지임차료

일반과세자 및 법인인 경우	세금계산서를 수취하여야 한다.
간이과세자인 경우	원천징수 없이 반드시 은행을 통해 지급한다(경비등송금명세서 작성 대상).
개인인 경우	부동산임대업은 원천징수대상 사업소득이 아니므로 원천징수 하지 않는다. 그러나 상대방의 계속·반복성에 의하여 미등록사업자로 간주될 수 있기 때문에 임대기간이 장기(6개월 이상)인 경우 사업자등록을 요청하고 세금계산서를 발급받아야 한다.

5) 보상비

법인인 경우	원천징수 하지 않는다.
개인이고 피해 사실을 입증할 수 있는 경우	원천징수 하지 않는다.
개인이고 피해 금액을 입증할 수 없거나 피해 금액을 초과하여 지급하는 경우	합의금으로 보아 기타소득으로 원천징수한다.

피해금액 입증서류는 아래 정도로 생각해 볼 수 있다.

① 법원 판결에 의한 경우: 판결문, 조정합의서
② 건물파손 등: 견적서, 복구비용산정내역서
③ 영업손실 등: 영업보고서, 손실보고서
④ 소음피해 등: 소음분진에 의한 피해는 피해금액을 인정하지 않는다(환경분쟁위 조정 사례 등 및 진단서가 있을 경우 인정하는 것이 타당해 보인다).
⑤ 기타민원: 관할관서 공문

서면1팀-1218, 2004. 9. 1.: 거주자가 묘지조성공사 등과 관련한 소음·분진·진동 등의 피해에 대한 손해배상금으로 지급받는 금액은 기타소득에 해당되지 아니하는 것이나, 권리 등이 침해되지 아니할 정도로서 단순히 일상생활의 불편을 감수한데 대한 사례의 성격으로 받는 금액 또는 지역주민의 반대 없이 원만하게 묘지조성공사를 하기 위한 성격으로 받는 금액은 법적 지급 의무 없는 합의금으로서 소득세법 제21조 제1항 제17호의 규정에 의한 기타소득에 해당하는 것이고, 이에 해당되는지 여부는 구체적인 보상금 지급사유, 보상금의 성격 및 지급금액, 상대방과의 관계 등을 종합하여 사실판단할 사항임.

서면1팀-1170, 2004. 8. 23.: 거주자가 건물신축과 관련한 일조권 등 침해에 따른 피해에 대하여 손해배상금으로 지급받는 금액은 소득세법상 기타소득에 해당하지 아니하는 것이나, 권리 등이 침해되지 아니하는 정도로서 일상생활의 불편을 감수한데 따른 사례의 성격으로 받는 금액은 기타소득에 해당하는 것이므로 귀 질의의 경우 구체적인 보상금지급사유, 보상금의 성격 및 지급금액, 상대방과의 관계 등을 종합적으로 고려하여 사실판단할 사항이며, 유사사례에 대한 회신문(재경부소득 46013-34, 1999. 11. 10.)을 참고하기 바람.

재소득 46013-34, 1999. 11. 10.: 소득세법상 기타소득에는 거주자가 건축물공사 등과 관련한 소음·분진·진동 및 일조권·조망권 등의 침해에 따른 피해에 대하여 손해배상금으로 지급받는 금액은 포함되지 아니하는 것이나, 권리 등이 침해되지 아니할 정도의 일상생활에 불편을 감수한데 대한 사례의 성격으로 받는 금액은 소득세법 제21조 제1항 제17호의 규정에 의한 기타소득에 해당되는 것인바, 이에 해당되는지 여부는 구체적인 보상금지급사유, 보상금의 성격 및 지급 금액, 상대방과의 관계 등을 종합하여 사실판단할 사항임.

소득 46011-1179, 1998. 5. 8.: 인근 주민이 상가 건축주로부터 일조권 방해 등에 대한 민원을 제기하지 아니한다는 조건으로 협의서를 작성하고 당해 건축주로부터 지급받는 합의금은 소득세법 제21조 제1항 제17호의 규정에 의하여 기타소득에 해당하는 것임.

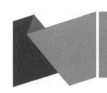

직업소개소를 통하여 일용근로자 채용: 일용근로자 원천징수

직업소개소를 통하여 일용근로자를 고용하는 경우 시공사와 근로계약을 체결하고 근로소득을 원천징수하여야 하며, 인력공급업체를 통하여 일용근로자를 파견받는 경우 (인건비와 수수료 전체에 대하여) 세금계산서를 수취하여야 한다.

면세사업인 직업소개소와 과세사업인 인력공급업의 차이는 구직자를 고용(근로계약 체결)한 것이냐로 판단한다.

(1) 직업소개소의 경우 실업자와 별도 고용계약없이 고용알선만 해주고 그 대가인 수수료를 받는 것으로서 부가가치세법 시행령 제42조 제2호 다목의 규정에 의하여 부가가치세가 면제되는 것으로서 수수료에 대하여 계산서 또는 영수증을 교부하여야 하는 것이며,

(2) 실업자를 계약에 따라 고용한 후 용역이 필요한 업체에 파견하고 동 업체로부터 전체 용역 대가를 받고 실업자에 급여 명목을 지급하는 것이라면 인력공급업에 해당하여 부가가치세가 과세되는 것으로, 이 경우에는 부가가치세법 제11조에 규정하는 용역의 공급에 해당되어 거래업체(건설회사 등)에 세금계산서를 발급하여야 한다.

만일 세금계산서를 수취하여야 하는 거래에 대하여 고의로 세금계산서를 수취하지 아니하고 계산서를 수취한 경우에는 법인세법 제76조 제5항의 규정에 의한 증빙미수취가산세가 적용된다.

1. 일용근로자의 원천징수

일용근로자란 근로를 제공한 날 또는 시간에 따라 근로대가를 계산하거나, 근로를 제공한 날 또는 시간의 근로성과에 따라 급여를 계산하여 받는 사람으로서 건설현장의 경우 1년 미만으로 고용된 사람을 말한다(건설현이 아닌 경우 3개월). 직업소개소를 통하여 건설

사가 고용한 경우 직영인부와 동일하게 일용근로자로 처리하고 원천징수하여야 한다.

(1) 직업소개소: 사업자가 계약에 의하여 고용자와 구직자를 대리하여 인력고용에 관련된 인력조사, 선발, 조회, 알선 등의 서비스를 제공하는 업으로 부가가치세 면세대상임.
(2) 인력공급업: 노동력을 확보하고 계약에 의하여 타사업체에 임시로 수요인력을 수시로 제공하는 업으로 부가가치세 과세대상임.

2. 일용근로자 급여 원천징수

(1) 원천징수할 소득세액: (일급여액 － 150,000(비과세)) × 6%(세율)
$$× (1-55\%(근로소득 공제율))$$
(2) 원천징수할 지방소득세액: 원천징수한 소득세액 × 10%

3. 일용근로자 유의사항

과거 그룹사들이 건설회사를 통하여 비자금을 조성하고, 건설회사 등은 가공 노무비를 통하여 비자금을 마련한 역사가 있다. 일용근로자의 고용 여부는 세무조사 시 중요한 확인사항이다. 세무조사관은 수감기록, 진료기록 등을 확보하여 나오는바 일용근로자의 인적사항을 상세히 구비할 필요가 있다.

• 일용근로자의 인적사항, 전화번호, 주소를 시스템에 구비하여야 하며 지급금액에 대한 무통장입금증 등 금융 증빙을 구비해야 한다. 고령 일용근로자의 경우 본인 여부 확인 후 일용근로계약서 담당업무에 구체적 업무내용을 기재하는 것이 좋다. 고액 일용근로자의 경우 자격사항, 경력사항을 계약서에 첨부하여야 한다. 근무일수에 따라 비과세가 달라지므로 근무일수를 정확히 입력하여야 한다. 동일 기간 다른 회사에서 근무하거나, 입원, 출국, 수감기간 중인 경우 가공경비로 부인될 수 있다.

부가가치세법 시행령 제42조【저술가 등이 직업상 제공하는 인적용역으로서 면세하는 것의 범위】법 제26조 제1항 제15호에 따른 인적(人的) 용역은 독립된 사업(여러 개의 사업을 겸영하는 사업자가 과세사업에 필수적으로 부수되지 아니하는 용역을 독립하여 공급하는 경우를 포함한다)으로 공급하는 다음 각 호의 용역으로 한다.

2. 개인, 법인 또는 법인격 없는 사단·재단, 그 밖의 단체가 독립된 자격으로 용역을 공급하고 대가를 받는 다음 각 목의 인적 용역(2013. 6. 28. 개정). 다. 직업소개소가 제공하는 용역 및 상담소 등을 경영하는 자가 공급하는 용역으로서 기획재정부령으로 정하는 용역

서면3팀-443, 2008. 2. 28.: 사업자가 계약에 의하여 고용자와 구직자를 대리하여 인력고용에 관련된 인력조사, 선발, 조회, 알선 등의 서비스를 제공하는 것은 부가가치세법 제12조 제1항 제13호 및 같은 법 시행령 제35조 제2호 (마)목의 직업소개소에 해당하여 부가가치세가 면제되는 용역에 해당하는 것이나, 노동력을 확보하고 계약에 의하여 타사업체에 임시로 수요인력을 수시로 제공하는 사업은 인력공급업에 해당하므로 부가가치세법 제7조의 규정에 의하여 부가가치세가 과세되는 것으로 귀 질의의 경우 인력을 공급하는 사업에 해당하는지 또는 단순히 인력고용에 관련하여 알선하는 직업소개업에 해당하는지는 계약내용 및 실제사업내용 등 관련사실을 종합하여 판단하여야 할 것임.

부가가치세법 집행기준 1-2-1【용역을 공급하는 사업의 구분 사례】③ 인력공급업과 고용알선업: 인력공급업이란 자기 관리하에 있는 노동자를 계약에 의하여 타인 또는 타사업체에 일정 기간 동안 공급하는 산업활동을 말하고, 고용알선업이란 고용주 또는 구직자를 대리하여 일자리 및 구직자 정보를 기초로 인력을 선발, 알선 및 배치하는 산업활동으로 직업소개소가 여기에 포함된다.

서면2팀-1881, 2005. 11. 23.: 1. 귀 질의 1)의 경우 사업자(갑)가 일정 지역의 소비자가 필요로 하는 재화를 다른 사업자(을)의 거래처에 알선하여 주고 일정 요율의 수수료를 받는 경우에는 부가가치세법 제7조 제1항의 규정에 의해 부가가치세를 과세하는 것임. 2. 귀 질의 2)의 경우 부가가치세 관련 가산세의 부과 여부 및 계산서 제출 여부 등이 불분명하여 정확한 답변을 할 수 없으나 부가가치세가 과세되는 재화를 공급하면서 세금계산서를 교부하여야 하나 착오로 계산서를 교부한 경우 계산서를 교부한 자에 대하여는 부가가치세법 제22조 제2항의 규정에 따라 가산세가 부과되는 부분은 법인세법 제76조 제9항 후단의 규정에 의하여 가산세를 징수할 수 없는 것이나, 착오가 아닌 고의로 세금계산서를 수취하여야 할 자가 계산서를 수취한 경우에는 같은 법 제76조 제5항의 규정에 의한 증빙미수취가산세를 징수하여야 하는 것으로서 고의인지 여부는 거래관계 및 계산서 수수관계 등을 종합적으로 검토하여 판단할 사항임.

세금계산서 발행 금지 업종은 신용카드를 긁어도 매입세액이 불공제된다

부가가치세법상 어떤 사업자들은 세금계산서 대신 영수증을 발급할 수 있고, 어떤 사업자들은 영수증만 발급하여야 한다.

예를 들어 소매업은 영수증을 발행할 수 있다. 그러나 매입자가 세금계산서를 요구하면 세금계산서를 발행하여야 한다(세금계산서 발행가능 업종).

여객운송업은 영수증을 발행하여야 한다. 매입자가 세금계산서를 요구하는 경우에도 세금계산서를 발급할 수 없다(세금계산서 발행금지 업종).

세금계산서 발행금지 업종으로부터 3만 원이 초과하는 금액을 결제할 때는 증빙불비가산세 2%가 부과되는바 법인카드나 현금영수증으로 결제하여야 한다. 문제는 법인카드나 현금영수증 등으로 결제하는 경우 부가가치세가 구분되어 있고 착오로 매입세액을 공제받아 버리는 경우가 있다는 점이다. 따라서 세금계산서 발행금지 업종에서 법인카드로 결제한 경우에도 매입세액을 불공제하여야 한다.

■ 세금계산서 발행금지 업종(부령 제73조 제1항)

① 미용, 목욕탕
② 여객운송업: 택시, KTX, 비행기(전세버스운송업만 세금계산서 발행가능)
③ 입장권을 발행하는 업종: 영화관, 동물원, 공연, 야구장

상기 규정의 취지는 소비성 비사업적 거래로 추정되는 업종의 사용은 매입자가 사업자라 하더라도 최종소비자로 보겠다는 것이다. 매우 과거의 규정이고 종업원의 복리후생 및 출장이 잦은 요즘 시대에는 어울리지 않는다. 또한 먼지구덩이에서 일하는 건설 근로자가 현장 주변 목욕탕을 이용하는 것이 통상성이 없는 것도 아니다.

소명 과정에서의 문제는 더 크다. 목욕탕은 숙박과 겸영하고, 영화관은 음식점과 겸영하고, 여객운송업은 화물운송업과 겸영한다. 단순히 거래처만 보고 이용내역을 확인할 수 없는바 과세관청과 납세자 간 분쟁이 없을 수 없다. 사업과 무관한 비용을 매입세액불공제하는 일반적 규정이 있는바 발행금지 업종은 개정되는 것이 타당할 것으로 여겨진다.

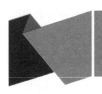

간이과세자로부터 현금영수증을 받은 경우 매입세액은 불공제된다

일반적으로 간이과세자와 거래하는 경우 증빙불비가산세가 부과된다. 따라서 간이과세자와 거래하는 경우 법인카드로 거래하거나 현금영수증으로 거래하여야 한다. 그러나 이 경우라도 매입세액공제는 받을 수 없다. 카드단말기 사정에 따른 부가가치세 구분 기재 여부에 상관이 없다.

직전 연도 공급대가의 합계액이 4,800만 원 미만인 간이과세자는 10%의 부가가치세를 별도로 거래징수할 수 없고, 세금계산서도 발행할 수 없는 사업자이므로 간이과세자로부터 현금영수증을 수취하였다 하더라도 공제(환급)받을 수 없다. 2021년 7월 1일 이후 재화 또는 용역을 공급하는 분부터 간이과세자의 직전 연도 공급대가의 합계액이 4,800만 원 이상인 사업자는 세금계산서를 발행하도록 개정된바 있다.

부가가치세 과세사업을 영위하는 사업자가 자기의 사업을 위하여 일반과세자로부터 재화 또는 용역을 공급받고 부가가치세액이 별도로 구분가능한 신용카드매출전표 등(현금영수증 포함)을 발급받는 경우에는 그 부가가치세액은 자기의 납부세액(매출세액)에서 공제받을 수 있는 것이다.

매입자는 매출자가 간이과세자인지 직전과세기간 매출규모를 확인하여야 하는바, 세금계산서 발행가능한 간이과세자 여부는 홈택스 아래 경로에서 확인할 수 있다.

홈택스 → 조회발급 → 사업자상태 → 사업자등록번호로 조회

부가가치세법 제38조【공제하는 매입세액】① 매출세액에서 공제하는 매입세액은 다음 각 호의 금액을 말한다.

1. 사업자가 자기의 사업을 위하여 사용하였거나 사용할 목적으로 공급받은 재화 또는 용역에 대한 부가가치세액(제52조 제4항에 따라 납부한 부가가치세액을 포함한다)

부가가치세법 제46조【신용카드 등의 사용에 따른 세액공제 등】③ 사업자가 대통령령으로 정하는 일반과세자로부터 재화 또는 용역을 공급받고 부가가치세액이 별도로 구분되는 신용카드매출전표 등을 발급받은 경우로서 다음 각 호의 요건을 모두 충족하는 경우 그 부가가치세액은 제38조 제1항 또는 제63조 제3항에 따라 공제할 수 있는 매입세액으로 본다.

부가가치세법 시행령 제88조【신용카드 등의 사용에 따른 세액공제 등】② 법 제46조 제1항에서 "대통령령으로 정하는 것"이란 다음 각 호의 어느 하나에 해당하는 것을 말한다.

1. 여신전문금융업법에 따른 다음 각 목의 것
   가. 직불카드영수증
   나. 결제대행업체를 통한 신용카드매출전표
   다. 선불카드영수증(실제 명의가 확인되는 것으로 한정한다)
2. 조세특례제한법 제126조의3에 따른 현금영수증(부가통신사업자가 통신판매업자를 대신하여 발급하는 현금영수증을 포함한다)

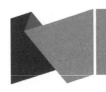

용역의 무상공급은 매입세액공제가 가능한지?

부가가치세법은 단순히 과세 · 면세만 규정하였다. 그러나 2012년 비과세사업이라는 개념을 추가하였다. 과세거래는 매입세액공제가 가능하나 비과세사업의 경우 매입세액공제가 불가능한바 용역의 무상공급이 쟁점화된다.

부가가치세법상 비과세사업이 입법으로 규정된 것은 2012년이다. 이때 비과세사업을 부가가치세가 과세되지 않는 재화 또는 용역을 공급하는 사업으로 정의(부가가치세법 제29조 제8항)하면서 이후 면세와 비과세사업을 합쳐서 "면세사업등"으로 표현하고 있다. 비과세사업은 면세처럼 열거하고 있지 않다. 법문상 표현 방법으로 "재화(용역)의 공급으로 보지 아니한다"로 해석하고 있기 때문이다. 그러나 이는 논란이 있는 해석이다.

"공급으로 보지 않는다"는 표현이 비과세사업보다 먼저 법문에 들어왔으므로 비과세사업의 표현 방법으로 볼 수 없다.

법문 해석에 있어서 보지 않는다는 간주규정이다. 따라서 보지 않는다는 공급이 아니라는 뜻이 아니라 (반증이 있어도) 공급이 아닌 것으로 취급하겠다는 의미이다. 이 때문에 과세사업임에도 불구하고 법률상 취급을 달리하겠다는 의미이지 비과세사업으로 보겠다는 의미로 해석할 수 없다.

부가가치세법 제29조 제4항 제3호에서 용역의 무상공급은 특관자의 경우에는 일정 요건 하에서 의제과세표준을 적용한다는 것이므로 용역의 무상공급거래는 과세거래를 전제로 그 무상공급(과세표준 0)을 그대로 인정하는 것으로 해석된다.

비과세사업이란 판례상 "카지노(도박)수입, 국고보조금수입, 상품권매출"이므로 용역의 무상공급과 관련 없다.

기존 용역의 무상공급은 매입세액이 공제가능한 것(부가 22601-52, 1992. 4. 22.)이었고 2012년 이후에도 매입세액이 공제가능한 것으로 해석(법규부가 2012-498, 2012. 12. 27.)하고 있다.

비과세사업이란 과(면)세사업과 구별된 독립된 사업이라는 의미이고, 사업이란 계속 반복성을 전제로 하는바 용역의 무상공급이 계속·반복성이 있는 사업이 아닌 경우 독립된 사업으로도 볼 수 없다.

승용차 관련 매입세액은 불공제한다

과거 승용차는 부의 상징(?)이었으며 사업주가 개인적 목적으로 사용하는 경우도 적지 않았다. 이에 따라 지극히 과세편의적인 입장에서 사업용승용차도 매입세액을 공제받을 수 없도록 입법화되었다. 영업용(택시, 랜트업)승용차만 매입세액을 공제받을 수 있다.

현대의 모든 사업에서 승용차를 사용하고 있으며 2016년 4월 법인세법 개정으로 차량의 운행기록 및 임직원보험에 가입하여야 하는바, 사업관련성의 입증수단은 이미 구비된 것 같다. 따라서 향후 소형승용차의 매입세액불공제 문제는 부가가치세법 개정으로 해소되어야 할 것이다.

매입세액을 불공제하는 승용차의 범위(출처: 국세청 블로그)

회사별	명칭	정원	공제 여부	차종	종류
현대	갤로퍼	5, 6	×	승용	
	갤로퍼-밴, 갤로퍼	2, 9	○	화물, 승용	
	베라크루즈	7	×	승용	
	산타모	5, 6, 7	×	승용	
	산타모	9	○	승용	
	산타페, 스타렉스	7	×	승용	
	스타렉스, 스타렉스-밴	9, 6	○	승용	
	아토스	4	○	승용	경차
	테라칸, 투싼	7, 5	×	승용	
	트라제XG	7	×	승용	
	트라제XG	9	○	승용	
기아	레토나, 록스타	5	×	승용	
	레토나-밴	2	○	화물	
	모닝, 모닝-밴	5, 2	○	승용	경차
	비스토	5	○	승용	경차

회사별	명칭	정원	공제 여부	차종	종류
	스포티지, 쏘렌토	5, 7	×	승용	
	스포티지-밴, 스포티지	2, 9	○	화물, 승용	
	카니발, 카렌스	7	×	승용	
	그랜드 카니발	11	○	승합	
	카니발, 카니발-밴	9, 6	○	승용, 화물	
	타우너-코치, 밴, 트럭	7, 2	○	승용, 화물	경차
대우	다마스-밴, 코치	2, 7	○	화물, 승용	경차
	라보	2	○	화물	경차
	마티즈, 마티즈-밴	5, 2	○	승용	경차
	윈스톰	5, 7	×	승용	
	이스타나-밴	2, 6	○	화물	
	티코	5	○	승용	경차
쌍용	로디우스	9, 11	○	승용, 승합	
	무쏘	5	×	승용	
	무쏘-밴, 스포츠	2, 5	○	화물	
	액티언	5	×	승용	
	액티언 스포츠	5	○	화물	
	카이런	7	×	승용	
	코란도-밴, 코란도	3, 9	○	화물, 승용	
	코란도	4, 5, 6	×	승용	

(구)부가가치세 집행기준 17-0-8【비영업용 소형승용자동차의 구입·임차·유지 관련 매입세액불공제 범위】

① 비영업용의 범위

영업용이란 운수업, 자동차매매업, 렌트카업과 같이 승용자동차를 직접 영업에 사용하는 것을 말하므로 그러하지 아니한 것은 비영업용에 해당한다.

② 소형승용자동차의 범위

개별소비세법 시행령 제1조 별표 1에 열거되어 있는 주로 사람의 수송을 목적으로 제작된 차량을 말한다.

③ 소형승용자동차 관련 매입세액의 공제 여부

사업자가 타인 소유의 소형승용자동차를 임차하여 비영업용으로 사용하고 지불한 대가 및 해당 소형승용자동차의 구입·유지에 대한 매입세액은 공제하지 아니한다.

부가-870, 2009. 6. 25.: 법인사업자가 부가가치세법 시행령 제60조 제4항의 규정에 의한 소형승용자동차(법인 소유 차량 또는 종업원 소유 차량)의 유지를 위하여 대리운전업체로부터 대리운전 용역을 제공받고 교부받은 세금계산서의 매입세액은 같은 법 제17조 제2항 제3호의 규정에 의하여 매출세액에서 공제하지 아니하는 것임.

현장에서는 어떤 지방세를 납부하는지?

현장에서 발생하는 지방세는 수십 종류가 되지만 금액적인 중요성이 있는 것은 취득세 하나뿐이다. 지방세는 세원(인원수, 사업장 면적)에 기초하여 부과(응익과세)하는 경우가 많으므로 사업장 면적은 연 2회 증감내역을 관리하여야 한다.

기타 고지되는 지방세는 소액인 경우 고지서 수령 시 별도의 검토 없이 납부하면 된다. 우리가 전화료, 전기료 등의 지로영수증을 수령하는 경우 내역산정근거를 따지지 않는 것과 같이 중요성이 없는 곳에 노력을 투입할 이유가 없다.

건설사의 경우 고지내역을 일괄납부 후 현장별 원가이체하는 것이 좋다. 체납 시 지방세 완납증명서 발급불가로 기성금 수령에 차질을 빚을 수 있으므로 체납 여부를 관리하는 것이 중요하다.

현장 지방세 주요세목

주요세목	구분	납부세액	신고·납부기한
취득세	자진신고	취득가액 × 2.2%	축조신고일로부터 60일 이내
주민세 재산분	자진신고	사업장 연면적 × 250원/㎡ (330㎡ 초과에 한함)	매년 8월 16일~8월 31일까지
주민세 법인균등분	부과고지	25만 원(22만 원~65만 원)	매년 8월 1일~8월 31일까지
면허세	부과고지	3천 원~4만 5천 원	각종 면허 허가 시마다 / 1년 이상 허가분은 1월 말까지
지방소득세 종업원분	자진신고	급여총액 × 0.5% (직전 1년간 월평균 급여총액이 15,000만 원을 초과하는 경우)	매월 10일까지
지방소득세 소득분	자진신고	임직원 소득세 × 10%	매월 10일까지
지방소득세 법인세분	자진신고	법인세 × 10% (인원 및 사업장 면적으로 안분)	매년 4월 30일까지

• 부담금은 세금이 아니다.

1. 취득세

(1) 과세대상 1년 초과 존치예정인 가설건축물, 지하수시설가설건축물 축조신고를 하지 않거나, 축조신고(1년 이하 존치로 신고) 후 존치기간 연장신고를 하지 않더라도 실제로 1년 초과 존치하였으면 과세대상에 포함된다. 존치 기간은 가설건축물을 기준으로 판단하므로 타인으로부터 가설건축물을 매수하는 경우 잔여기간을 확인하여야 한다.

(2) 과세표준: 사실상 취득금액(장부상 입증되는 경우 그 금액)

> **총투입공사비 − 비과세 공사비 = 과세표준**

① 총투입공사비: 물건 자체의 취득가액 이외에 취득시점까지 소요된 중개수수료, 취득건축물의 인테리어공사비용, 주체구조부와 일체를 이루는 각종 시설물(빌트인 가전가구), 대수선 공사비 등도 취득가액에 포함하여 취득세를 납부하여야 한다.
② 사실상 취득금액: 취득시점까지 지급했거나 지급하여야 할 비용으로, 취득시점까지 미지급된 비용이나 향후 지급예정인 비용을 포함한다.
③ 비과세 공사비: 조경공사비용, 포장 및 외부공사비용, 냉난방기설치공사비용(스탠드형)

과세표준	관련 증빙
외주를 통해 가설사무실을 축조한 경우 외주계약서상 계약금액	외주계약서 및 내역서
자체적으로 자재구입 등을 통하여 신축한 경우 공사원가 내역상 금액	신축공사원가 내역서
가설사무실을 구입한 경우 매매계약서상 구입가액	매매계약서, 세금계산서
컨테이너를 임차하여 사용하는 경우 임대인의 장부가액	임대인의 장부가액 확인명세서(날인본)

(3) 신고·납부

과세표준의 2.2%(취득세 2%+농특세 0.2%)를 가설사무실 신고 후 60일 이내에 구청에 신고·납부한다. 일반적인 건축물의 취득 시에는 등기등록을 필요로하므로 4.6%의 세율이 적용된다. 그러나 가설건축물은 등기등록이 필요치 않으므로 구 등록세율만큼 차감되어 2.2%가 적용되는 것이다.

2. 주민세 재산분

(1) 과세대상: 매년 7월 1일 기준 존재하는 ① 사업소의 ② 연면적
   ① 사업소: 인적 및 물적설비를 갖추고 계속하여 사업 또는 사무가 이루어지는 장소
   ② 연면적: 사업소(건축물, 구축물, 기계장치) 전체 연면적
      330㎡ 초과분만 면적당 250원 곱하여 7월 31일까지 신고·납부하여야 한다.

(2) 형태별 연면적 산정 및 입증서류
   ① 가설사무실 사용 시 가설건축물의 연면적 → 가설건축물 축조신고필증
   ② 신축 중인 본건물을 사무실로 사용 시 해당 사무실 연면적 → 도면
   ③ 임대차계약에 의해 사무실 사용 시 임대차계약서상 연면적 → 임대차계약서(공용
      면적 포함)

공동도급의 경우, 업체별 면적 산출이 불분명하다면 주간사에서 전체 연면적에 대해 신고·납부하고 지분율만큼 원가배부한다. 일반적으로 축조신고필증상 건축주가 납세 의무자가 된다.

3. 주민세 법인균등분

매년 8월 1일 기준 존재하는 사업소에 대하여 종업원 수 100명 이하 사업장은 25만 원(인구 50만 미만 시는 22만 원), 종업원 수 100명 초과 사업장은 65만 원 정도 납부한다.
해당 현장의 사무실이 동일 구 내에 수 개가 존재한다면 주민세 법인균등분은 한 건만 부담한다.

4. 면허세

각종 면허 및 허가 시 부과고지한다. 면허세는 사유발생 시마다 수시부과하고 매년 1월 31일 정기부과한다. 면허·허가사항은 총 700여 가지이나 예를 들면 아래와 같다.

(1) 가설건축물의 건축 또는 축조

(2) 공유수면매립, 채석 및 토사 채취

(3) 도로점용(공간점용 제외), 하전점용, 공유수면의 점용·사용, 자연공원 및 도시공원 점용 등

(4) 비산먼지발생사업의 신고, 특정공사의 사전신고, 대기오염배출시설 및 폐기물처리시설 설치 등

(5) 지하수개발 및 이용 시

(6) 무선국 개설(무전기 사용)

(7) 각종 업 면허취득(대규모 점포개설, 조경공사업 등)

5. 지방소득세 종업원분

과거에는 매월 급여 지급 시 평균 근로자 수가 50인 초과 사업장이 해당 사업장 급여지급 총액의 0.5%를 납부하였다. 2016. 1. 1. 이후부터는 종업원 수 50명 이하인 경우라도 직전 1년간 월평균 급여총액이 13,500만 원(2020년 이후부터 15,000만 원으로 개정)을 초과하는 경우 종업원분 주민세를 신고·납부하는 것으로 개정된바 있다. 보통 본사의 급여 담당자가 처리하여 익월 10일까지 신고·납부한다.

6. 지방소득세 소득분

매월 임직원에 대한 급여 지급 시 원천징수되는 소득세의 10%를 해당 임직원이 근무하는 시·군·구청에 신고·납부한다. 보통 본사의 급여 담당자가 처리하여 익월 10일까지 신고·납부한다.

7. 지방소득세 법인세분

법인세액의 10%를 매년 12월 31일 기준 현재 전국의 사업장 인원 및 면적으로 안분하여 사업장 소재 지방자치단체에 안분하여 신고·납부한다. 한 개 현장의 면적만 틀려도 전국에 신고되는 안분내역 모두가 수정될 수 있지만, 안분비율의 수정으로 인한 가산세는 발생하지 않는다.

해당 시·군·구 납부세액 = 법인세액 × 10% × 〔(개별사업장 종업원 수/전국사업장 총 종업원 수)
+ (개별사업장 건축물 연면적/전국사업장 총 건축물 연면적)〕/ 2

- **부담금(負擔金)**: 공익사업경비를 그 사업에 이해관계를 가진 사람에게 부담시키기 위하여 과하는 공법상의 금전급여의무

  인적 공용부담의 하나로서 경비의 일부를 부담시키는 경우는 분담금(分擔金)이라고 한다. 부담금은 사업의 종류에 따라 도로부담금·하천부담금·도시계획부담금·사방부담금 등이 있다. 부담금은 넓은 뜻으로는 임의부담금도 포함하나 좁은 뜻으로는 강제부담금만을 말한다.

- **조세와 부담금의 비교**

  1) 공통점: 강제부담이라는 공법상의 금전급여의무인 점
  2) 차이점
      ① 조세는 국가나 공공단체의 일반수입을 목적으로 하는데 비하여 부담금은 특정사업의 경비에 충당함을 목적으로 하는 점,
      ② 조세는 일반국민에게 균등하게 부과되는데 비하여 부담금은 당해사업에 특별한 이해관계를 가진 사람에게만 부과되는 점,
      ③ 조세는 개인의 담세능력을 표준으로 하여 과하는데 비하여, 부담금은 사업소요경비·부담자의 재력·사업과의 관계의 정도 등을 종합적 표준으로 하여 부과하는 점에 차이가 있다.

- **수수료·사용료와 부담금의 차이점**

  ① 전자는 개개의 이용행위에 대한 대가(반대급부·보수)의 성질을 가지는데 비하여 후자는 사업 자체의 경영에 소요되는 경비의 부담인 점,
  ② 전자는 이용자에게 과해지는데 비하여 후자는 사업 자체와 특별한 이해관계가 있는 사람에게 과해진다는 점에 있다.

- **부담금의 종류**

  수익자부담금·손상자부담금·원인자부담금 등이 있다. 부과징수권은 사업주체인 국가·공공단체에 있는 것이 원칙이나, 예외적으로 특히 기업자에게 부여되는 경우도 있다. 의무위반자에 대한 제재나 강제집행의 방법은 조세의 경우와 같으며, 불복에 대한 쟁송(爭訟)은 행정쟁송에 의한다.

  국가 또는 공공단체가 공공단체 또는 국가의 특정사업에 요하는 경비의 전부 또는 일부를 분담하기 위하여 지출하는 금전을 부담금이라고 할 때도 있다.

현장 가설사무실의 취득세는?

　1년 초과하는 가설건축물 축조신고를 하지 않거나, 축조신고(1년 이하 존치로 신고) 후 존치기간 연장신고를 하지 않더라도 실제로 1년 초과 존치하였으면 과세대상에 포함된다.

1. 과세표준(사실상 취득금액)

　(1) 구입하는 경우: 구입금액으로 취득시점까지 지급했거나 지급하여야 할 비용으로, 취득시점까지 미지급된 비용이나 향후 지급예정인 비용을 포함한다.

　(2) 건설하는 경우: 외주 공사비 도급금액으로 취득시점까지 지급했거나 지급하여야 할 비용으로, 취득시점까지 미지급된 비용이나 향후 지급예정인 비용을 포함
　　　(주의) 조경공사비용, 포장 및 외부공사비용, 냉난방기설치공사비용(스탠드형)은 과세 제외된다.

　(3) 컨테이너를 임차하는 경우: 임차하는 사업자의 장부가액, 장부가액이 없거나 불확실한 경우 임차하는 사업자의 취득금액
　　　(주의) 컨테이너를 건축물 용도로 사용하는 경우 취득세 과세대상이 된다.

　(4) 부대 비용: 물건 자체의 취득가액 이외에 취득시점까지 소요된 중개수수료, 취득건축물의 인테리어공사비용, 체구조부와 일체를 이루는 각종 시설물(빌트인 가전가구), 대수선 공사비, 컨테이너 운송료·설치비 등도 취득가액에 포함한다.

2. 구비서류

구분	증빙
외주를 통해 가설사무실을 축조한 경우 외주계약서상 계약금액	외주계약서 및 내역서, 세금계산서
자체적으로 신축한 경우 공사원가 내역상 금액	신축공사원가 내역서
가설사무실을 구입한 경우 매매계약서상 구입가액	매매계약서, 세금계산서
컨테이너를 임차하여 사용하는 경우 임대인의 상부가액	임대인의 장부가액 확인명세서(날인본) 또는 임대인의 매입세금계산서

과세대상에서 제외되는 공사비(조경공사비용, 포장 및 외부공사비용 등)는 금액을 구분할 수 있도록 기재되어야 함.

- 세율: 과세표준의 2.2%(취득세 2% + 농특세 0.2%)

3. 신고기간

(1) 존치기간을 1년 초과로 신고한 경우 → 축조신고일로부터 60일 이내
(1) 존치기간을 1년 이하로 신고하였다가 연장신고하는 경우 → 연장신고일로부터 60일 이내
(3) 무신고 가설건축물의 경우 → 사실상 사용 기간이 1년 경과하는 날로부터 60일 이내
(4) 취득세 신고·납부 후 취득가액이 변경된 경우 → 취득가액 확정일로부터 60일 이내

취득세 신고를 누락하면 본세와 과소신고한 본세의 20% 및 지연 기간에 대한 이자(8.03%/연)를 납부하여야 한다.

모델하우스 등 가설건축물을 매수하는 경우 당초 축조신고필증상 존치기간 취득세 납부여부를 확인하여야 한다. 가설건축물의 1년 계상의 시점은 매매에 불구하고 처음 신고 시를 말하기 때문이다(지방세정담당관-411, 2003. 7. 9.).

과세물건인 '가설건축물의 취득'에서 취득의 의미가 소유권의 취득인 경우 임차인은 컨테이너(프리패브)의 소유자가 아니므로 취득세 납세의무가 성립한다는 점은 의문의 소지가 있다. 지방세법 제7조 제2항에서 '당해 취득물건의 소유자'를 납세의무자로 보고 있기 때문이다.

동일한 컨테이너가 소유권의 변동 없이 여러 횟수에 걸쳐 다른 지역에 설치되고, 각각 1년 이상 존치했다면 해당 횟수의 취득세 납부의무가 발생하므로 사안에서 취득의 의미는 건축자재(컨테이너나 프리패브 자재)라는 유채물(재화)의 소유권이전이 아니라 해당 장소에 가설사무실의 건축행위(용역)로 인한 취득행위인 것이다.

이 경우 지방세법 제7조 제1항에 의해 취득행위자(임차인)가 납세의무자가 되는데, 시공사는 건축법상 건축주로서 가설건축물축조신고의무가 있고 가설건축물은 등기·등록을 할 수 없는 대신 건축물대장에 해당하는 가설건축물대장으로 관리되므로 대장상의 건축주인 시공사로 적고 있다. 또한 사용 기간에 따라 취득세 과세 여부가 결정되므로 직접세인 취득세의 취지로 보더라도 시공사가 부담하는 것이 거래실질을 반영한다고 판단된다.

저자는 상기 문제점에 대하여 서울시청으로부터 하기와 같은 유권해석(세제과-7374, 2012. 6. 19.)을 확보하였다.

임차인(건설회사)이 컨테이너소유자(임대사업자)의 장부가액을 과표로 하여 가설건축물축조신고필증 교부일(존치기간이 1년 이상일 경우), 취득일로 보아 60일 이내 신고·납부하여야 한다.

1. 납세의무자: 취득세의 납세의무자는 소유자이나 컨테이너를 임차하여 현장사무실로 사용하는 경우 취득 행위자는 소유자가 아니라 임차인인 건설회사가 됨.
2. 과세표준: 법인의 취득세 과세표준은 장부가액이나 임차한 컨테이너는 임차한 법인의 자산이 아니므로 장부가액이 존재하지 않음.
3. 존치기간: 존치기간이 1년을 초과하는 가설사무실만 취득세 과세대상이 되나 가설건축물축조신고필증상 존치기간이 1년을 초과하는 경우 축조신고필증교부일, 1년 이하인 경우 축조신고필증교부일로부터 1년이 되는 시점이 됨.

임대사업자의 컨테이너는 재고자산으로 감가상각이라는 이슈가 없으나 만일 감가상각하였다면 감가상각비를 고려하지 않은 임대사업자의 취득가액을 지방세법상 장부가액으로 보아야 한다. 지방세법은 법인의 경우 취득에 소요된 비용을 장부로 입증 가능하다는 것으로 보는 것이므로 취득에 소요된 비용과 무관한 감가상각비는 지방세법상 장부가액과 무관하다. 즉, 회계상 장부가액과 지방세법상 장부가액은 다른 개념이다.

지방세법 제7조【납세의무자등】 ① 취득세는 부동산, 차량, 기계장비, 항공기, 선박, 입목, 광업권, 어업권, 골프회원권, 승마회원권, 콘도미니엄 회원권, 종합체육시설 이용회원권 또는 요트회원권(이하 이 장에서 "부동산등"이라 한다)을 취득한 자에게 부과한다. ② 부동산등의 취득은 「민법」, 「자동차관리법」, 「건설기계관리법」, 「항공법」, 「선박법」, 「입목에 관한 법률」, 「광업법」 또는 「수산업법」 등 관계 법령에 따른 등기·등록 등을 하지 아니한 경우라도 사실상 취득하면 각각 취득한 것으로 보고 해당 취득물건의 소유자 또는 양수인을 각각 취득자로 한다. 다만, 차량, 기계장비, 항공기 및 주문을 받아 건조하는 선박은 승계취득인 경우에만 해당한다.

지방세법 제9조【비과세】 ⑤ 임시흥행장, 공사현장사무소 등(제13조 제5항에 따른 과세대상은 제외한다) 임시건축물의 취득에 대하여는 취득세를 부과하지 아니한다. 다만, 존속기간이 1년을 초과하는 경우에는 취득세를 부과한다.

지방세법 기본통칙 9-1【임시용 건축물】 임시용 건축물에 대한 "존속기간 1년 초과" 판단의 기산점은 「건축법」 제20조 규정에 의하여 시장·군수에게 신고한 가설건축물 축조신고서상 존치기간의 시기(그 이전에 사실상 사용한 경우에는 그 사실상 사용일)가 되고, 신고가 없는 경우에는 사실상 사용일이 된다.

지방세법 제10조【과세표준】 ⑤ 다음 각 호의 취득(증여·기부, 그 밖의 무상취득 및 「소득세법」 제101조 제1항 또는 「법인세법」 제52조 제1항에 따른 거래로 인한 취득은 제외한다)에 대하여는 제2항 단서 및 제3항 후단에도 불구하고 사실상의 취득가격 또는 연부금액을 과세표준으로 한다.
3. 판결문·법인장부 중 대통령령으로 정하는 것에 따라 취득가격이 증명되는 취득

세정 13407-542, 2001. 11. 14.: 임시용 건축물의 존속기간이 1년 초과 시 취득세 납세의무자는 당해 건축물 소유자인바, 그 과세표준은 법인인 경우 장부가액이 됨.

세정 13407-964, 2002. 10. 11.: 가설건축물 신축 시, 가설건축물 축조신고서 및 사용승인서상 건축주가 취득세 납세의무자이며, 제3자가 신고·납부한 경우에는 '과오납'이 됨.

제 6 편

공동도급

공동도급과 원가분담금

공동도급계약이란 2인 이상의 사업자가 공사도급계약에 있어서 발주자와 당해계약을 공동으로 수행하기 위하여 공동체를 구성하여 도급받아 계약을 이행하는 형태를 말한다. 따라서 공동도급을 결성하여 특정공사를 수주한 경우는 공동도급에 참가한 복수의 기업이 연대하여 공사 전체의 시공, 완성, 인도 및 하자보수책임까지 지게 된다.

이 경우 공동수급체라 함은 구성원 2인 이상으로 하여 수급인이 당해계약을 공동으로 수행하기 위하여 구성한 경영실체로 그중 대표자로 선임된 자를 공동수급체대표자(주간사)라고 한다. 공동도급의 권리·의무는 그 구성원에게 직접 귀속된다. 따라서 공동도급의 대외적 법률행위는 공동도급 구성원 전원의 이름으로 행하여지나, 일반적으로 대표자를 정하여 이 대표자에게 공동도급의 재산관리권을 부여하고, 대외행위에 관한 대리권을 부여하고 있다. 그러나 대표자의 행위의 효과는 공동도급 구성원 전원에게 미친다.

일반건설업과 전문건설업 간에는 수직적 협력관계로 공동도급계약이 허용되지 않는다.

1. 공동도급의 형태

(1) 공동이행방식: 공동이행방식은 공동수급체의 각 구성원이 자금, 인원, 기자재를 동원하여 공사물자 또는 용역에 대한 계획, 입찰, 시공 등을 위하여 공동연대하여 사업을 이행하는 방식을 말한다. 따라서 발주자에 대한 계약이행은 연대하여 책임을 지며 공동수급체의 하도급업자나 납품업체에 대해서도 공동연대 책임을 진다. 그리고 출자비율에 따라서 손익을 분배한다.

(2) 분담이행방식: 분담이행방식은 공동수급체의 각 구성원이 계약의 목적물을 분할하여 구성원 각자 부담분에서만 책임을 지고 공동경비에 대해서만 분담공사비율에 따라 각각 부담하는 형태이다.

2. 매출세금계산서의 교부

국가를 당사자로 하는 계약에 관한 법률에 의한 공동도급계약에 의하여 용역을 공급하고 그 공동수급체의 대표자가 그 대가를 지급받아 분배비율에 따라 수급체구성원에게 분배하는 경우 발주자에게 세금계산서를 교부하고 공동수급체의 구성원은 공동수급체의 대표자에게 분배받은 금액에 세금계산서를 교부할 수 있다(부칙 18(2)).

(1) 매출세금계산서의 발행방법: 공동도급계약에 의하여 2인 이상의 사업자(공동수급체)가 발주자에 건설용역을 공급하고 공동수급체의 구성원이 약정된 지분대로 발주자로부터 대가를 지급받는 경우에는 공동수급체의 구성원이 각자에게 귀속되는 대가에 대하여 발주자에 건설업의 공급시기에 세금계산서를 발급하여야 한다.

(2) 공동수급체 대표자가 전액 세금계산서를 발행한 경우: 공동도급계약에 의하여 용역을 공급하고 그 공동수급체의 대표자가 그 대가를 지급받는 경우에는 그 대가를 지급받아 약정된 지분에 의하여 공동수급체의 구성원에게 분배하는 경우에 공동수급체의 대표자는 발주자에 세금계산서를 교부하고 공동수급체의 구성원은 공동수급체의 대표자에게 세금계산서를 발급할 수 있다(부가 46015-1746, 1999. 6. 22.).

3. 공동매입의 경우

건설업을 영위하는 2인 이상의 사업자(공동수급체)가 발주처로부터 건설공사를 공동으로 수주받아 각자의 책임과 계산하에 건설용역을 제공함에 있어 공동수급체의 대표자가 동 공사에 소요되는 재화 또는 용역을 구성원에게 공급하는 경우에 당해 재화 또는 용역의 공급에 대하여는 공동수급체의 대표자가 구성원에게 세금계산서를 교부하여야 하나, 동 공사에 소요되는 재화 또는 용역을 다른 사업자로부터 공급받고 공동수급체의 대표자가 세금계산서 또는 영수증을 교부받은 경우에는 당해 대표자가 부가가치세법 시행규칙 제18조의 규정에 의하여 세금계산서를 교부받은 분은 그 교부받은 세금계산서에 기재된 공급가액의 범위 안에서 세금계산서를, 영수증을 교부받은 분은 같은 방법으로 영수증을 각각의 지분비율에 따라 공동수급체의 구성원에게 교부할 수 있으며, 부가가치세가 과세되지 아니하는 공동비용에 대하여는 당해 대표자가 구성원에게 세금계산서를 교부할 수 없다(부가 46015-4870, 1999. 12. 11.).

4. 세금계산서 교부방법

(1) 공동도급공사 도중 일부 구성원의 지분포기와 신규 참여 시 당해 지분의 공통원가 배분금액에 대한 세금계산서 교부방법: 수 개의 건설회사가 공동이행방식으로 도급공사를 수행하던 중에 지분 참여회사 중의 일부가 자기의 지분을 포기하고 당해 지분을 새로운 참여회사에 양도하는 때에는 당해 지분(당해공사에 대하여 투입된 원가에 대한 미완성분)을 양도하고 받는 대가에 대하여 당해 지분을 양도하는 회사가 양수받는 회사를 공급받는 자로 하여 세금계산서를 교부하여야 한다(부가 46015-2744, 1997. 12. 6.).

(2) 공동도급공사의 공사진행 차이분에 대한 세금계산서 교부가능 여부: 예산회계법에 의한 공동도급계약에 의하여 건설용역을 공급하고 발주자에게 세금계산서를 교부한 후 실제 공사진행에 따른 각자의 공사진행 차이분을 공동수급인 간에 정산하기로 한 경우 당해 공사진행 차이에 따른 정산금액에 대하여는 부가가치세법 시행규칙 제18조 제1항의 규정에 준하여 세금계산서를 교부할 수 있는 것이다(부가 46015-235, 1995. 2. 4.). 이를 실시공정산이라고 부른다.

(3) 월합세금계산서의 준용: 건설업을 영위하는 2인 이상의 사업자(공동수급체)가 발주처로부터 건설공사를 공동으로 수주받아 각자의 책임과 계산하에 건설용역을 제공함에 있어 공동수급체의 대표자가 동 공사에 소요되는 재화 또는 용역을 구성원에게 공급하는 경우에 당해 재화 또는 용역의 공급에 대하여는 공동수급체의 대표자가 구성

원에게 부가가치세법 제34조 제3항 제1호에 따라 월합계세금계산서를 다음 달 10일까지 세금계산서를 교부하여야 한다.

(4) 형식적인 공동도급계약에 의한 용역공급 시 세금계산서 교부방법: 도급공사를 공동으로 수급하고 대표사가 비주간사에게 확정된 이익을 보장하였다 하여 대표사가 공동도급공사를 단독으로 시공하였다고 볼 수 없다. 이를 위임시공이라고 부른다. 적어도 세법은 형식적인 공동도급의 외관을 존중하고 있다. 해당 쟁점은 2007년에 해소되었다.

• 2007년 이후 해석: 공동도급공사와 관련하여 공동수급체 구성 업체가 각 지분대로 발주처에 매출세금계산서를 발행한 것은 적법하고 이를 두고 주관사가 실제 모든 공사를 시공하였다 하여 모든 제세 신고를 주관사의 귀속으로 하는 것은 불가함(국심2006구3105, 2007. 2. 9.).

• 2007년 이전 해석: 갑, 을 사업자가 발주자와 공동도급계약을 체결하여 건설용역을 제공하고 발주자로부터 자기의 공동수급 지분대로 각각 공사대금을 수령하는 경우에는 각자의 지분대로 각각 세금계산서를 교부하는 것이나, 발주자와 형식적인 도급계약을 체결하였을 뿐 실제 공사용역은 갑이 전부 제공하고 을은 자기 공사지분에 대한 권리를 갑에게 양도하고 그 대가를 받거나 또는 을이 갑에게 별도 하도급계약에 의해 용역을 제공하고 그 대가만을 받는 경우에는 형식적인 공동도급계약에 관계없이 실질내용에 따라 갑이 발주자에게 전액 세금계산서를 교부하고 을은 당해 대가에 대하여만 갑에게 세금계산서를 교부하는 것이다(부가 46015-1742, 2000. 7. 22.).

---

(5) 공동수급체의 공동비용을 대표사의 법인카드로 결제 후 청구방법: 대표사가 공동비용지출을 대표사의 법인신용카드로 사용하고 그 금액을 참여사에 청구하기 위하여 세금계산서를 발행하여 부가가치세를 거래징수하고 참여사는 그에 해당되는 매입세액을 공제받을 수 있는지에 대하여 국세청 서면질의에서 세금계산서를 발행할 수 없다고 회신하고 있다. 즉, 대표사의 법인카드에 대한 매입세액은 대표사의 지분상당액에 해당되는 매입세액을 대표사의 매출세액에서 공제가능하며 신용카드매출전표는 부가가치세법에서 세금계산서가 아닌 영수증으로 보는 것으로 참여사에 해당되는 지분에 대하여 세금계산서를 교부할 수 없으며 따라서 참여사도 매입세액공제를 받을 수 없다는 것이다(서면3팀-1858, 2007. 6. 29.). 즉, 대표사의 신용카드발행분은 영수증으로 정산하여야 하며, 매출세금계산서를 발행하여 정산할 수 없다.

건설산업기본법 시행령 제40조【공동도급 등에 관한 지도】 국토교통부장관은 법 제48조 제1항에 따라 건설업자 간의 상생협력관계를 유지하도록 하기 위하여 필요하다고 인정하는 경우에는 공동도급 등에 관하여 다음 각 호의 사항을 정하여 고시하고 그에 따른 지도를 할 수 있다.

1. 발주자와 공동수급체 간 또는 공동수급체의 구성원 상호 간의 시공상 책임한계와 공사실적의 인정 등 공동도급의 유형과 그 운영에 관한 기준
2. 건설업자 간의 상생협력에 관한 권장사항
3. 건설업자 간의 상생협력의 평가에 관한 기준

국가를 당사자로 하는 계약에 관한 법률 시행령 제72조【공동계약】 ① 법 제25조의 규정에 의한 공동계약의 체결방법 기타 필요한 사항은 기획재정부장관이 정한다.

② 각 중앙관서의 장 또는 계약담당공무원이 경쟁에 의하여 계약을 체결하고자 할 경우에는 계약의 목적 및 성질상 공동계약에 의하는 것이 부적절하다고 인정되는 경우를 제외하고는 가능한 한 공동계약에 의하여야 한다.

③ 각 중앙관서의 장 또는 계약담당공무원은 제2항에 따른 공동계약을 체결할 때 다음 각 호의 어느 하나에 해당하는 사업인 경우에는 공사현장을 관할하는 특별시·광역시·도 및 특별자치도에 주된 영업소가 있는 자 중 1인 이상을 공동수급체의 구성원으로 하여야 한다. 다만, 해당 지역에 공사의 이행에 필요한 자격을 갖춘 자가 10인 미만인 경우에는 그러하지 아니하다.

1. 추정가격이 고시금액 미만이고 건설업 등의 균형발전을 위하여 필요하다고 인정되는 사업
2. 저탄소·녹색성장의 효과적인 추진, 국토의 지속가능한 발전, 지역경제 활성화 등을 위하여 특별히 필요하다고 인정하여 기획재정부장관이 고시하는 사업. 다만, 외국건설업자(건설산업기본법 제9조에 따라 건설업의 등록을 한 외국인 또는 외국법인을 말한다)가 계약상대자에 포함된 경우는 제외한다.

④ 제3항의 규정에 의한 공동계약의 경우 공동수급체의 구성원 중 당해 지역의 업체와 그 외 지역의 업체 간에는 독점규제 및 공정거래에 관한 법률에 의한 계열회사가 아니어야 한다.

국심2006구3105, 2007. 2. 9.: 공동도급공사와 관련하여 공동수급체 구성 업체가 각 지분대로 발주처에 매출세금계산서를 발행한 것은 적법하고 이를 두고 주관사가 실제 모든 공사를 시공하였다 하여 모든 제세 신고를 주관사의 귀속으로 하는 것은 불가함. → 도급공사를 공동으로 수급하고 대표사가 비주간사에게 확정된 이익을 보장하였다 하여 대표사가 공동도급공사를 단독으로 시공하였다고 볼 수 없다.

국심2006구1097, 2007. 2. 8.: 도급공사를 공동으로 수급하고 대표사가 비주간사에게 확정된 이익을 보장하였다 하여 대표사가 공동도급공사를 단독으로 시공하였다고 볼 수 없음.

공동매입세금계산서를 대표자가 아닌 '을'이 교부받은 경우: (갑), (을) 두 사업자가 사업에 관련한 공동비용의 분배비율을 약정하고 그 공동비용에 대한 매입세금계산서를 약정에 의하여 공동 도급계약서상의 대표자 (갑)이 아닌 (을)이 교부받은 경우에는 (을)이 (갑)에게 매출세금계산서를 교부할 수 있는 것임(부가가치세과-2311, 2008. 7. 29.).

공동도급공사의 공사진행 차이분에 대한 세금계산서 교부가능 여부: 예산회계법에 의한 공동도급계약에 의하어 건실용역을 공급하고 발주지에게 세금계산서를 교부한 후 실제 공사진행에 따른 각자의 공사진행 차이분을 공동수급인 간에 정산하기로 한 경우 당해 공사 진행 차이에 따른 정산금액에 대하여는 부가가치세법 시행규칙 제18조 제1항의 규정에 준하여 세금계산서를 교부할 수 있는 것이다(부가 46015-235, 1995. 2. 4.). → 실시공 정산

형식적인 공동도급계약에 의한 용역공급 시 세금계산서 교부방법: 갑, 을 사업자가 발주자와 공동도급계약을 체결하여 건설용역을 제공하고 발주자로부터 자기의 공동수급 지분대로 각각 공사대금을 수령하는 경우에는 각자의 지분대로 각각 세금계산서를 교부하는 것이나, 발주자와 형식적인 도급계약을 체결하였을 뿐 실제 공사용역은 갑이 전부 제공하고 을은 자기 공사지분에 대한 권리를 갑에게 양도하고 그 대가를 받거나 또는 을이 갑에게 별도 하도급계약에 의해 용역을 제공하고 그 대가만을 받는 경우에는 형식적인 공동도급계약에 관계없이 실질내용에 따라 갑이 발주자에게 전액 세금계산서를 교부하고 을은 당해 대가에 대하여만 갑에게 세금계산서를 교부하는 것이다(부가 46015-1742, 2000. 7. 22.).

부가, 부가 46015-129, 1997. 1. 18.: 발주처로부터 건설공사를 공동수주받아 갑·을·병 회사가 건설용역을 제공함에 있어서 동 공사에 소요되는 공동비용 중 외주비 등에 대한 세금계산서를 대표사인 갑 회사가 교부받은 경우에는 당해 갑 회사가 세금계산서를 을과 병 회사에게 교부할 수 있는 것이나, 이 경우 동 공사에 소요되는 노무용역을 갑 회사가 자체 인력으로 제공하고 그 소요된 비용(인건비) 중 자기지분을 초과한 분에 대하여 다른 공동수급자로부터 받는 경우 당해 금액은 용역제공 대가로 보아 세금계산서를 교부하는 것

부가 46015-2473, 1996. 11. 22.: 귀 질의의 경우, 발주처로부터 건설공사를 공동수주받아 '갑', '을', '병' 회사가 건설용역을 제공함에 있어서 동 공사에 소요되는 공동비용 중 외주비 등에 대한 세금계산서를 대표사인 '갑' 회사가 교부받은 경우에는 당해 '갑' 회사가 부가가치세법 시행규칙 제18조 규정에 준하여 세금계산서를 '을'과 '병' 회사에게 교부할 수 있는 것이나, 이 경우 동 공사에 소요되는 노무용역을 '갑' 회사가 자체 인력으로 제공하고 그 소요된 비용(인건비) 중 자기지분을 초과한 분에 대하여 다른 공동수급자로부터 받는 경우 당해 금액은 용역제공 대가로 보아 동법 제16조 규정에 의한 세금계산서를 교부하는 것이며, 또한 법인세법 및 소득세법에 의한 수입금액에 산입되는 것임.

원가분담금 세금계산서를 지연발행하면?

공동도급이란 공사·제조·기타 도급계약에 있어서 발주처와 공동수급체가 체결하는 계약으로서 1개의 사업현장에서 둘 이상의 사업자(공동수급체)가 각각 자기의 지분 또는 공동의 지분에 대하여 사업을 수행하는 형태(부가가치세법 집행기준 16-54-3)이다.

흔히 대형 토목공사에서 여러 시공사가 컨소시엄 형태로 입찰하는 경우가 공동도급(수급자인 건설회사 입장에서는 공동수급)에 해당한다.

(1) 공동의 지분과 역할이 있더라도 세법상 공동사업으로 보지 않으므로 별도의 사업자등록은 불필요하다.
(2) 건설업은 본점을 단일 사업장으로 보는바 개별현장은 별도의 사업장으로 취급하지 않는다.

주간사가 세금계산서를 수취한 비용에 대하여 세금계산서를 발급하여 참여사에게 원가 배부할 수 있으며(선택사항) 세금계산서를 교부하지 않는 경우 참여사 지분의 매입세액은 공제받을 수 없다. 따라서 공동도급 원가분담금은 매입부가가치세를 온전히 공제받기 위하여 세금계산서를 교부한다.

월합세금계산서의 규정을 적용할 수 있으므로 거래월의 말일로 세금계산서를 발행하는 것이 원칙이나 1역월 공통매입세액을 집계하지 못하거나 기타 사유로 인하여 지연교부(7월, 8월분을 12월 작성일자로 하여 1장으로 교부)하는 경우에도 가산세는 없다.

(1) 동일과세기간 내 지연교부가산세 적용대상이 아님 → 주간사가 발급한 때 원공급자가 참여사에 발급한 것으로 의제(부가가치세법 시행규칙 제18조)하고 있고 세금계산서의 발급시기를 경과한 후 해당 재화 또는 용역의 공급시기가 속하는 과세기간 이내에 발급하는 경우에는 법규부가 2009-31, 2009. 2. 20. 예규에 비추어 지연발급가산세 적용대상은 아닌 것이다.

(2) 과세기간 경과 후 당초 작성일자로 기재하여야 하며, 언제 발행하여도 지연교부가산
　　세 대상이 아니다. 정산하는 때에 당초 세금계산서 작성일자(또는 작성월의 말일)로
　　하여 교부(서면3팀-2821, 2006. 11. 15.)하여야 한다.

　　주간사는 자신이 수취한 공동비용에 대한 매출세금계산서를 참여사에게 지분별로 발행
할 수 있으며, 매출세금계산서를 발행하는 경우 관련 매입세액은 공제받을 수 있다(부가, 부
가가치세과-970, 2012. 9. 24.) 주간사는 자신이 수취한 공동비용에 매입세금계산서를 불공제하
는 경우 참여사에 매출세금계산서를 교부하지 않을 수 있고, 이 경우 주간사의 매출세액미
납부, 미교부가산세 및 참여사의 증빙미수취가산세는 없다.
　　주간사가 과세기간 내 언제든지 공동도급 원가분담금 매출세금계산서를 교부할 수 있으
며(부가, 부가 46015-1603, 1997. 7. 15.), 과세기간 경과 후에는 당초 세금계산서 수취일이 속하
는 월의 말일자로 세금계산서를 교부할 수 있다.

　　주간사가 과세기간을 경과하여 작성일자를 당초 세금계산서 수취일로 소급하여 작성하
지 않고 정산합의일로 발행하는 경우 발행하여도 무방(부가, 국심2003구2931, 2004. 2. 13.)해 보
이고 소급하여 세금계산서를 발행할 경우 분쟁이 될 것이므로 기업의 일관적인 방향을 정
하여 적용하는 것이 바람직하다.

(1) 당초 날짜로 공급가액이 수정되는 경우: 필요적 기재사항 착오정정(공급가액 변동)
　　으로 수정세금계산서로 발행(당초신고서를 수정하여야 함)
(2) 정산날짜로 공급가액이 수정되는 경우: 수정사유를 명기한 정산합의서 작성 후 정산합
　　의서 작성일자로 증감된 부분에 대한 세금계산서 발행(당초신고서를 수정하지 않음)

　　이처럼 원가분담금 세금계산서는 일반세금계산서와 완전히 다르다.

공동매입 매출세금계산서	일반 매출세금계산서
선택사항, 미교부 시 가산세 없음(영 §69 ⑭, ⑮).	의무발행
비용부담자는 법정증빙 수취대상이 아님 (서면2팀-2557, 2006. 12. 12.).	비용 부담자는 법정증빙을 수취하여야 함.
공동매입 등의 경우는 간이과세자·면세사업자도 발급 가능 (통칙 16-58-8)	일반과세자만 발급 가능
대표사가 전체를 발급받아 각 공동지분에 따라 나머지 구성원에게 세금계산서를 발급할 수 있다. 이 경우 발급한 세금계산서는 재화 또는 용역을 공급한 것이 아니므로 부가가치세 과세표준에 포함되지 아니하지만 세금계산서합계표는 제출하여야 한다(집행기준 16-54-3).	과세표준 포함, 합계표 제출
조합원을 위하여 재화 또는 용역을 공급하고 발행한 세금계산서의 공급가액은 조합의 수입금액에 해당하지 아니하므로 과세표준명세의 수입금액 제외란에 기재하여 신고하여야 하는 것임(부가-689, 2013. 7. 26.).	수입금액 포함
대손세액공제 불가(부가가치세과-3754, 2008. 10. 21.) → 반대 심판례 있음.	대손세액공제 가능
7월, 8월, 9월분을 12월에 발행해도 매입세액공제 및 지연교부(수취)가산세 없음(법규부가 2009-31, 2009. 2. 20.).	월합세금계산서만 가능

공동매입 매입세금계산서	일반 매입세금계산서
자기지분 해당분만 매입세액공제 가능(집행기준 32-0-4, 기본통칙 17-0-7) → 위임시공의 경우 참여사에게 건설이윤을 약정하고 기성금에서 건설이윤을 차감한 금액으로 원가분담금 청구한 경우도 인정(국심2006서1405 외) 매출세금계산서를 발행하는 경우 전체 공제 가능(부가가치세과-970)	매입세액공제 가능

공동도급 원가분담금은 참여사의 지출증빙 수취대상이 아니므로 참여사가 주간사의 거래내역을 보존할 필요는 없다. 주간사의 수취증빙에 따라 참여사에 동일 증빙으로 원가 청구함이 원칙이며 주간사의 수취증빙이 없는 비용은 영수증으로 원가배분한다. 기본적으로 공동이행공사에서 인건비는 세금계산서 교부대상이 아니다(부가 46015-1287, 1999. 5. 3.). 그러나 일부 회사가 선택적으로 인원을 투입하여 공동수급체로부터 그 대가를 받는 경우에는 세금계산서 교부대상이다(부가 46015-2473, 1996. 11. 22.).

부가가치세법 시행령 제69조【위탁판매등에 대한 세금계산서 발급】⑭ 전기사업법에 따른 전기사업자가 전력을 공급하는 경우로서 전력을 공급받는 명의자와 전력을 실제로 소비하는 자가 서로 다른 경우에 그 전기사업자가 전력을 공급받는 명의자를 공급받는 자로 하여 세금계산서를 발급하고 그 명의자는 발급받은 세금계산서에 적힌 공급가액의 범위에서 전력을 실제로 소비하는 자를 공급받는 자로 하여 세금계산서를 발급하였을 때(세금계산서의 발급이 면제되는 경우로서 기획재정부령으로 정하는 경우에 그 세금계산서를 발급하였을 때를 포함한다)에는 그 전기사업자가 전력을 실제로 소비하는 자를 공급받는 자로 하여 세금계산서를 발급한 것으로 본다.

⑮ 동업자가 조직한 조합 또는 이와 유사한 단체가 그 조합원이나 그 밖의 구성원을 위하여 재화 또는 용역을 공급하거나 공급받는 경우와 국가를 당사자로 하는 계약에 관한 법률에 따른 공동도급계약에 의하여 용역을 공급하고 그 공동수급체의 대표자가 그 대가를 지급받는 경우 및 도시가스사업법에 따른 도시가스사업자가 도시가스를 공급할 때 도시가스를 공급받는 명의자와 도시가스를 실제로 소비하는 자가 서로 다른 경우에 관하여는 제14항을 준용한다.

→ 국가가 당사자가 아닌 사인 간의 공동도급공사의 경우에도 적용 가능함(부가 46015−1956, 1999. 7. 8.; 서면3팀−2821, 2006. 11. 15.; 서면3팀−198, 2008. 1. 24.; 한장석·김용관, 『부가가치세』, 광교이택스, 2013, p.1227 해설 참조).

구 부가가치세법 집행기준 16−54−3【공동도급에 대한 세금계산서 발급 방법】① 의의: 공동도급이란 공사·제조·기타 도급계약에 있어서 발주처와 공동수급체가 체결하는 계약으로서 1개의 사업현장에서 둘 이상의 사업자(공동수급체)가 각각 자기의 지분 또는 공동의 지분에 대하여 사업을 수행하는 형태

② 사업자등록: 원칙적으로 공동수급체는 공동사업자로 보지 아니하므로 사업자등록 대상에 해당하지 아니한다.

③ 세금계산서 발급
　1. 매출세금계산서: 공동수급체의 구성원 각자가 해당 용역을 공급받는 발주처에게 자기가 공급한 용역에 대하여 세금계산서를 발급하는 것이 원칙이나, 공동수급체의 대표사가 그 대가를 지급받는 경우에는 해당 공동수급체의 구성원은 각자 공급한 용역에 대하여 공동수급체의 대표사에게 세금계산서를 발급하고, 그 대표사는 발주처에게 세금계산서를 일괄하여 발급할 수 있다.
　2. 매입세금계산서: 공동비용에 대한 세금계산서는 각각 발급받을 수 있는 경우에는 그 지분금액대로 각각 발급받을 수 있으며, 대표사가 전체를 발급받아 각 공동지분에 따라 나머지 구성원에게 세금계산서를 발급할 수 있다. 이 경우 발급한 세금계산서는 재

화 또는 용역을 공급한 것이 아니므로 부가가치세 과세표준에 포함되지 아니하지만 세금계산서합계표는 제출하여야 한다.

부가 1265.1-134, 1984. 1. 21.: 부가가치세법 시행규칙 제18조 제1항의 규정을 적용함에 있어 전력을 공급받는 명의자가 전력을 실지로 소비하는 자에게 세금계산서를 교부하지 아니한 경우에도 부가가치세법 제22조 제2항 제1호에 규정하는 세금계산서 미교부가산세를 부과하지 아니하는 것임.

부가, 서면인터넷방문상담3팀-2535, 2006. 10. 25.: 공동매입분에 대하여 일괄하여 세금계산서를 교부받은 사업자가 공급가액의 범위 안에서 타업체에 교부할 수 있는 것이나, 세금계산서를 교부하지 아니하였을 때 가산세를 적용하지 아니함.

법인, 법인 46012-2001, 2000. 9. 28.: 법인이 공동사업을 영위하면서 공동구매한 재화 또는 용역을 사전약정에 따라 분배받고 그 대가를 지급한 금액에 대하여는 지출증빙서류 수취 관련 규정을 적용하지 아니함.

서면3팀-1858, 2007. 6. 29.: 1. 귀 질의1에 있어 건설공사를 공동수주한 공동수급체의 대표사가 공사에 소요되는 부가가치세가 과세되는 공동비용에 대하여 대표사 명의로 신용카드매출전표를 교부받은 경우에는 부가가치세법 제17조 제1항의 규정에 의하여 교부받은 신용카드매출전표상의 매입세액 중 대표사의 지분 해당분에 대하여만 자기의 매출세액에서 공제가능한 것임.
2. 건설공사를 공동으로 수주한 공동수급체가 당해 건설공사에 소요되는 부가가치세가 과세되는 공동비용에 대한 매입세금계산서를 공동수주자 중 대표자 1인 명의로 교부받은 경우에 그 대표자는 부가가치세법 시행규칙 제18조의 규정에 준하여 자기가 교부받은 세금계산서에 기재된 공급가액 범위 안에서 나머지 공동수주자에게 각 공급받는 대가에 상응하는 세금계산서를 교부할 수 있는 것이나, 세금계산서 이외의 증빙 수수분에 대하여는 세금계산서를 교부할 수 없는 것임.

국심2006서1250, 2007. 8. 31.: 공동수급체가 재화 또는 용역을 공급받고 세금계산서를 공동수급체의 대표사가 교부받은 경우 당해 공동수급체의 대표사는 교부받은 세금계산서의 공급가액의 범위 내에서 재화 또는 용역을 실지로 사용·소비하는 공동수급체의 구성원을 공급받는 자로 하여 세금계산서를 교부할 수 있을 뿐만 아니라(부가 46015-1956, 1999. 7. 8.) 각 거래과정에서 세금계산서수수질서를 저해하거나 조세회피목적이 없다고 보여지므로 이러한 세금계산서를 사실과 다른 세금계산서로 보기도 어렵다고 판단된다.

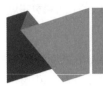

공동도급계약서와 공동수급협약서상 지분율이 상이한 경우에는?

공동도급계약에 따른 원칙적인 매출세금계산서 발행 방법은 아래와 같다.

(1) 주간사가 모든 대가를 지급받는 경우: 주간사가 발주처에 전체 금액에 대한 세금계산서를 발급하며, 참여사는 주간사에게 자산의 지분에 대한 세금계산서를 발급한다.

(2) 각 참여사가 각각 발주처로부터 대가를 지급받는 경우: 각 참여사는 발주처에 자신의 지분율에 대한 매출세금계산서를 발급할 수 있다.

(3) 공동도급계약서상 지분율과 이행협약서상 지분율이 상이한 경우: 이행협약서상 지분율이 공동도급계약서상 지분율보다 높은 참여사가 그 반대인 다른 참여사에게 세금계산서 등으로 청구한다. 이를 실시공 정산이라고 한다.

(4) 공동도급계약에 의하여 건설용역을 공급하고 발주자에게 세금계산서를 교부한 후 실제 공사진행에 따른 각자의 공사진행 차이분을 공동수급인 간에 정산하기로 한 경우 당해 공사진행 차이에 따른 정산금액에 대하여는 부가가치세법 시행규칙 제18조 제1항의 규정에 준하여 세금계산서를 교부할 수 있는 것이다(부가 46015-235, 1995. 2. 4.).

적어도 부가가치세법상 위임시공은 잘못된 거래가 아니다. 공동수급체 간 하도급계약 하는 것과 유사한데, 이는 다른 법을 위반할 소지가 있으므로 정산합의서를 작성하는 것이 타당하다.

발주관서의 승인 없이 하도급한 자 및 발주관서의 승인을 받은 하도급조건을 변경한 자는 부정당업자 입찰참가자격 제한을 할 수 있고(행정자치부 1AA-1502-014588, 2015. 2. 12.), 국가를 당사자로 하는 계약에 관한 법률에 의한 공동계약에서 공동수급체 구성원 간 하도급은 공동이행방식의 시공비율의 변경 또는 분담이행방식에서의 분담내용 변경을 수반하므로 계약예규 공동계약 운용요령 제12조 제1항에 의하여 허용할 수 없다(조달청 2012. 6. 29., [공동도급사 간 하도급 가능 여부]).

부가 46015-2415, 1997. 10. 23. 및 부가 46015-1494, 1995. 8. 14.: 귀 질의의 경우, 예산회계법에 의한 공동도급계약에 의하여 '갑', '을' 사업자가 건설용역을 공급하고 그 공동수급체의 대표자가 그 대가를 지급받는 경우에는 부가가치세법 시행규칙 제18조 제1항 규정을 준용하여 세금계산서를 교부할 수 있는 것이며, 또한 이 경우 '갑', '을' 사업자가 발주자로부터 자기의 공동수급 각각 공사대금을 수령하는 경우에는 자기 지분대로 각각 세금계산서를 교부할 수 있는 것임. 또한 공동수급인 간에 별도 하도급계약에 의한 건설용역 공급분에 대하여는 별도로 부가가치세법 제16조 규정에 의한 세금계산서를 교부하는 것임.

국심2006중1215, 2007. 3. 23.: 공동도급공사라도 수주사 간 약정에 따라 비주관사가 주관사에 공사 지분을 위임하였다면, 비주관사가 발주자에게 교부하거나 비주관사가 주관사로부터 수취한 세금계산서를 사실과 다른 세금계산서라고 볼 수 없음.

부가, 국심2006서1274, 2007. 2. 7.: 공동수급체는 민법상 조합으로 공동수급체가 공사를 이행한 경우에는 조합의 구성원 전부가 공사를 이행한 것으로 보아야 하고 구성원을 공급받는 자로 하여 세금계산서를 교부할 수 있으므로 사실과 다른 세금계산서로 볼 수 없는 것임.

부가, 법규과-540, 2013. 5. 10.: 공동수급체를 구성하는 건설업자가 사업시행자와 공사도급계약을 체결하고 공동도급공사를 수행하는 경우 공동수급체가 공사를 이행한 것으로 보는 것이고, 공동수급체 운영협약서(이하 "운영협약서")에 따른 책임분담 시공비율에 따라 공동수급체가 사업시행자에게 세금계산서를 발급하는 경우에는 이를 사실과 다른 세금계산서로 볼 수 없는 것이며, 공동수급체 구성원의 부가가치세법 제13조에 따른 과세표준은 운영협약서에서 구분한 지역별 공사지분율에 대한 과세 공급비율에 따라 계산하는 것입니다.

부가, 부가 46015-2562, 1997. 11. 26.: 공동도급사 간의 실기성 정산 후 대금수수 시 과세대상의 해당 여부 법인이 다른 사업자와 공동으로 공사를 도급받아 공동으로 공사를 수행하는 경우에 당해 법인에 귀속될 수익과 비용은 공동사업의 계약조건에 따라 당해 법인에 실질적으로 귀속되는 수익과 비용으로 하는 것임.

부가, 국심2006서3385, 2007. 4. 9.: 공동수급체 간에 합의된 실행약정 외에 일부 비주간사가 대표사와 원가율약정을 하는 것 또한 대표사가 비주간사에게 확정된 이익을 보장해주기 위해 추가로 약정한 것으로 보이는 등 동 공동도급운영협정서는 비주간사가 대가를 받고 대표사에게 지분을 양도하는 계약이라기보다는 공사의 효율적인 수행을 위해 공사를 주도적으로 수행할 업무집행조합원과 공사수행에 따른 손익분배방법을 약정하는 계약으로 보이고, 공동수급체구성원 간의 손익분배비율은 당사자 간의 약정에 의하여 지분비율과 달리 정할 수 있으므로 이 건과 같이 공정한 정산을 위하여 비주간사가 대표사에게 실행예산율의 범위 내에서 모든 공사를 책임시공하도록 약정하는 것도 조합구성원 간의 손익분배비율 약정의 한 방법으로 보임.

행정자치부 1AA-1502-014588, 2015. 2. 12. 【공동도급의 위임시공 제재사항】 지방자치단체의 장은 지방자치단체를 당사자로 하는 계약에 관한 법률 시행령 제92조 제1항 제2호에 따라 건설산업기본법, 전기공사업법, 정보통신공사업법, 그 밖의 다른 법령에 따른 하도급의 제한규정을 위반하여 하도급한 자, 거짓으로 하도급 통보를 한 자, 발주관서의 승인 없이 하도급한 자 및 발주관서의 승인을 받은 하도급조건을 변경한 자는 부정당업자 입찰참가자격 제한을 할 수 있습니다.

질의와 관련하여 계약이행 전에 계약내용 중 일부에 대하여 외주(하도급)를 통하여 이행할 수 있도록 발주기관과 협의한 후 그 일부에 대하여 협의내용대로 계약을 이행하였다면, 발주기관의 승인 없이 하도급한 자로 보기는 어려울 것으로 부정당업자 입찰참가자격 제한 조치를 하는 것은 타당하지 아니할 것으로 판단됩니다.

조달청 2012. 6. 29. 【공동도급사 간 하도급 가능 여부】 국가를 당사자로 하는 계약에 관한 법률에 의한 공동계약에서 공동수급체 구성원 간 하도급은 공동이행방식의 시공비율의 변경 또는 분담이행방식에서의 분담내용 변경을 수반하므로 계약예규 공동계약 운용요령 제12조 제1항에 의하여 허용할 수 없는 것입니다.

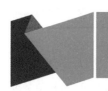

하자보수분담금의 세금계산서 처리 및 회생채권 구분

건설공사계약은 회계상 개별원가계산으로 진행되며 PJ 단위로 원가가 집계된다. 이때 원가집계의 종료 시점은 PJ 준공일이 되며 하자보수기간 종료일이 아닌바, 준공시점에 하자보수비를 추정하여 비용을 집계하게 된다. 이에 따라 세금계산서 교부 문제와 공익 채권 인정 문제가 발생한다. 하자담보책임은 크게 시설공사별과 내력구조부로 나누어 살펴볼 수 있으며 시설공사별 기간은 1~4년, 내력구조부는 5년, 10년으로 나눈다.

1. 세금계산서 문제

하자보수분담금에 대한 세금계산서 교부 문제는 아래의 2가지로 나누어 처리한다.

(1) 추정비용(하자보수충당금 전입액) 및 손해배상(예정)금 성격으로 세금계산서 발행대상이 아니며 실제 하자보수공사(외주비) 발생 시 세금계산서로 공동원가분담금 청구한다.

(2) 준공일 이후 참여사의 하자보수의무가 없는 경우 주간사가 하자보수용역을 대신 수행하고 대가를 일시에 받는 것이 되므로 세금계산서로 청구한다.

2. 회생채권 문제

참여사가 회생계획개시결정으로 공동수급체에서 탈퇴하는 경우 하자보수비용의 배분이 문제시된다. 채권의 발생시점을 회생개시 이전 시점으로 보는 경우 회생채권, 이후 시점으로 보는 경우 공익채권이 되기 때문이다.

회생채권은 회생절차 이전에 생기는 채권을 말한다. 회생채권은 원칙적으로 회생절차에 의하여 변제가 가능하다.

공익채권은 회생절차 개시결정 후의 원인으로 생긴 채권을 말한다. 공익채권은 회생절차에 의하지 않고도 수시로 회생채권에 우선하여 변제가 가능하다.

공익채권은 회사의 정리 절차나 재산 관리를 위해 쓴 비용에 대한 청구권을 공익채권이라 한다. 공익채권은 회생절차와 관련 없이 변제를 받을 수 있고 일반 회생채권보다 우선하여 변제를 받을 수 있다.

일반적으로 공동수급체의 하자보수보증금액은 채권신고기간에 발생하지 않기 때문에 미확정구상채권으로 회생채권으로 신고가 들어가게 된다. 그러나 하자보수보증금액이란 준공 이후 하자보수보증기간 동안 발생할 비용에 충당하기 위하여 추정하여 산출한 금액이므로 하자보수발생 자체는 회생절차개시 결정 이후의 사건이다. 회생절차 개시 후에 하자가 현실적으로 발생한 경우 도급인의 하자보수청구권을 회생채권으로 볼 것인지, 공익채권으로 볼 것인지에 대한 논란이 있었으나, 최근 대법원은 수급인에 대한 회생절차개시 후에 완성된 목적물의 하자로 인한 손해가 현실적으로 발생한 경우 도급인의 하자보수에 갈음하는 손해배상청구권은 회생채권에 해당한다는 입장으로 정리하였다.

대법원 2015. 6. 24. 선고 2014다220484 판결은 수급인에 대한 회생절차개시 후에 완성된 목적물의 하자로 인한 손해가 현실적으로 발생하였더라도, 특별한 사정이 없는 한 하자보수에 갈음하는 손해배상청구권의 주요한 발생원인은 회생절차개시 전에 갖추어져 있다고 봄이 타당하므로, 위와 같은 도급인의 하자보수에 갈음하는 손해배상청구권은 회생채권에 해당한다고 보아야 한다고 하였다. 그러므로 미확정구상채권으로 신고하고, 그에 따른 변제 계획 부분만큼만 회수가 가능하다고 할 것이다.

부가 1265.2-868, 1983. 5. 10.: 조세감면규제법 제74조 제1항 제1호(현행은 조세특례제한법 제106조 제1항 제4호)에 규정하는 국민주택건설용역에 대한 하자보수를 원도급업자가 행하고 이에 대한 하자보수비를 실제로 당해 건설용역을 제공한 하도급업자에게 청구하는 경우 하도급업자가 부담하는 하자보수비는 재화 또는 용역의 공급 없이 지출되는 금액이므로 부가가치세가 과세되지 아니함.

부가 46015-2440, 1998. 10. 29.: 세금계산서는 부가가치세법 제16조의 규정에 의하여 사업자가 부가가치세가 과세되는 재화 또는 용역을 공급하는 경우 그 공급을 받는 자에게 교부하는 것으로 재화 또는 용역의 공급이 없이 세금계산서를 교부할 수 없는 것임.

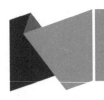

다른 사업자를 대신하여 세금계산서를 수취한 경우 교부 방법은?

다른 사업자를 대신하여 재화나 용역을 공급받는 경우, 아래 을(乙)의 세금계산서 처리에 관한 내용이다. 다른 업종에서는 보편적인 거래관계인데 건설업은 원가분담금 청구 및 위수탁법리에서 제외되어 있는바 건설용역 이외의 경우까지 특례를 적용할 수 없으므로 주의하여야 한다.

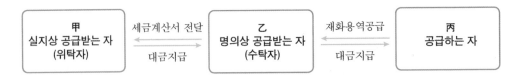

1. 도급계약에 의한 공급

각각 도급계약에 따라 세금계산서를 교부하여야 한다. 건설공사 수탁자는 건설공사 위탁자에게 세금계산서를 교부하여야 한다. (병 → 을, 을 → 갑) 도급공사의 경우 위 수탁세금계산서의 법리가 적용되지 않는다. 따라서 병은 갑을 알고 있는 경우에도 을에게 세금계산서를 교부하여야 한다.

2. 위수탁계약에 의한 공급

공급하는 자가 실지상 공급받는 자를 알 수 없는 경우 각각 세금계산서를 교부(병 → 을, 을 → 갑)하여야 한다. 공급하는 자가 실지상 공급받는 자를 알 수 있는 경우 실지상 공급받는 자에게(병 → 갑) 직접 교부하여야 한다. 이 경우 을은 위수탁세금계산서를 발행할 수 있다. 위수탁세금계산서에 의하는 경우 을은 병이 갑에게 공급하는 세금계산서를 발급할 수 있다.

3. 공동도급 원가배분 또는 전력비의 경우

위탁자 또는 실제 공급받는 자에게 세금계산서를 교부할 수 있다. 을이 갑에게 세금계산서를 교부하지 않는 경우에도 미발급가산세가 없으나 병으로부터 받은 세금계산서에 대한 매입세액은 공제받을 수 없다. 따라서 매입세액을 전부 공제받기 위해서는 갑에게 세금계산서를 발행하여야 한다(병 → 을, 을 → 갑).

4. 단순 비용의 대납인 경우

세금계산서 및 계산서는 사업자가 재화나 용역을 공급하는 경우 공급받는 자에게 발급하는 것이다. 재화나 용역의 공급 없이 지급하는 금액이나 비용대납에 대하여는 세금계산서 발급대상이 아닌 것으로, 거래처를 대신하여 운반비 등을 대납한 경우에는 납부내역 및 송금내역 등으로 거래증빙 거래처에 전달하면 되는 것이지 세금계산서 혹은 계산서를 발급할 수 없다. 따라서 "을"은 매입세액을 불공제하고 부가가치세를 포함한 금액에 대하여 비용청구하여야 한다.

매입세액의 공제는 '자신의 사업을 위하여', '자신의 비용으로 부담'을 요건으로 한다. 따라서 해당 거래가 자신의 업무범위인지 아니면 중개거래인지가 매입세액공제의 분수령이 된다.

재부가 22601-1122, 1990. 11. 16.: 건설업자가 건설공사 완성을 약정하고 상대방이 그 일의 결과에 대하여 대가를 지급할 것을 약정하는 도급계약의 경우에 위탁판매 등으로 보지 아니함.

서면인터넷방문상담3팀-645, 2005. 5. 11.: 위수탁공사에 대한 세금계산서 교부는 건설업자가 수탁자에게 세금계산서를 교부하고, 수탁자는 교부받은 당해 세금계산서를 근거로 계약내용에 따라 위탁자에게 세금계산서를 교부하는 것임.

서면3팀-2535, 2006. 10. 25.: 공동매입분에 대하어 일괄하여 세금계산서를 교부받은 사업자가 공급가액의 범위 안에서 타업체에 교부할 수 있는 것이나, 세금계산서를 교부하지 아니하였을 때 가산세를 적용하지 아니함.

부가 1822, 2008. 7. 7.: 세금계산서는 부가가치세법 제16조 제1항의 규정에 의하여 계약상 또는 법률상의 모든 원인에 의하여 재화 또는 용역을 공급하는 사업자가 재화 또는 용역을 공급받는 자에게 교부하는 것으로, 원도급자로부터 하도급공사계약에 의하여 건설공사용역을 하도급 받은 사업자가 당해 공사용역 제공에 따른 세금계산서를 같은 법 제9조의 규정에 의한 거래 시기에 원도급자에게 교부하였으나, 하도급 공사대금 전부 또는 일부를 지급받지 못하여 발주처로부터 당해 공사대금을 직접 지급받는 경우에도 하도급자는 발주처를 공급받는 자로 하여 세금계산서를 교부할 수 없는 것임.

부가 46015-3833, 2000. 11. 27.: 사업자가 부가가치세법 제16조 제1항의 규정에 의하여 세금계산서를 교부한 후 그 기재사항에 관하여 착오 또는 정정사유가 발생한 경우에는 부가가치세법 제21조의 규정에 의하여 부가가치세의 과세표준과 납부세액 또는 환급세액을 경정하여 통지하기 전까지 세금계산서를 수정하여 교부할 수 있는 것이며, 당초의 공급가액에 추가되는 금액 또는 차감되는 금액이 발생한 경우에는 그 발생한 때에 세금계산서를 수정하여 교부할 수 있는 것이나, 공급받는 자의 수정은 기재사항 착오로 볼 수 없으므로 수정세금계산서를 교부할 수 없는 것임.

부가 46015-1281, 1999. 5. 3.: 부가가치세 과세표준에는 거래 상대자로부터 받는 대금·요금·수수료·기타 명목여하에 불구하고 실질적 대가관계에 있는 모든 금전적인 가치가 있는 것을 포함하는 것이나, 등록세, 교육세, 취득세, 제증명수수료 등 거래상대자인 의뢰인이 부담하여야 할 공과금 등을 구분징수하여 납입을 대행하는 경우 당해 납입을 대행하는 공과금 등은 부가가치세 과세표준에 포함하지 아니하는 것임.

제 7 편

해외공사 · 영세율

건설업 관련 영세율 거래

영세율이란 공급자의 과세표준에 0%의 세율을 적용하는 것으로 매출세액이 '0'이고 매입세액은 공제받으므로 부가가치세를 납부하는 경우는 없고 항상 환급받게 된다. 영세율 사업자는 부가가치세법상 사업자이므로 부가가치세법상 각종 의무를 이행하여야 한다.

비교하여 면세는 부가가치세법상 사업자가 아니고 최종소비자와 동등한 취급을 받는바 납부세액도 없고 환급세액도 없고 신고의무도 없다.

건설업과 관련한 영세율 거래는 아래와 같다.

1. 도시철도 건설용역

도시철도라 함은 도시철도법에 의한 도시철도를 말하는 것으로 도시철도의 개념에는 도시철도의 선로 등 제반시설물(예 검수고 건물·기계, 전기·신호·통신·시설, 차량기지 등)을 포함한다.

(1) 도시철도건설에 필수적으로 부수되는 공정인 조경공사는 도시철도 건설용역 범위에 포함된다.
(2) 사업자가 한국철도시설공단에게 사옥의 건설용역을 공급할 시 영세율 대상이 아니다.
(3) 사업자가 도시철도 건설용역에 부수하여 지장전주 이설공사를 하는 경우에는 영세율이 적용되는 것이나, 지장전주 이설공사만을 별도로 공급하는 경우에는 영세율 적용대상이 아니다.
(4) 도시철도 건설용역을 공급하는 사업자로부터 하도급 받아 도시철도 건설용역을 공급하는 경우 영세율 적용대상이 아니다.
(5) 철도 건설용역을 제공하는 사업자가 도시철도 건설용역에 부수하여 설계, 감리 등의

용역을 함께 공급하는 경우에는 설계 및 감리 부분에 대해서도 영세율을 적용하는 것이나, 별도의 사업자가 도시철도 건설용역에 따른 설계 및 감리 등의 용역만을 제공하는 경우에는 영세율이 적용되지 않는다.

2. 국외 건설용역

국외에서 건설용역을 제공하는 경우에도 부가가치세 과세대상에 해당하는 것이며, 다만 0%의 세율을 적용하는 것이다. 재화의 다양한 기준과 달리 용역에서 영세율이 적용되는 기준은 용역의 수행지이다. 따라서 영세율 첨부문서는 해외건설도급계약서가 되는 것이며, 계약서 내용에서 수행지가 해외임이 드러나면 좋다.

(1) 국외에서 건설공사를 도급받은 사업자로부터 당해 건설공사를 재도급 받아 국외에서 건설용역을 제공하고, 그 대가를 원도급자인 국내사업자로부터 받는 경우에도 용역을 수행한 장소가 해외이므로 영세율이 적용된다.

(2) 사업자가 국외의 건설공사를 수주받은 국내 건설업자로부터 건설·설계 및 자문용역을 의뢰받아 국내에서 용역을 수행하는 경우에는 부가가치세가 과세(10%)되는 것이나, 이를 국외에서 제공하는 경우에는 영세율 적용대상이다.

(3) 해외건설공사용 건설장비를 임대하는 경우 건설장비 임대용역의 제공이 국내에서 이루어진 것(단지, 임차자가 건설장비를 해외에서 사용하는 것)은 영세율 적용 대상이 아니다.

(4) 해외 건설공사에 필요한 자재를 국내에서 구입하여 해외현장으로 반출하는 경우 별도의 내국신용장이나 대외무역법에서 정한 구매승인서에 의하지 아니한 경우에는 영세율을 적용하지 않는다.

(5) 국내의 자재업체와 계약을 하고, 해당 업체는 국외에서 자재를 구입하여 시공사의 국외건설 현장으로 납품하는 경우 재화의 이동이 국외에서 이루어진 것이므로 부가가치세 과세대상에 해당하지 아니하여 세금계산서 교부대상은 아니다. 이 경우 법인세법 규정에 따라 계산서를 교부하여야 한다.

영세율세금계산서를 지연수취하면?

사업자가 매입세액공제 대상인 세금계산서를 그 공급시기를 경과하여 동일 과세기간 내 수취한 경우에는 지연수취가산세(0.5%) 적용 대상이나, 영세율세금계산서는 매입세액공제 대상이 아니므로 매입자가 지연수취한 경우 가산세 적용대상이 아니며, 합계표를 제출하지 않는 경우에도 가산세의 대상이 아니다(공급자만 지연발급가산세 1%가 적용된다). 지연수취가산세는 부가가치세법에서 '공제받은 매입세액'에 해당하는 공급가액의 0.5%로 규정되어 있다.

다만, 계산서를 수취한 후 영세율세금계산서로 처리하였거나 영세율세금계산서 수취 후 계산서로 처리한 경우 계산서합계표불성실가산세가 적용되므로 오류를 발견한 경우 제출일(익년 2/10) 이전에 반드시 수정되어야 한다(계산서는 과다·과소 기재 모두 가산세 적용 대상이 된다).

결국 영세율은 매출자만 가산세가 적용되며, 영세율 관련 가산세는 아래와 같다.

① 미교부(지연교부)가산세(2% or 1%)
② 영세율과세표준불성실가산세(0.5%)

영세율세금계산서교부분을 계산서로 교부한 경우 세금계산서는 미교부한 것이 된다. 따라서 미교부가산세(2%)가 적용된다. 계산서 대상을 영세율세금계산서로 잘못 발행한 경우 수정세금계산서 발급사유가 되어 수정가능하다. 세금계산서를 발행한 경우 계산서를 발급한 것으로 보기 때문이다(법인세법 제121조 제6항).

부가가치세법 제60조 【가산세】 ⑦ 사업자가 다음 각 호의 어느 하나에 해당하면 각 호에 따른 금액을 납부세액에 더하거나 환급세액에서 **뺀다.** 다만, 매입처별세금계산서합계표의 기재사항이 착오로 적힌 경우로서 사업자가 수령한 세금계산서 또는 수입세금계산서에 따라 거래사실이 확인되는 부분의 공급가액에 대하여는 그러하지 아니하다. (2013. 6. 7. 개정)

1. 제39조 제1항 제2호 단서에 따라 매입세액을 공제받는 경우로서 대통령령으로 정하는 경우에는 매입처별세금계산서합계표에 따르지 아니하고 세금계산서 또는 수입세금계산서에 따라 공제받은 매입세액에 해당하는 공급가액에 1퍼센트를 곱한 금액 (2013. 6. 7. 개정)

부가 46015-1592, 2000. 7. 5.: 부가가치세가 면제되는 재화 또는 용역을 공급하고 착오로 세금계산서를 교부한 경우, 수정세금계산서를 교부하고 추가로 '계산서'를 교부할 수 있으며 경정에 의해 환급 가능함. 질의1의 경우에는 붙임의 유사한 질의회신문(재소비 46015-90, 1997. 3. 17.)을 참고 바람. 사업자가 부가가치세가 면제되는 재화 또는 용역을 공급하고 착오로 인하여 세금계산서를 교부하였을 경우에는 부가가치세법 제21조의 규정에 의하여 부가가치세의 과세표준과 납부세액 또는 환급세액을 경정하여 통지하기 전까지 동법 시행령 제59조의 규정에 의한 수정세금계산서를 교부하고 추가로 계산서를 교부할 수 있는 것이며, 당해 관할 세무서장은 사업자의 부가가치세 확정신고 내용 중 과세대상이 아닌 것을 신고 및 납부한 사실을 확인한 경우에는 동법 제21조의 규정에 의하여 이를 경정하고 착오 납부된 금액을 환급할 수 있는 것임.

해외현장 현지자재비의 수취증빙

자재(재화)는 제3국에서 국외현장으로 이동하는 경우 인보이스(Invoice)를 수취하지만 제3국의 계약 당사자가 국내사업자인 경우 계산서를 수취하여야 한다. 외국인도수출의 경우 영세율세금계산서 교부대상이지만 기타의 경우 계산서 교부대상이 된다.

부가가치세법상 수출은 관세법상 수출과 대외무역법상 수출을 포함한다(집행기준 11 – 24 – 1에서 '내국물품의 외국반출'이 관세법상 수출의 정의와 같다).

대외무역법에 의한 '외국인도수출'이란 아래의 요건을 모두 만족하는 경우를 말한다.

① 계약 상대방: 시공사와 비거주자(乙)

② 물품의 이동: 해외 → 해외

③ 대금의 이동: 대금을 국내로 반입하여야 함.

대외무역관리규정 제2조【정의】 13. "외국인도수출"이란 수출대금은 국내에서 영수하지만 국내에서 통관되지 아니한 수출 물품 등을 외국으로 인도하거나 제공하는 수출을 말한다.

부가가치세법 제21조【재화의 수출】 ② 제1항에 따른 수출은 다음 각 호의 것으로 한다. 2. 중계무역 방식의 거래 등 대통령령으로 정하는 것으로서 국내 사업장에서 계약과 대가수령 등 거래가 이루어지는 것

부가가치세법 시행령 제31조【수출의 범위】 ① 법 제21조 제2항 제2호에서 "중계무역 방식의 거래 등 대통령령으로 정하는 것"이란 다음 각 호의 것을 말한다. 3. 외국인도수출

만약 위 경우가 아니라면 계산서가 교부되어야 한다. 예를 들어 위에서 계약 당사자 乙이 거주자나 내국법인인 경우 계산서 교부대상이다. 일반적으로 국외에서 이동하는 재화는 부가가치세법상 거래가 아닌 것(법인세법상 거래)이나 예외적으로 외국인도수출만 부가가치세법상 거래로 보아 혜택(매입세액공제 등)을 부여하고 있는 것이다.

실무적으로는 거래 상대방(乙)이 사업자등록번호가 있는 경우에는 계산서로 처리하는 것이 합당하다.

관련 법령

집행기준 11-24-1【수출하는 재화의 범위】
① 내국물품의 외국 반출

구분	거래 형태
직수출	자기 명의로 내국물품을 외국으로 반출(보세창고인도조건수출 포함) 보세창고인도조건: 수출업자가 수입지의 보세창고로 반출하여 보관한 후 수입업자의 요청 시 현지에서 판매하는 형태
대행수출	무역업자가 수출대행계약에 따라 위탁자의 내국물품을 자기 명의로 외국으로 반출
전자적 형태의 무체물	소프트웨어, 영상물 등 전자적 형태의 무체물을 전송하거나 정보처리장치에 저장하여 외국으로 반출
임대수출	임대계약에 의하여 물품 등을 수출하여 임대기간 후 다시 수입하거나 그 기간의 만료 전 또는 만료 후 해당 물품 등의 소유권을 이전하는 형태
무상수출	물품에 대한 외환결제가 이루어지지 않고 외국으로 반출
무환수탁 가공무역	보세공장의 설영특허를 받아 무환수탁 가공무역을 하는 사업자가 보세공장에서 수탁 가공한 물품을 국외로 반출

② 「대외무역법」에 따른 수출

구분	거래 형태
중계무역수출	수출할 목적으로 수입한 물품을 보세구역 등 외의 국내에 반입하지 않고 원상태로 외국으로 반출하는 수출 형태(수입대금과 수출대금의 차액을 취함) 중개무역: 수출·수입의 주체가 되지 않고 단순히 중개수수료만 취함.
위탁판매수출	물품 등을 외국의 수탁자에게 무환으로 수출한 후 판매된 범위 안에서 대금을 수령하는 수출 형태
외국인도수출	수출대금은 국내에서 영수하지만 국내에 통관되지 아니한 물품을 외국에서 외국으로 인도하는 수출 형태
위탁가공무역수출	가공임을 지급하는 조건으로 외국에서 가공할 원료를 거래 상대방에게 수출하거나 외국에서 원료 등을 조달하여 가공한 물품을 외국으로 인도하는 수출 형태

1. 중계무역방식에 의한 수출절차

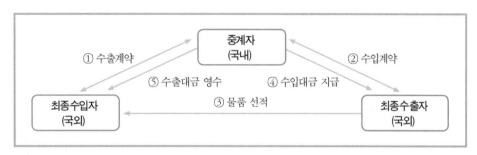

2. 위탁판매방식에 의한 수출절차

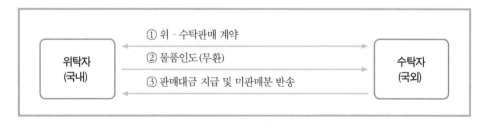

3. 외국인도방식에 의한 수출절차

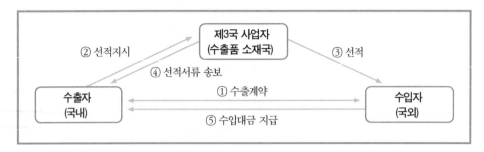

4. 위탁가공무역방식에 의한 수출절차

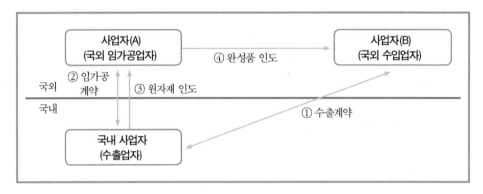

5. 4자간 무역거래(영세율 적용 제외)

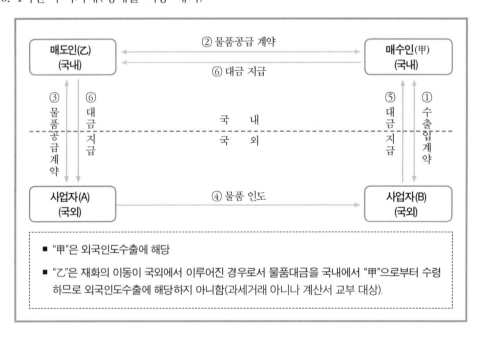

- "甲"은 외국인도수출에 해당
- "乙"은 재화의 이동이 국외에서 이루어진 경우로서 물품대금을 국내에서 "甲"으로부터 수령하므로 외국인도수출에 해당하지 아니함(과세거래 아니나 계산서 교부 대상).

③ 수출에 포함되는 국내거래
  1. 내국신용장 및 구매확인서(재화의 공급시기가 속하는 과세기간 종료 후 20일 이내 개설·발급된 것에 한함)에 따라 공급하는 재화(금지금 제외)
  2. 한국국제협력단 및 한국국제보건의료재단이 외국에 무상으로 반출하기 위하여 공급받는 재화
  3. 사업자가 비거주자 또는 외국법인과의 계약에 의하여 수탁가공한 물품을 비거주자 등이 지정하는 국내의 다른 사업자에게 인도하고 그 대가를 외국환은행에서 원화로 받은 경우로서 국내의 다른 사업자가 인도받은 재화를 그대로 반출하거나 제조·가공한 후 반출하는 경우
  4. 사업자가 국제공항보세구역 내의 외국인전용판매장에서 공급(위·수탁계약에 의한 위탁자 공급분을 포함한다)하는 재화와 세관장으로부터 승선 또는 비행기 탑승 허가를 받아 외국을 항행하는 선박 또는 항공기 내에서 공급하는 재화

법규부가 2012-310, 2012. 9. 10.: 내국법인(이하 "쟁점법인"이라 한다)이 국내의 다른 내국법인(이하 "갑법인"이라 한다)에게 국외의 A법인이 생산한 재화(이하 "쟁점상품"이라 한다)를 국외에서 인도하여 갑법인 명의로 항공화물운송장을 교부받은 경우로서 갑법인이 쟁점상품의 국내 수입·통관 등 제반 수입절차를 이행하여 관할 세관장으로부터 수입세금계산서를 발급받는 경우 쟁점법인과 갑법인의 거래는 국외거래에 해당하여 부가가치세가 과세되지 아니하는 것이나, 쟁점상품 공급에 대하여 쟁점법인은 갑법인에 법인세법 제121조에 따라 계산서를 발급하여야 하는 것임.

부가가치세법 기본통칙 2-0-3【국외거래에 대한 납세의무】1. 부가가치세의 납세의무는 대한민국의 주권이 미치는 범위 내에서 적용하므로 사업자가 대한민국의 주권이 미치지 아니하는 국외에서 재화를 공급하는 경우에는 납세의무가 없다. 다만, 영 제24조 제1항 제2호 각 목에 따른 수출의 방법으로 재화를 공급하는 경우에는 그러하지 아니한다.

서면1팀-528, 2008. 4. 15.: 귀 질의의 경우, 국내사업자(A)가 국외사업자(Z)에게 공급할 목적으로 국내사업자(B)와의 계약에 의거 물품을 공급받기로 하고 "B"는 당해 물품을 국외사업자(Y)로부터 구매하여 국내에 반입하지 아니하고 "A"가 지정하는 "Z"에게 인도하는 경우로서 "B"가 국외에서 인도하는 재화의 공급거래에 대하여 소득세법 제163조 및 같은 법 시행령 제211조에 따라 계산서를 작성·교부하여야 하는 것임.

해외현장 국내사업자에 대한 용역비 수취증빙

해외공사 시 국내 사업자에게 하도급을 주는 경우 영세율 세금계산서를 수취하여야 한다.

국외에서 제공하는 용역은 영세율을 적용한다. 부가가치세법은 속지주의를 원칙으로 하나 이 부분은 속인주의를 차용하고 있다. 따라서 국내에 사업장이 있는 사업자에게 적용되는데 건설업의 사업장은 본사(법인은 등기부상 소재지, 개인은 총괄하는 장소)이기 때문이다.

참고로 임대업의 사업장은 임대물건이 있는 장소이므로 국내사업자로부터 해외부동산을 임차하는 경우 계산서를 수취하여야 한다.

하도급업체는 대금을 외화로 받는 경우 외화입금명세서, 원화로 받는 경우 국외공사계약 서를 영세율 첨부서류로 제출하면 된다.

│ 영세율 첨부서류 │

① 외국환은행이 발급하는 외화입금증명서 또는 국외에서 제공하는 용역에 관한 계약서 (부가가치세법 시행령 제101조 제1항 제8호).

② 해당 서류를 복사하여 저장한 테이프 또는 디스켓을 영세율 첨부서류 명세서(전자계산 조직에 의하여 처리된 테이프 또는 디스켓을 포함: 별지 제42호 서식)와 함께 제출할 수 있음(부가가치세법 시행령 제101조 제4항).

③ 장기해외건설공사인 경우에는 해당 건설용역에 대한 최초의 과세표준신고 시에 공사도 급계약서 사본을 제출하고 그 이후의 신고에 있어서는 해당 신고기간의 용역제공실적 을 영세율규정에 따른 외화획득명세서에 의하여 제출할 수 있음(부가가치세법 기본통칙 11-64-5).

부가가치세법 제22조【용역의 국외공급】 국외에서 공급하는 용역에 대하여는 제30조에도 불구하고 영세율을 적용한다.

부가가치세법 기본통칙 11−0−1【국외건설공사재도급 시 영세율 적용】 사업자가 국외에서 건설공사를 도급받은 사업자로부터 해당 건설공사를 재도급받아 국외에서 건설용역을 제공하고 그 대가를 원도급자인 국내사업자로부터 받는 경우에는 영의 세율을 적용한다.

부가령 제8조【사업장】 ① 법 제6조 제2항에 따른 사업장의 범위는 다음 표와 같다.
건설업·운수업과 부동산매매업
가. 법인인 경우: 법인의 등기부상의 소재지(등기부상 지점 소재지를 포함한다)

재화나 용역이 국외에서 공급되는 경우에는 원칙적으로 부가가치세 납세의무가 없다. 그러나 우리나라의 부가가치세법상 사업자가 국외에서 제공하는 용역에 대하여는 과세거래로서 영의 세율을 적용한다(부가가치세법 제22조).

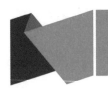

해외현장 바지선 임차료는 원천징수하여야 하는지?

해외건설현장에서 외국법인으로부터 바지선을 임차하여 사용하는 경우가 있다. 우리나라 법인세법 및 소득세법(법법 제93조 및 소법 제119조)는 선박항공기 임대소득을 비거주자의 국내원천소득으로 보는바, 조세조약에 별도로 정하지 않는 경우 2%의 원천징수의무가 발생하게 된다. 비거주자 등의 국내원천 선박·항공기 등의 임대소득은 비거주자 등이 거주자, 내국법인, 외국법인 또는 비거주자의 국내사업장에 선박·항공기 또는 등록된 자동차나 건설기계를 임대함으로 인하여 발생하는 소득을 말한다.

선박 등의 임대소득의 원천이 한국에 있는지 여부를 판정하는 기준은 동 자산의 운용 장소가 아니라 임차인이 누구인지 하는 것이다. 즉, 비거주자 등이 거주자, 내국법인 또는 비거주자 등의 국내사업장에 임대한 경우에는 그 운용 장소가 외국이라 하더라도 그 임대로 인하여 발생하는 소득은 국내원천소득에 해당하는 것이다. 따라서 국내에 사업장이 없는 외국법인이 내국법인의 해외지점에 선박·항공기·자동차 또는 건설기계를 임대하고 임대료를 받는 경우 동 임대료는 국내원천소득에 해당한다. 다만, 자동차·건설기계의 경우에는 한국에 등록된 자산이 임대되는 경우에만 국내원천소득이 된다.

바지선은 항내(港內)·내해(內海)·호수·하천·운하 등에서 화물을 운반하는 소형선박을 말하는바 바지선이 선박인지 건설장비인지에 따라 원천징수문제가 갈리게 된다. 법인세법 제93조를 보면 비거주자가 내국법인에게 선박을 임대한 경우 국내원천소득에 해당하나, 건설기계를 임차한 경우 등록된 경우에만 국내원천소득에 해당하고 준설선은 건설기계에 해당하기 때문이다.

선박인지 여부는 상법 및 건설기계관리법을 따라야 한다.

상법 제740조(선박의 의의) 이 법에서 "선박"이란 상행위나 그 밖의 영리를 목적으로 항해에 사용하는 선박을 말한다.

건설기계관리법 제2조(정의 등) ① 이 법에서 사용하는 용어의 뜻은 다음과 같다. 1. "건설기계"란 건설공사에 사용할 수 있는 기계로서 대통령령으로 정하는 것을 말한다.

건설기계관리법 시행령 제2조(건설기계의 범위) 건설기계관리법(이하 "법"이라 한다) 제2조 제1항 제1호에 따른 건설기계는 별표 1과 같다.

[별표 1] 건설기계의 범위(제2조 관련) 25. 준설선: 펌프식·바켓식·딧퍼식 또는 그래브식으로 비자항식인 것. 다만, 선박법에 따른 선박으로 등록된 것은 제외한다.

(1) 비자항식 부선은 선박이 아니었으나 1999년 선박법 개정으로 부선도 선박의 범위에 들어왔다(정동윤, 『해상법』, 한국사법행정학회, 2015년, p.739).
(2) 선박법상 총톤수 20톤 미만인 부선은 등록규정(제8조)을 적용받지 않는다(선박법 제26조).
(3) 등록신청을 받으면 이를 선박원부에 등록하고 신청인에게 선박국적증서를 발급한다 (선박법 제8조).

따라서 국내시공사의 해외현장에서 사용하는 바지선이 선박이 아니라 건설기계(준설선 또는 20톤 미만의 비자항식 부선)라고 보여진다. 선박임차료에 대하여 법인세법에서 국내원천소득이 아닌 경우 조세조약에 불구하고 한국과세당국은 과세권이 없다. 해외의 소규모 바지선은 선박이 아니고 한국정부에 과세권이 없어 보인다.

한국정부에게 과세권이 있는 경우 조세조약을 검토하여야 한다. 조세조약은 일정한 거래 등에 관하여 여러 국가의 과세권이 문제될 때 이들 국가의 과세권을 조정함으로써 이중과세와 조세회피를 방지하고, 이를 통하여 국제거래의 여건을 조성하기 위하여 체결되는 것이므로, 원칙적으로 조세조약은 독자적인 과세권을 창설하는 것이 아니라 각국의 세법에 의하여 이미 창설된 과세권을 배분하거나 제약하는 기능을 한다(대법원 2013. 5. 24. 선고 2012두 24573 판결).

법인세법 제93조 【외국법인의 국내원천소득】 외국법인의 국내원천소득은 다음 각 호와 같이 구분한다.

4. 거주자, 내국법인 또는 외국법인의 국내사업장이나 소득세법 제120조에 따른 비거주자의 국내사업장에 선박, 항공기, 등록된 자동차나 건설기계 또는 산업상·상업상·과학상의 기계·설비·장치, 그 밖에 대통령령으로 정하는 용구(用具)를 임대함으로써 발생하는 소득

OECD 모델조세협약 주석서 제8조 제1항 제5호: 선박과 시설장치와 승무원을 전부 포함한 선박 또는 항공기의 임대로부터 얻어지는 이익은 화물이나 승객의 운송으로부터 얻는 이익과 동일하게 취급되어져야 한다.

국조, 법규과-1078, 2013. 10. 2.: 내국법인이 국내사업장이 없는 싱가포르법인으로부터 해양건설현장에서 사용되는 바지선, 예인선을 임대하여 국외에서 사용하고 지급하는 대가는 한·싱가포르 조세조약 제12조(사용료소득)에 따른 산업적·상업적 또는 학술적 장비의 사용에 대한 대가 및 법인세법 제93조 제4호에 따른 산업상·상업상·과학상의 기계·설비·장치를 임대함으로써 발생하는 소득에 해당되는 것임.

국조 1260.1-1084, 1981. 9. 5.: 1. 법인세법 제55조 제1항 제4호에 규정하는 선박·항공기 또는 등록된자동차나 중기를 임대함으로 인하여 발생하는 소득은 동 자산이 한국의 거주자(해외사업장 포함)·내국법인(해외지점 등 포함)·외국법인의 국내사업장 또는 비거주자의 국내사업장에 임대된 경우, 동 자산의 운용장소가 국내인지 국외인지의 장소적 제산없이 국내원천소득이 되는 것이며, 이 경우 자동차·중기의 경우에는 관계 법령에 의하여 한국에 등록된 것이 임대된 경우임을 전제로 하는 것임.
2. 따라서 한국 내 사업장이 없는 외국법인이 내국법인의 해외지점에 선박·항공기·자동차 또는 중기를 임대하고 임대료를 받는 경우 동 임대료는 선박·항공기의 경우 제55조 제1항 제4호에 규정하는 국내원천소득에 해당되나, 자동차·중기의 경우에는 한국에 등록된 동 자산이 임대되는 경우에만 동 국내원천소득이 되는 것임.

외화자금집행 시 원천징수 방법은?: 조세조약 검토

국제거래라 함은 당사자 중 일방 이상이 비거주자(외국법인 포함)인 거래를 말한다(국조법 제2조). 비거주자란 외국법인 본점 소재지 및 실질적 관리장소가 외국인 법인을 말한다. 설립 준거법주의가 아니라는 점에서 주의가 필요하다.

1. 내국세법상 거주자

(1) 내국세법상 거주자: 거주자란 국내에 주소를 두거나 1년 이상 거소를 둔 개인으로, 국적과 무관하다. 주소란 가족·재산·직업 등으로 보아 생활관계의 객관적 사실에 따라 판단하며 생활의 근거지를 말한다. 거소란 상당 기간 거주하는 장소를 말한다. 외국인(국적 기준) 또는 영주권자가 국내에 가족·재산·직업이 없는 경우 비거주자로 본다. 해외지점, 현지법인 파견된 임직원은 거주자로 본다(소령 제3조).

(2) 조세조약상 거주자: 거주자의 개념은 각국 세법에 따르지만 이중거주자인 경우 '항구적주거 → 이해관계지 → 일상적 주소 → 국적 → 상호합의'로 순서에 따라 판단한다(조세조약 제4조). 내국세법상 거주자일지라도 조세조약상 비거주자인 경우 국제거래에 해당한다.

2. 고정사업장(P/E)

고정사업장이란 지점, 사무소, 영업소, 건설현장, 고용인을 통하여 용역을 계속적으로 제공하는 장소를 말한다. 국내원천 사업소득에 대한 과세 가능 여부를 결정한다. 조세조약상 PE가 없으면 외국법인·비거주자의 사업소득을 비과세(OECD모델조약)한다. UN모델조약은 고정사업장 범위를 확대해서 규정하고 있다. 예를 들어 OECD모델조약상 건설공사현장은 1년 이상인 것을 말하나 UN모델조약은 건설공사현장을 6개월 이상인 것으로 규정하고 있다.

조세조약은 이중과세 방지를 위하여 거주지국과 소득원천지국 간에 과세권 배분하는 역할을 하고, 국제적으로 두 가지 모델이 있다.

(1) OECD모델조약 ⇒ 선진국 간 모델(거주지국의 과세권 강화)
(2) UN모델조약 ⇒ 선·후진국 간 모델(원천지국의 과세권 강화)

3. 국내원천소득

소득의 발생 원천이 국내에 있는 소득

소득구분	원천소득 판단근거	비고
사업소득	PE가 있을 것	다른 소득으로 구분될 경우 사업소득이 아니다 (소득세법은 사업소득을 제일 먼저 규정하나, 조세조약은 제일 마지막에 정의한다). 조약상 기업의 상업상 이윤으로 포괄적으로 규정한다.
국제운수소득	PE가 있는 경우에도 원천지국 면세	선박, 항공기 등록지에 무관하다. 운영하는 기업 거주지만 과세한다.
배당소득	국내 지급분 과세	수익적 소유자가 아니면 조약 적용이 불가하다. PE에 귀속되는 경우 제한세율을 적용하지 않는다.
이자소득	차입주체, 지급주체가 국내인 경우 대상	
사용료소득	사용주체, 지급주체가 국내인 경우 대상	
부동산소득 (사용, 임대)	부동산 소재지가 국내인 경우 대상	
양도소득(부동산, 사업자산 양도)	자산 소재지가 국내인 경우 대상	
주식양도소득	양도자의 거주지국 과세	OECD에만 있음.

소득구분	원천소득 판단근거	비고
인적용역소득 (전문가용역)	국내에서 수행하면 대상	OECD 사업소득과 유사: PE가 없으면 비과세 UN: 용역수행지국에서 과세(PE가 있거나, 183일 이상 거주하였거나, 일정 금액 이상인 경우) 법인도 인적용역소득이 발생할 수 있음. 연예인, 운동가 등(조약상 규정 없으면 사업소득으로 본다)
근로소득(종속적 인적용역소득), 퇴직소득	국내에서 근로하는 경우 과세	이사의 보수 포함
학생/훈련생/교수		OECD 대부분 비과세
기타소득	대부분 원천지국은 과세권 없음.	

4. 조세조약(본문)의 체계

조약의 구성	소득 구분 (조세조약)	소득 구분 (국내 세법)	국내 세법상 원천징수세율
소득 및 자본에 대한 과세(제6~22조)	부동산소득	부동산소득	없음
	사업소득	사업소득	2%
	배당소득	배당소득	20%
	이자소득	이자소득	20%
	사용료	사용료소득	20%
	양도소득	토지·건물의 양도소득	10%
	인적용역소득 독립적 인적용역 종속적 인적용역 이사의 보수 연예인 및 체육인 연금 정부용역 교수 학생	인적용역소득	20%

조약의 구성	소득 구분 (조세조약)	소득 구분 (국내 세법)	국내 세법상 원천징수세율
	기타소득	기타소득	20%
	(없음)	선박·항공기 등의 임대소득	2%
	(없음)	유가증권양도소득	10%
조약의 적용범위	인적범위(제1조) 대상조세(제2조)		
정의	일반적 정의(제3조) 거주자(제4조) 고정사업장(제5조)		
이중과세방지 방법 특별규정	이중과세의 방지(제23조) 무차별(제24조) 상호합의절차(제25조) 정보교환(제26조) 징수협조(제27조) 외교관 및 영사(제28조) 적용지역 확대(제29조)	• 유가증권양도소득: 비거주자로부터 국내증권을 양수한 경우를 말한다. • 부동산소득: 원천징수 없이 종합과세 한다.	
효력규정	발효(제30조) 종료(제31조)		

사용료소득의 경우 국내세법상 사용료의 대상인 자산·권리 등을 국내에서 사용 또는 그 대가를 국내에서 지급하는 경우를 말한다. 국내원천소득에 해당하나, 대부분의 조세조약상 국내거주자가 지급하는 경우에만 국내원천소득에 해당한다.

대부분의 조세조약은 유가증권양도소득 등에 대하여는 거주지국에만 과세권을 부여하고 있으며, 사업소득, 인적용역소득 등에 대하여는 일정한 요건을 충족하는 경우에 한하여 원천지국에 과세권을 부여한다.

대부분의 조세조약은 이자소득, 배당소득, 사용료소득에 대하여 원천지국에서 일정 세율(통상 10~15%)을 초과하여 과세하지 못하도록 규정하고 있다.

○○실업은 홍콩법인(일본기업의 홍콩 현지법인)에게 사용료를 지급하면서 일본과의 조세조약을 적용하여 10% 원천징수 → 홍콩은 조세조약이 없으므로 법인세법에 따라 20% 세율로 원천징수 하여야 함.

○○내셔널(주)는 홍콩법인에게 프랜차이즈 사용료를 지급하면서 중국과의 조세조약을 적용하여 10% 원천징수 → 홍콩(조약미체결국)은 한·중 조세조약이 적용되지 않으므로 법인세법에 따라 20% 세율로 원천징수

○○IT(주)는 북아일랜드 법인에게 S/W 사용료를 지급하면서 한·아일랜드 조세조약을 적용하여 비과세 → 북아일랜드는 영국령으로 한·영 조세조약을 적용, 사용료에 대하여 10% 세율로 원천징수

5. 소득분류 방법

- 1차: 국내세법(법인세법, 소득세법)상 국내원천소득 종류 파악
- 2차: 조세조약상 소득종류 파악
- 3차: 조세조약상 소득구분을 국내세법보다 우선 적용(국제조세조정에 관한 법률 제28조)
- 4차: 국내세법상 세율과 조약상 세율 중 낮은 세율 적용

6. 소득별 주의사항

(1) 이자소득: 국내 본사에서 지급하는 이자는 원천징수 한다(지급지 기준). 단, 자금의 차입주체와 사용주체가 모두 국외사업장인 경우 국내원천소득에서 제외한다(국조 22601-847, 1990. 9. 1.). 국내은행의 해외지점에 지급하는 이자는 원천징수하지 않는다(법인 22601-3656, 1989. 10. 6.).
  - 비과세 국가: 헝가리, 아일랜드, 러시아

(2) 배당소득: 국내 본사에서 지급하는 배당은 원천징수 한다. 주주의 유형(개인/법인/파트너십 등), 소유 형태(직·간접)에 따라 제한세율이 달라진다.

(3) 사용료소득(자산, 정보의 사용 및 권리의 양도) : 국내에서 사용하거나 지급하는 경우 등록을 요하는 특허권 등은 국내등록 유무와 무관하다. 내국법인이 비거주자로부터 사용료를 발생시키는 자산, 권리, 정보 등을 도입하여 해외지점 또는 건설공사현장에서 사용하는 경우 그에 대한 대가는 국내원천 사용료소득에 해당한다(법통칙 93-132… 15). 외국기업이 국내기업과의 기술제공계약에 따라 국내기업에 기술을 제공하기 위하여 파견하는 기술자에 대한 항공료, 숙박비 등 체재비, 일당 등을 국내기업이 부담하는 경우 그 항공료, 체재비, 일당 등은 모두 그 기술제공에 대한 대가로서 사용료에 해당한다. 조세조약상 대부분 지급지 기준, 미국 등 일부 사용지 기준으로 과세한다.
  • 비과세 국가 : 헝가리, 아일랜드, 몰타, 크로아티아, 아랍에미리트연합(거주지국과세)

▶ 노하우의 대가는 제품의 특성에 따라 사업소득으로 구분될 수 있으므로 주의하여야 한다. 아래의 요건을 모두 충족한 경우 사업소득으로 분류한다.
  ① 소프트웨어가 이미 개발되어 상품화된 것으로서 불특정다수인에게 판매할 목적으로 밀봉된 포장상태의 완제품 형태로 도입되는 것이며,
  ② 내국법인의 요구에 의해 주문 제작된 소프트웨어도 아니며,
  ③ 최종수요자의 요구에 따라 추가로 개작이 되지 않으며,
  ④ 소프트웨어 구입자가 소프트웨어 사용에 따른 추가적인 비용부담 없이 영구사용권을 가지는 것

▶ 사용료와 인적용역소득은 원천지국 결정기준, 세율 등에 차이가 있다. 조세조약은 체약국에 따라 다소 상이하나, 다음과 같은 모든 형태의 지급금을 사용료소득으로 정의하고 있다.
  ① 과학, 예술 또는 학술작품의 저작권(Copyright), 특허권(Patent), 상표권(Trademark), 의장(Design), 모형(Model), 도면(Plan), 비밀공식 또는 공정(Secret formula or process)의 사용 또는 사용할 권리의 대가
  ② 산업상·상업상 또는 학술상 장비의 사용 또는 사용할 권리의 대가
  ③ 산업상·상업상·학술상 경험에 관한 정보의 대가
  ④ 기술용역에 대한 대가

▶ 선박, 항공기, 건설기계 등의 임대소득 : 비거주자로부터 자산을 임차한 경우, 해외

에서 사용하는 경우에도 국내원천소득이 된다. 해당 국가와의 조세조약에 따라 소득의 구분이 달라질 수 있다.

① 선원부 용선료: 국제운수소득에 해당

② 나용선 계약에 의한 용선료: 사용료소득, 사업소득, 기타소득

③ 산업상·상업상·과학상 장비의 임대소득: 사용료, 사업소득

④ 한·미 조세조약: 임대인이 선박 또는 항공기의 국제운송에 종사하는 자일 경우에는 사업소득에 해당하나, 그렇지 않은 경우에는 사용료소득에 해당한다.

조세조약에서는 별도의 조항이 없고 체약국에 따라 사업소득, 국제운수소득, 사용료소득, 기타소득으로 분류한다. 제한세율이 2%가 적용된다.
국내세법상의 선박 등의 임대소득에 대한 원천징수세율)보다 높으면 2%로 과세해야 한다.
산업상·상업상·과학상 장비의 임대소득이 조세조약에서 사업소득으로 구분되는 경우 국내사업장이 없으면 과세할 수 없다.

(4) 사업소득: 산업상·상업상 또는 과학상의 기계·설비 등을 양도함으로써 발생하는 소득이다. 당초 사용료소득에 해당하였으나 세법개정으로 2004. 1. 1. 이후 최초로 양도하는 분부터는 국내원천 사업소득에 해당한다. 조세조약상 사업소득과는 별도의 조항에 규정되어 있으므로 그것이 기업의 사업활동에 의하여 발생된 경우에도 사업소득으로 취급되지 않는다.

▶ 국내사업장이 없으면 비과세: 본점과 지점을 각각 독립된 기업으로 전제하여 판단한다. 따라서 고정사업장(PE)에 귀속하는지 여부가 중요하다.

(5) 인적용역소득
독립된 자격으로 제공하는 전문직업적 용역으로 비거주자의 피고용인이 제공하는 경우에도 인적용역소득으로 본다.

▶ 항공료 등에 대한 과세 제외(소령 제179조 제7항, 법령 제132조 제7항): 세법개정(2005. 12. 31.)으로 2006. 1. 1. 이후 최초로 발생하는 소득분부터 인적용역을 제공받는 자가 인적용역 제공과 관련하여 해당 항공회사·숙박업자 또는 음식업자에게 직접

지급한 항공료·숙박비 또는 식사대는 과세소득에서 제외한다.

① 변호사·공인회계사·세무사·건축사·측량사·변리사 기타 이와 유사한 전문
   직업인이 제공하는 용역

② 과학기술·경영관리 기타 이와 유사한 분야에 관한 전문적 지식 또는 특별한
   기능을 가진 자가 당해 지식 또는 기능을 활용하여 제공하는 용역

③ 직업운동가가 제공하는 용역

④ 배우·음악가 기타 연예인이 제공하는 용역

국내 고정시설이 있고, 183일을 초과하며, 본사에서 지급하고, 일정 금액 이상이어야 과
세되므로 거의 발생하지 않는다.

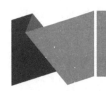

DDP 조건으로 수입하는 기자재는 매입부가가치세 조심

발주자에게 공급하는 해외기자재의 수입세금계산서는 발주자 명의로 수령하여야 한다. 시공사(수입업무대행자) 명의로 수입세금계산서를 수취하는 경우 매입세액은 원칙상 공제받을 수 없다. 계약상 매입부가가치세를 외국인이 실질적으로 부담하는 것으로 볼 경우 수입세금계산서의 공급받는 자는 매입세액을 공제받을 수 없다.

수입세금계산서의 공급받는 자가 실질적인 책임과 계산으로 거래하여야 한다. 따라서 매입세액공제를 위해서는 수출자와 CIF 조건(또는 FOB)으로 시공사가 수입하고 시공사 명의로 국내 제세공과금 및 운반료, 보험료, 보증보험증권, 하자이행보증증권을 발행한다.

DDP 방식의 경우 한국부가가치세는 국외수출자가 부담하게 된다. 비거주자가 부담하는 부가가치세를 거주자가 대납하는 경우 매입세액공제를 받을 수 없다. 따라서 발주처가 수입세금계산서의 공급받는 자가 되도록 하는 것이 중요하다.

수출자가 국내판매대행자를 선정하고 판매대행자와 계약하여야 하는 경우 시공사가 판매대행자로부터 수취한 일반세금계산서는 매입세액공제가 가능하다.

DDP 조건은 매도인이 수입통관비용까지 모두 포함하여 부담하는 수출입의 조건이다. 기존의 CIF 조건 견적에 항내비용, 통관비용, 국내운송비용 등을 포함하여 산출한다.

- 관세: CIF invoice value × 관세율
- 부가가치세: (CIF invoice value + 관세) × 10%
- 통관수수료: CIF invoice value × 2/1000

(1) FOB: 매도인(수출업자)이 약속한 화물을 매수인(수입업자)이 지정한 선박에 적재하고 본선상에서 화물의 인도를 마칠 때까지의 일체 비용과 위험을 부담하는 무역거래 조건이다.

(2) CIF: 매도자가 상품의 선적에서 목적지까지의 원가격, 운임료, 보험료 일체를 부담할 것을 조건으로 한 무역계약이다.

(3) DDP: 매도인이 수입통관을 필하고 목적지까지 물품을 운반하여 인도하는 무역거래 조건. 매도자가 관세 및 부가가치세를 부담한다.

일반적으로 통관통계 시에 수출은 본선인도가격(FOB)을, 수입은 운임 및 보험료 포함가격(CIF)을 기준으로 평가한다. CIF 가격이란 수출입 상품의 운임·보험료를 포함한 가격을 말한다.

관련 법령

부가 46015-187, 1996. 1. 30.: 귀 질의의 경우 외국법인 "A"의 국내사업장에서 국내사업장이 없는 외국법인 "B"가 국내사업장에게 판매한 기계장비의 무상보증수리용역을 공급하기 위하여 부품을 무환으로 수입하고 세관장으로부터 교부받은 수입세금계산서의 매입세액은 부가가치세법 제17조 제1항 제2호의 규정에 의하여 매출세액에서 공제되는 것임.

서면3팀-417, 2005. 3. 25.: 수입업자가 세관장으로부터 수입세금계산서를 교부받은 경우에 재화의 수입이 실질적으로 수입자(국내사업자)의 책임과 계산하의 수입이라면 당해 세금계산서의 매입세액은 수입업자의 매출세액에서 공제받을 수 있는 것이나, 수입에 관련된 관세 및 부가가치세를 외국 수출업체가 대납한 경우로서 당해 재화의 수입주체가 실질적으로 외국 수출업체인 경우에는 수입업자가 수취한 수입세금계산서의 매입세액은 공제할 수 없는 것임.

【질의】 제조업자가 DDP 조건(매도인 관세부담조건)으로 재화를 수입하고 외국 수출업체가 당해 관세 및 부가가치세를 대납한 경우 세관장으로부터 수취한 수입세금계산서에 대한 매입세액공제 여부

서면3팀-2234, 2005. 12. 8.: 국내사업자가 외국 수출업체로부터 재화를 수입함에 있어 당해 재화의 수입주체가 실질적으로 외국 수출업체로서 수입에 관련된 관세 및 부가가치세를 외국 수출업체가 납부하는 경우에는 국내사업자가 수취한 수입세금계산서의 매입세액은 공제할 수 없는 것이나, 다만, 국내사업자가 당해 재화를 자기의 과세사업을 위하여 사용하고 실질적인 수입의 주체로서 수입과 관련한 관세 및 부가가치세를 납부하는 경우에는 세관장으로부터 수취한 수입세금계산서의 매입세액은 매출세액에서 공제받을 수 있는 것임.

지체상금(LD)의 손익귀속시기는?

건설공사의 지연으로 LD(지체상금)가 발생한 경우 EOT(공기연장)를 신청하는 것이 일반적이다. 이에 따라 LD와 EOT의 손익귀속시기가 쟁점이 될 수 있다. 즉, LD가 확정되는 시점이 귀속시기인지, EOT 종결시점이 귀속시기인지의 문제이다.

지체상금이란 수급인이 자신의 귀책사유로 인하여 공사계약 채무를 이행하지 아니한 경우(준공기한을 넘겨서 완공하거나 아예 완공하지 못하고 중단한 경우도 포함)에 수급인이 도급인에게 지급해야 할 미리 약정된 비율에 의해 계산된 지연배상금을 말한다.

일반적으로 지체상금 약정은 손해배상의 예정으로 인정(대법원 1996. 4. 26. 선고 95다11436 판결 외 다수)되기 때문에 실제로 발생한 손해액과 상관없이 지체상금률 계산에 의한 지체상금액을 손해배상으로 하여 청구할 수 있다.

손해배상예정금은 우리 주변에서 부동산매매계약상 계약금의 형태로 자주 등장한다.

민법 제398조 【배상액의 예정】
① 당사자는 채무불이행에 관한 손해배상액을 예정할 수 있다.
② 손해배상의 예정액이 부당히 과다한 경우에는 법원은 적당히 감액할 수 있다.
③ 손해배상액의 예정은 이행의 청구나 계약의 해제에 영향을 미치지 아니한다.
④ 위약금의 약정은 손해배상액의 예정으로 추정한다.

예를 들어 부동산매매계약에서 매수자가 자신의 귀책으로 대금불입 불이행 시 계약금이 몰취된 경우 계약금은 매도자의 손해배상예정금이 되는 것이며, 매수자가 계약을 해지하는 시점에 확정된다. 그러나 매매계약이 법률상 하자(예를 들어 계약금이 과다한 경우)가 있다면 매수자는 소송 또는 합의를 통하여 일부 탕감을 주장해 볼 여지가 있을 것이다.

본 사례에서 계약금은 LD에 해당하며, 일부 탕감 주장은 EOT에 해당한다. 본 건은 건설업에만 있는 특이한 분쟁이 아니라 우리 생활 주변에 있는 일반적인 분쟁이다.

시공사의 LD가 계약상의 내용이라면 법률상 하자는 계약 외의 내용이다. 따라서 시공사의 LD는 계약위반 발생 시 확정되고, 법률상 하자는 합의 또는 소송 종결 시 확정된다.

구분	성격	비고
지체상금(LD)	발주처의 시공사에 대한 클레임 계약서로 산출 가능한 금액	계약상 요건 충족 시 확정
공기연장(EOT)	시공사의 발주처 귀책 및 불가항력에 대한 클레임 계약서로 산출 불가능한 금액	합의 또는 소송으로 확정

대법원 1996. 4. 26. 선고 95다11436 판결: 도급계약에서 계약이행 보증금과 지체상금의 약정이 있는 경우 특별한 사정이 없는 한 계약이행 보증금은 위약벌 또는 제재금의 성질을 가지고, 지체상금은 손해배상의 예정으로 봄이 상당하다.

대법원 1995. 12. 12. 선고 95다28526 판결: 손해배상액의 예정액이 부당히 과다한지 여부는 계약 당사자의 각 지위, 계약의 목적과 내용, 손해배상액을 예정한 동기, 실제 손해와 그 예정액의 대비, 그 당시의 거래관행과 경제상태 등 제반 사정을 참작하여 일반 사회인이 납득할 수 있는 범위를 넘는지의 여부에 따라 결정하여야 할 것

관련 자료

『채권총칙 주석 민법』(김용담): 손해배상액의 예정이라 함은 채무불이행의 경우에 채무자가 지급하여야 할 손해배상액을 당사자 사이의 약정으로 미리 정하여 두는 것을 말한다. 채무불이행이 발생한 후에 손해배상액에 관하여 합의를 하는 것은 배상액의 예정과는 구별된다. 원래 채권자가 채무불이행에 의한 손해배상을 청구하려면 손해의 발생과 그 액을 증명하여야 하는데, 실제상 그 증명이 곤란한 경우가 있고 또한 이로 말미암아 당사자 사이에 다툼이 생길 염려가 있다. 이러한 점을 고려하여 채권자와 채무자 사이에서 채무불이행의 경우에 채무자가 지급하여야 할 손해배상의 액수를 미리 정하여 위와 같은 입증의 곤란을 배제하고 다툼을 예방하여 손해배상의 법률관계를 간이화하고, 채무의 이행을 확보하려는 것이 손해배상액의 예정이다. 이 조항은 계약자유의 원칙을 존중하여 그러한 예정이 허용됨을 규정하고(제1항), 나아가 일정한 경우에 법원이 예정액을 적당히 감액할 수 있다는 것(제2항), 그 예정은 본래의 급부의 이행청구나 계약해제에 영향을 미치지 않는다는 것(제3항), 위약금의 약정은 손해배상액의 예정으로 추정된다는 것(제4항), 그 예정이 금전의 지급을 내용으로 하는 것이 아니라고 하더라도 금전으로 배상액을 예정한 경우와 같은 법리가 준용된다는 것(제5항) 등을 규정하고 있다.

338 _ 건설회사 세무실무

제 8 편

본사판관비

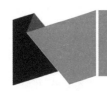

금융자문수수료의 매입세액공제가 가능한지?

기업의 영업과 관련한 매입거래는 자산 및 비용으로 대차대조표 차변항목이다. 그에 비하여 부채 및 자본은 대차대조표 대변항목으로 자금의 조달과 관련이 있다. 자본조달과 관련한 거래는 재무거래로 영업활동과 직접적인 관련이 없다.

그러나 건설회사의 경우 특정 PJ에 관련된 차입금의 조달을 위하여 비용을 지출하는 경우가 많다. 따라서 단순한 재무활동으로 단정할 수 없다.

채무변제 자금조달을 목적으로 신주를 발행함에 있어서 금융자문용역을 제공받고 지급한 자문수수료 관련 매입세액을 매출세액에서 공제할 수 있는지 여부가 쟁점이다.

이에 대하여 과세관청은 주식 등의 발행·취득·매각과 관련된 수수료 등에 대한 매입세액은 부가가치가 창출되는 과세사업과 직접 관련되지 아니하는 매입세액으로 공제 대상이 아니라고 주장하였으나, 조세심판원에서는 신주발행을 통해 조달된 자금을 채무변제에 사용하였더라도 해당 채무가 기계장치 및 원부자재 구입 등에 투입된 것으로 나타나며, 제조업을 영위하는 과세사업자의 사업활동 영역에는 제조·판매활동뿐만 아니라 사업활동을 위한 자금조달이나 자본거래 등도 포함된다고 보는 것이 경험칙에 비추어 타당하다고 결정하였다. 최근 심판례(조심 2016중3427, 2017. 2. 14.)는 주식 등의 거래와 관련된 비용일지라도 비용의 지출 목적과 경위, 사업의 내용 등에 비추어 사업 관련성이 인정되는 경우에는 불공제 대상 매입세액에 해당하지 않는다고 한 대법원 판결(대법원 2013. 5. 9. 선고 2010두15902 판결) 및 기존 조세심판원 결정(조심 2012서649, 2012. 5. 16. 등)과 동일한 취지인 것으로 사료되는바, 동일한 입장의 해석이 계속적으로 생산될 것으로 보인다.

(1) 일반적인 조달행위: 사업과 직접적인 관련이 있는 지출이라고 보기 어려우므로 매입세액불공제한다(재무활동). 단, 차입금의 용처가 사업활동으로 특정할 수 있거나, 부채상환인 경우에도 부채의 발생 원인이 사업활동으로 특정할 수 있는 경우 매입세액공제 가능하다.

(2) 특정사업 참여조건: 입찰 탈락 여부에 불구하고 매입세액공제가 가능하다(영업활동). 단, 토지의 취득자금의 조달을 위한 금융자문용역은 매입세액불공제한다.

소심 2017중112, 2017. 3. 13.: 청구법인이 쟁점사업의 입찰에서 탈락하였다고 하여 쟁점자문수수료를 달리 볼 것은 아닌 점, 청구법인은 변전소 설비제작 및 설치 외의 다른 업종은 영위하지 않아 모두 과세사업을 영위하고 있고 면세 관련 사업은 영위하고 있지 아니한 점 등에 비추어 쟁점자문수수료를 청구법인의 사업과 직접 관련성이 없다고 보아 청구법인에게 이 건 부가가치세를 과세한 처분은 잘못이 있음(인용).

조심 2014중1868, 2014. 9. 24.: 청구법인이 금융자문용역을 제공받고 지급한 쟁점수수료는 신주 및 전환사채의 발행·유통을 위한 거래와 관련된 수수료이며, 청구법인이 영위하고 있는 사업과 직접적인 관련이 있는 지출이라고 보기 어려운 점 등에 비추어, 쟁점수수료 관련 매입세액을 매출세액에서 공제하지 아니함(기각).

조심 2016중3427, 2017. 2. 14.: 청구법인과 같이 제조업을 영위하는 과세사업자의 사업활동 영역에는 제조·판매활동뿐만 아니라 사업활동을 위한 자금조달이나 자본거래 등도 포괄적으로 포함된다고 보는 것이 경험칙에 비추어 타당한 점 등에 비추어 쟁점세금계산서상 매입세액을 매출세액에서 불공제하여 부가가치세를 과세한 이 건 처분은 잘못이 있음.

대법원 2013. 5. 9. 선고 2010두15902 판결: 이 사건 시장정비사업을 추진하기 위해서는 이 사건 시장정비 구역 내 토지면적의 대부분을 소유하고 있던 BB청과의 주식을 인수할 필요가 있었던 것으로 보이므로, 그 주식인수를 위한 실사와 자금조달 및 금융에 관한 자문 등의 용역을 제공받은 수수료는 이 사건 시장정비사업의 수행에 필요한 것으로서 사업 관련성이 있음.

조심 2012서649, 2012. 5. 16.: 유가증권의 평가와 관련하여 법인세가 과세된 내용에 대한 조세불복사건에 대하여 지급한 수수료는 비록 유가증권의 거래가 부가세 과세대상이 아니라고 하더라도 청구법인이 제공받은 용역은 청구법인의 사업영위를 위한 포괄적인 용역이라고 할 것이어서 그에 따른 쟁점세금계산서는 사업과 관련이 없다고 단정하기는 어려움.

공통매입세액 안분의 기준인 '사업단위'란?

건설업은 플랜트, 토목, 건축, 주택, 해외건설 등 다양한 부문이 있으며 이 중 과면세 공통사업은 주택뿐이다. 이에 따라 주택수주과 관련 매입세액의 경우 주택 부분 안분비율을 적용하여야 하는지 아니면 회사 전체의 안분비율을 적용하여야 하는지에 관한 쟁점이 있다. 특히 수주 홍보 활동은 지출하는 당시에는 공급(예정)계약이 존재하지 않는바 대응되는 매출액이 있을 수 없고 공통매입세액에 해당한다.

부가가치세는 사업장단위 과세제도를 채택하고 있는바 공통매입세액 안분의 기준은 사업장이 되며 건설업은 법인본사가 단일사업장인바 건설 전체의 과면세 비율이 타당해 보인다.

집행기준 40-81-5 ⑦은 '사업(현장)단위'별로 규정하고 있으나 예규 등에서 (수종의 사업을 영위하는 경우) 세분이 가능한 경우 관련된 사업단위(부문)로 안분계산(부가 46015-2543, 1999. 8. 23.)한다고 해석하고 있어 '사업단위'의 쟁점은 해소되지 않았다.

공통매입세액의 안분 단위는 사업이다. 그리고 세법상 사업은 기본적으로 한국표준산업분류표를 따른다. 이하 한국표준산업분류표상 건설업을 주택건설업과 기타건설업으로 구분할 수 있는지에 관하여 서술한다.

부가가치세법령 및 관련 판례상 공통매입세액의 안분방법은 다음의 4가지로 나눈다.

구분	안분방법	관련 법령
한 사업자에게 여러 사업장이 있는 경우	사업장단위별	부가 46015-1007, 1997. 5. 8.
한 사업장에 수종의 사업이 있는 경우	사업단위(부문)별	부가 46015-2543, 1999. 8. 23.
한 사업장에 과·면세사업이 있는 경우	사업장단위별	부가 46015-3883, 2000. 11. 28.
철도공사 및 전기통신사업자의 경우	전국사업장 합산	부가령 제81조 제3항

위 4가지 유형 중 해당 주제는 3번째 유형을 다룬다.

(1) 매입부가가치세를 부문별로 안분하는 경우는 수종의 사업을 영위하고 있는 경우이다.
(2) 부가가치세법상 사업의 종류란 한국표준산업분류에 따르고 있다.
(3) 한국표준산업분류는 건설업을 종합건설업 및 전문건설업으로 분류하고 있다
(4) 일부 건설사는 물류 부문 및 화학 부문 등을 겸영하고 있으나, 일반적인 경우 단일 업종(종합건설업 또는 전문건설업)만을 영위하고 있다.
(5) 따라서 건설사의 주택사업 부문, 토목사업 부문 등은 수종의 사업에 해당하지 않는다.
(6) 주택건설사업과 기타건설사업을 수종의 사업으로 해석한 사례는 없다.
(7) 예규 및 판례상 수종의 사업을 영위하는 경우는 아래와 같다.

구분	수종의 사업
대법원 1982. 9. 28. 선고 82누170 판결	도소매업, 제조업
조심 2015서1120, 2015. 12. 17.	의료업, 임대업
조심 2015중4318, 2017. 6. 14.	호텔업, 카지노사업
조심 2011전0567, 2011. 12. 28.	운수업, 부동산임대업
법규부가 2011-0356, 2011. 10. 14.	여객운송사업, 광고대행업, 부동산임대업

사견에 주택건설사업을 별도의 사업으로 해석하기란 원천적으로 불가능하다. 건설업은 종합건설업 또는 전문건설업으로 구분되는바 종합건설업은 세분류(4단계)까지 내려가면 주택건설업을 구분할 수 있다. 그러나 전문건설업은 종합건설업자의 도급 범위에 의하여 주택건설사업이 될 여지가 생기는바, 표준산업분류표에 의하여 주택건설사업이 별도의 사업으로 규정될 여지는 없다고 하겠다. 종합건설업이냐 전문건설업이냐에 따라 부가가치세 안분계산단위가 달라질 수 없기 때문이다.

대분류	중분류	소분류	세분류
건설업	종합건설업	건물건설업	주거용 건물 건설업
			비주거용 건물 건설업
		토목건설업	지반조성
			토목시설물
	전문직별 공사업	기반조성	건물 및 구축물 해체 공사업
		건물설비	기반조성 관련 전문공사업
		전기통신	시설물 축조 관련 전문공사업
		실내건축	건물설비 설치 공사업
			전기공사업
		시설물유지관리	통신공사업
		건설장비	도장, 도배 및 내장 공사업
			유리 및 창호 공사업
			기타 건축 마무리 공사업

부가 46015 - 4064, 2000. 12. 18.: 사업자가 부가가치세가 과세되는 수종의 사업과 면세되는 수종의 사업을 겸업하는 경우에 있어서는 면세사업에 관련된 매입세액은 원칙적으로 실지귀속을 구분하여 계산하여야 하고 실지귀속을 구분할 수 없는 공통매입세액은 이를 안분계산하여야 하며, 이 경우 어느 과세사업과 면세사업만에 관련된 매입세액으로의 구분이 가능한 경우에는 그 공통매입세액에 관련된 사업단위별로 구분하여 부가가치세법 시행령 제61조 제1항의 규정에 의하여 안분계산하는 것임.

부가 2260 - 11346, 1988. 8. 1.: 부가가치세가 과세되는 수종의 사업과 면세되는 수종의 사업을 겸영하는 경우 면세사업에 관련된 매입세액의 계산은 사업부문별로 실지귀속에 따라 하되, 과세사업과 면세사업에 공통으로 사용되어 실지귀속을 구분할 수 없는 공통 매입세액은 부가가치세법 시행령 제61조 규정에 의하여 안분계산하는 것임. 이 경우 안분계산식의 총공급가액은 공통매입세액에 관련된 사업부문의 과세사업 과세표준과 면세사업 수입금액의 합계액으로 하는 것임.

대법원 1987. 6. 9. 선고 86누251 판결: 부가가치세법 시행령 제61조 제1항의 "과세사업과 면세사업에 공통으로 사용되어 실지귀속을 구분할 수 없는 때"의 판단기준에는 매입재화의 공통사용 당시뿐만 아니라 재화매입 당시도 고려되어야 할 것이므로 면세재화의 구입, 관리, 제조, 가공과정의 투입, 제품공정, 제품생산관리 등 제반 실태를 고려하여 전체적으로 구분할 수 있는지 여부를 결정하여야 하고 재화의 사용량을 구분할 수 없을 때는 물론 사용량은 구분 가능하더라도 그 사용량의 공급가액을 알 수 없는 경우에도 실지귀속을 구분할 수 없다고 보아야 한다.

대법원 1987. 4. 14. 선고 86누753 판결: 사업자가 부가가치세가 과세되는 수종의 사업과 면세되는 사업을 겸영하는 경우에 있어서는 면세사업에 관련된 매입세액은 원칙적으로 실지귀속을 구분하여 계산하여야 하고, 실지귀속을 구분할 수 없는 공통매입세액은 이를 안분계산함에 있어서 과세사업과 면세사업에만 관련된 사업 부분만의 당해 과세기간의 총공급기액에 대한 면세공급가액의 비율에 의하여 계산하는 방법에 의하여야 할 것이다.

대법원 2001. 7. 13. 선고 99두11615 판결: 주차장 건축에 따른 매입세액이 면세사업인 의료업과 과세사업인 주차장업에 공통되어 실지귀속을 구분할 수 없는 공통매입세액인 경우, 그 중 면세사업에 관련된 매입세액은 주차장업에 대한 공급가액과 의료업에 대한 수입금액의 합계액 중 의료업에 대한 수입금액이 차지하는 비율에 따라 공통매입세액을 안분계산하여야 한다고 본 사례

대법원 2017. 1. 25. 선고 2016두52606 판결: 이러한 사실관계를 앞서 본 법리에 비추어 살펴보면, 이 사건 매입세액인 물류용역비용은 원고가 협력업체들로부터 위탁받은 물류대행용역을 제공하는데 소요되는 비용으로서 물류대행업으로 인한 이 사건매출세액에 대응하는 것으로 볼 수 있는 점, 원고가 상품유통업을 영위하는데 물류용역비용이 필수적으로 소요되는 것은 아니라는 점, 원고는 상품유통업과는 별도의 물류대행업을 영위하면서 이 사건 매입세액을 물류대행업에 관련한 비용으로 회계처리하여 그 기장상의 구분도 확연한 점 등을 종합하여 볼 때 이 사건 매입세액은 과세사업인 물류대행업에 관련된 것으로 보는 것이 옳다. 그런데도 원심은 이와 달리 그 판시와 같은 이유만으로 이 사건 매입세액이 과세사업인 물류대행업뿐만 아니라 과·면세사업인 상품유통업에 공통으로 사용되어 실지귀속을 구분할 수 없는 공통매입세액에 해당한다고 판단하였으니, 이러한 원심의 판단에는 과세사업과 면세사업에 관련된 매입세액의 구분 방법에 관한 법리를 오해하여 판결에 영향을 미친 잘못이 있다. 이를 지적하는 상고 이유의 주장은 이유 있다.

소송비용 지급 시 비용에 산입할 수 없는지?

소송비용은 패소자가 부담한다. 이를 '패소자부담주의'라고 하며 무분별한 소송 제기를 방지하는 역할을 한다. 이에 따라 승소자의 소송비용은 확정판결 시 보상받을 수 있는 돈이라는 인상이 있다.

우리나라 법원은 심급제 원칙으로 1심, 2심, 3심이 독립적인 판결이다. 그러나 세법에서는 '확정판결'이라는 용어를 사용하여 일련의 연속된 소송으로 본다. 이에 따라 1심 재판의 변호사비용은 3심 확정 시 돌려받을 여지가 있으므로, 확정된 비용이 아닌 것으로 보일 여지가 생긴다.

그러나 소송비용은 법률 용어로 변호사비용과 무관하고 지급 시점에 확정된 비용이다. 본 건은 2018년 별도의 법논리 없이 심판청구를 인용(조심 2018서1837, 2018. 12. 12.)함으로써 사실상 종결되었다.

소송비용은 흔히 ① 변호사비용, ② 인지대, ③ 송달료로 생각하는 경향이 있으나 변호사비용과 소송비용은 완전히 다른 개념이다.

「민사소송비용법」은 소송비용을 이루는 항목들을 일일이 열거하고 있는데 변호사 보수는 이 항목들 중 그 어느 것에도 해당하지 않으며, 민사소송법 제109조에 의하여 대법원 규칙이 정하는 금액만 '소송비용'이다.

구분	지급자	확정 시기	지급 시기	반환 요건
소송비용	패소자가 승소자에게 지급	본안 소송 후 소송비용 확정 결정	법원의 확정결정 이후	승소자가 상환청구권을 가짐.
변호사 보수	원고와 피고가 자신의 대리인에게 지급	위임계약에 따라 각심급 판결 시	위임계약에 따름.	패소하더라도 반환하지 않음.

인지대·송달료는 그 지급일에 전액 손금산입함에 다툼이 없는바, 변호사 보수만 이와 달리 취급할 이유가 없다.

관련 법령

대법원 2000. 6. 27. 선고 98두17876 판결, 대법원 1987. 8. 18. 선고 87누46 판결 등: 변호사가 사건을 수임하면서 착수금을 정하고 그 지급일을 약정한 경우, 특별한 사정이 없는 한 그 약정한 지급일에 착수금 상당의 소득이 발행하였다고 볼 수 있음. 변호사 보수의 소득 귀속시기는 이를 지급받은 때라는 것이 확립된 대법원 판례임.

법인세법 집행기준 40-71-1, 법인세법 통칙 40-71-17도 동일 취지: 변호사에게 지급한 사건착수금과 보수(민사소송법 제109조에 따른 보수는 제외) 또는 사례금 등은 민사소송법 제98조 및 민사소송비용법에 규정하는 소송비용에 해당하지 아니하는 것이므로 사건의 종결 여부에 관계없이 지급한 사업연도의 손금으로 하는 것

제9편

수주 · 분양

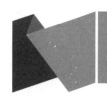

도시 및 주거환경 정비사업의 이해 및 시행 절차

　도시정비사업이란 정비사업에 동의한 토지 등 소유자(조합원)가 정비계획에 따라 건축물을 신축하고 분양하는 사업이다. 아래 그림처럼 도시정비사업의 중심에 '토지 등 소유자'가 있다. 도시정비사업을 이해하려면 '토지 등 소유자'부터 이해하여야 한다.

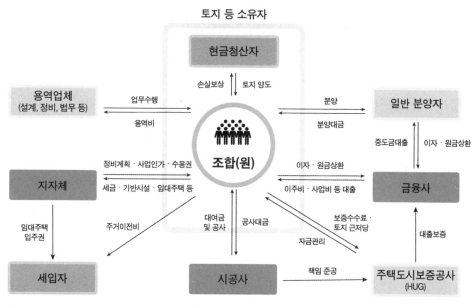

[출처: 국토교통부]

　'토지 등 소유자'는 조합원의 자격을 부여받을 수 있는 자를 말한다. 토지 등 소유자는 최초사업개시 여부를 결정하고 조합을 구성할 수 있는 자로 사업의 종류에 따라 토지 등 소유자의 정의가 달라진다. 재개발사업, 주거환경개선사업에서는 정비구역에 위치한 토지 또는 건축물의 소유자와 그 지상권자가 토지 등 소유자가 된다. 재건축사업에서는 정비구역에 위치한 건축물과 그 부속토지의 소유자가 토지 등 소유자가 된다. 토지 등 소유자 50% 이상의 동의를 받아야 조합설립을 위한 '추진위원회' 구성이 가능하다.

'조합설립추진위원회'는 조합설립을 위한 조직으로 개략적인 정비사업시행계획서를 작성하고 정비사업 전문 관리업자 및 설계자를 선정하고 기타 조합설립인가를 위한 준비업무를 수행한다.

'조합'은 정비사업의 시행자이다. 재개발·재건축사업의 시행자로서 시장·군수, LH, 건실업자 등과 공동시행이 가능하다 조합은 법인(법률상 조합은 법인이 아닌 단체를 의미하나 정비사업조합은 명칭만 조합이고 법인으로 설립한다)이다. 과거 법인 설립을 강제하지 않았지만 법인으로 설립하도록 하고 있다. 정비사업조합은 토지 등 소유자로 구성된다.

재개발조합을 설립하기 위해서는 토지 등 소유자의 75% 이상, 토지 면적의 50% 이상의 토지 소유자의 동의 시 필요하다. 재건축조합을 설립하기 위해서는 공동주택 전체 구분 소유자의 75% 이상, 각 동별 구분 소유자의 50% 이상의 동의가 필요하다.

조합설립인가를 받은 날로부터 30일 이내에 설립등기 하여야 하고 등기 시에는 설립 목적, 조합명칭, 소재지, 설립인가일, 임원의 성명 및 주소 등을 명기하여야 한다. 조합의 명칭은 '○○○○정비사업조합'으로 정한다. 조합의 임원은 조합장 1명, 이사(3명 이상), 감사(1~3명)이며 임원의 임기는 3년 이상의 범위에서 정관으로 정하되, 연임이 가능하다.

토지 등 소유자가 20인 미만일 경우, 토지 등 소유자가 정비사업을 시행할 수 있다(토지 등 소유자 방식).

'조합원'은 정비사업 시행의 주체이다. 조합설립에 동의한 토지 등 소유자가 조합원이 되며 사업을 시행하는 조합의 의사결정권자이다. 해당 정비사업의 건축물 또는 토지를 매매한 경우, 조합원의 자격은 양도·양수가 가능하다. 그러나 투기과열지구지역의 경우 재건축은 조합설립인가 후, 재개발은 관리처분인가 후 매매 시 조합원 자격은 양도할 수 없고 분양신청을 하지 않거나 조합원 분양계약을 체결하지 않을 경우 조합원 자격은 상실되며 현금청산하여야 한다.

'조합총회'란 조합으로 구성된 최고의사결정기구이다.

조합장이 직권으로 소집하거나 조합원 25% 이상 또는 대의원 2/3 이상의 요구로 조합장이 소집한다. 총회 개최 7일 전까지 회의목적·안건·일시·장소를 정하여 조합원에게 통지하여야 하고 총회의결은 조합원 50% 이상 출석(서면의결권 포함)과 출석 조합원 50% 이상의 찬성으로 한다.

단, 사업시행계획, 관리처분계획의 경우, 전체 조합원 50%의 찬성으로 의결하고 정비사업비가 10% 이상 증가하는 경우 2/3 찬성으로 의결한다.

총회의결은 조합원 10% 이상이 직접 출석하여야 하고, 창립총회, 사업시행계획총회, 관리처분계획총회 등의 경우 20% 이상이 직접 출석하여야 한다. 또 시공자선정총회의 경우 50% 이상이 직접 출석하여야 한다.

조합원의 수가 100명 이상인 조합은 대의원회를 두어야 한다. 대의원회는 총조합원수의 10% 이상으로 구성하며 총회의결사항 중 일부 사항에 대하여 권한대행이 가능하다.

총회의결사항
1. 조합정관의 변경
2. 자금차입과 그 방법・이자율 및 상환 방법
3. 정비사업비의 사용
4. 조합원에게 부담이 되는 계약
5. 시공자・설계자・감정평가업자・정비사업전문관리업자의 선정 및 변경
6. 조합임원의 선임 및 해임
7. 조합원별 분담 내역
8. 사업시행계획서의 작성 및 변경
9. 관리처분계획의 수립 및 변경
10. 청산금의 징수・지급과 조합 해산 시의 회계보고
11. 비용의 금액 및 징수 방법
12. 그 외 대통령령이나 정관으로 정하는 사항

'무상지분율'은 재건축사업성을 판단하는 지표로 개발이익을 평당분양가로 나누어 환산된 무상지분면적을 다시 총대지면적으로 나누어 백분율로 표시한 수치이다. 보유대지지분에 무상지분율을 곱하면 분담금 없이 입주할 수 있는 평형을 계산할 수 있다. 예를 들어 대지지분이 10평인 아파트 보유 시, 무상지분율이 150%이면 재건축 후 분담금 없이 15평에 입주할 수 있다.

무상지분율(%) = 개발이익 / (조합원평균분양가 × 총대지면적) × 100

- 개발이익: 총분양수입(일반·조합원·임대) − 총사업비(공사비, 사업비 등)
- 조합원평균분양가: 총분양수입(조합원분)/조합원 총분양면적

'비례율'이란 재개발사업성을 판단하는 지표로 개발이익률이다.

재개발·재건축사업 종료 후, 조합의 개발이익(총수입금 − 총사업비)을 구역 내 토지 및 건물 감정평가액으로 나눈 금액이다. 비례율이 높으면 사업성이 좋고, 비례율이 낮으면 사업성이 나쁜 것이다. 그러나 통상 조합은 비례율은 100%로 맞추고, 조합원분양가를 낮추어 조합원분담금을 최소화하는 방법을 선호하므로 비례율로 사업성을 판단하기란 쉽지 않다.

비례율(%) = 개발이익 / 조합원종전자산평가총액 × 100

- 개발이익: 총분양수입(일반·조합원·임대) − 총사업비(공사비, 사업비 등)
- 조합원종전자산평가총액: 전체조합원 감정평가 금액의 합(사업시행인가 시점 기준)

기존 도심 지역	정비사업	도시 및 주거 환경 정비법	구도심을 대상으로 기반시설을 정비하고, 건축물 개량 및 건설(재개발, 재건축)	신반포15차, 행당7구역 등
	재정비촉진사업	도시재정비 촉진을 위한 특별법	다수의 정비사업을 하나의 촉진사업으로 지정하여 기존 시가지를 광역적으로 개발(재정비촉진지구)	한남뉴타운, 장위뉴타운 등
도시 외각 지역	택지개발사업	택지개발촉진법	도심외곽에 공영 개발 방식으로 신도시, 대규모 주택단지 등 조성(택지개발 지구)	위례신도시, 삼송택지개발지구 등
	도시개발사업	도시개발법	택지 조성에 국한하지 않고 상업, 산업, 문화, 교육 등의 기능을 포함한 단지와 시가지를 조성(도시개발구역)	은평뉴타운, 구룡도시개발구역 등

뉴타운은 서울시지역균형발전지원에 관한 조례(2002년 제정)에 따라 지정된 것으로, 재정비촉진지구보다 상위개념이다. 은평, 길음, 왕십리 등 3개 시범뉴타운을 시작으로 2차에 12개 지구, 3차에 11개 지구가 지정되었다.

관련 자료

- 도시 및 주거환경정비법: 1970년대 경제발전과 인구의 도시집중으로 인해 대량공급된 주택이 노후화됨에 따라 노후화된 도심지역을 체계적·효율적으로 정비할 필요성이 제기되었다. 유사한 주거환경정비제도가 3개 법령[도시개발법(1976년), 주거환경개선을 위한 임시조치법(1989년), 주택건설촉진법(1972년)]으로 각각 규정되어 있던 것으로 2002년 도시 및 주거환경정비법으로 통합되었다.

재개발·재건축 조합의 세무문제

본서는 시공사(원도급자)의 세무문제를 다루고 있으나, 이번 편은 시공사의 발주처인 조합의 세무문제를 언급하고자 한다. 조합원은 대부분 비전문가인 개인으로 본인의 세무문제에 관심이 매우 많기 때문에 고객의 니즈에 충실하자는 취지에서 별도로 다루는 것이다.

우리나라에는 크게는 30여 개, 작게는 수백 개의 세목이 있으나, 주택정비사업과 관련한 주요 세목은 아래 6개 정도이다.

(1) 법인세: 법률상 조합은 법인이 아닌 단체를 의미하나 정비사업조합은 명칭만 조합이고 법인으로 설립하여야 한다(도시 및 주거환경정비법 제38조 제1항). 1년간 법인의 소득에 대하여 과세하는 조세로 3월 31일에 신고·납부한다. 반년간의 소득을 정산하여 8월 31일에 한 번 예정납부하므로 1년에 2번 납부하게 된다. 법인의 소득이란 ① 각 사업연도 소득, ② 토지 등 양도소득, ③ 청산소득으로 구분하는데 정비사업조합은 주택공급업자로 ② 양도소득에 대한 법인세가 적용되지 않으며, ③ 비영리법인으로 청산소득에 대한 법인세도 부담하지 않는다. 법인세는 소득세의 일종이므로 수익에서 비용을 차감한 이익에 대하여 과세하고 주로 비용의 인정 여부가 쟁점이 된다. 예를 들어 정비사업조합의 조합원분양은 사업이 아니므로 조합원분양원가는 비용으로 인정하지 않는다.

(2) 소득세: 1년간 개인의 소득에 대하여 과세하는 조세로 5월 31일에 신고·납부하는 종합소득세와 부동산 등의 양도소득에 대하여 2개월 내에 납부하는 양도소득세가 중요하다. 법인세와 달리 전체 소득이 아니라 특정소득에 대하여 과세하므로 과세대상 소득여부가 주요쟁점이 된다. 또한 양도소득세는 '부동산'의 양도인지 '부동산을 취득할 수 있는 권리'의 양도인지에 따라 공제항목과 적용세율이 달라진다. 재개발·재건축 정비사업의 경우 관리처분 인가일을 기준으로 종전 부동산이 입주권으로 전환된다. 따라서 관리처분 인가일 이후 양도하는 경우 '부동산을 취득할 수 있는 권리'의 양도

에 해당한다.

(3) 부가가치세: 반년간의 거래 시 발급한 세금계산서상 부가가치세에서 수취한 세금계산서상 부가가치세를 차감하여 반기 다음 달 25일까지 신고·납부한다. 개인은 반기 거래에 대하여 국세청이 전기 납부세액의 절반을 고지징수하므로 신고는 1년에 2번, 납부는 1년에 4번 발생한다. 법인은 분기 다음 달 25일까지 예정신고·납부하므로 1년에 4번 신고·납부한다. 법인세나 소득세와 달리 소득에 대하여 과세하는 세목이 아니라 거래행위에 대하여 과세하는 세금이다. 주로 과세대상 거래인지 면세대상 거래인지의 구분과 수취한 매입세금계산서가 공제대상인지 여부가 쟁점이 된다. 예를 들어 정비사업은 ① 조합원분양, ② 일반분양(국민주택), ③ 일반분양(기타)을 공급하게 되는데 조합원분양은 거래가 아니고 국민주택은 면세물품이다. 따라서 ③ 일반분양(기타)분만 매출부가가치세를 납부하게 되고, 매입부가가치세도 ③ 일반분양(기타) 해당분만 공제가 가능하다.

(4) 취득세: 부동산 등을 취득하는 경우 취득가액에 대하여 60일 내에 신고·납부하는 거래세이다. 법인세나 부가가치세와 달리 지방세에 속하며 지방재정에서 절대적인 비중을 차지하는 세목이다. 과세대상 물건을 열거하고 있으므로 과세대상 물건인지가 쟁점이 되며, 과세대상 물건마다 세율이 다르므로 적용세율이 주로 쟁점이 된다. 취득세에는 지방교육세와 농특세가 추가로 과세된다. 예를 들어 조합원이 국민주택을 취득하는 경우 취득세 2.8%, 농특세 면제, 지방교육세 0.16%가 과세되어 2.96%를 납부하게 되지만, 일반분양자가 일반주택을 취득하면 취득세 3%, 농특세 0.2%, 지방교육세 0.3%가 과세되어 3.5%를 납부하게 된다. 물건별, 취득자별, 취득사유별로 매우 다양한 세율이 적용된다.

(5) 재산세: 매년 6월 1일에 토지, 건축물, 주택 등의 소유자에게 7월과 9월에 부과되는 지방세이다. 위의 세목들과 달리 신고·납부절차 없이 고지서에 의해 부과징수된다. 토지는 9월 30일, 건물은 7월 31일에 납부하며 주택은 7월과 9월에 절반씩 납부한다. 과세물건별로 종합합산, 별도합산, 분리과세대상으로 구분하며 각 지자체가 과세권자이므로 다른 지자체에 있는 소유부동산은 서로 영향을 주지 않는다. 정비사업조합이 보유하는 '주택을 건설하기 위하여 보유하는 토지'는 시가표준액의 0.2%로 저율로 분

리과세한다. 주택은 항상 종합합산과세대상으로 분류하며 0.1~0.4%로 과세한다. 자동차세와 달리 6월 1일을 기준으로 과세하므로 분양잔금을 6월 1일에 수취한 경우, 당해연도 재산세(및 종부세)는 전부 수분양자가 부담하게 된다. 사실 재산세는 통신료, 전기료와 다름없는 비용으로 쟁점 대상이 아니다. 그러나 재산세는 후술하는 종부세와 직접 연결되므로 그 의미를 가진다.

(6) 종합부동산세(종부세): 상기 재산세가 부과된 재산에 대하여 전국의 부동산을 유형별로 합산하여 납세의무자별로 과세하는 국세이다. 재산세인 지방세의 자료를 활용하여 부과하므로 지방세 납부 후 12월에 부과징수한다(신고·납부를 선택 가능). 종부세는 종합합산, 별도합산하는 토지와 주택에 대해서만 과세하고 지방세가 분리과세되는 토지는 과세대상이 아니다. 주택은 분리과세가 없으나 미분양 등 특정한 사유가 있는 경우 종부세 합산 배제 규정을 두고 있다. 주택에 대한 종부세의 세율은 0.5~2.0%이며, 이때 재산세와 종부세의 이중과세를 조정하기 위하여 재산세 상당액을 차감하여 징수한다.

1. 정비사업 개요

정비사업과 관련한 법률은 '도시 및 주거환경정비법(도정법)', '도시재정비촉진에 관한 법률', '도시개발법'이 있으며 관련 사업도 무수히 많고 변천과정도 매우 복잡하다. 본 교재에서는 비교적 규모가 큰 도정법상 사업 형태 중 ① 주택재개발사업, ② 주택재건축사업, ③ 도시환경정비사업만 다루기로 한다.

재개발사업은 정비기반시설(도로, 공원, 학교 등)을 개선 및 확충과 함께 건축물을 새롭게 건설하는 사업을 말하며, 재건축사업은 정비기반시설의 변화 없이 건축물만 새로 건설하는 사업이다.

도시환경정비사업을 한마디로 정의하면 상업 지역 등의 도심기능 회복을 목적으로, 주로 주상복합단지가 건설되고 용적률이 800% 이내에서 결정된다. 즉, 상업지역과 주거지역이 혼재된 지역의 재개발사업이다.

구분	재개발	재건축	도시환경정비
목적	불량주택 개량 및 기반시설 확충	불량주택 개량	도심기능 회복
시행자	조합, 지자체, 공사	재건축조합	조합, 지자체, 공사
주택규모	85㎡ 초과: 없음. 85㎡ 이하: 80% 이상 임대주택: 17% 이상	85㎡ 초과: 40% 이하 85㎡ 이하: 60% 이상	면적제한과 임대주택의무비율 없음.
공급대상	조합원·세입자: 임대주택 잔여분: 일반분양	조합원 잔여분: 일반분양	조합원·잔여분: 일반분양
세입자대책	세입자용 임대주택 건설 주거 이전비 지급 이사비용 지급	1년 이상 거주한 경우 임대주택 공급	주거 이전비 지급 이사비용 지급
토지수용	가능	매도청구 가능	가능
대체취득	대체 부동산 취득 시 취득세 면제	과세. 민간사업으로 재개발사업보다 취득세 불리	대체 부동산 취득 시 취득 세 면제
주택 수 등	조합원입주권은 주택 수에 산입	조합원입주권은 주택 수에 산입	조합원입주권은 주택 수에 산입하지 않음.

위의 표에서 보면 주택재개발과 재건축은 공익사업 여부에 따른 차이만 있다. 즉, 주택재개발은 공익사업으로 수용이 가능하고 수용당한 조합원이 다른 주택을 대체취득 하면 취득세를 면제받을 수 있다. 또 준공 후 아파트를 분양받는 경우 재개발조합원은 추가분담금에 대한 취득세만 납부하면 되지만, 재건축조합원은 건축비(공사원가)에 대한 취득세를 납부하여야 한다.

재개발사업과 도시환경정비사업의 차이는 조합원입주권을 주택 수로 보느냐에 대한 차이만 있다. 이하 주택재개발사업을 중심으로 설명하고, 다른 사업과의 차이점은 부연 설명하기로 한다.

┤ 환지이론에 따른 세법해석 ├

환지는 개발사업의 초기에 토지소유권을 수용하는 방법을 채택하지 않고, 그 사업이 완료된 후에 비로소 기존의 토지소유권을 새로운 토지소유권으로 변환시키는 과정이다. 따라서 소유권 변동(거래, 취득)이 없으므로 소득세법상 양도소득세 문제, 부가가치세법상 재화용역의 공급문제 및 지방세법상 취득세 과세문제를 발생시키지 않는다.

1) 다만, 환지과정에서 조합으로부터 지급받는 환지청산금은 종전부동산의 분할양도가 되어 양도세가 과세되며, 조합에 추가적으로 지급한 청산금(또는 조합원 분담금)은 향후 새로운 주택 등의 취득가액이 된다.

2) 조특법상 "종전의 토지를 대신하여" 공급하는 토지 및 건축물은 재화의 공급으로 보지 아니하는바(조특법 제104조의7 제3항), 공급하는 토지 및 건축물의 가액이 종전 토지평가액(권리가액)을 초과하여 청산금을 추가로 불입하는 경우에도 재화의 공급에 해당하지 않는다(서면3팀-399, 2005. 3. 23.).

3) 환지에 따른 토지 취득 시에는 취득세가 과세되지 않으나, 토지의 지분이 증가하는 경우 증가된 토지는 취득세가 과세된다.

2. 입주권과 분양권

재건축·재개발 사업장이 관리처분인가를 받으면 조합원들은 새로 짓는 아파트에 입주할 수 있는 권리를 갖게 되는데 이를 조합원 입주권이라고 한다. 동과 호수가 이미 정해진 조합원 소유지분으로 이 입주권을 사면 조합원 자격으로 새 아파트를 분양받을 수 있다.

분양권은 준공 후 아파트에 입주할 수 있는 권리를 말한다. 재개발·재건축 사업이 상당 부분 진행된 단지의 일반분양에 청약접수를 해 당첨됐을 때, 건설회사와 계약을 하면 받게 되는 권리이다. 입주권의 가장 큰 장점은 좋은 동과 층을 선점할 수 있다는 점이다. 조합원들을 대상으로 동·호수 배정이 먼저 이뤄진 뒤 남은 물량을 일반분양으로 돌려 청약을 진행하기 때문이다. 또 부족한 사업비용은 일반분양 가격을 책정해 충당하는 구조이기 때문에 가격도 일반분양보다 저렴한 편이다.

단점은 계약금과 중도금, 잔금을 나눠 내는 일반분양과 달리 입주권은 한꺼번에 목돈을 투입해야 하기 때문에 초기 자금 부담이 크다는 점이다. 조합원 권리가액에 이주 비용을 뺀 만큼의 돈이 필요한데, 이 금액이 단지마다 차이는 있지만 수억 원에 달한다. 또 사업지연 등에 따라 재개발·재건축 사업을 청산하는 과정에서 예상치 못한 추가부담금이 늘어날 수도 있다.

이에 비해 일반분양의 경우 보통 분양가의 10~20%를 계약금으로 부담하면 되기 때문에 한 번에 목돈이 들어가지 않는다. 계약금을 낸 이후 입주할 때까지 중도금과 잔금을 나누어 지불하는 것이다. 또 집단대출을 통해 중도금 이자후불제나 중도금 무이자 등의 혜택을 받을 수도 있다. 반면에 조합원이 좋은 동·호수를 선점하기 때문에 일반분양 물량은 로열층 물량이 적다는 것이 단점이다.

입주권과 분양권 매입에 따른 세금에도 큰 차이가 있다. 조합원 입주권은 실제 주택은 아니지만 세법상 주택 수로 산정이 된다. 다른 주택 1채와 조합원 입주권을 보유하고 있다면 2주택자로 간주돼 1세대 1주택 양도소득세 비과세에서 배제되는 것이다. 반면, 청약 등을 통해 취득한 분양권은 입주권과 달리 준공 후 소유권이전등기를 마치기 전까지는 주택으로 취급되지 않았었다.

그러나 2020년 세법개정으로 2021. 1. 1. 이후 취득한 분양권도 주택 수에 포함하도록 하였다. 표면적인 이유는 단기보유 주택에 대한 과세 형평성 제고를 위한 것이지만 실질은 분양권에 대한 분양권에 대한 투자(투기)수요를 억제하여 주택가격을 안정시키기 위함이었다. 분양권은 주택법 등 관련 법률에 따른 주택에 대한 공급계약을 통하여 주택을 공급받는 자로 선정된 지위를 말하는바 주택이 아님이 명백하다. 그럼에도 불구하고 소득세법을 개정하여 분양권을 주택 수에 포함하는 것은 논리적으로나 이론적으로 타당하지 않다. 왜냐하면 1세대가 주택과 분양권을 보유한 경우로서 주택을 양도하면 2개의 주택 중 하나의 주택을 양도한 것으로 보아 양도소득세가 과세되지만, 분양권을 양도하면 분양권 자체는 주택이 아니므로 분양권에 대한 양도소득세율이 적용된다. 즉, 분양권을 주택 수에 포함하였다면 그 분양권도 주택으로 보든지 또는 분양권은 주택이 아니므로 주택 수에 포함하지 않아야 하는데, 분양권은 주택 수에 포함시키면서 분양권 양도는 주택 양도로 보지 않는 것이다. 이는 법률 및 학문의 일관성을 도외시한 개정이라고 할 만하다.

취득세도 다르게 적용된다. 입주권의 경우 매입하는 즉시 토지분의 4.6%에 해당하는 취득세를 내야 한다. 이에 비해 분양권은 소유권이전등기를 할 때 취득세를 낸다. 취득세율도 분양가격과 전용면적에 따라 1.1~3.5%의 세율을 적용받는다. 재산세에 있어서는 조합원 입주권의 경우 신축을 위해 건축물이 멸실되더라도 토지에 대한 지분소유는 변하지 않아 토지에 대한 재산세를 꾸준히 내야 한다. 반면, 분양권 보유 기간 동안에는 세금이 부과되지 않는다.

더불어 조합원 입주권을 매입할 때 명의 변경을 해야 한다. 준공할 때까지 등기가 필요 없는 분양권과 달리 조합원 입주권은 토지 소유권이전등기를 해야 하기 때문에 등기 비용도 추가로 들어간다.

시공사의 이사비 보조는 접대비인지?

기존 회사는 재건축·재개발 사업을 수주할 때 세대당 200만 원 이하의 이사비 지원을 수주조건으로 제시히고, 조합원 이사비를 지급하였다. 최근 재개발조합사업의 수주경쟁으로 대형 건설사들이 조합원들에게 고액의 이사비용 지원조건으로 수주에 참여하고 있으며, 이사비 지원이 시공사 선정의 중요한 변수가 되고 있다.

원칙상 조합원 이사비는 조합(시행자)이 부담하여야 하나, 조합이 자금력이 없기 때문에 입찰안내서상 시공사가 부담하도록 하고 있으며, 재개발·재건축 등의 경우 시공사가 이사비를 부담하는 것이 일반적이다.

재개발·재건축 조합의 공사도급과 관련하여 도급계약서상에 조합원의 이사비용과 조합 총회경비를 시공사가 대여 또는 부담한다. 총회경비, 이사비는 입찰참가지침서상 시공사가 부담하도록 명기하고 있다.

이에 따라 시공사의 접대비 문제 및 이사비 지급 시 시행사가 조합원에게 이사비를 지급하는 경우 원천징수 문제가 발생한다.

1. 수주의 조건으로 제공하는 이사비는 접대비가 아니다

수익과 직접 관련 있는 비용은 접대비가 아니다. 조합원 이사비용의 경우 업계 관행상 건설수주를 위한 비용으로 시공사가 부담하고 있어 과세당국에서도 일률적으로 접대비로 과세하는 것은 무리가 있으며, 수익과 직접 관련한 지출인바 접대비로 볼 수 없다(대법원 2012. 9. 27. 선고 2010두14329 판결). 재건축 조합 등과의 공사도급금액을 산정함에 있어서 조합원의 이사비용 등은 공사도급금액에 포함되므로 시공사가 지출하는 이사비용 등은 수익과 직접 대응하는 비용이며, 이는 입찰 시부터 제안서에 포함되어 산정되는 것으로 건설수주를 위한 정당한 수주비용에 해당하는 것이므로 공사 진행과정에서 원활한 거래 관계를 도모하기 위하여 지출되는 접대비와는 그 성격이 다른 것이다.

2. 이사비는 조합이 조합원에게 지급할 때 원천징수 한다

조합원 이사비는 건설사가 조합에게 주고(조합의 잡이익) 조합이 조합원에게 주는 것 (조합의 배당)으로 조합의 법인세 과세표준에 포함되는 것이 타당하다. 원천징수의무는 지급하는 자에게 있으며 위임과 대리가 가능한바, 시공사가 직접 조합원에게 주는 경우 기타소득으로 원천징수 할 수밖에 없다. 이사비를 조합원에게 직접 지급할 경우 지급액의 22%를 소득세로 원천징수 공제 후 지급하여야 하며 조합에 지급할 경우에는 소득세 공제없이 전액 지급 가능하다(소득-579, 2010. 5. 18. '조합이 조합원에게 이사비 지급 시 원천징수방법') 그러나 조합의 법인세 과소신고 문제를 발생시킬 수 있으므로 가급적 조합을 통하여 지급하여야 한다.

이사비가 과연 소득인지 여부는 조합(시행자)의 입장에서 고민해봐야 할 사항이다. 유사한 사례인 『공익사업을 위한 토지 등의 취득 및 보상에 관한 법률(이하 '토지보상법'이라 함)』에 따른 이사비는 소득이 아닌 것으로 보고 있기 때문이다. 결국 시행자에게 법적인 지급의무가 있느냐로 과세 여부가 갈리고 있는 것이다. 소득의 실질이 동일한데 지급자의 사정에 따라 소득자의 담세력을 달리 보는 것은 논란의 여지가 있다.

다음은 토지보상법에 의한 이사비의 취급에 관한 내용이다.

(1) 이사비 보조의 취지 및 입법: 토지보상법의 규정에 따라 사업의 시행자는 생활의 근거를 상실하게 되는 이주자들을 위하여 기본적인 생활시설이 포함된 택지를 조성하거나, 그 지상에 주택을 건설하여 이주자들에게 투입비용 원가만의 부담하에 공급하도록 하는 등 이주대책을 수립하여 시행하도록 하고 있으며, 이러한 법률의 입법취지는 이주자들에 대하여 종전의 생활상태를 원상으로 회복시키면서 동시에 인간다운 생활을 보장하여 주기 위한 이른바 생활보상의 일환으로 국가의 적극적이고 정책적인 배려에 의하여 마련된 것이라 할 것이다.

(2) 이사비 보조의 성격: 시행자가 이주택지를 조성하여야 하나, 사업시행자가 토지보상법에 따른 이주대책을 수립하지 않음에 따라 이주택지를 조성하였을 경우 청구인이 누릴 수 있는 혜택을 포기에 따른 물질적·정신적 손해 등을 현금으로 보상받은 것으로 위로금 성격의 사례금이 아니며, 협약서의 내용과 같이 산업단지 조성에 따른 이주

대책 및 생활대책비용으로 손실보상의 성격이므로 기타소득에 해당하는 사례금으로 볼 수 없다. 사업시행자가 토지보상법에 의거하여 청구인의 주택 등을 수용하고 이주대상자들에게 이주택지를 조성하여 제공하는 등 이주대책을 마련하지 아니하여 지급한 쟁점보상비는 법적 지급의무가 있는 것으로 기타소득에 해당하지 아니한다.

관련 자료 ●

대형사들의 각축전 재개발 · 재건축, 중견 건설사도 본격 가세[2]

한진중공업은 △3.3㎡당 공사비 395만 원 △가구당 이사비 300만 원 △가구당 평균 이주비 1억 2,000만 원

△공사기간 30개월 등을 제안해 경쟁사를 앞섰다. 이 사업은 동구 신암동 81-1번지 일대에 아파트 990가구를 신축하는 것으로 공사비는 1713억 원이다.

"현금청산 조합원에도 이사비"…재개발 사업 비용 늘어 '비상'[3]

대법원 1부(주심 김창석 대법관)는 23일 부산 민락동 주택재개발 사업의 현금청산대상자인 이모씨 등 16명이 민락1구역 주택재개발조합을 상대로 낸 주거이전비 등 청구소송에서 원고 승소 판결한 원심을 확정했다고 밝혔다. 이로써 조합은 이모씨 등에게 각각 609만 원씩의 주거이전비와 이사비를 지급하게 됐다. 이번 판결로 전국 상당수의 재개발 · 재건축 조합들은 예상치 못했던 추가비용 발생 가능성이 높아졌다. 주거이전비 등을 받지 못한 채 현금청산을 받은 조합원들의 소송이 잇따를 수 있어서이다. 또 부동산시장 침체와 추가부담금 증가 등을 이유로 조합원들이 신축아파트를 포기하고 현금청산을 요구하는 사례가 늘어날 수도 있다.

---

2) 《뉴스1》 2015년 6월 3일자 기사
3) 《한국경제》 2013년 1월 24일자 기사

공익사업을 위한 토지 등의 취득 및 보상에 관한 법률 제78조【이주대책의 수립 등】① 사업시행자는 공익사업의 시행으로 인하여 주거용 건축물을 제공함에 따라 생활의 근거를 상실하게 되는 자(이하 "이주대책대상자"라 한다)를 위하여 대통령령으로 정하는바에 따라 이주대책을 수립·실시하거나 이주정착금을 지급하여야 한다.

공익사업을 위한 토지 등의 취득 및 보상에 관한 법률 제41조【이주정착금의 지급】사업시행자는 법 제78조 제1항의 규정에 의하여 다음 각 호의 1에 해당하는 경우에는 이주대책대상자에게 국토해양부령이 정하는바에 따라 이주정착금을 지급하여야 한다. 1. 이주대책을 수립·실시하지 아니하는 경우 2. 이주대책대상자가 이주정착지가 아닌 다른 지역으로 이주하고자 하는 경우

공익사업을 위한 토지 등의 취득 및 보상에 관한 법률 시행규칙 제53조【이주정착금 등】② 영 제41조의 규정에 의한 이주정착금은 보상대상인 주거용 건축물에 대한 평가액의 30퍼센트에 해당하는 금액으로 하되, 그 금액이 5백만 원 미만인 경우에는 5백만 원으로 하고, 1천만 원을 초과하는 경우에는 1천만 원으로 한다.

대법원 2012. 9. 27. 선고 2010두14329 판결: 공상처리비 약정은 하도급계약의 일부를 이루는 것으로서, 원고가 거래처를 대신하여 산업재해를 입은 근로자에게 사고보상비 등을 지급하는 것은 이 사건 하도급계약상의 공사대금과 일정한 대가관계에 있다고 할 것이므로 공상처리비는 이 사건 하도급계약에 따른 원고의 수익과 직접 관련된 비용으로서, 이를 원고가 거래처와 사이에 친목을 두텁게 하여 거래관계의 원활한 진행을 도모하기 위하여 지출한 접대비로 볼 수는 없다고 할 것임.

소득세과-579, 2010. 5. 18.: 주택재건축 정비사업조합의 조합원이 해당 조합으로부터 지원받는 상환의무 없는 이사비용 상당액(해당 금액이 정비사업조합이 부담하는 정비사업비에 포함되어 있는 경우로서 해당 금액이 일반분양분과 조합원분양분으로 배분되는 경우에는 일반분양분에 배분된 금액)은 소득세법 제17조의 배당소득에 해당하는 것임.

소득세과-4028, 2008. 11. 3.: 공익사업이 시행되는 지역에 거주하고 있는 거주자가 공익사업을 위한 토지 등의 취득 및 보상에 관한 법률 제78조 제5항 및 같은 법 시행규칙 제54조 제2항에 따라 주거이전에 필요한 비용을 보상받는 경우, 당해 주거이전비는 소득세법 제21조 제1항의 규정에 의한 기타소득에 포함되지 않는 것임.

시공사의 발주처인 SPC란?

시공사의 발주처가 되는 시행사는 일반적으로 ① 국가, ② 일반 회사, ③ 조합, ④ 신탁사, ⑤ SPC가 있다. 국가와 일반 회사는 설명할 필요가 없으며, 조합과 신탁사는 이미 설명하였으므로 이번 편에서는 SPC를 다룬다.

SPC는 주로 ① 자금을 조달, ② 리스크의 단절, ③ 사업 이익의 배분을 위하여 만들게 된다. 설립 요건만 다를 뿐 내용이 거의 동일하고 적용되는 세법도 동일하다. 그런데 신기하게도 세부담은 다르다.

(1) 부동산 펀드: 부동산 펀드는 자본시장 및 금융투자업에 관한 법률(2009. 2. 4.)에 근거하여 등장하였다. 투자자로부터 자금을 모아 수익증권을 발행하고 부동산 관련 자산을 운용하여 수익을 돌려주는 펀드이다. 흔히 투자신탁, 투자회사, 투자유한회사, 투자합자회사, 투자조합, 투자익명조합이 부동산 펀드이다.

(2) REIT's(Real Estate Investment Trust): 부동산 투자를 전문으로 하는 회사 또는 뮤추얼 펀드가 주식 발행으로 투자자를 모집하여 회사 설립 후 수익형 부동산을 매입하고 운용하여 투자 수익을 주주에게 배당하는 회사 형태의 펀드이다. 기업 공개를 통해 주식시장에 상장할 수 있다. 리츠는 형태에 따라 ① 자기관리 리츠, ② 위탁관리 리츠, ③ 기업구조조정 리츠로 구분되는데, ① 자기관리 리츠가 실제로 임직원이 상근하는 회사인 반면, ② 위탁관리 리츠는 AMC(자산운용사)가 위탁관리하는 페이퍼컴퍼니이다. ③ 기업구조조정 리츠는 투자 대상이 기업구조조정 부동산으로 제한되며, 존속 기간이 영속적인 자기관리 리츠, 선택적인 위탁관리 리츠와 달리 한시적이다.

(3) PFV(Project Financing Vehicle): PFV는 SPC, PF, 세제해택을 결합한 형태이다. 일반적으로 은행 등 재무적 투자자들이 대주단으로 참여하고 시행사, 건설사, 운영사 등이 출자자로 참여하여 PFV를 구성하고, 이러한 PFV는 명목회사 형태로서 자산관리사(AMC)에게 사업의 관리를 위탁한다(자산관리사는 출자자들이 별도의 법인을 세

위 만든다). 일반 SPC는 상법상 회사에 관한 적용을 받았기 때문에 제약이 있고, 자산유동화법(ABS)에 의한 SPC와 달리 세제혜택이 없었으나, PFV는 일정 요건을 충족시키면 법인세 이중과세를 면제하는 세제혜택(배당소득공제)을 받는다.

종전에는 상법 이외의 개별적인 설치근거법률이 있는 명목회사만이 이익의 90%를 배당하는 경우 배당금액을 과표에서 공제하였으나 2004년 개정으로 설치근거법률에 관계없도록 함으로써 주식회사인 PFV도 세제혜택을 받을 수 있게 된 것이다. 즉, ABS, CRV, CR-REITs 등은 부동산유동화 SPC이며 세제혜택을 먼저 받고 있었고, 부동산개발 SPC인 PFV는 이보다 늦게 세제혜택을 받을 수 있게 되었다.

페이퍼컴퍼니의 법인세 비교

구분	리츠	PFV	펀드	비고
수익	100,000,000	100,000,000	100,000,000	
비용	30,000,000	30,000,000	30,000,000	
감가상각비	10,000,000	10,000,000	−	펀드는 감가상각비가 없다.
익금산입(세무상 부인되는 비용)	15,000,000	15,000,000	15,000,000	세무조정한 소득은 배당할 수 없으므로 법인세 부담이 발생한다.
세전이익	45,000,000	45,000,000	55,000,000	
배당	55,000,000	40,500,000	55,000,000	리츠는 초과배당이 가능하므로 법인세 부담이 적다. PFV는 이익준비금을 배당할 수 없으므로 항상 법인세 부담이 발생한다.
각 사업연도 소득금액	60,000,000	60,000,000	70,000,000	세전이익+익금산입
소득공제	55,000,000	40,500,000	55,000,000	페이퍼컴퍼니가 배당하면 배당금액을 소득에서 공제한다.

구분	리츠	PFV	펀드	비고
과세표준	5,000,000	19,500,000	15,000,000	과표: 각 사업연도 소득금액 - 소득금액
법인세	1,155,000	4,504,500	3,465,000	법인세율 23.1% 가정
법인세/세전이익	3%	10%	6%	페이퍼컴퍼니라도 법인세가 아주 없는 것은 아니다. 리츠가 법인세 부담이 가장 적다.
비고	초과배당기능: 감가상각비를 배당할 수 있다.	초과배당 불가	DEF가 발생하지 않음.	
	이익준비금 적립의무가 없다.	이익준비금 적립의무	회사형 펀드만 법인세 납세의 무가 있다.	
과세표준계산 TIP	익금산입 - DEF	익금산입 + 이익준비금	익금산입	

배당소득공제란 배당가능이익의 90% 이상을 배당하면 소득이 흘러가는 통로에 불과하고 담세력이 있는 주체가 아니므로 법인세를 부과하지 않겠다는 제도이다. 그러나 상기처럼 법인세가 부과된다. 일반적으로 자녀가 1명 있으면 150만 원을 소득공제해 주지만 출산을 위해서는 고려해야 할 것들이 많다. 기업도 배당을 하려면 상법(이익준비금), 부동산투자회사법(초과배당)을 고려하여야 한다. 소득과 적용되는 세법이 같음에도 세부담이 달라지는 것은 세법이 다른 법률과 함께 숨을 쉰다는 단순한 사실을 보여 준다.

이익준비금: 매 결산기의 이익을 재원으로 하여 적립되는 법정준비금이다. 회사의 영업 활동으로부터 생기는 이익은 전부 주주에게 배당하여도 반드시 자본충실의 원칙에 반하는 것은 아니나, 그렇게 하면 불시의 손실이 생겼을 때에는 회사의 재산적 기초가 위태롭게 될 우려가 있다.

이와 같이 기업의 건전화와 회사채권자보호의 고려에서 법은 이익준비금의 적립을 명하고 있다. 회사는 주식배당의 경우를 제외하고 그 자본금의 2분의 1이 될 때까지 매 결산기 이익배당액의 10분의 1 이상을 이익준비금으로 적립하여야 한다(상법 제458조).

부동산투자회사법 제28조【배당】 ① 부동산투자회사는 「상법」 제462조 제1항에 따른 해당 연도 이익배당한도의 100분의 90 이상을 주주에게 배당하여야 한다. 이 경우 「상법」 제458조에 따른 이익준비금은 적립하지 아니한다.

③ 위탁관리 부동산투자회사가 제1항에 따라 이익을 배당할 때에는 「상법」 제462조 제1항에도 불구하고 이익을 초과하여 배당할 수 있다. 이 경우 초과배당금의 기준은 해당 연도 감가상각비의 범위에서 대통령령으로 정한다.

부동산투자회사법 시행령 제32조【초과배당의 범위 등】 ① 위탁관리 부동산투자회사가 법 제28조 제3항에 따라 초과배당을 하려는 경우 초과배당금의 분배 절차 및 시기 등을 포함하여 필요한 사항을 정관으로 미리 정하여야 한다.

② 초과배당은 해당 연도의 감가상각비의 범위에서 배당하되, 초과배당으로 인하여 전기(前期)에서 이월된 결손금(缺損金)은 당기(當期)의 배당가능이익 산정 시 포함하지 아니한다.

③ 초과배당은 금전으로 하여야 한다.

PFV 사업의 세무문제

1. PFV 개념

프로젝트금융(Project Financing)을 위해 금융기관과 프로젝트 참여기업 등으로부터 자금 및 현물(부동산 등)을 출자받아 해당 프로젝트를 성공적으로 수행하기 위한 명목회사(Paper Company)이다.

2. 설립 근거

프로젝트금융기법을 이용하여 설비투자·사회간접자본시설투자·주택건설·자원개발 등 상당한 기간 및 자금이 소요되는 특정 사업을 운용하여 주주에게 배분하는 명목회사로서 세제지원 대상이 되는 프로젝트금융투자회사 요건을 법인세법 제51조의2 제1항 제9호에서 규정하고 있었으나, 2020. 12. 22. 개정 삭제되면서, 조세특례제한법 제104의31로 이관되었다.

3. 설립 요건

구 법인세법 제51조의2 규정의 개정 삭제로 현행 조세특례제한법 제104의31에서 규정하고 있다.

- 회사의 자산을 설비투자, SOC투자, 자원개발 등 특정사업에 운용하고 그 수익을 주주에게 배분할 것
- 본점 외의 영업소 및 임직원이 없을 것
- 한시적으로 설립된 회사로서 존립 기간이 2년 이상일 것

- 주식회사로서 발기설립할 것
- 발기인·이사·감사가 책임능력과 업무수행능력 보유 등 법적요건을 충족할 것
- 자본금이 50억 원 이상일 것. 다만, SOC민간투자사업은 10억 원 이상일 것
- 자산관리는 자산관리회사(AMC)에 위탁하고, 자금관리는 자금관리사무수탁회사(신탁회사)에 위탁할 것
- 금융기관이 발기인으로서 5% 이상을 출자할 것

4. 세제 지원

(1) 소득공제: 2025. 12. 31. 사업연도까지 배당가능이익의 90% 이상을 배당한 경우 그 금액은 해당 사업연도의 소득금액에서 공제한다. 따라서 상법상 이익준비금 등을 제외한 전액 배당 시 법인세 면제효과가 있다.

(2) 취득세 50% 감면규정 폐지: PFV가 2014년 12월 31일까지 취득하는 부동산에 대하여는 취득세 50%를 감면하였으나 일몰도래로 감면조항 폐지되었다.

(3) 과밀억제권역 내 취득세 중과 등 배제: 2024년 12월 31일까지 과밀억제권역 내 부동산의 취득에 대하여는 취득세 중과규정 및 대도시에서 법인을 설립하는 경우에도 등기에 따른 등록면허세 중과규정을 적용하지 않는다(지방세특례제한법 제180조의2 제2항).

5. 유의 사항

(1) 재산세 분리과세 적용 불가로 세부담 증가: 주택법에 따라 주택건설사업자 등록을 한 주택건설사업자가 주택을 건설하기 위하여 사업계획승인 받은 토지를 주택사업에 사용하는 경우, 재산세 부과 시 저율의 분리과세를 적용받게 되나, 프로젝트금융투자회사는 주택법에 따라 주택건설사업자 등록을 한 주택건설사업자에 해당되지 않아 분리과세를 적용할 수 없다. 따라서 건설기간 중 재산세 추가 부담이 발생한다.

(2) 재산세 분리과세 적용 불가로 종부세 부담: 재산세가 분리과세되는 토지는 종합부동

산세 납부의무가 없으나, 상기 사유로 분리과세 적용이 불가하여 종합부동산세를 부담하여야 한다.

(3) 특정사업의 쟁점이 많다: 법인세법은 특정사업을 설비투자, 사회간접자본 시설투자, 자원개발, 그 밖에 상당한 기간과 자금이 소요되는 사업으로만 정의하고 있으며, PJ 준공 후 특정사업 여부를 쟁점 삼아 조세감면을 취소하는 사례가 많다.
국세청 유권해석 등을 고려 시 특정사업은 주택건설업(공동주택, 주상복합, 단독주택), 상업용 건물(호텔, 사무실, 상점, 할인점, 복합영화관 등)은 특정사업으로 보고 있다.

(4) 대위변제액 시 법인세 문제: PF 지급보증이나 자금보충약정 등에 따라 건설출자자 겸 시공사가 PFV를 대신하여 대위변제를 한 경우, 해당 대위변제액에 대한 업무무관 가지급금 해당 여부 및 부당행위계산부인이 쟁점이 된다(본서에서는 따로 다루기로 한다). 최근 과세관청은 상기 대위변제액에 대한 이자를 수취하지 않는 경우 부당행위계산부인 대상으로 인정이자를 과세하려는 의지가 크다.

(5) 금융감독위원회 등록사항이 아님: 관할 세무서에 신고사항으로 설립 및 운영현황을 관리, 감독할 주체는 없으므로 국세청 및 지방자치단체에서 세무조사 등으로 사후 규제한다.

(6) 주택사업자가 아님: 현행 주택법 등에 의하면 사업시행자에게 강력한 의무를 부여하는데, 법인세법은 페이퍼컴퍼니이므로 PFV가 주택건설사업자 요건을 갖출 수 없다. 결론적으로 주택건설사업자가 될 수 없다.

(7) 주식배당 가능 여부: PFV는 현금배당과 주식배당 모두 가능하다. 다만, 주식배당 한도는 상법에서 이익배당제도의 역기능을 방지하기 위하여 이익배당 총액의 50%를 초과하지 못하도록 규정하고 있다.

서면법령법인-1691, 2016. 1. 4.【특정사업 해당 여부】프로젝트금융투자회사가 동일한 도시개발 구역 내의 2개의 사업부지에서 사업부지별로 순차적으로 주택법에 따른 주택건설사업계획 승인을 받아 공동주택 및 근린생활시설 등을 신축하여 분양하는 부동산개발사업은 특정사업에 해당

재법인-410, 2011. 5. 17.【금융기관 출자요건 충족 여부】프로젝트금융투자회사가 유동화전문회사 등에 대한 소득공제 요건인 금융기관의 100분의 5 이상의 출자요건은 당해 회사의 모든 사업이 완료된 후 그 수익을 주주에게 배분(유상감자 등을 통한 의제배당 포함)을 개시하는 시점까지 충족하여야 함.

재법인-610, 2010. 7. 14.【특정사업 미완료 상태에서 자산매각 시】프로젝트금융투자회사(PFV)가 특정사업을 완료하지 않은 상태에서 사업부지 및 사업권을 매각하고 공제요건을 갖추고 배당가능이익의 90% 이상을 배당한 경우 유동화전문회사 등에 대한 소득공제를 받을 수 있음.

서면2팀-1901, 2007. 10. 19.【신축 및 일시임대 후 매각 시 특정사업 요건】프로젝트금융투자회사(PFV)가 정관상 존속 기간의 범위 내에서 수익성 제고 등을 위해 신축한 상가를 일시 임대한 후 양도하는 경우에는 유동화전문회사 등에 대한 소득공제 대상 특정사업의 운용 요건을 충족하는 것으로 봄.

서면2팀-48, 2007. 1. 8.【1개 PFV가 2개 사업 운영 시 특정사업 여부】프로젝트금융투자회사가 지방자치단체가 지정고시한 단일지구단위계획구역 내에 소재하는 2개 구역의 토지를 취득하여 공동주택과 주상복합건물을 건설하여 분양하는 사업은 특정사업에 해당함.

서면2팀-1427, 2006. 7. 27.【특정사업의 부수행위 해당 여부】프로젝트금융투자회사가 공동주택 건설사업을 위해 토지구획정리사업조합에 토지대를 선지급 후 조합의 업무 및 자문활동을 수행하는 경우 특정사업을 시행하는 일련의 과정인 경우 소득공제 가능함.

서면2팀-1930, 2005. 11. 28.【자금관리회사 변경 시 요건 충족 여부】법인세법 제51조의2 제1항 제6호 및 동령 제86조의2의 규정을 충족하는 투자회사가 당초 자금관리사무수탁회사를 수탁수수료 등의 문제로 해당요건을 충족하는 다른 자금관리사무수탁회사로 변경하는 것은 당초의 요건 충족을 위배하는 것이 아님.

서면2팀-1538, 2005. 9. 27.【PFV의 주택사업자등록 가능 여부】프로젝트금융투자회사가 주택건설사업자 등록요건을 충족하고자 건축분야기술자 1인 고용 등 직원을 고용할 경우 소득공제 요건을 충족하지 못한 것임. 결국 주택사업자등록이 불가능함.

서면2팀-1437, 2005. 9. 8.【현물출자 가능 여부】PFV의 설립요건 중 자본금이라 함은 상법 제451조에 의한 발행주식의 액면총액으로 현물출자에 의하여 발행된 주식액면총액도 포함하는 것임.

서면2팀-1229, 2005. 7. 27.【공동주택사업의 특정사업 해당 여부】프로젝트금융투자회사가 주택건설 등 부동산개발사업을 목적으로 취득한 토지를 이용하여 공동주택건설 등을 수행하는 경우 유동화전문회사 등에 대한 소득공제의 적용이 가능함.

법인-3635, 2008. 11. 26.【주상복합사업 특정사업 여부】법인세법상 요건을 충족하는 프로젝트투자금융회사가 내국인으로부터 토지를 취득하여 주상복합건물을 신축하여 분양하는 경우 특정사업에 해당함.

시공사의 신용보강은 채무보증인지?

건설업은 금융업과 제조업의 결합된 사업이다. 시공사는 시행사의 신용을 보강하기 위하여 다양한 신용보강 기법을 활용하고 있다. 2017년 입법개정(시공사의 채무보증구상채권의 손금인정)으로 많은 진전이 있었으나 채무보증 여부는 여전히 뜨거운 감자이다.

대법원 2016. 1. 14. 선고 2013두17534 판결은 매우 아쉬움이 많은 판결이었다. 본 판결로 입법취지에 반하지 않는 채무보증, 채권의 회수를 위한 채무보증도 규제 대상이 되었다. 즉, 시행령에서 열거된 것만 손금인정되고 경제적 합리성은 설 자리를 잃어 버렸다. 그러나 2017년 세법개정으로 공사완료 후 공사대금회수를 위한 목적으로 제공하는 채무보증도 대손이 인정된다(법인, 기획재정부 법인세제과-1148).

다른 법에 '보증채무'라는 용어는 있어도, '채무보증'이라는 용어는 잘 등장하지 않는다. 보증채무에서 채무란 이행의무를 말한다. 따라서 보증채무는 보증과 동일한 말이다. 채무보증에서 채무란 금융기관의 여신을 말한다(독점규제법 제2조 3의7). 따라서 채무보증이란 ① 타인의 채무에 대해, ② 보증계약에 의하여, ③ 변제의무가 있는 것을 말한다.

다음의 통상적 시공사의 신용공여가 '채무보증 구상채권'에 해당하는지 살펴본다.

PF 유형	사업 유형	보증 유형	세부 형태	주요 내용
부동산 PF	시행사업	채무보증	채무인수, 이자지급보증	채무불이행 사유 시 미상환 대출원리금의 상환을 보증
		자금보충	자금보충	대출원리금 상환재원 부족 시 자금보충 의무
		준공물매입약정	준공물매입약정	대출원리금 상환재원 부족 시, 분양계약 및 대금 납입 의무
		책임분양 외	책임분양, 공사비 반환의무	대출원리금 상환재원 부족 또는 대출약정상 트리거 발생 시
	조합사업	채무보증	연대보증	차주의 채무에 대해 변제 이행(채무불이행 시)
SOC PF	SOC사업	자금보충	자금보충	건설출자자가 출자지분에 따른 자금보충 의무

국세관청은 실질과세원칙을 들어 이행보증과 채무보증을 구분하지 않을 유인이 있다. 그러나 과거 자료를 보면 과세관청도 이행보증과 채무보증을 구분하고 있다.

(1) 법인세 신고안내 국세청(2017) : 지급보증을 이행보증과 채무보증으로 구분하고 있음.
(2) 2009 개정세법 주요내용(2010. 2.) : 공사계약 이행보증채무손실을 대손금으로 인정하려는 개정이 있었음.

신용보강 유형별 리스크는 다음과 같다.

구분	리스크	성격
채무인수(병존인수)	있음.	연대보증이 아니라 연대채무임.
채무인수(이행인수)	낮음.	채권자 대위권 있으나 직접청구권 없음.
채무인수(계약인수)	낮음.	계약상 지위의 포괄이전
책임준공	낮음.	시공사의 동시이행 항변권 포기
책임분양	높음.	대금지급의무 부담
자금보충약정	낮음.	시공사의 자금대여
조건부 채무인수	있음.	연대보증이 아니라 연대채무임.
준공물매입약정	낮음.	구상권 성립하지 않음.

연대보증이란 보증인이 채권자에 대하여 주채무자와 연대하여 채무를 부담함으로써 주채무의 이행을 담보하는 보증채무를 의미한다. 연대보증은 주채무자의 채무를 보증하는 것이므로 내부적으로 연대보증인의 채무는 없으나, 채권자와의 대외적 관계에서 보증인은 주채무자와 연대하여 채무를 부담하게 된다. 보증채무는 보충성이 없어 최고·검색의 항변권이 없으나(민법 제437조 단서), 부종성은 인정되어 주채무가 존재하지 않게 되면 연대보증채무도 성립할 수 없게 된다. 또한 연대보증인 수인이 있더라도 원칙적으로 상호 간에 분별의 이익을 가질 수 없다. 연대보증은 보증인이 주채무자와 연대하여 채무를 부담할 것을 채권자와 보증계약함으로써 성립한다.

채무인수라 함은 채무의 동일성을 유지하면서 채무를 인수인에게 이전시키는 것을 목적으로 한 계약을 의미한다. 채무인수는 채권자와 채무자, 인수인의 3자간 계약으로도 가능하며, 채무자와 인수인 사이에서 채무인수계약과 채권자의 승낙에 의하여도 가능하다. 민법 제453조 내지 제459조에서 면책적 채무인수를 규정하고 있으며, 명문의 규정은 없지만 학설과 판례는 병존적 채무인수, 이행인수, 계약인수를 인정하고 있다.

① 병존적 채무인수라 함은 원래 채무자가 채무를 면하지 않고 여전히 채무자인 상태로 있으면서 더불어 제3자가 동일한 채무를 부담하는 것을 말한다. 종래 채무자와 채권자 관계에는 아무런 변화가 없으며, 인수인이 당초 채무자와 더불어 부가적으로 채무를 부담하므로 병존적 채무인수는 담보적 효력을 갖는다. 또한 병존적 채무인수는 면

책적 채무인수와 달리 처분행위가 아니며 기존 채권자의 채권에 어떤 변경을 가하지 않는 채권행위 내지 의무부담행위로서의 성질을 갖는다. 채무인수가 면책적인가 중첩적인가 하는 것은 채무인수계약에 나타난 당사자 의사의 해석에 관한 문제이고, 채무인수에 있어서 면책적 인수인지, 중첩적 인수인지가 분명하지 아니한 때에는 이를 중첩적으로 인수한 것으로 본다.

② 이행인수라 함은 인수인이 채무자에 대해 채무자의 채무를 이행할 것을 약정하는 채무자와 인수인 사이의 계약을 말한다. 인수인이 채무자의 채무를 대신하여 이행하는 것이기 때문에 인수되는 채무는 제3자에 의한 변제가 허용되는 것이어야 한다. 이행인수인은 채무자가 부담하는 채무를 제3자로서 채권자에게 이행할 의무를 부담하지만 채권자는 인수인에 대하여 채무의 이행을 청구할 권리를 갖지 않는다.

③ 계약인수라 함은 계약 당사자의 지위를 이전할 것을 목적으로 하는 계약을 의미한다. 계약 당사자의 지위를 이전하면서 이전하는 자는 계약관계에서 탈퇴하고, 이전받는 자가 당사자의 지위를 승계한다.

일반적인 도급계약이라면 시공사가 공사비를 지급받지 못한 경우 공사비미지급을 이유로 공사의 이행을 중단할 수 있다. 그러나 시공사가 항변권을 포기하고 책임준공을 이행할 것을 약정한 경우에는 공사비를 지급받지 못한 경우에도 준공의무를 이행하여야 한다. 즉, 책임준공이라 함은 시공사가 천재지변 등 불가항력적인 사유가 발생한 경우를 제외하고는 약정한 공사기간 내에 공사 목적물을 완성시킬 것을 내용으로 하는 계약을 말한다. 법적 성질은 시공사가 동시이행의 항변권을 포기하고 도급계약을 선이행할 것을 약정하는 비전형계약이라고 할 수 있다. 다만, 책임준공을 보장받는 자는 도급계약의 상대방(프로젝트 회사)이 아닌 금융기관 등 제3자이므로, 제3자에게 동시이행의 항변권을 포기하고 도급계약을 선이행할 것을 약정하는 비전형계약이라 생각된다. 또한 시공사에게 책임준공은 타인에 대한 신용보강인 연대보증 및 채무인수와 달리 시공사 본인의 의무이행에 대한 확약이라는 특징이 있다. 즉, 연대보증과 채무인수는 프로젝트회사의 채무불이행에 대비하여 시공사가 금융기관에 제공하게 되나, 책임준공은 시공사가 불가항력적인 사유를 제외하고는 약정된 준공의무를 이행하겠다는 본인의 행위에 대한 신용제공이다.

책임분양이라 함은 프로젝트 회사, 시공사 또는 제3자가 일정 기간 이내에 약정한 분양률을 달성할 것을 금융기관 또는 수분양자 등 제3자에 대하여 보장하는 신용을 제공하는 행위라고 할 수 있다. 금융기관 등은 프로젝트의 분양률이 상승되는 경우 상환재원을 확보할 수 있으므로, 금융계약 체결 시 시공사 등에게 신용보강의 일종으로 책임분양을 요구하게 된다. 시공사가 책임분양이라는 신용을 제공하였다면 판매활동 강화를 통하여 분양률을 상승시키거나 또는 직·간접적인 매입을 통하여 분양률을 상승시켜야 한다. 책임분양은 책임분양 이행방법으로 매입약정이 있는지에 따라 나누어 볼 수 있다. 즉, 책임분양을 이행하지 못하였을 경우 손해배상책임 등만이 문제가 될 수 있는 책임분양과 책임분양을 이행하지 못하였을 경우 매입약정이 따르는 책임분양으로 나누어 볼 수 있다. 전자의 경우에는 손해배상책임이 발생한 경우에도 시장상황 등을 감안하여 책임이 제한될 수 있다는 점에서 상대적으로 위험성이 낮다고 볼 수 있으나, 후자는 손해액이 구체적으로 정하여져 있으며 직접매입약정책임이 따른다는 점에서 위험성이 높다. 매입약정이 따르는 책임분양의 법적 성질은 시공사가 매입에 대한 의무를 부담할 수 있다는 점에서 완공될 건축물을 매입하기로 하는 매매예약의 일종이라고 생각된다.

자금보충약정이란 프로젝트 회사가 금융기관 등에 대한 변제자력이 부족할 경우 금융기관의 요청을 받은 시공사가 프로젝트 회사에 자금을 보충할 것을 약정하는 것을 말한다. 즉, 시공사에 자금보충을 요청할 수 있는 자는 금융기관 등이지만 자금을 보충받는 자는 프로젝트 회사가 된다. 자금보충약정의 법적 성질은 민법상 소비대차계약에 가깝지만 제3자인 금융기관 등이 소비대차계약을 이행할 것을 요청할 수 있다는 특징이 있다. 소규모의 일시적인 자금보충이 아니라면 시공사가 프로젝트 회사의 자금(현금흐름 또는 사업성)을 보장한다는 점에서 자금보충약정도 신용보강적인 면에서 사실상 연대보증이나 채무인수와 크게 다르지 않다고 생각된다. 시공사가 프로젝트 회사를 위하여 금융기관에 보증하는 범위에 따라 이자지급보증, 원금지급보증, 원리금지급보증으로 나눌 수 있다. 이 가운데 이자지급보증은 프로젝트 회사가 금융기관에 대한 이자지급을 연체할 경우 시공사가 이를 인수하여 이자를 납부할 것을 약정하는 것을 말한다. 프로젝트 회사 스스로 충분한 자산을 보유하고 있어서 금융기관이 프로젝트 회사의 자산을 직·간접적인 담보로 확보할 수 있는 경우, 시공사로부터 이자의 납입에 대한 보증만으로도 프로젝트 금융이 가능할 수 있다. 이자지급보증은 시공사가 제공하는 다른 신용보강과 비교하여 상대적으로 보증의 범위 및 효력이 제한되어 보증의 위험이 덜하다는 장점이 있다.

조건부 채무인수라 함은 어떠한 정지조건이 성취된 경우에 시공사가 채무인수할 것을 사전에 약정하는 것을 의미한다. 즉, 정지조건부 채무인수약정이라고 할 수 있다. 보증은 장래의 채무에 대하여도 할 수 있다고 규정한 민법 제428조 제2항을 유추 적용하여 조건부 연대보증이 가능하며, 조건부 채무인수도 채무의 이전성이 있으며 기초적 법률관계가 명확한 경우 조건의 성취를 전제로 채무를 부담하겠다는 것으로 해석된다면 조건부 채무인수도 가능하다.

법인, 기획재정부 법인세제과-1148, 2018. 9. 7.: 건설업을 영위하는 내국법인이 공사완료 후 공사대금회수를 위한 목적으로 비특수관계인에게 제공하는 채무보증은 「법인세법 시행령」 제19조의2 제6항 제5호의 규정에 의해 건설업과 직접 관련한 채무보증에 해당되는 것이며 동 채무보증으로 발생한 구상채권의 처분손실은 「법인세법 시행령」 부칙(대통령령 제27828호, 2017. 2. 3.) 제8조를 준용하여 2017년 2월 3일이 속하는 사업연도에 대한 법인세의 과세표준을 신고하는 분부터 손금에 산입할 수 있는 것임.

관련 자료 ●

2009 사업연도 법인세 신고부터 최초로 적용되는 주요 개정세법 주요 내용 (국세청, 2010. 2.)

13. 공사계약 이행보증채무손실 대손금 인정(법령 제19의2 제6항)

    국가를 당사자로 하는 계약에 관한 법률 시행령에 따라 공사계약 이행보증을 위해 연대보증인인 법인이 부담하는 채무보증손실의 경우에도 대손금으로 손금산입 가능(2009. 2. 4. 이후 보증하거나 보증계약을 연장하는 분부터 적용)

    → 이행보증 및 이행보증의 이행에 따른 채무보증은 손금을 인정하고 있는바 이행보증을 채무보증과 구별하고 있다(이 법은 2010. 7. 삭제되었다).

시공사의 PF 구상채권 손금인정
(2017년 개정세법)

2017년 법인세법 개정 시 건설사가 PF 대출 대위변제로 인한 구상채권이 회수불능일 경우 대손금을 인정하는 개정이 있었다(법인세법 시행령 제19조의2 제6항 제6호 추가).

여러 관계자의 수년간 개정 건의가 받아들여진 결과로 부동산개발사업과 건설사의 경쟁력 확보에 기여한 바가 매우 크다.

채무보증 구상채권 대손금 손금산입 대상 조정
(법인세법 시행령 제19조의2 제6항, 법인세법 시행규칙 제10조의5)

종 전	개 정
□ 보증에 따라 대위변제로 발생한 구상채권은 회수할 수 없는 경우에도 대손금으로 인정하지 않으나, 다음의 경우는 대손 인정	□ 인정범위 확대
○ 「독점규제 및 공정거래에 관한 법률」에 따른 채무 보증 ○ 금융회사, 법률에 따라 신용보증사업을 영위하는 법인 등이 행한 채무보증 ○ 위탁기업이 수탁기업협의회의 구성원인 수탁기업에 대하여 행한 채무보증	(좌 동)
〈신설〉	○ 건설회사가 특수관계인 외의 자에게 건설사업(미분양주택 유동화 포함)과 직접 관련하여 제공한 채무보증 - 다만, 「사회기반시설에 대한 민간투자법」에 따른 민간투자사업시행사에 대한 채무보증 등*의 경우에는 특수관계인 간의 보증 포함 * 시행규칙에서 규정

1. 채무보증 구상채권 손금불산입 규정의 개요

(1) 채무보증에 의한 무분별한 차입이 1997년 외환위기(IMF)의 주된 원인으로 지적되었다.

(2) 채무보증에 의한 과도한 차입을 억제하기 위한 정책적인 목적으로, 채무의 지급보증으로 발생한 구상채권에 대하여 대손금의 손금산입을 배제하는 규정이 신설되었다.

(3) 채무보증에 의한 과다한 차입으로 기업의 재무구조가 악화되거나 연쇄도산으로 인하여 사회적 비용이 증가하는 것을 억제하여 재무구조의 건실화를 유도하고 기업의 구조조정을 촉진하여 기업의 경쟁력을 강화하기 위함이었다.

2. 채무보증 구상채권 손금불산입 규정의 도입 시기

1997년 말 법인세법 개정 시 (구)법인세법 제14조 및 동법 시행령 제21조에 보증채무를 대위변제함으로써 발생한 구상채권에 대하여 대손금 손금산입 및 대손충당금 설정을 배제하도록 하는 규정(이하 '채무보증 구상채권의 대손금 손금산입 배제 규정')이 신설되었다. 단, 입법 목적에 따라 상장법인, 협회등록법인, 독점규제 및 공정거래에 관한 법률에 의한 대규모기업집단에 속하는 내국법인에 한하여 적용되었다.

1998년 말 법인세법 전면 개정 시 상장법인 등으로 한정되었던 채무보증 구상채권의 대손금 손금산입 제한 규정 적용 대상이 모든 내국법인으로 확대되었다.

보증채무를 대위변제함으로써 발생한 구상채권에 대해서는 회수불가능 사유 발생 시에도 세무상 대손금으로 손금산입 불가(원칙)

단, 금융기관, 신용보증사업을 영위하는 법인 등 시행령에 열거된 법인이 행한 채무보증에 따라 발생한 구상채권의 경우 대손 사유 발생 시 손금인정(예외)

즉, 일반 기업이 제공하는 지급보증은 업무와 관련 없는 행위로 보아 원칙적으로 구상채권의 대손금을 손금불산입하되, 금융기관 등 채무보증을 주된 업무로 수행하는 법인이 제공하는 지급보증과 관련하여 대손 발생 시에는 손금산입을 허용함.

---

3. 채무보증 구상채권 손금불산입 규정의 애로사항

채무보증 구상채권의 대손금 손금산입 배제 규정은 업무와 무관한 채무보증에 따른 차입의 과다 발생을 억제하는 것을 입법 목적으로 하고 있으나, 그 목적과는 다르게 시행령에 열거된 일부 법인에 한해서만 채무보증 구상채권의 대손금 손금산입을 인정하였다.

입법 목적에 근거하여 헌법재판소에서는 동 규정이 법인이 주된 업무로 하는 채무보증과 같이 사업과 직접 관련 있는 채무보증에 대해서까지 손금산입을 금지하고자 하는 것은 아니라고 해석한바 있으나, 과거 규정에서는 금융기관 등 채무보증을 주된 업무로 수행하는 법인에 한정하여 구상채권의 대손금 손금산입을 허용하고 있어, 시행령에 열거되어 있지 않은 법인의 경우 사업과 관련하여 발생한 구상채권이라 하더라도 대손금의 손금산입이 허용되지 않았다.

이에 따라, 건설사의 PF 대출 지급보증과 같이 사업의 추진과정에서 사업과 관련하여 필수적으로 발생한 지급보증에 대해서도 업무와 무관하게 발생한 지급보증으로 간주하여 구상채권의 대손금을 법인세법상 손금으로 인정받지 못하였다.

우리나라의 부동산 개발사업 특성상 시행사의 금융기관 대출에 대한 건설사의 지급보증은 건설 수주를 위해 필수적인 것이므로 사업과 직접적인 관련이 있으나, 과거 규정하에서는 이러한 채무보증으로 발생한 구상채권의 대손금이 손금으로 인정되지 않으므로, 대위변제 부담에 세제상 불이익까지 추가되어 건설사의 정상적인 사업 활동에 지장을 주었다.

만약 금융기관 등이 PF 대출의 부도 위험을 부담할 경우 관련 대손금이 손금으로 인정되었을 것이나 지급보증에 따라 그 비용을 건설사가 대신 부담한 것인데, 이를 채무보증 구상채권에 대한 대손금이라는 이유로 손금불산입하는 경우 사업 관련 비용의 부담 주체에 따라 손금인정 여부가 달라지는 모순이 발생한다.

따라서 건설사의 PF 대출의 지급보증과 같이 사업과 직접 관련하여 발생한 지급보증의 경우 입법 목적에 위반되지 않는 범위에서 제한적으로 구상채권의 대손금을 인정받을 수 있도록 제도적인 개선이 필요했다.

4. 개정의 필요성

1) 사업과의 직접적인 관련성

PF 사업 구조의 특성상 시행사의 부족한 담보 능력을 시공사(건설사)의 신용으로 보완하지 않을 경우 사업 자체의 실행이 불가능한 경우가 대부분이다. 따라서 시행사의 금융기관 대출에 대한 시공사의 지급보증은 PF 사업에 시공사로 참여하기 위하여 필수적으로 발생하는 것으로서 사업과 직접 관련된 것이다.

또한, 시행사에 대한 공사채권은 시공사의 지급보증을 통해 시행사가 차입한 자금으로 결재받게 되므로, PF 지급보증은 공사대금의 회수가능성을 높이는 것으로서 사업과 직접 관련된 것이다.

미국, 프랑스 등 외국에서도 사업 관련성 여부에 따라 구상채권의 손금산입 여부가 결정된다.

2) 입법 취지를 고려하는 경우

채무보증으로 인한 구상채권을 손금에 산입할 수 없도록 한 법인세법 규정의 입법 취지는 계열기업에 대한 무차별적 채무보증에 따른 과다한 차입으로 기업의 재무구조가 악화되거나 연쇄도산으로 인한 사회적 비용이 증가하는 것을 억제하여 재무구조의 건실화를 유도하고 기업의 구조조정을 촉진하여 기업의 경쟁력을 강화하고자 하는 것이다(헌법재판소 2009. 7. 30. 선고 2007헌바15 결정).

법인의 사업과 직접 관련이 없으면서 과도한 차입을 초래하여 연쇄도산의 위험을 높이게 되는 채무보증을 세제상 정책을 통해 제한하려는 것으로, 법인의 사업과 직접 관련이 있는 채무보증에 대해서도 손금산입을 제한한다면 당초 입법 취지에 어긋나는 것이며, 헌법상 '과잉금지의 원칙'에도 위배된다. 계열사 간의 상호보증 행위와는 명확히 구분되므로 PF 지급보증이 시공사 업무의 필수적인 사항임을 감안하여 건설사의 PF 채무보증으로 인한 손실을 손비로 인정해주어야 했다.

별도의 담보 제공 없이 행해지는 계열사 간 채무보증과는 달리 시공사의 PF 대출 지급보증의 경우 시행사의 부동산을 담보로 설정할 수 있으므로 과도한 차입을 초래한다거나 채무보증인의 연쇄도산 위험을 높인다고 볼 수 없다.

공사를 수주하는 조건으로 시공사가 시행사에 대하여 행한 지급보증의 경우 보증법인 스스로도 보증채무의 변제능력과 구상채권의 회수가능성을 고려하여 자력 범위 내에서 보증을 서게 된다. 또한 대위변제와 동시에 신탁재산에 대한 1순위 우선수익권을 취득할 수 있도록 약정하여 구상채권에 대한 회수를 담보하고 있다.

즉, PF 대출의 경우 제3자인 금융기관이 해당 PF 사업의 실행가능성, 보증인의 변제능력을 종합적으로 판단하여 대출 실행 여부, 대출 규모, 이자율 등을 결정하는 것이며, 현실적으로 시공사의 자력 범위를 초과하는 수준까지 대출 및 지급보증 계약이 체결되지는 않는다.

3) 실질 동일 거래 간 과세형평성

조세법상 조세부담공평 및 실질과세원칙은 존중되어야 할 법원칙으로서 실질이 동일한 거래에 대해 과세가 달라지는 경우 납세자의 경제활동이나 투자가 왜곡될 수 있으며(즉, 납세자의 경제활동의 자유권이 제한되어 경제적 효율이 희생된다), 수평적 공평이 침해되어 조세평등주의에 반할 수 있다.

시행사가 PF 대출을 먼저 상환하고 공사채무를 변제하지 못하는 상황에서는 시공사의 공사채권 대손금은 법인세법상 손금으로 인정되나, 이와 반대로 시행사가 공사채무를 우선 변제하여 PF 대출을 상환하지 못하는 경우에는 시공사의 대위변제 의무가 발생하게 되고 관련 구상채권 대손금은 손금산입이 배제된다. 이렇게 거래의 실질이 동일함에도 법적 형식 등 거래의 외관만을 고려하여 공사채권의 대손금만 손비로 인정하는 과거 규정은 조세의 중립성을 해친다.

또한, 시공사의 PF 대출 지급보증은 원래 금융기관 등이 부담해야 하는 PF 대출의 부도위험을 시공사가 대신 부담하는 것이다(금융권은 시행사에 PF 대출 시 리스크 회피를 위해 관행적으로 시공사에게 지급보증을 요구하고 있다). 만약 금융기관이 부담할 경우에는 법인세법상 대손금이 손금으로 인정되었을 것이나 시공사가 부담할 경우에는 채무보증에 따른 구상채권이라는 이유로 대손금 손금산입을 배제하고 나면, 부담 주체에 따라 손금인정 여부가 달라지는 문제가 발생한다.

5. 개정세법

건설산업기본법에 따른 건설업자가 각종 개발사업에 시공사로 참여하는 조건으로 사업시행자에 대하여 행한 채무보증으로 인하여 발생한 구상채권은 대손금 불인정 구상채권에서 제외하도록 개정하여, 사업과 직접 관련성이 있는 채무보증으로 인한 손실까지 규제되는 불합리한 면을 해소하였다.

전세형 분양, 안심보장제 등의 세무문제

전세분양이란 일정 기간 동안 입주하여 살아본 후 마음에 들지 않을 경우 분양자가 조건 없이 계약을 해지할 수 있는 환매조건부계약이다. 할인분양에 비해 부담이 많지만, 최대한 빨리 아파트의 입주율을 높여 집값을 끌어올리려 미분양을 해소하는 마케팅 기법인 것이다. 전세분양은 계약자가 계약금으로 지급한 돈에 대해 2년 후 환불을 약속하기 때문에 전세 계약과 유사하지만, 법률적으로는 매매 계약이므로 '주택임대차보호법'이 적용되지 않는다.

- 파이낸셜뉴스, 한영준 기자, 2016년 3월 31일자 기사: 분양가 손실 보전 '안심보장제' 재등장
- 파이낸셜뉴스, 오승범 기자, 2014년 2월 16일자 기사: 대형 건설사 '전세형 분양' 무차별적 여론뭇매에 곤혹

일반적인 조건은 아래와 같다.

(1) 주택 구입 시의 취득세와 중도금이자는 시행사에서 부담한다.
(2) 입주 시 아파트를 전체 분양가의 20%만 내고 수분양자의 명의로 등기한다.
(3) 수분양자는 중도금을 대출받아 시행사에 60% 납부한다.
(4) 2년 동안 거주 후 조건 없이 계약을 해지할 수 있다.
(5) 계약을 해지하지 않는 경우 잔금 20%를 추가납부하여야 한다.
(6) 계약 해지 시 납부했던 계약금 20%는 돌려받을 수 있고, 중도금 대출 60%는 시행사가 인수한다.

전세형 분양, 안심보장제 등 다양한 판촉에 대한 세무 이슈는 다음과 같다.

구분	내용
전세형 분양	일정 기간 동안 입주하여 살아본 후 마음에 들지 않을 경우 분양자가 조건 없이 계약을 해지할 수 있는 환매조건부계약이다.
안심보장제	할인분양을 할 경우 기존계약자에게 낮아진 비용만큼 환급한다. 입주 후 집값이 분양가 이하로 내려가면 차액을 지원한다.

1. 환매가 매매계약의 해제인지 새로운 매매에 해당하는지?

전세형 분양특약에 따른 환매가 부동산 매매계약의 해제에 해당하는지 새로운 매매에 해당하는지 여부를 검토하여야 한다. 먼저, 부가가치세와 관련하여, 전세형 분양특약에 따른 환매권은 계약상 약정해제권을 수분양자에게 부여한 것이므로 부가가치세법 시행령 제70조 제1항 제2호의 "계약의 해제로 재화가 공급되지 아니한 경우"에 해당하므로 수정세금계산서 발급대상이라는 견해가 있을 수 있다.

그러나 ① 전세형 분양특약에 따른 환매권은 수분양자가 선택적으로 분양받은 부동산을 재매입 요구할 수 있는 권리로서 이는 계약해지권이라기보다는 온전한 매매요구권의 성격을 가지고 있는 점, ② 전세형 분양특약서상 계약해제권이 아니라 '재매입절차'로서 약정하고 있는 점, ③ 환매권행사로 인한 부동산 소유권의 이전은 매매로 보아야 하는 점, ④ 과세관청도, 과세대상 주택을 분양하는 사업자가 입주 후 2년이 경과한 때에 분양주택의 시가가 분양가액에 미달하면 분양받은 자가 주택의 재매입을 요구할 수 있도록 하는 조건으로 주택을 공급하고 약정조건에 따라 입주 2년이 경과한 때에 주택을 재매입하는 경우 그 재매입가액을 부가가치세 과세표준에서 차감할 수 없다고 유권 해석(국세청 법규부가 2012-421, 2012. 12. 28.)하고 있는 점 등을 고려하면, 전세형 분양특약에 따른 환매는 새로운 매매로서 수정세금계산서 발행대상이 아닌 것으로 봄이 타당하다.

2. 분양가 할인 시 수정세금계산서 발급사유(매출할인)에 해당하는지?

부가가치세법 시행령 제70조 제1항 제3호는 "계약의 해지 등에 따라 공급가액에 추가되거나 차감되는 금액이 발생한 경우" 증감사유가 발생한 날을 작성일로 하여 수정세금계산서를 발급할 수 있도록 규정하고 있고, 조세심판원의 입장도 마찬가지이다(조심 2013중1250, 2013. 6. 5). 본건의 경우 전세형 분양특약에서 유예잔금은 시세가 하락한 경우에 차감할 수 있도록 규정하고 있으므로, 시세 하락에 따라 유예잔금을 감액하게 되면 수정세금계산서를 발행할 수 있는 것으로 봄이 타당하다.

3. 수분양자 취득세 경정청구 가능한지?

취득세 과세표준은 취득 당시의 가액으로 하고(지방세법 제10조 제1항), 유상승계취득의 경우 계약상의 잔금지급일에 취득한 것으로 보므로(지방세법 시행령 제20조 제2항 제2호), 계약상 유예잔금지급일을 기준으로 시세 하락에 따라 차감된 금액을 취득세 과세표준으로 봄이 타당하다. 따라서 수분양자가 후발적 경정청구 등을 통하여 과다납부한 취득세를 환급받을 수 있다.

그러나 우리나라 대법원은 경정청구 가능성을 부인하고 있다(대법원 2018. 9. 13. 선고 2015두57345 판결). 부동산 취득세는 부동산의 취득행위를 과세객체로 하는 행위세이므로, 그에 대한 조세채권은 그 취득행위라는 과세요건 사실이 존재함으로써 당연히 발생하고, 일단 적법하게 취득한 이상 그 이후에 계약이 합의해제되거나, 해제조건의 성취 또는 해제권의 행사 등에 의하여 소급적으로 실효되었다 하더라도 이는 이미 성립한 조세채권의 행사에 아무런 영향을 줄 수 없다(대법원 2001. 4. 10. 선고 99두6651 판결 등 참조). 이는 신고 · 납부 세목에서 후발적 경정청구의 여지를 제거하였다는 비판이 있을 수 있다. 이른바 '권리확정주의의 채택에 따른 당연한 요청'에 눈감은 것이다(감액된 유예잔금을 계약금액의 조정이 아니라 매도자의 손해배상금처럼 해석한 인상이다).

조심 2013중1250, 2013. 6. 5.: 아파트 분양계약이 국세기본법상 계약의 성립 후 발생한 부득이한 사유에 따라 실질적으로 해제 또는 취소되었다거나 적어도 이에 준하는 사유에 해당한다고 봄이 합리적이므로 쟁점수정세금계산서를 분양계약이 정상적으로 해제되지 아니한 상태에서 발급된 부적법한 것으로 보아 과세한 처분은 잘못이 있음.

부가가치세법 시행령 제28조【구체적인 거래 형태에 따른 재화의 공급시기】② 반환조건부 판매, 동의조건부 판매, 그 밖의 조건부 판매 및 기한부 판매의 경우에는 그 조건이 성취되거나 기한이 지나 판매가 확정되는 때를 공급시기로 본다.

부가, 부가가치세과-50, 2010. 1. 13.: 주택신축판매업자가 신축 중인 국민주택 규모 초과 미분양 주택을 환매조건부 매매계약에 따라 양도한 후 약정에 따라 계약체결일로부터 소유권이전 또는 잔금지급 후 6개월 이내에 환매하는 경우 당해 환매는 재화의 공급에 해당하는 것임.

부가 22601-1334, 1990. 10. 13.: 사업자가 환매조건부계약에 의하여 재화를 인도 또는 양도하는 경우에는 부가가치세법 제6조 제1항 및 동법 시행령 제14조 제1호의 규정에 의하여 재화의 공급으로 보는 것이며, 이 경우 부가가치세 과세표준은 동법 제13조의 규정에 의하는 것입니다.

국세청 법규부가 2012-421, 2012. 12. 28.: 국민주택 규모를 초과하는 주택을 분양하는 사업자가 분양계약의 특약에서 입주 후 2년이 경과한 때에 분양주택의 시가가 분양가액에 미달하면 분양받은 자가 분양공급자에게 당초 분양가액으로 분양주택의 재매입을 요구할 수 있도록 하는 조건으로 주택을 분양하고 그 잔금청산과 소유권이전등기를 마쳐 공급을 완료한 다음, 특약에 따라 입주 2년이 경과한 때에 주택을 재매입하는 경우 부가가치세법 시행령 제59조 제1항에 따른 수정세금계산서 발급사유에 해당하지 아니하는 것이며 그 재매입가액을 과세표준에서 차감할 수 없는 것임.

대법원 2018. 9. 13. 선고 2015두57345 판결: 원고들이 분양받은 아파트 소유권이전등기를 마치며 당초 분양대금을 기준으로 취득세를 신고·납부한 이후, 실제 입주지정만료일부터 2년이 지난 시점에 아파트 시세가 하락하여 약정대로 시세하락분 상당이 분양대금에서 감액된 경우, 이러한 사유는 취득행위 당시의 과세표준을 기준으로 한 원고들의 취득세 납세의무에 영향을 미치지 않아 후발적 경정청구 사유에 해당하지 않음.

도시정비사업의 OS 홍보비는 손금인정이 가능한지?

'아웃소싱(Outsourcing) 요원'을 줄여 부르는 OS 요원은 재개발·재건축 사업에서 조합원들의 서면결의서를 받아오는 역할을 맡고 있다. 조합원 총회 개최에 필요한 정족수를 채우려면 결의서가 필요하기 때문이다. 일반적으로는 시공사 선정, 조합설립, 관리처분 인가 등에서 동의를 받는 과정에서 OS 요원이 동원되지만 금품 제공 등의 불법행위와 연관될 여지가 많아 사회적인 문제뿐만 아니라 과세쟁점도 되고 있다.

시공사의 수주추진비 중 OS 비용은 제약사 리베이트로부터 파생된 과세쟁점이다. 즉, 사회질서를 위반하여 지출된 비용은 손금산입할 수 없다는 취지이다.

약사법은 특정 의약품 채택·처방유도·거래유지 등을 목적으로 금전, 물품, 향응 등 경제적 이익(리베이트)의 수수를 금지하고 있다(약사법 시행규칙 제1항 제5호).

도정법은 조합임원의 선임 및 시공사 선정계약과 관련하여 금전, 물품, 향응 등 경제적 이익(리베이트)의 수수를 금지하고 있다(도시 및 주거환경정비법 제132조).

> 권익위, 복지부와 식약처에 "의료 리베이트 없애라" – "영업대행사 거쳐 불법 리베이트 적발땐 해당 제약사도 처벌"[4]
>
> 국세청, 1,500억 원대 중견 ○○약품 새해 첫 세무조사 – 본사와 영업본부 압수수색 진행… 리베이트·△△ 조사 관련 여부 등 촉각[5]

대법원은, '법인세법 및 같은 법 시행령 각 규정에 따르면 일반적으로 위법소득을 얻기 위하여 지출한 비용이나 지출 자체에 위법성이 있는 비용의 손금산입을 부인하는 내용의 규정이 없을 뿐만 아니라, 법인세는 원칙적으로 다른 법률에 의한 금지의 유무에 관계없이

---

4) 《매일뉴스》 2018년 3월 19일자 기사
5) 《매일뉴스》 2014년 1월 15일자 기사

담세력에 따라 과세되어야 하고 순소득이 과세대상으로 되어야 하는 점 등을 종합하여 보면, 위법소득을 얻기 위하여 지출한 비용이나 지출 자체에 위법성이 있는 비용에 대하여도 그 손금산입을 인정하는 것이 사회질서에 심히 반하는 등의 특별한 사정이 없는 한 손금으로 산입함이 타당하다'는 입장이다(대법원 1998. 5. 8. 선고 96누6158 판결).

대법원은 이러한 입장에서 불법폐기물처리업자에게 산업폐기물의 매립을 위탁하면서 지출한 비용(대법원 1998. 5. 8. 선고 96누6158 판결), 외환위기 상황에서 주택은행이 수탁고격감, 기존 신탁계약의 대규모 해지, 인출사태 등을 방지하기 위하여 다른 시중은행들과 협의를 거쳐 고객에 대하여 관계법령을 위반하여 손실보전금을 지출한 경우(대법원 2009. 6. 23. 신고 2008두7779 판결) 손금산입 대상으로 판단하였다.

그러나 최근 제약사 리베이트에 대하여 유독 손금성을 부인하는 판례가 축적되고 있다(대법원 2015. 1. 15. 선고 2012두7608 판결 및 대법원 2015. 1. 29. 선고 2014두4306 판결).

시공사가 OS 업체를 통하여 수주 홍보를 하는 것과 관련하여 불미스러운 일이 발생하는 것은 어디까지나 OS 업체의 법률행위라는 점에서 일반적인 리베이트와는 다르고 CSO(우회 리베이트)와 매우 유사하다.

CSO는 제약회사와 계약을 맺고 영업·마케팅을 담당하는 대행업체를 말하는데, 이들 업체가 수수료 명목으로 받은 돈을 병·의원에 접대 행위를 하면서 사실상 제약회사가 리베이트를 제공하고 있다고 보는 쟁점이다(유사하다기보다는 거의 동일하다).

최근(2017년) 대웅제약 관련 심판례(조심 2016중3413, 2017. 10. 19.)에서 납세자가 승소하였으며, 이에 대한 논거는 다음과 같다. 시공사가 그대로 차용하여 사용하기에 무리가 없다.
① 제약사는 CSO 업체의 영업활동에 간섭이 없었다. CSO 업체는 실체법인으로 명목회사가 아니다. 수수료를 접대비로 지출하도록 지시한 사실이 없다(근거과세원칙).
② CSO업체의 접대비 한도 초과로 과세되었으므로 제약사의 접대비가 아니다(이중과세 금지원칙).
③ 관계자 진술, 언론 기사 등으로 영업활동이 사회질서에 위배된다고 보기 힘들다. 형사처벌이 없었다.

저자의 의견으로 제약사와 건설사는 동일 쟁점으로 볼 수 없다. 의약품이 저관여 제품이라면, 아파트는 고관여 제품이기 때문이다. 저관여 제품이란 제품에 대한 중요도가 낮고, 값이 싸며, 상표 간의 차이가 별로 없고, 잘못 구매해도 위험이 별로 없는 제품을 말한다. 따라서 흥미를 유발하는 것이 마케팅 방법으로 중요하고 판매인(중개인 또는 대리인)의 비중이 크다.

그러나 고관여 제품은 제품의 중요도가 높고, 값이 비싸며, 잘못 구매할 경우 손실이나 위험이 많은 제품들이다. 따라서 판매인의 역할은 정보제공으로 제한적이고 선택은 오로지 소비자의 결정에 달려 있다.

판매인의 역할에서 의사·약사와 OS 요원의 비중은 판이하게 다르다. OS 요원은 주로 주부들로 의사·약사와 비견할 수 없는 지위이며, 많은 육체노동을 투입한다. 동일한 비난을 감수하기에는 측은한 감이 많다(실제로 OS 요원의 순기능도 말할 수 없이 크다).

관련 법령

조심 2016중3413, 2017. 10. 19.: 의료도매상의 실체가 인정되는 이상 쟁점수수료 및 쟁점장려금을 접대비로 보기 어렵고 이러한 비용을 세법상으로 부인할 근거규정이 없어 보이는 점, 관련 법령에 따라 제재를 받는 것은 별론으로 하더라도 세법상으로 인정해야 할 비용으로 보이는 점 등에 비추어 해당 비용을 접대비로 보아 법인세 및 부가가치세를 과세한 처분은 잘못이 있음.

조심 2012중1483, 2013. 6. 18.: 제약사가 의사·약사에게 준 상품권은 판매부대비용이 아님.

약사법 시행규칙 제62조 【의약품 등의 유통체계 확립 및 판매질서 유지 등을 위한 준수사항】 ① 법 제47조에 따라 약국개설자, 의약품의 품목허가를 받은 자, 수입자 및 의약품판매업자, 그 밖에 법의 규정에 따라 의약품을 판매할 수 있는 자는 의약품의 유통체계를 확립하기 위하여 다음 각 호의 사항을 준수하여야 한다.

---

6) 《조세일보》 2017년 11월 21일자 기사

5. 의약품의 품목허가를 받은 자·수입자 및 도매상은 의료기관·약국 등의 개설자에게 의약품 판매촉진의 목적으로 현상품·사은품 등 경품류를 제공하지 아니할 것

도시 및 주거환경정비법 제132조【조합임원 등의 선임·선정 시 행위제한】누구든지 추진위원, 조합임원의 선임 또는 제29조에 따른 계약 체결과 관련하여 다음 각 호의 행위를 하여서는 아니 된다.
1. 금품, 향응 또는 그 밖의 재산상 이익을 제공하거나 제공의사를 표시하거나 제공을 약속하는 행위
2. 금품, 향응 또는 그 밖의 재산상 이익을 제공받거나 제공의사 표시를 승낙하는 행위
3. 제3자를 통하여 제1호 또는 제2호에 해당하는 행위를 하는 행위

조심 2015서4051, 2017. 10. 27.: 선주사가 관행에 따라 어드레스커미션을 요구할 경우 선박건조회사가 선박수주를 위해서 지급하여야 하는 금액이므로 그 사용용도가 선박건조와 관련된 점 등에 비추어 처분청이 쟁점수수료를 업무무관비용으로 보아 청구법인에게 법인세를 부과하고 기타소득으로 소득처분하여 소득금액변동통지를 한 처분은 잘못이 있는 것으로 판단됨.

대법원 2015. 1. 15. 선고 2012두7608 판결【법인세등 부과처분취소】약사법 시행규칙 그 시행일인 2008. 12. 14.부터 도매상과 약국 등 개설자 간에 의약품 판매촉진 목적의 '금전' 제공 행위까지 금지되었는바 소매상에게 지급한 사례금은 사회질서에 위반하여 지출된 비용에 해당하여 손금에 산입할 수 없음.
원고는 의약품 도매상인 제약회사인데, 의약품을 약국, 의원 등 소매상에게 판매하면서 매출금액의 일정 비율을 소매상에게 사례금 등의 명목으로 현금 지급해 왔다(이를 통상 '리베이트'라고 함). 원고는 위와 같이 지급한 비용을 전액 손금에 산입할 수 있는 판매촉진비 내지 판매장려금이라고 주장하였으나, 세무서장은 위 비용을 손금대상인, '업무와 관련하여 지출되는 일반적으로 용인되는 통상적인 비용'으로 볼 수 없고, 이는 사회질서에 위반되어 지출된 비용으로서 손금대상이 아니라고 하여 법인세를 부과하였다.

대법원 2015. 1. 29. 선고 2014두4306 판결: 리베이트의 지급 사실 가능성이 매우 높으나 건전한 사회질서에 위반하므로 손금에 산입될 수 없고, 소득처분은 지출 귀속자에 대한 심리가 필요함.

제 10 편

채권관리

민사집행법 필요한 것만 보자

채권보전 및 집행절차는 아래와 같다.

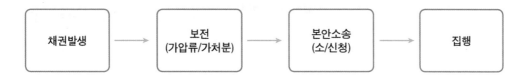

보전처분 후 가능한 빨리 본안소송을 진행하여야 한다. 집행을 늦추어 사정을 조율할 수는 있어도, 본안소송을 늦추어서는 안 된다.

본안소송은 집행권원을 확보하기 위한 것이고 소송이 대표적이지만, 지급명령신청이 가장 간편하다.

1. 민사집행법상 보전이란?

본안소송의 종류에 따라 보전절차를 결정하여야 한다. 즉, 금전채권이면 가압류, 부동산이면 처분금지가처분을 신청하여야 한다.

특정물에 대한 가처분은 청구인용이 많고, 행위에 대한 가처분은 기각이 많다. 따라서 공사중지가처분은 '급박한 위험 및 현저한 손해'를 증명 수준의 소명을 하여도 기각되는 경우가 많고, 소음분진에 의한 공사중지는 전무하고 건물붕괴의 위험이 현저하여야지만 가처분이 인용될 가능성이 조금 있다고 할 것이다. 집행법상 보전은 본안에 관한 소송이 아니지만, 행위에 대한 가처분은 사실상 본집행의 효력이 있기 때문에 인용률이 낮은 것이다.

구분			피보전권리	청구의 소
보전	가압류		금전채권	손해배상 청구의 소, 공사대금 청구의 소
	가처분	다툼의 대상 (특정물)	처분금지 가처분	소유권, 저당권, 임차권 등	설정등기 청구의 소, 말소등기 청구의 소
		점유이전금지 가처분	점유권만	건물명도 청구의 소, 동산인도 청구의 소
		임시지위(행위)		공사중지가처분, 상영금지가처분 등

2. 가압류와 가처분

가압류 (본압류의 소급효)	가압류권자가 이후 본압류 이전하여 경매를 개시하면 소급하여 처분금지의 효력이 발생한다. 가압류 후 소유권이 이전되었다 하더라도 가압류권자에게 대항하지 못한다.
처분금지가처분 (당사자의 항정효)	가처분권자가 이후 이전등기하면 이전에 한 이전등기는 신청말소된다. 따라서 채무자와 채권자를 확정하는 효력이 있다. 참고로 가등기도 유사하나 이전등기 신청 없이도 직권 말소한다.

보전절차 후에는 가능한 빨리(3년 내) 본소를 제기하여 집행권원을 얻어야 한다. 3년이 지나면 채무자의 취소신청에 의하여 보전절차의 효력이 없어지기 때문이다.

이에 비하여 근저당권은 물권으로 소멸시효가 없으나, 채권에 종속하므로 다른 채권자의 근저당을 제거하기 위해서는 채권자가 대위하여 피담보채권의 부존재말소청구하여야 한다. 또한 10년 이전에 설정된 것은 통정허위에 의한 말소를 청구할 수도 있다.

3. 보전절차

보전신청	접수/심사	담보제공명령	보전결정 후 보전집행
본안 전: 채무자 소재지/본안법원 본안 중: 본안법원	방식심사(형식) 요건심사(내용)	채무자의 손해배상 목적으로 관례적으로 아래의 금액을 공탁 또는 보증보험증권으로 제출하여야 함.	강제집행(압류)을 준용함.
본안 후: 보전신청 못함.	피보전권리의 존부, 보전의 필요성이 모두 있어야 함.	부동산: 10% 채권: 40% 유체동산: 80%	부동산: 보전결정 등기 채권: 집행관 점유 유체동산: 제3채무자 송달

4. 본안 절차란?

집행권원을 만드는 재판을 말한다. 재판은 사법부의 판단을 뜻하고, 심판은 행정부의 판단을 의미한다.

청구	재판	본안의 청구	예시
소	판결	청구취지	대여금청구의 소
	조서: 판결과 같은 효력이 있다.		화해조서, 조정조서, 인락조서
신청	결정	신청취지	지급명령 결정

보정명령, 담보제공명령은 명령으로 집행권원이 아니다. 그러나 지급명령결정은 명령이 아니라 결정으로 집행권원이 된다.

본안의 청구(민사소송법), 피보전권리(민사집행법), 압류채권(강제집행법)은 모두 같은 의미이며 청구취지 중 1번을 의미한다.

청구취지는 무엇에 대한 어떠한 재판을 구하는 것인가를 결론적으로 간명하게 기재하는 소장의 결론적 부분을 말한다. 아래처럼 생겼고 1번이 '본안의 청구'이다.

1. 피고는 원고에게 금 ○○○원 및 이 사건 소장부본 송달된 다음 날부터 다 갚을 때까지 연 15%의 비율에 의한 돈을 지급하라.
2. 소송비용은 피고의 부담으로 한다.
3. 위 제1항은 가집행할 수 있다.

5. 기타 사항

강제집행대상자가 사망하여 상속인에게 집행하는 경우 승계집행문만 부여받으면 된다. 집행 개시 이후에는 승계집행문은 필요 없다.

집행권원에는 형사소송의 배상명령이 포함된다. 형사소송은 6개월 정도로 짧으며, 원고 고소 후 검사 기소하면 검사가 진행하므로 상대적으로 간편하다. 법원은 ① 유무죄, ② 형량, ③ 배상명령을 판결하게 되는데 이때 배상명령이 집행권원이 된다.

재산명시절차에 채무자가 불출석하는 경우 채무불이행자 명부에 등재할 수 있는데, 이 경우 채무가 새로운 금융거래를 하지 못하므로 매우 효과적이다. 무엇보다 채무자가 새로운 사업을 진행할 때까지 등재 여부를 모르는 경우가 많다.

| 권리분석이란? |

근저당권자가 경매를 신청하면 가장 선행하는 ① 압류, ② 가압류, ③ 근저당 일자가 말소기준권리가 된다. 말소기준권리를 기준으로 이전의 권리관계(임대차계약 등)는 존속하고 이후의 권리관계는 소멸한다. 담보목적 가등기는 근저당과 동일하게 취급되어 말소기준권리가 될 수 있다.

지급명령 절차도

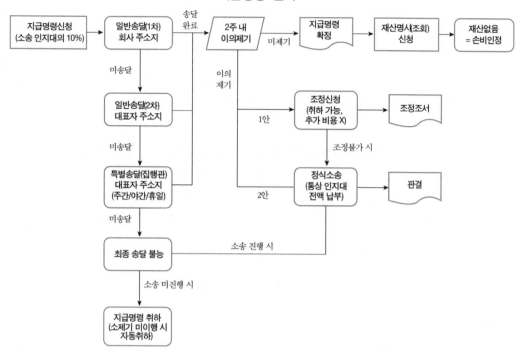

공정증서는 그것으로 강제집행할 수 있다는 점에서 지급명령과 차이가 없다. 그러나 채무자가 공증인 사무소에 가서 작성하여야 하기 때문에 채무자의 협조가 있어야 받을 수 있다. 그러므로 채무자가 협조한다면 굳이 지급명령을 받을 필요 없이 공정증서를 받는 것으로 충분할 것이다. 다만, 약속어음 공정증서는 소멸시효 기간이 3년으로 짧으므로 주의할 필요가 있다(비교하여 지급명령의 소멸시효는 10년이다.).
공정증서의 작성은 모든 변호사들이 다 할 수 있는 것이 아니라 법무부장관의 인가를 받아야만 할 수 있는 업무이다.

민사집행법 제56조【그 밖의 집행권원】 강제집행은 다음 가운데 어느 하나에 기초하여서도 실시할 수 있다.

4. 공증인이 일정한 금액의 지급이나 대체물 또는 유가증권의 일정한 수량의 급여를 목적으로 하는 청구에 관하여 작성한 공정증서로서 채무자가 강제집행을 승낙한 취지가 적혀 있는 것

공증인법 제56조의2【이음·수표의 공증 등】 ① 공증인은 어음·수표에 첨부하여 강제집행을 인낙(認諾)한다는 취지를 적은 공정증서를 작성할 수 있다.

④ 제1항에 따른 증서는 「민사집행법」 제56조에도 불구하고 그 어음 또는 수표에 공증된 발행인, 배서인(背書人) 및 공증된 환어음을 공증인수(公證引受)한 지급인에 대하여는 집행권원으로 본다.

건설회사 채권의 유형과 대손금 인정 방법은?

회사가 시행사, 조합, 조합원, 공동도급 참여사, 협력업체 기타 거래처로부터 받아야 할 각종 채권(공사미수금, 대여금, 선급금, 연체이자 기타 미수금)을 불가피한 사유로 미회수하거나 채권 일부를 탕감(면제)하는 경우 채권을 제각(대손처리, 회계장부에서 채권을 제거하는 처리)하게 되는바, 동 채권제각이 세법상의 일정한 요건을 충족하지 못하는 경우 회사의 법인세 부담이 발생한다.

대손충당금 설정은 회수가능성이 불확실하여 손실예상액을 회계상 선(先)반영하는 것으로서, 세무상 확정된 비용이 아니어서 법인세법상 채권의 회수 여부가 확정된 때에 세무상 대손요건 충족 여부를 판단하게 된다.

(1) 충당금 설정: 대손이 예상되는 시점 대손율을 추정하여 장부상 비용으로 반영하는 것으로 채권이 장부상 존재하며 별도로 충당금계정으로 차감표시된다.
(2) 대손제각: 대손발생이 확실하면 전기 이전 발생 채권과 당기 발생 채권을 구분하지 않고 대손충당금과 상계처리하는 것으로 채권과 충당금이 모두 장부에서 제거된다.

1. 건설회사 채권제각의 유형

① 발주처에 대한 공사미수금
② 시행사, 조합, 조합원 등에 대한 대여금
③ 협력업체에 대한 선급금
④ 협력업체 부도발생 시 업체기성금을 초과하여 지급하는 직불금(중기, 노임 등)
⑤ 공동도급현장 참여사에 대한 원가분담금
⑥ 시행사, 조합, 조합원의 금융기관 대출금을 대신 변제한 대위변제채권

2. 법인세법상 채권제각 요건

① '제각사유의 발생'과 ② '채권회수노력' 입증의 두 가지 요건 모두 충족하여야 한다.

(1) 채권제각사유의 발생: 민법, 상법, 어음·수표법에 의한 소멸시효 완성, 회사정리법에 의한 정리계획인가 또는 화의법에 의한 화의인가 결정에 따라 회수불능 확정, 채무자의 파산, 강제집행 등으로 인하여 회수불능 확정되어야 한다. 채무자가 법인인 경우 폐업이나 법성관리 그 자체민으로는 제각사유에 해당하지 아니한다.

(2) 채권회수노력의 입증: 채권발생 시점부터 제각사유 발생 시점까지 채권확보를 위한 법적 절차 등 채권회수노력을 입증하여야 한다.
채권미회수로 인한 제각이 상기 대손요건을 충족하지 못하는 경우 접대비로 간주되어 제각금액의 23.1%에 상당하는 법인세가 발생한다.

3. 단계별 채권회수노력 및 구비서류

(1) 계약서상의 대금 지급기한 경과 시: 거래관행상 지급기한이 단순히 경과하였다는 사유만으로 즉시 채권보전절차를 취할 수 없으므로 빠른 시일 내에 상환하여야 한다는 내용의 독촉공문을 내용증명우편으로 발송하여야 한다.

(2) 지급기한으로부터 ○개월 이상 경과 시: ① 채무자의 사업장(본점, 지점)소재지 및 사업부지에 대한 부동산등기부등본 조회 및 ② 재산조사 및 신용조사 진행 보고서 징구, ③ 회계감사대상 채무자의 경우 감사보고서를 참조하여 근저당 설정 또는 가압류 등의 채권확보조치를 이행한다. 변호사 또는 법무사에게 의뢰하여 지급명령신청 및 재산명시(또는 재산조회)를 진행한다.

(3) 미회수가 확정되어 채권제각품의 시: 채권발생 및 회수노력증빙을 구비하여 제각사유 충족 시 제각을 진행한다. 재산명시(또는 재산조회) 결과 무재산이 확정되면 사실상의 폐업으로 제각할 수 있다. 그러나 장부상 채권의 존부와 무관하게 민법상 채권이 존재하는 경우(예를 들어 강제집행 시 소멸시효는 10년으로 늘어남) 채권을 비망가격(1,000원)에 외부로 매각하거나 별도로 관리하여 시효완성 시에 무재산을 확인하는 것이 좋다.

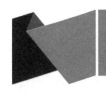

실무자들이 잘 모르는 소멸시효의 중단과 연장

소멸시효란 일정 기간 행사하지 않으면 권리를 소멸시키는 제도이다. 흔히 "법은 권리 위에서 잠자는 자를 보호하지 않는다"라는 말로 표현된다.

민법은 채권, 소유권 이외의 재산권을 소멸시효의 대상으로 규정하고 있다. 권리를 행사할 수 있음에도 그 권리를 행사하지 않을 때가 소멸시효의 기산점이다. 소멸시효는 그 권리를 행사할 수 있을 때, 즉 그 권리를 행사하는데 법률상의 장애가 없는 때부터 진행한다.

단순한 청구, 독촉으로는 소멸시효가 중단되지 않는다. 6개월 내 재판을 걸어야 중단된다.

소멸시효의 중단사유라 함은 이미 경과한 소멸시효 기간의 효력이 상실되어 버리는 효력을 가지게 되는 사유를 말하는 것으로써 우리 민법이 규정하고 있는 소멸시효 중단 사유에는 3가지가 있다.

① 청구
② 압류, 가압류, 가처분
③ 승인

시효가 중단된 때에는 중단되기 이전에 진행한 시효기간의 효력이 모두 상실되고 중단사유가 끝나는 그 시점에서 다시 새로이 소멸시효가 진행하게 된다. 소멸시효의 정지라 함은 권리가 소멸할 때 그 시효를 중단하기 어려운 사정이 있을 때에 특정 기간 그 시효완성으로 인한 권리소멸을 유예시키는 제도이다. 시효정지는 특정 기간 시효의 만료를 저지할 뿐이며 이미 경과한 시효기간의 효력은 상실되지 않는다.

청구란 채권자나 채무자에게 채무를 이행하도록 하는 권리를 주장하는 것이다. 일정한 급부를 해야 할 의무가 있는 자(채무자)에게 그 권리를 주장하는 것이다. 시효중단의 효력이 있는 청구에는 다음과 같은 것들이 있다.

1. 재판상의 청구

재판상의 청구란 쉽게 말해서 법원에 소송 등을 제기하는 경우를 말한다. 그러나 법원이 청구(소)를 각하 또는 기각하거나 원고 스스로 소를 취하하게 되면 시효중단의 효력은 없게 된다(민법 제170조 제1항). 이 경우일지라도 6월 안에 다시 소송을 제기하거나 파산절차에의 참가, 압류, 가압류, 가처분을 한 때에는 시효는 처음 재판상의 청구가 있는 때로 소급하여 중단된 것으로 본다.

2. 파산절차에 참가

채무자가 파산절차가 개시된 경우에는 채권자가 법원에 자기 채권을 신고한 시점부터 소멸시효가 중단된다. 그러나 채권자가 채권신고를 취소하거나, 청구가 각하된 때에는 시효중단의 효력이 없다(민법 제171조). 화의가 개시되어 화의절차에 참가하는 경우도 같다.

3. 지급명령신청

독촉절차에 따라 지급명령을 신청하면 신청 시에 소멸시효가 중단된다. 단, 지급명령신청의 경우에는 채무자에게 지급명령이 송달되지 않으면, 지급명령의 효력이 상실되어 버리므로 이런 경우에는 6개월 안에 소송을 제기하거나, 압류, 가압류, 가처분과 같은 시효중단 조치를 취해야만 지급명령을 신청한 시점으로 소급하여 시효가 중단된다.

(1) 지급명령 등 법원행정 처리 시 채권금액에 따른 부대비용이 발생함에 따라 부대비용을 최소화하고자 미회수채권 중 일부에 대한 소송을 제기하여 집행불능조서를 받을 경우 나머지 미회수채권에 대하여도 대손처리가 가능하다(법인, 법인세과-686, 2010. 7. 19. 및 법인세과-1060, 2010. 11. 15.).
(2) 소멸시효가 완성된 채권이라도 이에 대한 지급청구가 금지되는 것은 아니므로 채무자에게 소멸시효 완성 채권에 대한 지급명령을 신청할 수 있다. 만약 채무자가 지급명령을 송달받은 날부터 2주 이내에 이의하지 않아 지급명령이 확정되면 채권자는 확정된

지급명령을 집행권원으로 삼아 채무자의 재산에 강제집행을 할 수 있다. 또한 확정된 지급명령은 확정판결과 같은 효력이 있고(민사소송법 제474조) 판결과 동일한 효력이 있는 것에 의해 확정된 채권의 소멸시효는 10년이므로(민법 제165조 제2항, 제1항) 지급명령 확정 시부터 10년 동안 채무자의 재산에 강제집행을 할 수 있다. 그러나 신청한 지급명령이 확정되었다 하더라도 채무자가 이에 대하여 이미 소멸시효가 완성된 채권임을 이유로 청구이의의 소를 제기한다면 채무자의 이의가 받아들여져 지급명령에 기초한 강제집행이 허용되지 않을 수 있다.

4. 화해를 위한 소환

당사자의 자유의사에 따른 민사분쟁의 해결 방법의 하나로 제소 전 화해가 있다. 제소 전 화해란 민사분쟁에 관해 상대방과 화해를 하고자 할 경우 소송을 제기하기 전에 청구의 취지, 청구 원인을 명시하여 상대방 주소지 관할 법원에 화해를 신청하는 것을 말하는데 화해를 신청하면 신청 시에 소멸시효가 중단된다. 화해를 신청하게 되면 법원은 당사자를 소환하게 되는데, 소환장을 받고 상대방이 출석하지 않거나 화해가 성립되지 않으면 그때부터 1개월 내에 소를 제기해야 시효가 중단된다(민법 제173조).

5. 임의 출석

청구금액이 2,000만 원 미만인 소액사건에 있어서는 당사자 쌍방이 법원에 임의로 출석하여 소송에 관하여 변론할 수 있는데(소액사건 심판법 제5조), 이 경우 소의각하, 기각, 소취하가 될 때에는 그때부터 6개월 이내에 소의 제기, 압류, 가압류, 가처분 등 시효중단 조치를 취해야 임의 출석 시점으로 소급하여 시효중단의 효력이 생긴다.

6. 최고

구두로 하든, 서면으로 하든 채무자에게 재판절차를 취하지 않고 채무지급을 청구하는 것을 최고라 한다. 보통은 내용증명을 보내는 방법이 일반적이다. 최고 후에 채무자가 채무이행을 하지 않을 시에는 최고 후 6개월 이내에 재판상의 청구, 파산절차 참가, 압류, 가압류, 가처분을 하여야 시효가 중단된다(민법 제174조).

(1) 수차례 최고 시 항상 최초의 최고 시 발생하는 것이 아니라 재판상 청구를 한 시점 기준으로 이로부터 소급하여 6개월 이내에 한 최고 시에 발생한다(대법원 1983. 7. 12. 선고 83다카437 판결).

(2) 압류·가압류·가처분: 압류는 채무명의(판결)를 가진 채권자의 신청으로 채무자의 재산에 대한 강제집행을 말하며, 가압류는 채무명의를 얻기 전에 장래의 채권을 보전하기 위하여 채무자의 재산에 대한 보전처분을 말한다. 가처분도 채무 명의 없이 채권집행을 보전하기 위하여 하는데 계쟁물에 대한 가처분(부동산처분금지 가처분 등)과 임시지위를 정하는 가처분(대표이사직무집행 가처분 등)이 있다.

(3) 승인: 승인이란 예컨대 물건을 공급받은 사업자가 2년이 지나도록 대금을 지급하지 않다가 언제까지 지급하겠다는 지급확약서 또는 지불각서 등을 작성해주었다면, 지급확약서 또는 지불각서를 작성해 준 그 시점에서 소멸시효가 중단되고, 그때부터 새로이 3년의 기간이 기산되는 것과 같이 승인이란 채무자가 스스로 자기의 채무를 인정한다는 뜻을 표시하는 행위이다. 채무금의 일부변제, 이자지급, 담보제공 등은 승인에 해당한다.

7. 소멸시효의 중단

(1) 소멸시효 중단효과: 소멸시효가 중단된 때에는 그 이전에 경과한 시효기간은 무효로 되고, 중단된 시점으로부터 새로이 시효기간이 진행된다. 즉, 중단된 시점 이전에 진행된 소멸시효기간은 소멸시효기간에 산입되지 않게 된다. 시효중단의 효과는 원칙적으로 당사자 및 그의 승계인 사이에서만 효력이 있다. 그러나 다음의 경우에는 인정된다.
① 어느 연대 채무자에 대한 이행청구는 다른 연대 채무자에게도 시효중단의 효력이 있다.
② 주채무자에 대한 시효의 중단은 보증인에게도 효력이 있다.

(2) 소멸시효 완성의 효과: 내가 어떤 사람에게 물품대금 1,000만 원을 받을 돈이 있는데 채무자의 지급하겠다는 말만 믿고 아무런 조치를 취하지 않고 있다가 소멸시효가 지나 버렸다면 어떻게 해야 할 것인가? 이에 관하여 판례는 소멸시효완성으로 채무는 당연히 소멸되나, 다만 변론주의 원칙상 소멸시효의 이익을 받을 자가 소멸시효의 이익을 받겠다는 뜻을 항변하지 않은 이상 그 의사에 반하여 재판을 받을 수 없다(대법원 1979. 2. 13. 선고 78다2157 판결)고 한바 있다.

　① 저당권: 채무담보로 제공하는 부동산(등기 요함)

　② 근저당권: 일정 한도까지 담보하는 저당권(등기 요함)

　③ 질권: 권리 행사를 위해 물건을 유지하는 것

(3) 소멸시효 기산일: 소멸시효의 기산일은 민법의 규정을 적용하도록 하고 있으므로(법인 22601-1360, 1985. 5. 7.) 시효의 기산일은 당해 채권의 권리를 행사할 수 있는 때로부터 계산하도록 하고 있다(민법 제166조). 그러나 세법에서는 종전에는 당해 외상매출대금을 받기로 한 때부터 계산하여 장기할부조건부판매의 미수채권도 계약에 의하여 각 부분의 대가를 받기로 한 때부터 기산하는 것으로 해석한바 있으나(법인 1264.21-4255, 1983. 12. 17.) 그 후 이를 번복하여 당해 매출거래의 발생사실이 관련 증빙서류 등에 의하여 객관적으로 확인되는 날부터 기산하는 것으로 하였다(법인 46012-523, 1999. 2. 8.). 매출채권에 대하여 채무자의 변제능력이 있음에도 불구하고 강제집행 등 채권의 회수조치를 강구하지 아니하고 소멸시효가 완성되었다 하여 대손금으로 계상한 경우에는 채권의 임의포기로 보아 접대비로 보도록 하고 있다(법인 46012-1989, 1995. 7. 21.; 법인 46012-154, 1997. 1. 17.).

(4) 소멸시효 중단의 사유를 조치별로 살펴보면 아래와 같다.

　① 저당권 설정/담보가등기 설정: 소멸시효가 중단한다. 민법 제168조 제3호는 '승인'(채무자가 채권자에게 채권존재 인식을 표시)도 시효중단 사유로 하고 있는데, 판례는 묵시적 승인도 가능하다는 입장이고(2006다22852), 담보제공이나 담보목적의 가등기설정도 '승인'이라고 판단한다(97다22676).

　② 담보가등기: 금전채권 담보목적으로 채무자 등의 소유 부동산에 대해 대물변제예약 또는 매매예약을 하고, 채무자 채무불이행 시 예약완결권 행사하여 받을 소유권이전등기청구권을 보전하기 위하여 경료하는 가등기

③ 가압류/가처분: 소멸시효가 중단한다. 민법 제175조에서 열거하고 있는 중단사유이다.

④ 채권감액약정: 소멸시효가 중단한다. 이 역시 적어도 감액된 채권액에 대하여는 채무의 '승인'(제168조 제3호)으로 판단한다.

⑤ 내용증명우편: 조건부 중단한다(민법 제174조). 금전청구 등 내용증명 등을 발송하는 이른바 '최고'는 최고 후 6개월 내에 다른 중단사유(재판상 청구, 파산절차참가, 화해를 위한 소환 등)가 있어야 발송시점으로 소급하여 중단한다. 제소 전 화해를 신청하면 시효가 중단되나, 상대방이 화해기일 불출석이거나 출석해도 화해가 불성립됐을 때는 신청인이 1월 내에 소 제기를 않으면 시효중단 효력을 상실한다.

관련 법령

채권의 조기회수를 위해 당해 채권 일부의 포기 시 대손금 해당 여부 소멸시효의 완성만으로 별도의 입증자료 없이 대손 사유에 해당한다 하여 매출채권에 대해 채무자의 변제능력이 있음에도 불구하고 강제 집행 등의 채권회수조치를 강구하지 아니한 채 소멸시효가 완성될 때까지 방치하다 대손금으로 처리하는 경우에는 채권의 임의포기로 보아 접대비로 본다(법인 46012-1989, 1995. 7. 21.; 법인 46012-2214, 1993. 7. 27.; 법인 46012-1956, 1995. 7. 19.). 만일 접대비 등의 의제를 회피하기 위해 채권을 회수하려고 타인에게 사례금을 지급한다면 이는 기타소득에 해당될 것이다(법인 22601-481, 1989. 2. 10.). 여기에서 소멸시효의 기산일은 당해 채권의 권리를 행사할 수 있는 때부터 계산한다. 법인세법 예규에 의하면 장기할부조건판매의 미수채권에 대해 계약에 의하여 각 부분의 대가를 받기로 한 때가 아닌 당해 매출거래의 발생 사실이 관련 증빙서류 등에 의해 객관적으로 확인되는 날을 기산일로 하고 있다(법인 46012-523, 1999. 2. 8.). 그러나 시효의 진행 중에 청구(소의 제기, 최고, 지급명령, 화해를 위한 소환, 임의출석, 파산절차 참가 등), 압류 또는 가압류·가처분, 승인 등 시효의 중단사유가 발생하면 그때까지 경과한 기간은 무효가 된다.

수출채권으로서 외국환은행의 장 등으로부터 회수의무를 면제받은 자: 물품의 수출로 인하여 발생한 채권으로서 외국환거래에 관한 법령에 의하여 한국은행총재 또는 외국환은행의 장으로부터 채권회수의무를 면제받은 것은 대손 사유에 해당한다(법령 제62조 제1항 제7호). 또한 법인이 건당 미화 50,000불 이하인 수출대금의 일부를 거래 상대방의 행방불명 등으로 회수하지 못한 경우로서 현지의 거래은행, 공증기관의 확인에 의하여 수출대금의 회수가 불가능한 경우에는 회수할 수 없음이 확인되는 날이 속하는 사업연도에 손금산입할 수 있다(법인 46012-1252, 1999. 4. 3.).

선순위채권자가 있는 경우의 대손상각: 법인이 채권을 회수하기 위하여 채무자의 재산에 대하여 근저당권을 설정하였으나 당해 재산의 시가가 채권액에 현저히 미달하고 동 재산 이외에 사실상 회수할 수 있는 재산이 없는 경우에는 근저당권을 설정한 재산시가의 150%를 초과하는 채권액은 대손금으로 손금산입할 수 있는 것이며, 근저당권설정 재산시가라 함은 법원에서 당해 재산을 경매하기 위하여 감정인 등으로부터 평가받은 금액을 말하는 것이며, 선순위채권자가 있는 경우에 동 재산의 시가는 객관적으로 확인이 가능한 실제의 선순위채권가액을 차감한 가액을 말하는 것이다. 따라서 실제의 선순위채권가액이 경매하기 위하여 감정인 등으로부터 평가받은 금액을 초과하는 경우에는 추후 경매가 완료되어도 사실상 회수할 수 없으므로 전액 대손 처리할 수 있다(법령 제62조, 법인 46012-3200, 1997. 12. 10.; 법인 46012-4177, 1998. 12. 31.).

소멸시효가 완성된 대손금을 당해 연도에 손금산입하지 못한 경우는 경정청구가 가능하다(서이 46012-10868, 2002. 4. 25.). 법인이 어음법에 의한 소멸시효가 완성된 어음은 그 소멸시효가 완성된 날이 속하는 사업연도에 신고조정으로 손금에 산입할 수 있는 것으로서, 소멸시효가 완성된 대손금을 당해 사업연도의 소득금액 계산에 있어서 손금에 산입하지 못한 경우에는 국세기본법 제45조의2의 규정에 의하여 경정청구가 가능한 것이다.

법인이 「법인세법 시행령」 제62조 제1항 제1호 내지 제3호의 규정에 의한 회수할 수 없는 채권의 경우 그 소멸시효가 완성된 날이 속하는 사업연도의 손금으로 산입하는 것이나, 아무런 채권회수조치를 취하지 아니함에 따라 소멸시효가 완성된 경우에는 동 채권을 임의포기한 것으로 보아 접대비 또는 같은 법 시행령 제35조 제1항의 규정에 의한 기부금으로 하는 것임(법인 46012-2409, 2000. 12. 19.).

소멸시효가 완성되기 전이라도 대손요건에 해당되면 대손처리할 수 있으나 소멸시효가 완성된 사업연도가 지나면 대손처리할 수 없음(법인 46012-3470, 1997. 12. 30.). 법인이 외상매출금채권을 회수하기 위하여 채무자 및 보증인에 대하여 제반 법적 절차를 취하였으나 당해 채무자 등이 무재산, 폐업 등으로 인하여 회수할 수 없는 경우에는 당해 채권의 소멸시효가 완성되지 아니한 경우에도 대손금으로 손금산입할 수 있는 것이나, 외상매출금의 소멸시효가 완성되는 날이 속하는 사업연도까지 손금에 계상하지 아니한 경우에는 그 후 사업연도의 손금에 산입할 수 없는 것임.

외국의 수입자가 지급하는 조건으로 발행한 환어음이 부도가 발생한 경우에 부도어음채권으로 대손처리할 수 없다(법인 46012-3301, 1997. 12. 17.). 내국법인이 물품을 수출하고 그 수출대금에 대하여 외국의 수입자가 지급하는 조건으로 환어음을 발행하였으나 부도가 발생한 경우에 당해 매출채권에 대한 대손처리는 법인세법 시행규칙 제9조 제2항 제8호의 규정을 적용할 수 없는 것이다.

부도어음을 보유하고 있는 법인이 채무자의 재산에 대하여 가압류를 한 경우에는 법인세법 시행규칙 제9조 제2항 제8호 단서에 규정하는 '저당권을 설정하고 있는 경우'에 해당되지 아니하므로 당해 어음의 부도발생일로부터 6월이 경과한 후에 기업회계기준 제50조(종전의 제75조)에 의하여 회수할 수 없다고 판단하여 결산상 대손금으로 계상한 경우에는 각 사업연도의 소득금액 계산상 손금에 산입하는 것임(법인 46012-2906, 1997. 11. 11.).

부도어음에 대한 소멸시효가 경과한 이후 사업연도에는 부도어음에 대한 대손금액을 손금 산입할 수 없는 것임(법인 46012-2060, 1997. 7. 25.).

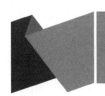

판결 등에 의하여 소멸시효 10년이 적용되는 경우란?

민법 제165조 판결 등에 의하여 확정된 채권은 소멸시효 10년을 적용한다. 이때 판결이란 채권과 관련된 모든 판결을 의미한다. 즉, 소멸시효 3년짜리 공사채권이 판결을 거친 경우 소멸시효 10년짜리 채권이 된다. 그러나 채권과 관련한 판결일 것이므로 아래와 같이 구분된다.

긍정	부정
확정판결 및 이행판결 포함 외국 법원의 판결(국내 법원 승인받는 경우) 파산절차에서 확정된 채권 재판상의 화해, 조정된 채권 제소 전 화해 및 화해권고결정 포함 지급명령(논란 있음) 채무부존재확인청구 기각된 경우	연대채무자에 대한 소송 다른 채권에 대한 소송 가집행선고부 판결 확정 당시 변제기 미도래 채권 형사소송

소멸시효의 원용(援用)이란 소멸시효에서 시효의 완성으로 이익을 받을 자가 소멸시효가 완성한 권리의 소멸을 주장하는 것이다. 소멸시효의 효과에 관하여는 학설이 나뉘어 있는바, 소멸시효의 완성으로 권리는 당연히 소멸한다는 견해(절대적 소멸설)와 권리가 당연히는 소멸하지 않고, 다만 시효의 이익을 받을 자에게 '권리의 소멸을 주장할 수 있는 권리(援用權)'가 생길 뿐이라는 견해(상대적 소멸설)가 있다. 그러나 절대적 소멸설에서도 소멸시효의 원용이 없으면 이것을 재판의 기초로 할 수 없다고 한다. 따라서 소멸시효의 원용이 있어야 비로소 권리소멸의 효과가 확정적으로 발생한다고 볼 수 있다. 소멸시효의 원용권자는 원용을 하지 않고 시효의 이익을 포기할 수도 있다. 원용의 장소는 반드시 법원이어야 하는 것은 아니다. 시효의 원용을 할 수 있는 대상자로는 시효의 대상이 되는 권리 또는 의무의 당사자 이외에 이 권리·의무에 기하여 의무를 면하거나 권리의 확장을 받는 자, 즉 연대채무자·연대보증인·보증인 등도 포함한다. 또 원용의 효과는 상대적이라서 원용

권자가 수인 있는 경우에 그 1인의 원용·불원용은 다른 자에게 영향을 미치지 않는다.

지급명령 및 재산명시에 관한 소멸시효 중단과 재기산일은 아래와 같다.

절차	소멸시효 중단	선고번호	내용	효과
지급명령 신청	재판상의 청구	대법원 2011. 11. 10. 선고 2011다5468 판결	민법 제170조 제1항에 규정하고 있는 '재판상의 청구'란 종국판결을 받기 위한 '소의 제기'에 한정되지 않고, 권리자가 이행의 소를 대신하여 재판기관의 공권적인 법률 판단을 구하는 지급명령 신청도 포함된다고 보는 것이 타당하다.	소멸시효 기산일 (10년)
지급명령 확정	최고	대법원 2011. 11. 10. 선고 2011다5468 판결	지급명령 신청이 각하된 경우라도 6개월 이내 다시 소를 제기한 경우라면 민법 제170조 제2항에 의하여 시효는 당초 지급명령 신청이 있었던 때에 중단되었다고 보아야 한다.	
재산명시 신청	최고	대법원 2012. 1. 12. 선고 2011다7860 판결	채권자가 확정판결에 기한 채권의 실현을 위하여 채무자에 대하여 민사집행법 소정의 재산명시 신청을 하고 그 결정이 채무자에게 송달되었다면 거기에 소멸시효의 중단사유인 '최고'로서의 효력만이 인정되므로, 재산명시결정에 의한 소멸시효 중단의 효력은, 그로부터 6월 내에 다시 소를 제기하거나 압류 또는 가압류, 가처분을 하는 등 민법 제174조에 규정된 절차를 속행하지 아니하는 한 상실된다.	

소멸시효가 일단 중단되면 그 사유가 존속하는 한 계속 중단되었다가 그 사유가 없어진 때부터 다시 새롭게 진행한다.

지급명령은 그 제기 시에 소멸시효가 중단되고 그 절차가 진행되는 한 계속 중단되었다가 지급명령 절차가 종료되면 그때부터 다시 진행한다(시효기간은 10년). 지급명령절차는 확정됨으로써 종료하고 따라서 시효가 그때부터 다시 진행한다.

가압류나 압류를 하면 소멸시효가 중단되는데 가압류 또는 압류가 유지되는 한 소멸시효는 진행하지 않고 계속 중단되어 있다가 압류나 가압류가 해소되면(그때가 3년이든 10년 후이든 상관없이) 그때부터 새롭게 진행한다. 그러므로 예컨대, 지급명령 확정 때로부터 9년쯤 뒤에 채무자의 재산에 압류를 하고 그 압류가 10년쯤 유지되다가 해소된다면, 지급명령의 소멸시효는 그 압류가 풀린 때부터 다시 10년 후에 완성된다.

확정된 지급명령은 확정판결과 같은 효력이 있고(민사소송법 제474조 참조) 판결과 동일한 효력이 있는 것에 의해 확정된 채권의 소멸시효는 10년이므로(민법 제165조 제2항, 제1항) 채권자는 지급명령 확정 시부터 10년 동안 채무자의 재산에 강제집행을 할 수 있을 것이다. 다만, 민사집행법 제58조 제3항의 내용상 지급명령에 대하여는 확정판결과 같은 기판력이 부여되지 않는다(대법원 2009. 7. 9. 선고 2006다73966 판결 참조). 즉, 지급명령이 확정되더라도 상대방은 청구이의의 소를 제기하여 그 확정 전의 사유(예컨대 소멸시효의 완성)를 들어 지급명령의 집행력을 배제할 수 있다.

관련 법령

대법원 2015. 2. 12. 선고 2014다228440 판결【부당이득금 반환】 민사소송법 제472조 제2항은 "채무자가 지급명령에 대하여 적법한 이의신청을 한 경우에는 지급명령을 신청한 때에 이의신청된 청구목적의 값에 관하여 소가 제기된 것으로 본다"라고 규정하고 있는바, 지급명령 사건이 채무자의 이의신청으로 소송으로 이행되는 경우에 지급명령에 의한 시효중단의 효과는 소송으로 이행된 때가 아니라 지급명령을 신청한 때에 발생한다.

민사소송법 제464조【지급명령의 신청】 지급명령의 신청에는 그 성질에 어긋나지 아니하면 소에 관한 규정을 준용한다.

민사소송법 제265조【소제기에 따른 시효중단의 시기】 시효의 중단 또는 법률상 기간을 지킴에 필요한 재판상 청구는 소를 제기한 때 또는 제260조 제2항, 제262조 제2항 또는 제264조 제2항의 규정에 따라 서면을 법원에 제출한 때에 그 효력이 생긴다.

민법 제178조【중단 후에 시효진행】 ① 시효가 중단된 때에는 중단까지에 경과한 시효기간은 이를 산입하지 아니하고 중단사유가 종료한 때로부터 새로이 진행한다.
② 재판상의 청구로 인하여 중단한 시효는 전항의 규정에 의하여 재판이 확정된 때로부터 새로이 진행한다.

세법이 인정하는 대손사유란?

납세의무자의 대손금은 세법이 정한 사유가 있는 경우에만 인정되며 대손사유는 아래와 같다. 실무상 ① 소멸시효의 완성과 ② 지급명령에 따른 사실상폐업이 많이 사용된다. 이외에는 사실상 인정받기 어렵거나 중요성이 떨어지므로 두 시점까지 회수노력을 하였음을 입증하는 것이 대손금 인정의 관건이다.

채권자가 권리 위에서 잠자지 않는 이상 소멸시효의 완성이란 있을 수 없는바, 소멸시효의 연장(소송 및 강제집행) 없이 재산이 없음을 소멸시효까지(공사채권인 경우 3년) 입증후 제각처리하게 된다. 강제집행은 다른 편에서 다루기로 한다.

채무자의 파산을 신청하는 경우 파산절차 비용을 예납, 파산폐지, 기각, 회생절자진행에 따른 시간경과 등 단점이 있으므로 진행 중인 파산에 참여하는 경우를 제외하고는 개별 강제집행보다 나을 것이 없다.

기본통칙상으로 외상매출금 등의 회수를 위하여 법원이 강제집행을 한 결과 무재산·행방불명 등의 원인으로 강제집행불능 조서가 작성된 경우에 대손금으로 처리할 수 있다. 그러나 강제집행불능조서는 동산의 강제집행 결과에 의하여 작성되는 것이므로 강제집행불능조서만으로는 부동산 등 기타 재산도 없다는 증빙이 될 수는 없다. 따라서 공부상의 재산조사서류로서의 토지대장, 가옥대장 및 등기부등본 등에 의하여 부동산 및 기타 재산이 없다는 서류가 보완되어야 할 것이다.

구분	내용
소멸시효 완성	민법(3년, 10년), 상법(5년), 어음수표법(6월)상 소멸시효 완성된 채권 • 어음수표상의 채권이 부도발생일로부터 6개월 경과한 경우일지라도 원인채권인 공사대금채권까지 소멸하는 것은 아니다.
법원의 결정 등	회생계획인가, 법원의 면책결정, 민사집행법상 경매취소, 외국환은행장의 채권회수의무 면제, 국세청의 결손처분 • 시행사와 같이 계속적 사업이 없는 회사는 회생절차개시 신청이 받아들여지지 않는다. • 국세청의 결손처분은 사실상 채권자가 알 수 있는 방법이 없으며 2013. 2. 삭제되었다. • 입증서류: 회생계획인가결정, 면책결정, 경매취소결정, 파산종결결정의 경우 법원 결정문, 국세청 국세결손처분, 외국환은행장 회수의무면제통보문, 강제집행불능조서 등 • 2017. 1. 외국환거래법 제7조의 삭제로 채권회수의무면제는 절차상 이루어질 수 없다. 이에 대하여 국세청은 한국상법에 따른 시효적용이 타당한 것으로 해석(사전법령법인-853, 2018. 6. 29.)하였으며, 아래 무역보험공사 회수불능확인서로 대체되었다.
기타	• 부도발생일로부터 6개월 이상 지난 수표・어음・외상매출금(조세특례제한법에 따른 중소기업의 외상매출금으로서 부도발생일 이전의 것에 한정함). 단, 채무자의 재산에 대하여 저당권을 설정하고 있는 경우는 제외함. • 중소기업의 외상매출금, 미수금으로서 회수기일이 2년 이상 지난 외상매출금, 미수금. 다만, 특수관계인과의 거래로 인하여 발생한 외상매출금, 미수금은 제외함. • 채무자의 파산, 강제집행, 형집행, 사업폐지, 사망, 실종, 행방불명으로 회수할 수 없는 채권 • 재판상 화해 등 확정판결과 같은 효력을 가지는 것으로서 민사소송법에 따른 화해, 민사소송법에 따른 화해권고결정, 민사조정법 제30조(조정을 갈음하는 결정)에 따른 결정, 민사조정법에 따른 조정에 따라 회수불능으로 확정된 채권 • 회수기일이 6개월 이상 지난 채권 중 채권가액이 30만 원 이하(채무자별 채권가액의 합계액 기준)인 소액채권 • 물품의 수출 또는 외국에서의 용역제공으로 발생한 채권으로서 기획재정부령으로 정하는 사유에 해당하여 무역에 관한 법령에 따라 한국무역보험공사로부터 회수불능으로 확인된 채권

(1) 소멸시효: 시효라고 하는 것은 사실상태가 오랫동안 계속된 경우에 그 상태가 진실한 권리관계에 합치되지 않더라도 그 사실상태대로 권리관계를 인정하려는 제도이다. 권리를 행사하고 있는 사실상태가 일정한 기간 계속한 경우에 권리의 취득을 인정하는 것이 취득시효이고, 권리불행사(權利不行使)의 상태가 일정한 기간 계속된 경우에 권리의 소멸을 인정하는 것이 소멸시효이다. 일반적으로 소유권은 소멸시효가 없고, 소유권 이외의 재산권 중 채권은 10년(상법 또는 민법상 단기시효가 있음), 채권 이외의 재산권은 20년이 원칙이다.

구분	내용	소멸시효	비고
일반 민사채권/ 판결에 의해 확정된 채권	일반 민사채권, 판결에 의해 확정된 채권, 파산절차, 재판상의 화해 및 조정 등에 의해 확정된 채권	10년	보증금
상사채권	운송주선인, 배당금, 사채, 보험금 등 일반 상사채권	5년	공사선급금, 공동도급 미수금, 직불금, 대여금, 대위변제 채권 등
단기 소멸시효	도급받은 자, 기타 공사의 설계 또는 감독 종사자의 공사에 관한 채권	3년	공사기성금
	이자, 급료, 사용료 등 1년 이내 기간 지급의 정함이 있는 채권		
	생산자 및 상인이 판매한 생산물 및 상품의 대가		
	인수인, 배서인, 발행인 등에 대한 어음 청구권	3년, 1년, 6월	
	수표	6월	

▶ 주채무에 대한 소멸시효가 완성되면 보증채무 역시 소멸한다. 타절업체에 대한 구상 채권 시효를 관리하지 않는 경우 공제조합에 대한 보증증권 청구가 거절될 수 있다.

(2) 사업폐지: 사업의 폐지란 국세청 사업자등록상의 폐업을 의미하는 것이 아니다. '채무자의 사업의 폐지로 인하여 회수할 수 없는 채권'이라 함은 손금에 산입하는 사업연도에 채무자의 사업폐지로 인하여 그 채권 전부의 회수불능사실이 객관적으로 확정된 채권을 의미하고, 채무자가 사업을 폐지하였다 할지라도 동인의 재산의 잔존 여부 등을 확정함이 없이는 그 채권의 전부가 대손금에 해당한다고 할 수 없다(대법원 2005. 3. 10. 선고 2004두13158 판결 등 참조). 그리고 그 채권의 회수불능 여부는 구체적인 거래

내용과 그 후의 정황 등을 따져서 채무자의 자산 상황, 지급 능력 등을 종합하여 사회통념에 의하여 객관적으로 평가하는 방법으로 판정하여야 하고(대법원 2004. 11. 25. 선고 2003두14802 판결 등 참조), 위와 같은 사유로 손금에 산입하는 대손금은 그 대손금의 요건을 갖춘 사실이 객관적으로 밝혀지면 되는 것이지 법원의 강제집행결과 무재산, 행방불명 등을 원인으로 한 '강제집행불능조서' 등의 구비서류가 갖추어져야만 하는 것은 아니다(대법원 1990. 3. 13. 선고 88누3123 판결 등 참조).

(3) 법원의 경매취소: 민사집행법 제102조에 의하여 부동산에 대한 강제경매에서 압류채권에 우선하는 부동산의 부담 및 절차비용을 변제하면 남을 것이 없다고 인정되는 경우 법원은 경매절차를 취하하도록 규정하고 있다. 이 경우 압류채권자의 채권은 손금이 인정되는 대손처리가 가능하다.

(4) 법원의 면책결정: 채무자 회생 및 파산에 관한 법률 제556조에 의하여 개인 채무자는 파산신청일 이후 법원에 면책신청을 할 수 있으며, 면책신청을 하면 강제집행이 정지된다(제557조). 이후 법원은 채무자 심문절차를 거쳐 면책을 확정하는데, 면책결정은 확정된 후가 아니면 효력이 발생되지 않는다(제565조). 면책결정이 확정되면 전국은행연합회에 통보되며(개인파산 및 면책신청사건의 처리에 관한 예규 제5조 제1항 제1호), 면책은 파산채권자가 채무자의 보증인 그 밖에 채무자와 더불어 채무를 부담하는 자에 대해 가지는 권리와 파산채권자를 위해 제공한 담보에 영향을 미치지 않으므로(채무자 회생 및 파산에 관한 법률 제567조), 보증인은 자신의 보증채무를 변제해야 한다. 면책을 받은 채무자는 파산절차에 의한 배당을 제외하고는 파산채권자에 대한 채무의 전부에 관해 그 책임이 면제된다. 법원은 채무자가 부정한 방법으로 면책을 받은 등의 이유가 있는 경우 면책취소결정을 할 수 있다.

(5) 회생계획인가: 기업회생절차에 따라 기업을 되살리기 위한 회생계획을 말한다. '채무자 회생 및 파산에 따른 법률(통합도산법)'에서 규정한 기업회생절차에 따라 진행한다. 기업회생절차란 영업이익이 상당하지만 과도한 투자나 금융사고 등으로 인하여 부채가 많아져서 그에 따른 금융비용을 영업이익으로 감당할 수 없는 경우에 부채를 기업이 감당할 수 있는 수준으로 조정하고 채무의 일부를 탕감하거나 주식으로 전환하는 방법을 통하여 재기할 수 있도록 기회를 부여하는 제도이다. 법원이 인가를 결정

하면 즉시 효력이 발생하고, 관리인은 지체 없이 회생계획을 수행하여야 한다. 회생계획에 따라 채무 변제가 시작되면 법원은 관리자 또는 법률에서 규정한 회생채권자·회생담보권자 등의 신청에 의하거나 직권으로 회생절차의 종결을 결정한다.

(6) 회수불능확인서: 과거 외국환거래법에서는 외국환이용자와 외국환은행 담당자에게 거래 의무를 부여하고 있었다. 외국환이용자에게는 외국환거래 신고의무, 채권회수의무, 자료제출의무 등이 있다. 이 중 채권회수의무는 외국에 건당 미화 50만 불을 초과하는 채권을 보유하고 있는 내국인이 만기일로부터 1년 6개월 이내에 그 채권을 추심하여 국내로 회수하여야 한다는 의무이다. 기획재정부장관은 채권의 회수가 불가능하거나 회수기한의 연장이 불가피하다고 인정되면 직권 또는 신청에 의하여 채권회수 대상에서 제외하거나 채권회수기한을 연장할 수 있다(외국환거래법 시행령 제12조 제3항).

외국환거래법 개정 전	외국환거래법 개정 후(2017. 1.)
외국환은행장은 채권회수를 명할 수 있고, 불가항력인 경우 면제할 수 있다.	외국환거래법 제7조 〈삭제〉 단, 국가재난 시 회수 의무를 부여할 수 있다(제6조).

2017년 외국환거래법 제7조가 삭제되었으나 법인세법에는 미반영되지 않았고, 유권해석으로 한국상법상 시효완성 및 일반 사항을 준용(사전법령법인-853, 2018. 6. 29.)한다고 해석하였다. 해당 해석은 소멸시효를 계약의 근거법률에 의하여 판단하지 않고, 한국상법 등에 의하여 판단한다는 내용이 되므로, 논란의 여지가 적지 않았다. 이에 따라 2021년 「무역보험법」 제37조에 따른 한국무역보험공사의 회수불능확인서로 갈음하는 것(법인세법 제19조의2 제7호)으로 개정되었다. 한국무역보험공사가 회수불능으로 확인할 수 있는 사유는 기획재정부령으로 정하고 있는바 구체적인 내용은 아래와 같다.
① 채무자의 파산·행방불명 또는 이에 준하는 불가항력으로 채권회수가 불가능함을 현지의 거래은행·상공회의소·공공기관 또는 해외채권추심기관(「무역보험법」 제37조에 따른 한국무역보험공사와 같은 법 제53조 제3항에 따른 대외채권 추심업무 수행에 관한 협약을 체결한 외국의 기관을 말한다.)이 확인하는 경우
② 거래 당사자 간에 분쟁이 발생하여 중재기관·법원 또는 보험기관 등이 채권금액을 감면하기로 결정하거나 채권금액을 그 소요경비로 하기로 확정한 경우(채권금액의 일부를 감액하거나 일부를 소요경비로 하는 경우에는 그 감액되거나 소요경비로 하는 부분으로 한정한다.)

③ 채무자의 인수거절·지급거절에 따라 채권금액의 회수가 불가능하거나 불가피하게 거래 당사자 간의 합의에 따라 채권금액을 감면하기로 한 경우로서 이를 현지의 거래은행·검사기관·공증기관·공공기관 또는 해외채권추심기관이 확인하는 경우(채권금액의 일부를 감액한 경우에는 그 감액된 부분으로 한정한다.)

(7) 국세결손처분: 납세의무자가 행방불명되거나 또는 재산조사를 한 결과 압류할 만한 재산이 없거나 또한 압류할 만한 재산이 있다 할지라도 그 재산의 견적가격이 체납처분비와 가산금에 충당한 나머지 체납세액에 충당할 여지가 없어 체납처분을 중지하게 하는 등의 사유로 징수불능인 조세를 국가의 채권대장인 세입징수부에서 제거하기 위한 회계상의 사무절차로서, 납세자의 납부의무를 소멸케 하는 처분을 말한다. 구체적으로 확정된 조세채권이 일정한 사유의 발생 또는 존재로 징수할 수 없다고 인정되는 경우에 그 납세의무를 소멸시키는 징세관서의 처분을 결손처분이라 한다(국세징수법 제86조, 국세징수법 시행령 제83조).

(8) 강제집행: 강제집행이란 채권자의 청구권을 실현시키기 위하여 국가의 강제권력에 의하여 이용하는 것으로 민사소송법과 행정법상 규정되어 있다. 물론 납세의무자는 민사집행법상 강제집행만 사용할 수 있다. 강제집행은 법원에 소를 제기하여 확정판결을 받거나 집행증서에 의거하여 집행기관(법원 등)이 강제집행한다. 강제집행은 채권자의 신청으로 법원의 확정된 종국판결 또는 가집행선고에 의하여 이루어지며 채권자의 추심완료 또는 전부명령이 확정되는 때에 종료한 것으로 본다. 가압류·가처분도 채권자의 재판상 절차를 통하여 권리를 보전하므로 민사집행법상 강제집행이나 기본통칙은 가압류·가처분을 제외하고 있다. 담보권실행을 위한 임의경매는 채권자가 (채무자의 동의를 얻어) 채무자의 재산을 자력으로 환가하는 절차이므로 강제집행이 아니다. 강제집행의 경우 (다른 부동산이 없는 경우) 강제집행불능조서가 작성된 때에 대손금으로 처리할 수 있다.

국세징수법 기본통칙 14-0…4【강제집행】법 제14조에서 "강제집행"이란 민사집행법 제2
편에 의한 강제집행을 말하는 것이나 가압류 및 가처분은 포함되지 아니한다.

소득세법 집행기준 27-55…36【강제집행 결과에 의한 대손금처리】사업자가 외상매출금
등의 회수를 위하여 법원의 강제집행결과 무재산·행방불명 등의 원인으로 강제집행 불능
조서가 작성된 경우에는 대손금으로 처리할 수 있다. 다만, 부동산 등 회수 가능한 재산이
있는 것이 인정되는 경우에는 그러하지 아니한다.

신용조사는 객관적으로 기술되어야 한다

상사채권의 경우 '신용정보의 이용 및 보호에 관한 법률'에 따라 신용조사가 가능하며, 신용조사의 결과에 따라 채권회수방법이 달라진다. 신용조사보고서는 그 자체로 입증 능력이 없다(서면2팀-1999, 2006. 10. 2. 외 다수). 따라서 참조자료로 사용하여야 하고 관련 내용이 객관적으로 기술되어야 한다. 신용조사로 무재산인 경우에도 지급명령 및 재산명시를 해야 대손금을 안전하게 인정받을 수 있다.

1. 채무자의 재산이 없는 경우

채무자에 대한 독촉 내용증명 발송, 유선상의 독촉 등에 관한 서류 및 신용정보회사 보고서에는 채무자 주소지 및 사업장 주소지에 대한 현지 확인 조사 등을 수행했다는 내용과 아래 사항이 적시되어야 한다.

   (1) 채무자의 본적지, 최종 및 직전 주소지(법인인 경우 등기부상 소재지)와 사업장 소재지를 관할하는 관서의 공부상 등록된 채무자 소유재산
   (2) 채무자가 보유하고 있는 동산
   (3) 다른 장소에서 사업을 영위하고 있는지 여부에 관한 탐문
   (4) 기타 채무자의 거래처, 거래은행 등에 대한 탐문
   (5) 보증인이 있는 경우 보증인에 대한 상기와 같은 내용을 확인하여야 한다.

2. 재산이 없으나 진행 중인 사업이 있는 경우

매출채권 및 은행계좌에 대한 가압류 조치 및 제3채무자의 진술명령을 최고한다. 단, 제3채무자의 진술명령 최고는 부정확한 경우가 많으므로 제3채무자가 채권액이 존재하지 않

는다고 회신한 경우에도 실익을 판단하여 소송 후 강제집행으로 추심한다, 전부명령조치한 후 회수 불능으로 확정하여야 하며, 무재산이 된 경우 다시 한번 신용조사를 실시한다.

3. 재산 있는 경우

가압류 등 채권보전조치 및 채무자에 대한 소송제기 또는 파산신청하여야 한다. 소송 결과에 따른 동산 및 부동산에 강제집행(압류 및 경매 포함) 및 강제집행 결과에 따른 채권회수하고 강제집행이 되는 경우 다시 한번 신용조사를 실시한다. 이 과정에서 민사집행법 제102조에 따라 법원의 '강제집행불능조서'를 받으면 부동산 등의 기타재산이 없다는 것을 주소지 등기부등본 등을 통하여 확인한 경우 대손처리가 가능하다.

재산이 있는 경우 재산가액을 평가하여 채권을 적정한 가격에 양수도하는 것도 좋은 방법이다.

4. 기타 참고 사항

채무자의 파산을 신청하는 경우 파산절차 비용을 예납, 파산폐지, 기각, 회생절차진행에 따른 시간 경과 등 단점이 있으므로 지급명령 등을 통해 회수조치하는 것이 바람직하다. 타인명의재산이 있다고 판단되는 경우, 사해행위성이 있는 경우 처분금지가처분 및 사해행위취소소송을 진행하거나 본안소송을 제기할 수 있다.

서면2팀-1999, 2006. 10. 2.: 신용정보회사의 신용조사서에 채무자의 재산이 없음을 확인한 사실만으로는 법인세법상 대손요건을 충족하였다고 볼 수 없음.

법인 46012-945, 1999. 3. 16.: 신용정보회사의 채무자에 대한 신용조사회보서가 회수불능 채권임을 입증할 수 있는 객관적인 자료에 해당하는지 여부는 사실판단 사항임.

신용정보의 이용 및 보호에 관한 법률 제4조【신용정보업의 종류 및 영업의 허가】① 신용정보업의 종류 및 그 업무는 다음 각 호와 같다. 이 경우 다음 각 호의 딸린 업무는 대통령령으로 정한다.

1. 신용조회업: 신용조회업무 및 그에 딸린 업무
2. 신용조사업: 신용조사업무 및 그에 딸린 업무
3. 채권추심업: 채권추심업무 및 그에 딸린 업무
4. 삭제〈2013. 5. 28.〉

② 신용정보업을 하려는 자는 제1항 각 호에 따른 업무의 종류별로 금융위원회의 허가를 받아야 한다.

③ 제2항에 따른 허가를 받으려는 자는 대통령령으로 정하는 바에 따라 금융위원회에 신청서를 제출하여야 한다.

④ 금융위원회는 제2항에 따른 허가에 조건을 붙일 수 있다.

⑤ 제2항에 따른 허가와 관련된 허가신청서의 작성 방법 등 허가신청에 관한 사항, 허가심사의 절차 및 기준에 관한 사항, 그 밖에 필요한 사항은 총리령으로 정한다.

신용정보의 이용 및 보호에 관한 법률 제15조【수집·조사의 원칙】신용정보회사, 신용정보 집중기관 및 신용정보제공·이용자(이하 '신용정보회사 등'이라 한다)는 신용정보를 수집·조사하는 경우에는 이 법 또는 정관으로 정한 업무 범위에서 수집·조사의 목적을 명확하게 하고 그 목적 달성에 필요한 범위에서 합리적이고 공정한 수단을 사용하여야 한다.

신용정보의 이용 및 보호에 관한 법률 제16조【수집·조사 및 처리의 제한】① 신용정보회사 등은 다음 각 호의 정보를 수집·조사하여서는 아니 된다.

1. 국가의 안보 및 기밀에 관한 정보
2. 기업의 영업비밀 또는 독창적인 연구개발 정보
3. 개인의 정치적 사상, 종교적 신념, 그 밖에 신용정보와 관계없는 사생활에 관한 정보
4. 확실하지 아니한 개인신용정보
5. 다른 법률에 따라 수집이 금지된 정보
6. 그 밖에 대통령령으로 정하는 정보

② 신용정보회사 등이 개인의 질병에 관한 정보를 수집·조사하거나 타인에게 제공하려면

미리 제32조 제1항에 따른 해당 개인의 동의를 받아야 하며 대통령령으로 정하는 목적으로만 그 정보를 이용하여야 한다.

신용정보의 이용 및 보호에 관한 법률 제17조【수집·조사 및 처리의 위탁】 ① 신용정보회사 등은 그 업무 범위에서 의뢰인의 동의를 받아 다른 신용정보회사 등에 신용정보의 수집·조사를 위탁할 수 있다.

② 신용정보회사 등은 수집된 신용정보의 처리를 일정한 금액 이상의 자본금 등 대통령령으로 정하는 일정한 요건을 갖춘 자에게 위탁할 수 있으며 위탁받은 업무의 처리에 관하여는 제19조부디 제21조까지, 제40조, 제43조 및 제45조(해당 조문에 대한 벌칙 및 과태료 규정을 포함한다)를 적용한다.

③ 제2항에 따라 신용정보의 처리를 위탁하려는 신용정보회사 등으로서 대통령령으로 정하는 자는 제공하는 신용정보의 범위 등을 대통령령으로 정하는 바에 따라 금융위원회에 알려야 한다.

신용정보의 이용 및 보호에 관한 법률 제32조【개인신용정보의 제공·활용에 대한 동의】 ① 신용정보제공·이용자가 대출, 보증에 관한 정보 등 대통령령으로 정하는 개인신용정보를 타인에게 제공하려는 경우에는 대통령령으로 정하는바에 따라 해당 개인으로부터 다음 각 호의 어느 하나에 해당하는 방식으로 미리 동의를 받아야 한다.

세금계산서 미교부 시 부가가치세액을 제외하고 지급할 수 있는지?

전부명령이란 채무자가 제3자에 대하여 가지고 있는 금전채권을 압류한 경우 채권자에게 채무액의 변제를 대신하여 압류한 금전채권을 이전시키는 법원의 명령을 말한다. 채권자는 전부명령이나 추심명령을 선택적으로 신청할 수 있으나 전부명령의 경우에는 다른 채권자의 배당가입을 허용하지 아니하고 압류채권자가 우선적으로 변제받을 수 있으므로 추심명령보다 선호된다.

하도급업체의 부도 시 하도급업체가 법원의 전부명령에 따라 공사채권을 채권자에게 이전한 경우 하도급업체의 채권자로부터 공사대금의 지급을 요청받게 된다.

다만, 이때 당해 건설업자가 건설용역을 공급하다가 중도에 부도발생한 후 실질적으로 폐업하여 관할 세무서장에 의해 직권폐업 및 사업자등록번호 말소 조치된 경우 당해 폐업 및 직권말소일 이후에는 세금계산서를 교부받을 수 없는바, 원도급자는 매입세액을 공제받을 수 없다.

따라서 부가가치세를 제외하고 대금을 지급하고자 하는 욕구가 생기게 된다. 그러나 아래의 이유로 인하여 원도급자는 부가가치세액도 하도급자의 채권자에게 지급하여야 한다.

(1) 계약금액이란 도급계약의 대가로 지급하여야 할 총금액으로 부가가치세액을 포함한 금액이므로 원도급자는 계약금액을 지급할 의무가 있다. 세금계산서의 발행은 세법이 정한 협력의무이고 공사용역과 대가관계에 있는 것이 아니다.
(2) 세금계산서의 미발행으로 원도급자가 입는 손해(매입세액 상당액)는 별도의 손해배상 청구소송의 대상이 될 수 있으나, 이미 부도가 발생한 상황이라면 소송에서 이긴다 하더라도 회수가 불가능할 것이므로 실익이 없을 수 있다.

마찬가지의 이유로 과세대상용역을 공급하고 면세로 판단하여 부가가치세액을 제외한 금액으로 계약한 경우 공사의 대가도 계약금액일 수밖에 없다. 이때도 부가가치세 상당액

(가산세는 제외됨)은 부당이득반환청구 소송의 대상이 된다. 이는 세무처리와는 무관한 청구절차이다.

민법상 손해배상이나 부당이득반환청구를 할 경우 요구되는 요건 중 하나가 이득과 손해 사이의 인과관계이다. 대구고등법원 2012. 6. 13. 선고 2012나915 판결은 원고가 부당이득금 청구(또는 불법행위를 원인으로 하는 손해배상청구)를 하면서 자신이 착오에 빠져 부가가치세가 면제되는 것으로 알고 부가가치세를 받지 못하였으므로 부가가치세 상당액과 더불어 이에 대한 가산세를 청구하는 사건인데, 부가가치세 자체는 부당이득반환청구의 대상이 된다고 하더라도 그에 대한 가산세까지는 인과관계가 존재하지 않는다고 판단하였다. 즉, 가산세는 부가가치세를 납부하지 않음으로 발생하는 것일 뿐 원고의 착오 여부와는 관계가 없다고 판단한 것이다.

세법에서는 국가 등으로부터 수의계약과 관련하여 대금을 지급받을 때 당초 계약자 외의 자가 전부명령에 의해 대금을 지급받고자 할 때에는 압류채권자·납세증명서를 제출해야 하며, 원천징수대상이 되는 소득금액을 법원의 전부명령에 의해서 소득의 귀속자가 아닌 제3자(압류채권자)에게 지급할 때에는 제3자에게 지급하는 때에 원천징수하도록 하고 있다.

관련 법령

부가, 서면인터넷방문상담3팀-630, 2005. 5. 10.: 채권압류 및 전부명령 결정에 따라 그 공급대가를 당해 공급자의 채권자에게 지급하는 경우 부가가치세를 제외하고 지급할 수 없는 것이며, 세금계산서는 공급자가 교부하여야 함.

부가 46015-1563, 1996. 8. 2.: 제주○○○○건설사무소장이 갑 사업자로부터 공사용역을 공급받고 당해 사업자에게 지급할 대가에 대해 관할 법원의 채권압류 및 전부명령에 의해을 사업자에게 지급하게 되거나 법원에 공탁하는 경우, 당해 용역을 공급한 갑 사업자는 제주 ○○○○건설사무소장에게 당해 용역대가에 대하여 부가가치세법 제16조 규정에 의한 세금계산서를 교부하고 동법 제18조 및 제19조 규정에 의해 부가가치세 예정 및 확정신고 납부하여야 하는 것임.

부가 46015-243, 1997. 1 .31.: 건설업자가 계약에 의해 국립교육기관에 강의동 신축공사용역을 제공받고 그 대가를 지급받음에 있어 당해 대가에 대하여 법원으로부터 압류 및 전부명령이 있더라도 당해 건설업자는 동 용역을 공급한 분에 대하여 부가가치세법 제9조 제2항에 규정하는 공급시기에 동법 제16조의 규정에 의한 세금계산서를 교부하여야 하는 것임.

부가 46015-2814, 1998. 12. 21.: 재화 또는 용역을 공급받은 자가 법원의 채권압류 및 전부명령 결정에 따라 그 공급대가를 당해 공급자의 채권자에게 지급하는 경우 부가가치세를 제외하고 지급할 수 없는 것이며, 세금계산서는 당해 공급자가 교부하여야 하는 것임.

부가 22601-564, 1985. 3. 27.: 건설업자로부터 계약에 따라 건설용역을 공급받은 사업자가 건설업자에게 지급할 용역대가를 법원의 채권압류 및 전부명령 결정에 따라 그 건설업자의 채권자에게 지급하는 경우, 전부채권금액의 11분의 1에 상당하는 금액을 공제하고 지급할 수 없는 것이며, 당해 건설용역의 공급과 관련한 세금계산서는 건설업자가 교부하여야 하는 것임.

대법원 1984. 3. 27. 선고 82다카500 판결: 일반채권에 대한 국세의 우선을 규정한 국세기본법 시행령 제18조 제1항이 '법 제35조 제2항 제3호에 규정한 재산에 대하여 부과된 국세는 상속세, 증여세와 재평가세로 한다'고 규정하고 있는 이상 부가가치세가 위의 국세라고 할 수 없음은 법문상 명백하고, 부가가치세법 제2조 제1항은 사실상 독립적으로 재화 및 용역을 공급하는 자(사업자)를 납세의무자로 하고 있으며 동법 제15조의 규정은 사업자로부터 징수하고 있는 부가가치세 상당액을 공급받는 자에게 차례로 전가시킴으로써 궁극적으로는 최종소비자에게 이를 부담시키겠다는 취지에 불과하고 위 규정이 있다 하여 공급을 받는 자가 거래의 상대방이나 국가에 대하여 부가가치세를 지급하거나 납부할 의무가 있다고는 볼 수 없으므로 경매목적물의 경매를 과세대상으로 하여 부과된 부가가치세액은 우선하는 국세로서 경락대금에서 배당할 것이 아님.

대구고등법원 2012. 6. 13. 선고 2012나915 판결: 甲 주식회사가 지방자치단체와 여러 차례에 걸쳐 조림사업에 관한 도급계약을 체결하면서 일부 사업에 관하여는 부가가치세 부과대상이 아니라고 보아 부가가치세가 포함되지 않은 금액으로 공사대금을 산정하여 지급받은 다음 부가가치세를 신고·납부하지 않았는데, 그 후 과세관청이 가산금을 포함한 부가가치세 납부고지를 하자 지방자치단체를 상대로 부가가치세 상당액의 부당이득반환을 구한 사안에서, 지방자치단체는 甲 회사가 부담하게 될 부가가치세 상당액을 지급할 의무가 있으나, 가산금은 지급할 의무가 없다.

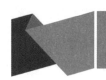

채무자의 무재산 입증 방법: 재산명시신청

　법인세법 시행령 제19조의2 제8호는 '채무자의 파산, 강제집행, 형의 집행, 사업의 폐지, 사망, 실종 또는 행방불명으로 회수할 수 없는 채권'을 대손금으로 인정하고 있다. 이러한 사유로 대손금으로 처리하기 위해서는 그에 맞는 증빙자료가 필요할 것인데, 이들 사유 중 강제집행을 하였어도 채권을 회수할 수 없었음을 증명하는 서류로 생각해 볼 수 있는 것에 법원의 재산명시명령에 의하여 채무자가 제출한 재산목록이 있다. 재산명시절차는 판결문, 지급명령 등이 있어야 진행할 수 있는 강제집행절차이고, 그 절차에서 채무자는 부동산, 유체동산, 예금, 지적재산권, 회원권, 일반채권 등 우리가 생각할 수 있는 모든 재산권을 망라하여 재산목록을 작성하여야 하고, 나아가 현재는 물론 과거 1, 2년 사이에 처분한 것까지도 명시하여야 한다. 그러므로 그 절차에 의해서 채무자의 재산이 없는 것으로 확인된다면 강제집행으로 회수할 수 없는 채권임이 증명될 수 있을 것이다. 재산명시절차에 제출된 채무자 재산목록은 부가가치세법 예규인 '서면-2015-법령해석부가-2205, 2015. 12. 23.', '서삼46015-10085, 2001. 9. 1.' 등에서 강제집행으로 회수할 수 없는 채권을 증명하는 유효한 자료로 인정하고 있는데, 부가가치세법의 대손사유는 법인세법을 준용하고 있으므로(부가가치세법 시행령 제87조) 법인세법의 대손금에도 그대로 적용이 가능할 것이다.

　참고로, 법인세법 기본통칙에는 '강제집행불능조서'를 대손금 증빙자료의 하나로 들고 있으나, 이는 금전채권의 강제집행절차에서 만들어지는 서류가 아니다. 그리고 그것으로는 채권회수불능을 최종적으로 증명할 수도 없다. 왜냐하면 강제집행은 채무자의 재산에 대하여 개별적으로 진행되므로 '집행불능조서'는 특정 재산에 대한 집행불능을 증명할 수는 있어도 채무자의 다른 재산이 있는지 여부까지 증명할 수는 없기 때문이다. 예를 들어 부동산인도집행(건물명도)에서 집행에 실패하면 '부동산집행불능조서'라는 문서가 만들어지기는 하나, 금전채권집행에서는 그러한 문서는 작성되지 않는다. 집행할 재산이 없다면 집행신청 자체를 할 수 없을 것이므로 '집행을 했더니 불능이더라'는 문서가 있을 턱이 없다. 그렇기 때문에 그 서류로 대손금을 인정받은 실제 사례를 찾을 수 없는 것이다.

재산명시 절차도

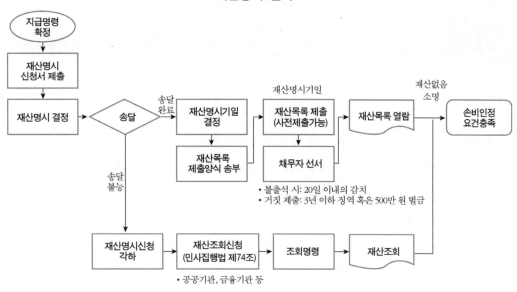

- 불출석 시: 20일 이내의 감치
- 거짓 제출: 3년 이하 징역 혹은 500만 원 벌금

- 공공기관, 금융기관 등

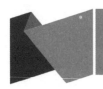

명시신청 했는데 채무자가 출석하지 않으면: 재산조회신청

재산조회신청이란 민사집행법상의 채무자 재산조회는 곧바로 신청할 수 있는 것이 아니고, 채무자에 대한 재산명시신청을 한 후, 이 절차가 끝난 다음에 아래의 사유가 있는 경우 재산명시절차를 실시한 법원에 신청하여 개인의 재산 및 신용에 관한 전산망을 관리하는 공공기관, 금융기관, 단체 등에 채무자 명의의 재산에 관하여 조회할 수 있는 제도이다.

① 명시기일 불출석
② 명시기일 재산목록을 제출 거부
③ 명시기일 선서 거부
④ 거짓의 재산목록을 제출한 때
⑤ 제출한 재산목록의 재산만으로는 집행채권의 만족을 얻기에 부족한 때

재산조회제도의 신청절차

(1) 신청 대상: 부동산·지적재산권·자동차·중기·금융자산 등에 한해 재산조회가 가능하다. 부동산등기부 조회에 한해 2년간 소급조회가 허용된다. 나머지 재산조회는 조회명령을 받은 다음 날부터 현재의 채무자 재산에 대한 조회만 허용된다. 재산조회 대상기관은 부동산의 경우 법원행정처와 건설교통부이다. 지적소유권은 특허청, 자동차나 중기는 서울시·광역시·도이며, 금융자산은 금융기관과 그 연합회·단체 등이다.

(2) 재산조회신청의 요건과 관할: 확정판결을 가진 채권자가 채무자의 주소를 관할하는 법원에 재산명시신청을 해명 시 절차를 거친 이후 재산명시를 실시한 법원에 재산조회를 신청할 수 있다. 단, 채무자가 명시기일에 불출석하거나 선서 거부 또는 거짓 재산목록을 제출하거나 제출된 재산목록만으로 채무를 만족시킬 수 없을 경우 등을 밝혀야 한다.

(3) 신청 방법: 채권자가 법원 접수창구에 비치된 재산조회신청서에 은행 등 재산조회 대상기관을 구체적으로 특정하고, 조회 비용과 송달료를 내면 담당 재판부가 재산조회 요건 등에 대해 심리해서 '이유 있다'고 판단하면 대상 금융기관에 조회명령을 하게 된다. 조회 비용은 금융기관당 5천 원, 부동산·특허권 조회 2만 원, 건물 소유권 조회 1만 원 등이다.

(4) 재산조회 결과 열람 및 교부: 재산조회 기간은 신청일로부터 1개월 정도 걸린다. 조회 결과의 도착 여부는 대법원 홈페이지(www.scourt.go.kr)를 통해 확인할 수 있다. 조회 결과가 도착하면 채권자가 신청 법원에 출두해 본인 확인을 받고 결과를 열람하거나 출력할 수 있다.

채무자의 폐업, 강제집행, 재산명시기일조서 작성이 있으면 대손세액공제 가능한가?[7]

채권자가 재산관계명시신청에 의해 채무자의 재산목록을 제출받았으나 무재산으로 사실상 강제집행이 불가능한 경우 대손세액공제 가능하다는 국세청의 유권해석이 나왔다. 국세청은 최근 채무자의 폐업, 강제집행, 재산명시기일조서 작성이 있는 경우 대손세액공제 가능 여부에 관한 질의에 이같이 회신했다(부가, 서면 - 2015 - 법령해석부가 - 2205, 법령해석과 - 3464, 2015. 12. 23.). 국세청은 회신에서 "사업자가 부가가치세가 과세되는 용역을 공급하고 해당 용역을 공급받은 자가 사실상 사업을 폐지하여 민사집행법에 의한 재산관계를 명시한 재산목록을 제출받았으나 무재산으로 사실상 강제집행이 불가능하여 해당 매출채권이 대손된 경우에는 부가가치세법 제45조 제1항, 같은 법 시행령 제87조 제1항 및 법인세법 시행령 제19조의2 제1항 제8호에 따라 대손세액공제 가능한 것"이라고 밝혔다.

사실관계를 보면 신청인은 부동산 임대사업자로 2010년부터 농업용 기계를 제작하는 "갑"업체에 공장을 임대해 오던 중 "갑"업체의 경영악화로 "갑"업체가 2014. 9. 23. 폐업했다.

"갑"업체로부터 2011. 7.부터 2014. 5.까지 임대료를 받지 못해 여러 번 지급청구를 하였으나 이행되지 않아 2014. 6. 동산 등에 대한 강제집행을 진행하여 2015. 3. 배당을 받았으나 별도의 다른 재산이 있을 수 있어서 2015. 3. 민사재산명시신청을 하였다. 채무자는 2015. 6. 대전지방법원에 참석하여 재산명시기일조서를 작성하였고 무재산임을 판사 앞에서 선서를 하였다.

---

7) 《국세뉴스》 2016년 5월 17일자 기사

신청인은 세무관서에서 요구하는 무재산임을 입증하기 위해 "갑" 업체 대표의 재산조회 신청을 하려고 하였으나 민사집행법 제62조에서 규정한 신청요건인 '신청 시 채무자 불출석, 재산목록제출 거부, 선서 거부, 거짓의 재산목록제출 등의 사유일 때는 재산조회신청가능'에는 해당되지 아니하여 재산조회를 할 수 없었다.

채무자 "갑" 업체는 국세가 체납되어 있고 매출채권에 대한 조회 시 재산이 없는 것으로 확인되어 있다.

이 같은 사실관계에서 질의내용은 채무자의 폐업, 채무자의 동산 등에 대한 강제집행, 재산명시기일조서 작성 등이 있는 경우 대손세액공제 사유에 해당하는지 여부이다.

채무자에게 재산이 있으면: 압류명령

　지급명령 및 재산명시(조회)하여 재산이 있는 경우 강제집행은 아래와 같이 진행한다. 항상 법적 강제절차가 능사인 것은 아니므로 추심업체 등을 통한 임의회수를 고려해 보아야 한다. 저자의 사견으로는 회수목적인 경우 임의회수가 바람직하며, 채무자가 무수익자산만을 보유한 경우 강제회수하는 것은 좋은 생각이 아닌 것 같다. 즉, 압류명령은 채권자가 선택할 사항이다. 이하 강제집행에 관한 설명이다.

채무자의 재산	후속조치	비고
부동산	법원에 의한 부동산경매	입찰자가 없는 경우 '입찰불능조서'가 작성되기는 하나, 이는 어떤 입찰기일에 매수인이 없었다는 의미일 뿐 경매가 최종적으로 불능되었다는 의미는 아니다. 입찰불능이 계속되다가 결국 입찰이 되지 않는 경우에는 경매가 무잉여를 이유로 취소된다.
대여금, 매출채권 (금전채권)	전부명령 또는 추심명령	채무자에게 송달되지 않더라도 진행할 수 있다. 제3채무자에게만 송달되면 상관없다.
자동차, 유체동산	법원(집행관)에 의한 동산경매(부동산 강제경매에 준하여 처리함)	자동차는 다른 사람에 의하여 압류되어 있더라도 매각할 수 있다(부동산과 유사함).
주식, 회사채	압류명령 후 매각명령신청	주권이 발행된 주식은 주권을 집행관이 점유할 수 있어야 매각이 가능하다. 그러므로 질권자가 이를 가지고 있다면 매각이 가능하지 않다.
특허권	압류명령 후 매각명령신청	특허권은 공유자의 동의가 없으면 강제집행할 수 없으므로 압류 자체가 불가능하다. 그러므로 입찰불능조서도 작성되지 않는다.

(1) 압류명령 및 양도명령 등 강제집행은 이미 재판을 거친 이후에 진행하는 것이므로 또다시 변론을 하지는 않는다.

(2) 우리나라 법은 평등배당주의를 채용하므로 압류채권자는 배당요구채권자에 대하여 하등의 우선적 지위도 인정되지 않으며 평등하게 배당을 받음에 그친다.

(3) 건설공제조합출자지분: 건공제조합출자지분은 건설공제조합이 질권을 설정해 둔다. 따라서 압류를 진행할 경우 압류의 목적은 달성할 수 없고 채무자가 ① 건설공제조합으로부터 어떠한 보증도 받지 못하여, ② 추가 수주를 막을 수 있고, ③ 건설면허와 업체를 매각할 수 없게 되어 상황을 더 악화시킬 수 있으므로 효과적이다.

원래 압류한 금전채권 등은 추심명령 또는 전부명령에 기하여 현금화되는 것이 원칙이다. 그러나 피압류채권이 조건 있는 채권 기한이 붙은 채권 반대의무의 이행과 관련되어 있는 채권으로서 그 추심이 곤란한 때 또는 제3채무자가 지불불능이거나 파산인 때 혹은 외국에 거주하고 있는 등의 이유로 그 추심이 곤란한 사정이 있는 때에는 예외적으로 채권자에게 유리하게 보이는 특별한 현금화 방법이 허용된다.

법원의 명령	의미	비고
추심명령	채무자의 제3채무자에 대한 금전채권을 민법상 대위절차(민법 제404조)에 의하지 않고 채무자에 대신하여 집행채권자에게 추심할 수 있는 권한을 부여하는 집행법원의 명령을 말한다(민집 제232조).	채무자의 금전채권에 대하여서만 적용된다. 대손의 위험은 채무자가 진다.
전부명령	채무자의 제3채무자에 대한 금전채권이 압류되었을 경우, 지급에 갈음하여 채권을 그 액면만큼 압류채권자에게 이전하는 집행법원의 명령을 말한다(민집 제229조·제231조).	금전채권에 대하여서만 적용된다. 대손의 위험은 채권자가 진다.
양도명령	집행법원은 집행채권의 지급에 갈음하여 압류채권자에게 적당한 평가액으로 피압류채권의 양도를 명할 수 있다(민집 제241조).	양도명령은 다른 채권자의 배당요구에 의하여 채권자가 경합하고 있는 때에는 허용되지 않는다(제241조 제6항, 제229조 제5항).
매각명령	매각명령은 추심에 갈음하여 집행법원이 정하는 방법으로 그 채권의 매각을 집행관에게 하는 명령이다(민집 제241조).	집행관은 채권자의 채권에 우선하는 채권 및 절차비용을 변제하고 잉여가 있을 가격이 아니면 압류된 채권을 매각하여서는 아니 된다(민집칙 제165조 제1항).

법원의 명령	의미	비고
관리명령	집행법원은 관리인을 선임하여 피압류채권의 관리를 명하고 그 수익으로 집행채권의 만족을 얻을 수 있다(민집 제241조).	관리하기가 쉽고 확실한 수익을 얻을 수 있는 재산권으로서 다른 방법에 의한 현금화가 곤란한 경우에는 이것이 적절한 방법이 되겠으나, 실무상 그 예를 찾아보기 어렵다(민일영·김능환, 「민사집행법」, 한국사법행정학회(2012), p.241).

■ 금전채권: 일정한 액수의 금전을 지급할 것을 목적으로 하는 채권으로서, 보통의 종류채권과 달리 일정한 가치의 인도를 목적으로 하는 가치채권으로서의 성질을 가진다. 오늘날 대부분의 채권은 금전채권이다. 금전은 어느 돈으로 지급한다고 하는 것처럼 금전의 개성이 문제가 되는 일은 없으므로 이행불능이 될 수 없다. 따라서 금전채권에 대해서는 이행지체가 문제가 될 뿐이다(채무자에게 자력이 없어서 지급할 수 없다는 것은 이행불능이 아니다. 돈이 마련되기만 하면 언제라도 이행할 수 있기 때문이다).

(1) 지급명령: 변론을 거치지 않고 채권자의 청구에 이유가 있다고 인정되면 채무자에 대해서 일정한 급부를 명하는 재판을 말한다(민소 제462조). 지급명령을 신청할 수 있는 청구는 금전 그 밖에 대체물이나 유가증권에 한정되어 있다. 그러므로 부동산의 인도를 구한다거나 대체할 수 없는 특정물의 급부에는 허용되지 않는다.

(2) 압류명령: 제3채무자에 대하여 채무자에게 지급하는 것을 금하고, 채무자에 대하여 채권의 처분, 특히 그 추심을 해서는 안 된다고 명령하는 집행법원의 결정으로서 제3채무자에 송달함으로써 채권의 압류효력을 발생하는 것을 말한다(민집 제223조). 채권 그 밖의 재산권에 대한 집행은 이로써 개시되며(민집 제227조·제233조·제251조), 이 명령에 위반하는 처분, 즉 채무자의 채권양도나 제3채무자의 변제는 압류채권자에 대항하지 못한다.

(3) 인도명령: 인도명령은 집행법원이 부동산경매절차에서 대금을 납부한 매수인의 신청에 의하여 채무자 또는 매각부동산의 점유자 중 일정 범위 내의 자에 대하여 부동산을 매수인에게 인도할 것을 명하는 재판을 말한다.

민사집행법 제223조【채권의 압류명령】 제3자에 대한 채무자의 금전채권 또는 유가증권, 그밖의 유체물의 권리이전이나 인도를 목적으로 한 채권에 대한 강제집행은 집행법원의 압류명령에 의하여 개시한다.

민사집행법 제229조【금전채권의 현금화 방법】 ① 압류한 금전채권에 대하여 압류채권자는 추심명령(推尋命令)이나 전부명령(轉付命令)을 신청할 수 있다.

민사집행법 제241조【특별한 현금화 방법】 ① 압류된 채권이 조건 또는 기한이 있거나 반대의무의 이행과 관련되어 있거나 그 밖의 이유로 추심하기 곤란할 때에는 법원은 채권자의 신청에 따라 다음 각 호의 명령을 할 수 있다.
1. 채권을 법원이 정한 값으로 지급함에 갈음하여 압류채권자에게 양도하는 양도명령
2. 추심에 갈음하여 법원이 정한 방법으로 그 채권을 매각하도록 집행관에게 명하는 매각명령
3. 관리인을 선임하여 그 채권의 관리를 명하는 관리명령
4. 그 밖에 적당한 방법으로 현금화하도록 하는 명령

민사집행법 제245조【전부명령 제외】 유체물의 인도나 권리이전의 청구권에 대하여는 전부명령을 하지 못한다.

민사집행규칙 제165조【매각명령에 따른 매각】 ① 법원은 압류된 채권의 매각대금으로 압류채권자의 채권에 우선하는 채권과 절차비용을 변제하면 남을 것이 없겠다고 인정하는 때에는 법 제241조 제1항 제2호의 규정에 따른 매각명령(다음부터 "매각명령"이라 한다)을 하여서는 아니 된다.
② 집행관은 압류채권자의 채권에 우선하는 채권과 절차비용을 변제하고 남을 것이 있는 가격이 아니면 압류된 채권을 매각하여서는 아니 된다.

특허법 제99조【특허권의 이전 및 공유 등】 ① 특허권은 이전할 수 있다.
② 특허권이 공유인 경우에는 각 공유자는 다른 공유자 모두의 동의를 받아야만 그 지분을 양도하거나 그 지분을 목적으로 하는 질권을 설정할 수 있다.
④ 특허권이 공유인 경우에는 각 공유자는 다른 공유자 모두의 동의를 받아야만 그 특허권에 대하여 전용실시권을 설정하거나 통상실시권을 허락할 수 있다.

대법원 2012. 4. 16. 선고 2011마2412 판결: 특허권을 공유하는 경우에 각 공유자는 다른 공유자의 동의를 얻지 아니하면 그 지분을 양도하거나 그 지분을 목적으로 하는 질권을 설정할 수 없고, 그 특허권에 대하여 전용실시권을 설정하거나 통상실시권을 허락할 수 없는 등 특허권의 공유관계는 합유에 준하는 성질을 갖는 것이고(대법원 1999. 3. 26. 선고 97다41295 판결 참조), 또한 특허법이 위와 같이 공유지분의 자유로운 양도 등을 금지하는 것은

다른 공유자의 이익을 보호하려는데 그 목적이 있으므로, 각 공유자의 공유지분은 다른 공유자의 동의를 얻지 않는 한 압류의 대상이 될 수 없다.

대법원 2012. 5. 17. 선고 2009다105406 판결: 공동이행방식의 공동수급체는 기본적으로 민법상 조합의 성질을 가지는 것이므로, 공동수급체가 공사를 시행함으로 인하여 도급인에 대하여 가지는 채권은 원칙적으로 공동수급체 구성원에게 합유적으로 귀속하는 것이어서 특별한 사정이 없는 한 구성원 중 1인이 임의로 도급인에 대하여 출자지분 비율에 따른 급부를 청구할 수 없고, 구성원 중 1인에 대한 채권으로써 그 구성원 개인을 집행채무자로 하여 공동수급체의 도급인에 대한 채권에 대하여 강제집행을 할 수 없다. 그러나 공동이행방식의 공동수급체와 도급인이 공사도급계약에서 발생한 채권과 관련하여 공동수급체가 아닌 개별 구성원으로 하여금 지분비율에 따라 직접 도급인에 대하여 권리를 취득하게 하는 약정을 하는 경우와 같이 공사도급계약의 내용에 따라서는 공사도급계약과 관련하여 도급인에 대하여 가지는 채권이 공동수급체 구성원 각자에게 지분비율에 따라 구분하여 귀속될 수도 있고, 위와 같은 약정은 명시적으로는 물론 묵시적으로도 이루어질 수 있다.

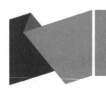

계약이행보증금의 수령을 대위변제 채권의 상환으로 볼 수 있는지?

현장의 외주업체 등이 부도 등의 사유로 타절(공사중단)하게 되는 경우 타절 협력업체 미불보상금이 발생한다. 이때 건설사(원도급사)는 공사의 신행을 위하여 미불보상금을 대납하고 이후 계약이행보증증권을 통하여 해당비용(구상채권)을 회수하게 된다.

이 경우 아래에 대한 법률해석이 필요하다.

(1) 원도급사의 미불보상금 대위변제 시 타절업체에 대한 법률상 채권이 성립하는지 →
　　구상채권 및 손해배상 채권이 성립한다.
(2) 계약이행보증금 수령 시 타절업체에 대한 소멸시효가 중단하는지 → 중단하지 않는다.

1. 구상채권을 취득한다

채무의 변제는 채무자 외에 '제3자'도 할 수 있는데, 다만 ㉠ 채무의 성질 또는 ㉡ 당사자의 의사표시로 제3자의 변제를 허용하는 않는 경우, ㉢ '이해관계 없는' 제3자가 '채무자의 의사에 반하여' 변제하는 경우에는 제3자가 변제할 수 없다(민법 제469조). '채무자의 의사에 반하는지' 관련, 판례는 '이해관계 없는 제3자의 대위변제가 채무자의 의사에 반하는지의 여부를 가림에 있어서 채무자의 의사는 제3자가 변제할 당시의 객관적인 제반 사정에 비추어 명확하게 인식될 수 있는 것이어야 하며 함부로 채무자의 반대의사를 추정함으로써 제3자의 변제효과를 무효화시키는 일은 피하여야 한다'고 판시하고 있는바(대법원 1988. 10. 24. 선고 87다카1644 판결 등), 판례 역시 '… 제3자가 채무자를 위하여 채권자에게 채무를 변제함으로써 채무자에 대하여 구상권을 취득하는 경우 …'라고 설시하여 구상권을 취득함을 명백히 하고 있다(대법원 2007. 3. 16. 선고 2005다10760 판결 등).

2. 손해배상채권도 취득한다

협력업체의 타절 시 발생하는 후속업체 추가 공사비, 발주처에 대한 지체상금 등은 협력업체의 채무불이행과 상당인과관계 있는 '통상손해'에 해당한다고 볼 수 있는데, 원청사의 미불보상금 지급으로 인한 손해는 채무자가 그 사정을 알거나 알 수 있었을 때에 인정되는 소위 '특별손해'로 볼 수 있는지 문제된다. 살펴보면, 하도급계약서 특수조건은 미불보상금 지급액은 협력업체의 채무불이행에 따른 손해액으로 인정한다는 명확한 규정을 두고 있었던 점 등에 비추어, 협력업체는 건설사가 협력업체 부도·타절 시 그 미불보상금을 지급함으로써 손해를 입는다는 특별한 사정에 대한 예견 또는 예견가능성이 있었다고 보이므로, 이러한 미불보상금 손해는 '특별손해'에 해당하는바, 건설사는 협력업체에 손해배상채권을 취득한다. 건설사는 협력업체에 대하여 미불보상금 지급에 따른 구상채권 또는 손해배상채권을 취득하므로, 두 채권을 선택하여 행사할 수 있다. 나아가, 건설사의 미불보상금 관련 채권은 그 성격상 구상채권 또는 손해배상채권으로 볼 수 있을 뿐이고, 이를 대여금채권 또는 대여(소비대차)계약으로 볼 여지는 없다고 하겠다.

3. 계약이행보증금 수령을 채권의 상환으로 볼 수 있다

하도급계약서 특수조건에 의하면 협력업체의 귀책사유로 하도급계약이 해제된 경우, 계약금액의 10%를 '위약금'으로 지급해야 하고, 교부한 계약이행보증금(보증서)은 '위약금'으로 갈음한다고 규정되어 있다. 전문건설공제조합의 보증금의 경우, 현행 조합의 약관 제6조에 의하면, 조합은 보증사고로 인하여 보증채권자가 입은 '실제 손해액'을 보상하므로, 조합의 보증금은 '손해배상'의 성격을 가지고 있다. 서울보증보험의 계약이행보증금의 경우, ① 위약금의 약정은 손해배상액으로 추정되는 점(민법 제398조), ② 하도급계약서 문언은 '위약금'으로 되어 있고, 특별히 위약벌로 볼 표현이 없는 점에 비추어, 이는 '손해배상액의 예정'에 해당되므로, '손해배상'의 성격을 가지고 있다. 따라서 건설사의 계약이행보증금의 수령은 구상채권의 상환 여부는 별론으로 하고, 적어도 '손해배상채권'의 상환으로는 볼 수 있다.

4. 주채무자에 대한 소멸시효는 중단하지 않는다

건설사의 구상채권 또는 손해배상채권은 협력업체와의 상거래인 하도급계약으로 인하여 발생한 것이므로, 5년의 상사시효가 적용되고(상법 제64조), 그 소멸시효의 기산점은 건설사가 미불보상금을 지급한 날로부터 기산된다. 한편, 건설사가 서울보증보험 등으로부터 계약이행보증금을 수령하여 손해배상채권을 상환받는다고 하더라도, 이는 보증인의 보증채무의 이행이고, 주채무자인 협력업체의 변제에 의한 채무의 '승인'은 아니므로, 주채무자인 협력업체에 대한 소멸시효가 중단되는 것은 아닌 것으로 판단된다.

관련 법령

대법원 2000. 12. 8. 선고 2000다35771 판결: 도급계약서 및 그 계약내용에 편입된 약관에 수급인의 귀책사유로 인하여 계약이 해제된 경우에는 계약보증금이 도급인에게 귀속한다는 조항이 있을 때 이 계약보증금이 손해배상액의 예정인지 위약벌인지는 도급계약서 및 위 약관 등을 종합하여 구체적 사건에서 개별적으로 결정할 의사해석의 문제이고, 위약금은 민법 제398조 제4항에 의하여 손해배상액의 예정으로 추정되므로 위약금이 위약벌로 해석되기 위하여는 특별한 사정이 주장·입증되어야 하는바, 하도급계약서에 계약보증금 외에 지체상금도 규정되어 있다는 점만을 이유로 하여 계약보증금을 위약벌로 보기는 어렵다.

서울고등법원 1981. 4. 1. 선고 80나3795 판결: 채무자에 대한 시효기산일 이후 연대보증인 중 1인이 채권자에 대하여 채무의 일부를 변제하였다 하여도 주채무자에 대하여 별도로 진행되는 시효의 중단사유가 된다고는 볼 수 없다.

대법원 1994. 1. 11. 선고 93다21477 판결: 시효의 중단은 시효중단행위에 관여한 당사자 및 그 승계인 사이에 효력이 있는 것이므로 연대보증인 겸 물상보증인은 보증채무의 부종성에 따라 주채무가 시효로 소멸되었음을 주장할 수는 있는 것으로서, 주채무자에 대한 시효중단의 사유가 없는 이상 연대보증인 겸 물상보증인에 대한 시효중단의 사유가 있다 하여 주채무까지 시효중단되었다고 할 수는 없다.

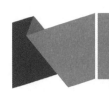

부도타절 시 미지급 기성금은 선급금과 우선상계해야 한다

 부도란 기업체가 발행한 어음과 수표 등에 대해 지급요청을 받은 은행이 사건신고의 접수, 지급자금의 부족 및 지급요건의 불비 등의 사유로 그 지급을 거절하는 것을 의미한다.

 타절이란 외주공사를 완료하지 못하고 계약을 해지하는 경우로서 ① 외주업체의 자금사정 악화 등의 사유로 인하여 공사포기각서를 제출하거나, ② 현장미불금의 미지급 및 공정지연 등 외주사의 책임 있는 사유로 인하여 계약을 해지하거나, ③ 공사완료 전 원청사와 합의정산(합의타절이라고 함)을 하는 경우가 있다.

 부도타절이 발생한 시점에 원청사는 외주업체에게 지급할 대가로 외주업체의 채무를 상환('강제직불'이라고 함)하고 보증보험사(서울신용보증 또는 건설공제조합 등)에 이행보증 및 선급금보증보험금의 수령을 요청하게 된다.

강제직불의 법적근거

법률규정	직불대상	직불요건
하도급법 제14조	건설 재하도급 업체 제조위탁, 자재업체 (일반자재 제외) 설계위탁 용역	하도급 업체 지급정지·파산 및 미불자 직접지급 요청 3자 직불합의(직접 지급하기로 합의) 대금의 2회분 이상을 미지급 및 미불자 직불 요청 건설 재하도급의 경우 하도급대금지급보증 미이행 및 재하도급 업체 직접지급 요청
건산법 제32조, 제35조	제조위탁, 자재업체 (일반자재 제외) 건설장비 대여업자	하도급 업체 지급정지·파산 및 미불자 직접지급 요청 3자 직불합의(직불한다는 뜻과 방법·절차를 명백하게 합의) 대금의 2회분 이상을 미지급 및 미불자 직불 요청 확정판결 받은 경우
근로기준법 제44조의3	노무자	3자 직불합의(직불할 수 있다는 뜻과 그 지급방법 및 절차에 관하여 합의) 지급명령, 집행증서 등 집행 권원 하도급 업체 파산 등 지급불능임을 원청사가 인정

법률규정	직불대상	직불요건
		하도급 업체가 미불 노무비가 있음을 원청사에 통지 재하도급의 경우, 재하도급 받은 업체의 근로자가 하도 급 업체에 대한 집행 권원이 있는 경우

이때 아래의 사항이 중요하다.

(1) 부도/타절 시점의 미지급기성금은 미정산 선급금과 우선상계 후 직불 등 처리하여야 한다(하자보수유보금, 가압류 등보다 우선함, 대법원 2007. 9. 20. 선고 2007다40109 판결).

(2) 상기 대법원 판례로 인하여 보증보험사는 선급금보증금 수금관련 미상계액만큼 지급 을 거절할 수 있다.

(3) 선급금 지급 시 세금계산서를 수령하였을 것이므로, 선급금 상계 시 해당 세금계산서 수령을 취소하여야 한다. 그러나 부도난 외주업체가 마이너스세금계산서를 발부할 리 만무하므로 세금계산서 없이 불공제 처리하여야 한다(국심2003서2135, 2003. 10. 18.). 해 당 불공제액은 선급금보증보험사에 청구할 수 있다.

관련 법령

건설공사하도급계약서 제25조 제1항 【계약해제, 해지】 ① 갑 또는 을은 다음 각 호의 1에 해 당하는 경우 서면으로 상당한 기간을 정하여 최고한 후 동 기간 내에 계약이 이행되지 아니 하는 때에는 당해 계약의 전부 또는 일부를 해제 혹은 해지할 수 있다.
1. 갑 또는 을이 계약조건에 위반하여 그 위반으로 계약의 목적을 달성할 수 없다고 인정될 때
2. 부도·파산 등 을의 귀책사유로 공기 내에 공사를 완성할 수 없는 것이 명백히 인정될 때
3. 갑이 정당한 이유 없이 계약내용을 이행하지 아니하고 그 위반으로 공사를 완성하는 것이 불가능한 때
4. 을이 정당한 이유 없이 약정한 착공기간을 경과하고도 공사에 착공하지 아니한 때
8. 을이 정당한 이유 없이 제7조에 정한 계약이행보증을 하지 아니한 때 등

대법원 2007. 9. 20. 선고 2007다40109 판결: 선급금은 자금사정이 좋지 않은 수급인으로 하여금 자재 확보·노임 지급 등에 어려움이 없이 공사를 원활하게 진행할 수 있도록 하기 위하여, 도급인이 장차 지급할 공사대금을 수급인에게 미리 지급하여 주는 선급 공사대금으 로, 구체적인 기성고와 관련하여 지급된 공사대금이 아니라 전체 공사와 관련하여 지급된 선급 공사대금이므로, 선급금을 지급한 후 계약이 해제 또는 해지되는 등의 사유로 중도에

선급금을 반환하게 된 경우에는, 선급금이 공사대금의 일부로 지급된 것인 이상 선급금은 별도의 상계 의사표시 없이 그때까지의 기성고에 해당하는 공사대금에 당연 충당되고, 그래도 공사대금이 남는다면 그 금액만을 지급하면 되는 것이고, 거꾸로 선급금이 미지급 공사대금에 충당되고 남는다면 그 남은 선급금에 관하여 도급인이 반환채권을 가지게 된다고 보는 것이 선급금의 성질에 비추어 타당하다.

건설산업기본법 제35조 제1항, 하도급거래공정화에 관한 법률 제14조 제1항 등에서 하도급 대금의 직접 지급에 관하여 규정을 두고 있는 것은 수급인이 파산하거나 그 외 사유로 하도급업자들에게 하도급 대금을 지급하지 않거나 지급할 수 없는 사유가 생길 경우 약자의 지위에 있는 하도급 업자들을 보호하고 공사 수행에 대한 대가를 실질적으로 보장하기 위함에 그 취지와 목적이 있는 것일 뿐이지 도급인과 하수급인과의 직접적인 도급계약관계의 설정을 전제로 한 것은 아니므로, 결국 하수급인이 시공한 부분은 수급인의 기성고로 볼 수밖에 없다. 또한, 하수급인은 수급인의 이행보조자에 불과하므로 수급인의 기성공사금액에는 그 이행보조자인 하수급인의 기성공사부분이 당연히 포함된다고 보아야 한다. 따라서 선급금을 지급한 후 계약의 해제 또는 해지 등의 사유가 발생한 경우에는 하수급인의 기성공사부분에 대한 공사대금도 포함한 수급인의 기성고를 선급금에서 공제하여야 하고, 그래도 남는 공사대금이 있는 경우에 한하여 하도급 대금을 하수급인에게 직접 지급하여야 한다.

국심2003서2135, 2003. 10. 18.: 부도로 공사가 중단된 경우에는 계속적인 공사용역의 제공을 기대할 수 없으므로 중단된 공사 부문에 대한 매입세액은 공제대상에서 제외되므로 처분청이 쟁점세금계산서의 공급가액 중 용역을 공급받지 아니한 금액에 대한 매입세액을 불공제하여 과세한 이 건 처분은 달리 잘못이 없음.

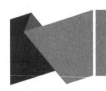

부도타절 시 구상채권을 장부상 인식해야 하는지?

외주업체의 부도타절 시 원청사가 직불한 구상채권은 대위변제시점에 성립확정되었으므로 원청사의 민법상 채권이다. 따라서 채권을 인식하여야 한다는 의견이 있을 수 있다.

차변에는 비용 또는 자산이 오는바 채권(자산)을 인식하지 않는 경우 비용으로 처리한다는 뜻이다. 과연 이 비용이 손금으로 인정될 것인가가 쟁점이다.

물론 기업회계는 채권의 회수가능성을 따져 비용으로 처리하기를 권할 수 있다. 문제는 세법이 기업회계와 거의 결별수준의 법리를 가지고 있다는 점이다. 바로 권리의무확정주의이다.

국세기본법 제20조는 '국세의 과세표준을 조사결정함에 있어서 당해 납세의무자가 계속하여 적용하고 있는 기업회계의 기준 또는 관행으로서 일반적으로 공정·타당하다고 인정되는 것은 이를 존중하여야 한다. 다만, 세법에 특별한 규정이 있는 것은 그러하지 아니하다'라고 규정하여 기업회계존중의 원칙을 정하고 있다. 따라서 법인세법 등의 규정을 우선하여 적용하되, 법인세법 등의 규정이 결여되어 있는 부분에 한하여 보충적으로 기업회계의 기준 등의 적용을 허용하고 있는 것이다. 그런데 법인세법 제40조 제1항은 '내국법인의 각 사업연도의 익금과 손금의 귀속사업연도는 그 익금과 손금이 확정되는 날이 속하는 사업연도로 한다'라고 규정함으로써 손익의 귀속사업연도에 관하여 권리의무확정주의를 따르고 있고, 법령 제68조 등에서 예시하고 있지 않은 손익이라 할지라도 권리의무확정주의에 따라 손익의 귀속사업연도를 정하여야 한다. 따라서 세법에 대하여 보충적 성격을 갖고 있는 기업회계의 기준 또는 관행이 적용될 여지는 없다고 할 것이다. 사실상 세법은 기업회계기준과 결별을 하고 단순히 참조만 한다.

문제는 권리의무확정주의가 세법상 가장 불명확한 용어 중 하나라는 점이다.

권리확정주의란, 과세대상이 되는 어느 소득이 발생하였다고 하기 위하여는 소득이 현실적으로 실현되었을 것까지는 필요 없다고 하더라도 소득이 발생할 권리가 그 실현의 가능성에 있어 상당히 높은 정도로 성숙·확정되어야 한다. 귀속시기를 권리의무확정주의라는 법률적 기준으로 정하고 있는 것은 납세자의 과세소득을 획일적으로 파악하여 과세의 공평을 기함과 동시에 납세자의 자의를 배제함에 있다.

채권의 행사에 법률상 제한이 없다면 일단 권리가 확정된 것으로 당해 사업연도의 익금으로 산입되는 것으로 보아야 할 것이지만(대법원 2005. 5. 13. 선고, 2004두3328 판결 등 참조), 시공사가 하도급 업체의 부도로 채무를 대위변제하고 부도업체 등에 대하여 취득하는 구상채권은 수익행위로 인하여 취득하는 채권이 아니라, 비용의 지출과 동시에 그 비용의 회수를 위해 민법 제441조 등에 의해 취득하는 채권에 불과하여 그 실질적인 자산가치를 평가하기 어려우므로 이를 취득한 사업연도에는 그 실현의 가능성이 성숙되었다고 보기 어렵다(대법원 2011. 9. 29. 선고 2009두11157 판결 같은 뜻).

회계에서는 수익은 인식기준에 따라 측정하고, 대응하는 비용을 비용으로 인식한다. 즉, 수익과 비용의 인식기준이 다르다. 세법은 익금과 손금 모두에 권리의무확정주의가 적용된다. 그러나 소득과 필요경비의 구분은 분명히 있는 것이다. 수익은 돈을 벌려고 하는 것이므로 일을 하면 대가를 기대할 수 있다. 그러나 비용은 지출하면 그뿐이고 회수를 기대하기가 어렵다. 매출채권과 구상채권의 차이는 회계상으로는 '실현가능성'에 있고 세무상으로는 '성숙확정'에 있는 것이다.

따라서 본 건 쟁점에서 중요한 것은 87누737 판결보다는 2009두11157 판결이다. 권리의 확정보다는 권리의 실현가능성이 중요하다는 시사점이 있다.

관련 법령

대법원 1988. 3. 22. 선고 87누737 판결: 보증채무의 이행 당시 주채무자 및 다른 연대보증인들이 이미 도산하거나 행방불명이며, 그들에게는 집행할 재산이 없는 등 자력이 전혀 없어 보증인이 주채무자나 다른 연대보증인들에 대하여 그 변제금원에 대한 구상권을 행사할 수 없는 상태에 있었다면 보증인의 구상채권은 회수할 수 없는 채권으로서 보증인에게 귀속된 손비의 금액으로 보아 손금에 산입할 수 있다.

대법원 2011. 9. 29. 선고 2009두11157 판결: 구상채권은 이를 취득한 사업연도에는 그 권리가 실현의 가능성에 있어 상당히 높은 정도로 성숙되었다고 할 수 없으므로 이를 익금에 산입할 수 없음.

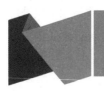

신탁자산 대물인수 시 적용하는 취득세율은?

2013년 이전에도 납세의무자들은 신탁재산을 대물인수할 때 4%의 일반 취득세율을 적용하여 왔다. 이는 구 지방세법 제11조 제1항 세4호(신탁재산을 수탁자로부터 수익자로 이전하는 경우 취득세율 3%)를 몰라서 그랬던 것이 아니라 2011. 10. 20. 지방세운영과-4922 등 다수의 예규에서 상반된 해석을 하여 4%를 의사결정한 것이다.

> 2014. 1. 1. 법률 제12153호로 개정되기 전의 구 지방세법 제11조 제1항 제4호는 '신탁법에 따른 신탁재산인 부동산을 수탁자로부터 수익자에게 이전하는 경우의 취득'에는 일반적인 부동산 취득에 따른 취득세율(4%)보다 낮은 취득세율(3%)을 적용하도록 규정하고 있었다. 한편, 위 세율 조항의 적용범위와 관련하여 과세관청은 '위 세율 조항이 일반적인 유상 승계취득과 달리 낮은 세율을 적용하도록 규정한 것은, 신탁은 혈연관계에 의한 상속취득과 같이 신탁설정자와 신탁수익자 간의 특별한 신임관계에 기반하기 때문에 해당 유형들과의 형평성을 감안했기 때문'이라는 이유를 들어, 신탁제도를 활용한 부동산 취득 등의 경우와 같이 위탁자와 수익자 간의 '특별한 신임관계'가 인정되지 아니하는 경우에는 위 세율 조항에 따른 낮은 세율을 적용받을 수 없다는 취지로 유권해석을 해 왔다(2011. 10. 20. 지방세운영과-4922 등).

본 유권해석은 2016년 5월 아래와 같은 이유로 1심 확정(과세관청의 항소포기)되었다. 서울행정법원 2016. 2. 5. 선고 2015구합70683 판결의 주된 이유는 과세관청의 입장은 합리적 근거 없이 납세자에게 유리한 법령을 축소해석하는 것으로서 조세법률주의에 정면으로 반한다는 것이다.

한편, 구 지방세법 제11조 제1항 제4호는 2014. 1. 1. 지방세법 개정으로 신탁재산 이전에 관한 세율 조항이 폐지되었다. 따라서 2013년까지 취득한 신탁재산은 (통상적) 경정청구의 대상이 될 수 있다. 하지만 2014년 이후 신탁재산을 대물인수하는 경우 개정된 세법에 따라 4%를 적용하여야 한다.

기존 유권해석은 위법한 법률해석으로 납세의무자에게 재산상 손해를 끼쳤다(행정행위가 아니었다면 불법행위에 해당하고 손해배상청구의 대상이 되었을 것이다). 일본의 경우 법령의 해석이 바뀐 경우 후발적 경정청구사유에 해당(일본 국세통칙법 시행령 제6조 제1항)한다. 그러나 우리나라는 세법은 이런 사유가 없다. 한국의 납세자는 일본의 납세자보다 좀 더 불행한 것이다.

관련 자료

일본 국세통칙법 시행령 제6조 제5호: 그 신고 경정 또는 결정에 속하는 과세표준 및 세액 등의 계산의 기초가 되는 사실에 속한 국세청장관이 발한 통보에 제시되어 있는 법령의 해석 기타 국세청장의 법령의 해석이 경정 또는 결정에 관한 심사청구 또는 소송에 대해서 결정 또는 판결에 반하여 변경되거나 변경 후의 해석이 국세청장관에 의해 공포되어 당해 과세표준 및 세액 등이 다른 취급을 받게 됨을 알게 된 경우

파산채권은 조기에 손금에 산입할 수 있다

1. 업무가 필요한 이유

파산채권의 채권자는 파산개시 결정 이후 공사비채권 등에 대손충당금을 설정한다. 내국법인이 보유하고 있는 채권 중 채무자의 파산 등의 사유로 회수할 수 없는 채권의 금액은 해당 사업연도의 소득금액을 계산할 때 손금에 산입한다(법인세법 제19조의2 제1항). 이때, 채무자의 파산이란 채무자회생 및 파산에 관한 법률에 따라 법원이 파산폐지 결정하거나 파산종결 결정하여 공고한 경우를 말한다(법인세법 기본통칙 19의2-19의2…1 제1항).

이에 따라 기업회계와 세무회계의 시점 차이만큼 유동성을 악화시킨다.

그러나 파산폐지 또는 파산종결 공고일 이전에 파산절차 진행 과정에서 관계서류 등에 의해 해당 채권자가 배당받을 금액이 채권금액에 미달하는 사실이 객관적으로 확인되는 경우, 그 미달하는 금액은 채무자의 파산 등에 따른 회수할 수 없는 채권으로 보아 대손금에 산입할 수 있다(법인세법 기본통칙 19의2-19의2…1 제2항; 서면2팀-1291, 2005. 8. 16.).

따라서 채권자는 배당받을 금액이 채권금액에 미달하는 사실이 파산관재인의 배당불가능보고서 등에 의해 객관적으로 확인하는 절차가 필요하다.

2. 진행 절차

파산선고 사건번호를 알면 '나의 사건검색'에서 파산관재인 및 채권자의 이름을 알 수 있다.

파산관재인은 대부분 변호사인바 법조인명록을 통하여 신상 및 연락처를 알 수 있다.

파산재단에서 무배당과 관련된 서류를 발부하는 것은 확인서가 유일하고 다른 서류를 발급하지 않는다. 따라서 확인서에는 ① 환가예상금액이 재단채권에 미달하고, ② 향후 배당을 실시할 여지도 없다는 내용이 포함되어야 한다. 재단채권이 있을 수 있는 상황이면 파산관재인확인서에 내용을 추가하여야 한다.

법원 파산부로부터 파산관재인의 보고서를 열람 등본하여 보존한다. 이를 위해서는 '재판기록 열람·복사 신청서'를 회생법원에 제출하여야 한다. 법원도 파산채권을 관리하지만 재단채권은 관리하지 않는다.

확인서 문구 예시: 채무자 ○○건설 주식회사는 2014. 4. 16. 서울중앙지방법원으로부터 파산선고결정(2014 하합63)을 받았으며 위 파산선고 이후 본 확인서 교부일까지 파산채권자들에게 배당을 실시한 사실이 없음을 확인하며, 향후 환가 예상 금액을 합하여도 재단채권 잔액을 전부 변제하기에 부족하므로 채권자(주식회사 ○○건설)에 대한 배당을 실시할 가능성이 없습니다.

2019. ○. ○.
파산자 ○○건설주식회사의 파산관재인 변호사 ○○○

용어 설명

파산채권	재단채권
파산절차(시고, 조사, 배당)에 따라 변제	파산절차에 의하지 않고 수시 변제 가능 파산재단으로부터 변제받음(파산절차의 원활한 수행 목적).

- **파산채권**: 채무자에 대해 파산선고 전의 원인으로 생긴 재산상의 청구권을 말한다(채무자 회생 및 파산에 관한 법률 제423조).
  예 파산선고 시 변제기에 이른 채권(기한부채권), 조건부채권 및 장래의 청구권, 파산절차참가비용 등

- **재단채권**: 파산재단으로부터 일반 파산채권자에 우선하고, 또 파산절차에 의하지 않고 변제를 받을 권리이다. 이 권리를 인정하는 이유는 파산절차의 원활한 수행을 기하고, 파산채권자 전체에 대하여 부당한 이익을 주지 않기 위해서이다.
  예 파산채권자의 공동의 이익을 위한 재판상 비용에 대한 청구권

재단채권자가 그 권리를 행사함에 있어서는 채권의 신고·조사 및 배당 등 파산절차에 의하지 아니하고 곧 파산관재인에게 그 변제를 청구할 수 있으며, 또 파산관재인은 파산채권자에 대한 배당에 앞서서 수시로 이를 변제하여야 할 필요가 있다.

특수관계자 대여금 업무 관련성은 별로…

시공사가 SPC(특관자)에게 자금보충으로 구상채권을 가지거나, 특관자에게 공사대금 및 거래대금을 지연하여 수취하는 경우 흔히 가지급금 세무문제를 발생시킨다.

① 가지급금 인정이자 익금산입: 가지급금과 관련한 기대이익을 과세한다.
② 가지급금 지급이자 손금불산입: 가지급금에 상당하는 이자비용을 부인한다.

- 특수관계자란 1% 이상 지분이 있거나, 임원을 임명할 수 있는 관계를 말한다. 법인세 법 시행령 제87조 제1항에 열거되어 있다.
- 가지급금이란 업무와 관련없이 지급하는 대여액을 말한다.

이 때문에 본 건의 쟁점을 업무관련성으로 보아 여기에 몰입하는 경우가 많다. 지급이자 의 쟁점은 업무관련성이 맞다. 그러나 인정이자의 경우 상사채권이라도 특수관계자의 자금 사정이 좋으면 업무무관가지급금이 된다. 특관자에 대한 상사거래 등이 금전소비대차계약 으로 전환되었다고 볼 수 있기 때문이다. 참고로 '금전소비대차로 전환'이라는 개념은 세법 에서만 등장한다. 상사채권은 공증 등으로 쉽게 대여금채권으로 전환할 수 있지만, 이런 절 차가 없이 다른 계약으로 해석하는 것은 다른 법에는 없는 개념이다. 즉, 전환 전후의 법률 관계의 변동 및 금전소비대차의 특징인 이자율, 변제기간 따위는 중요한 사항이 아니다. 따 라서 주된 쟁점은 지연회수 및 미회수의 경제적 합리성이다. 즉, 특관자의 재정이 건전한 경우 가지급금 세무 리스크를 피하기 어렵다.

이는 아래처럼 확고히 굳어진 대법원 판례의 영향이 크다. 특수관계자의 재정이 건전한 경우 당해 채무의 상환과 별도의 자금거래로 나누어 해석될 수 있다. 법인세법상 지급이자 손금불산입의 대상이 되는 업무무관가지급금에는 순수한 의미의 대여금은 물론 구상금채 권 등과 같이 채권의 성질상 대여금에 준하는 것도 포함되고, 업무와 관련성 여부는 당해 법인의 목적사업이나 영업내용을 기준으로 객관적으로 판단되어야 할 것인데, 법인이 특수 관계자로부터 지급받아야 할 매매대금이나 공사대금의 회수를 정당한 사유 없이 지연시키는 것은 실질적으로 매매대금 또는 공사대금이 계약상의 의무이행기한 내에 전부 회수된 후 다시 가지급된 것과 같은 효과를 가져온다는 점에서 그 미회수 대금 상당액은 법인세법 제28조 제1항 제4호 나목이 규정하는 '업무와 관련 없이 지급한 가지급금 등'에 해당하여 그에 상당하는 차입금의 지급이자가 손금에 산입되지 아니한다. 또한 그와 같은 대금의 회수지연이 건전한 사회통념이나 상관행에 비추어 경제적 합리성이 결여되어 조세의 부담을 부당하게 감소시킨 것으로 인정되는 경우에는 법인세법 제52조, 법인세법 시행령 제88조 제1항 제6호의 규정에 의한 부당행위계산부인에 의하여 그에 대한 인정이자가 익금에 산입된다(대법원 2006. 10. 26. 선고 2005두1558 판결, 대법원 2010. 1. 14. 선고 2007두5646 판결 등 참조).

따라서 인정이자의 쟁점은 업무관련성이 아니라 지연회수의 경제적 합리성이다.

대법원 2010. 1. 14. 선고 2007두5646 판결: 특수관계자로부터 지급받아야 할 매매대금의 회수를 정당한 사유 없이 지연시킬 경우 당해 금액을 업무무관가지급금으로 보는 것임.

법인, 대법원 2006. 10. 26. 선고 2005두1558 판결: 특수관계자로부터 지급받아야 할 매매대금의 회수를 정당한 사유 없이 지연시키는 것은 실질적으로 그 매매금을 회수하여야 할 날에 가지급금으로 지출한 것으로 보아야 할 것임.

그러나 상기 대법원 판례는 자의적으로 단일 거래를 다수의 거래로 해석한 점을 부인할 수 없다. 즉, 경제적 동질성을 기준으로 법률적 이질성을 덮고 있는 것이다. 참고로 대법원 판례는 2012년 및 2017년을 기준으로 '법적 실질설'에서 '경제적 실질설'로 입장이 바뀐 것 같다. 경제적 실질설은 '여러 단계의 거래형식을 부인하고 실질에 따라 과세대상인 하나의 행위 또는 거래로 보아 과세(대법원 2017. 12. 22. 선고 2017두57516 판결)'하는 것이지 하나의 거래를 여러 거래로 분리하는 것이 아니다. 상기 판례의 생성연도를 보더라도 경제적 실질설과 그리 깊은 관련이 있다고 보기는 어렵다.

1. 소비대차계약이란

소비대차계약이란 금전을 빌린 사람이 금전에 대해 반환을 이행할 것을 약속하고 추가적으로 계약사항을 기재한 것을 말한다. 따라서 금전소비대차계약은 강제집행인낙의 조항이 있어 채무자가 계약을 이행하지 않았을 경우 즉시 강제집행을 할 수 있다는 점에서 자금보충과 차이점이 존재한다. 금전소비대차계약은 채무자가 변제기에 채무를 변제하지 않으면 채무불이행책임이 성립한다(민법 제390조 및 제397조). '채무불이행책임'이란 채무자에게 책임 있는 사유로 채무의 내용에 좇은 이행이 이루어지지 않는데 대한 손해배상책임을 말한다(민법 제390조).

반면, 채권자가 변제기가 도래했음에도 불구하고 채권을 수령하지 않으면 채권자지체 책임을 지게 된다(민법 제400조부터 제403조까지). '채권자지체책임'이란 채무를 이행하기 위해 채권자의 협력이 필요한 경우에 채무자가 채무의 내용에 좇은 이행을 제공하였음에도 불구하고 채권자가 그것의 수령 그 밖의 협력을 하지 않거나 또는 협력할 수 없기 때문에 이행이 지연되는 경우 채권자가 부담하는 책임을 말한다(민법 제400조). 따라서 금전소비대차계약으로 보기 위해서는 변제기가 존재하여야 하며, 이자율 조항이 있는 것이 타당할 것이다.

2. 실질적인 소비대차로 전환된 경우

매출채권이나 공사미수금 등이 실질적으로 소비대차로 전환되었다고 볼 만한 사정이 없는 한 지연회수 사실만으로는 업무무관가지급금으로 보기는 어렵다 할 것(조심 2013전1348, 2014. 8. 28.)이라고 판시하여 세법상 가지급금으로 보기 위해서는 실질적인 소비대차로 전환되었음에 대한 근거가 필요함을 명시하고 있다. 또한 세법은 금전소비대차 전환의 근거로 주로 이자 조항을 들고 있다(그런데 인정이자는 이자조항이 없는 경우에도 금전소비대차로 전환된 것으로 본다).

(1) 법인세법 기본통칙 28-52…2: 매입가격을 결정한 후 그 대금 중 일부잔금의 지급지연으로 그 금액이 실질적으로 소비대차로 전환된 경우에 지급하는 이자는 영 제52조 제2항의 '건설 등이 준공된 날'까지의 기간 중에는 건설자금이자로 보고…

(2) 법인세법 기본통칙 73-0…1: 당초 계약 내용에 의하여 매입가액이 확정된 후 그 대금의 지급지연으로 실질적인 소비대차로 전환되어 발생되는 이자는 이자소득으로 한다.

(3) 법인세법 기본통칙 73-0…2: 이자소득금액을 당사자 간의 합의에 의하여 소비대차로 전환한 때에는 그 전환한 날

3. 채무자의 자금사정은 정당한 사유

법인이 특수관계 있는 자와의 거래에서 발생된 외상매출금 등의 회수가 지연되는 경우 (…) 거래 상대방의 자금사정 등으로 불가피하게 그 회수가 지연되는 등 매출채권의 회수가 지연되는데 정당한 사유가 있다고 인정되는 경우에는 해당 매출채권의 지연에 따른 연체료 상당액을 받기로 한 경우에도 해당 매출채권이 업무와 관련 없는 가지급금으로 전환된 것으로 보지 아니한다(법인세법 집행기준 28−53−2).

관련 법령

대법원 2006. 10. 26. 선고 2005두1558 판결: 정당한 사유 유무에 관한 심리를 제대로 하지 아니한 채 원고 회사가 단순히 매매대금을 늦게 지급받았다는 사정만으로는 업무와 무관한 가지급금의 지출이 있었다고 볼 수는 없다.

법인세법 집행기준 28−53−2【업무무관가지급금의 범위】
② 업무무관가지급금에는 순수한 의미의 대여금뿐만 아니라 채권의 성질상 대여금에 준하는 것도 포함되고 적정한 이자율에 따라 이자를 받는 경우도 포함되며, 그 가지급금의 업무관련성 여부는 해당 법인의 목적사업이나 영업내용 등을 기준으로 객관적으로 판단한다.
③ 법인이 특수관계 있는 자와의 거래에서 발생된 외상매출금 등의 회수가 지연되는 경우로서 해당 매출채권이 실질적인 소비대차로 전환된 것으로 인정되는 때에는 업무와 관련 없는 가지급금으로 본다. 다만, 거래 상대방의 자금사정 등으로 불가피하게 그 회수가 지연되는 등 매출채권의 회수가 지연되는데 정당한 사유가 있다고 인정되는 경우에는 해당 매출채권의 지연에 따른 연체료 상당액을 받기로 한 경우에도 해당 매출채권이 업무와 관련 없는 가지급금으로 전환된 것으로 보지 아니한다.

법인 46012−3312, 1997. 12. 17.: 귀 질의의 경우는 매입가격을 결정한 후 그 대금 중 일부 잔금의 지연지급으로 그 금액이 실질적으로 소비대차로 전환된 경우에 지급하는 이자는 건설자금이자로 봄이 타당하며 이 경우 "실질적으로 소비대차로 전환된 경우"라 함은 지연지급액에 대하여 새로운 지급기한과 이자율을 정하여 일정 기간 지급기일을 연장하는 경우를 말하는 것임.

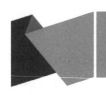

회수불능인 이자를 소득으로 인식해야 하는지?

법인의 이자소득의 귀속시기는 소득세법을 따르도록 하고 있다. 그런데 법원의 판결에 의하여 추가로 지급받는 매매대금에 대한 법정이자 및 지연손해금은 기타소득이고, 외상매출금 지연회수로 인한 연체이자는 사업소득으로 이자소득이 아니다. 따라서 비영업대금의 이익이 소득세법을 따른다는 것이 중요하다.

또한 소득세법상 이자소득 외에는 원칙상 권리의무확정주의를 따를 수밖에 없는데, 이 경우 원금회수가 없이 이자가 회수될 수는 없다.

구분	소득세법상 구분	비고
일반적인 이자	이자소득(지급일 귀속)	회수된 시점의 소득이므로 쟁점이 없다.
비영업대금의 이익	이자소득(약정일 귀속)	약정일에 귀속하나 원천징수대상이므로 기간경과분 이자는 과세되지 않는다. 대법원 판례는 개인이자의 대손의 경우 후발적 경정청구를 인용한다.
매출채권 연체이자	사업소득(지급일 귀속)	추가로 받은 돈은 기간경과분 이자를 계상할 수 없다.
법정이자 지연손해금	기타소득(지급일 귀속)	법원 판결로 지급받으므로 기간경과분 이자를 인식할 수 없다.

(1) 지연손해금률에 대하여 사전에 계약 당사자 간에 별도의 약정을 하지 않은 경우에는 법정이율이나 약정이율에 의하여 지연손해금이 산정된다. 그러나 지연손해금률에 관한 약정이 있는 경우에는 이 지연손해금률에 따라 지연손해금이 산정된다. 지연손해금은 이자제한법의 최고이율의 제한을 받는 이자가 아닌 손해배상의 예정액으로서, 이것이 부당히 과다한 경우에는 민법 제398조 제2항 또는 이자제한법 제6조에 의해 법원은 감액할 수 있다.

금전채무의 전부 또는 일부의 이행을 명하는 판결(심판을 포함)을 선고할 경우에 손해배상액 산정의 기준이 되는 법정이율은 그 금전채무의 이행을 구하는 소장 또는 이에 준하는 서면이 채무자에게 송달된 다음 날부터 연 15%로 높아진다(소촉법 제3조).

(2) 물품 구입 및 공사대금 지급지연에 대하여 거래 상대방과 사전 약정에 따라 실질적인 소비대차 성격의 연체이자로 지급하는 경우에는 비영업대금의 이익으로 보는 것이나, 금전소비대차(금전의 대여)로 전환 없이 당사자 간 합의하에 외상매출금이나 미수금의 지급기일을 연장하여 주고 추가로 지급받는 금액은 이자소득으로 보지 않는다.

(3) 상사채권 연체이자를 사업소득으로 보는 이유는 원천징수의무의 부담을 줄여주기 위함이다. 원천징수대상인 경우 납세의무자가 소득으로 계상해도 세법은 수익으로 보지 않는다. 이미 과세된 소득을 원천징수 할 수는 없기 때문이다. 따라서 현금주의의 입장에 따라 회수된 시점의 수익이 된다.

납세의무자가 여신업무를 영업(은행 등)으로 하지 않는 이상 대여금은 비영업대금의 이익이 된다. 만일 시공사가 PFV에게 운영자금을 대여하면 특수관계자에게 비영업대금을 대여한 것이 된다.

1. 당사자 간의 약정이 있는 경우에는 약정이 우선한다

차입금의 원금과 이자의 변제순에 대하여 특별한 약정이 없는 경우에는 이자(전년도 이월미수이자가 있는 경우에는 이월미수이자)부터 먼저 회수한 것으로 보고(국심99경442, 2000. 3. 4.), 사전약정에 의하여 원금부터 상환하기로 한 경우에는 원금 일부를 상환한 것으로 보는 것(국심2004중1446, 2005. 5. 18.)이다.

2. 원리금 회수 순서에 관한 약정이 없는 경우

일반적으로 채권자는 원리금이 상환되면 이자를 먼저 회수하려고 할 것이다. 그러나 소득세법 입장에서는 이자는 소득이고, 원금은 소득이 아니므로 이자를 먼저 회수할 경우 과세대상 소득이 많아진다. 이자로 소득세는 내고, 원금은 대손이 발생한다면 소득이 없는 곳에 과세가 이루어지는 불합리가 발생한다. 따라서 전체를 회수할 수 있는 경우에는 이자 먼저(법칙 제56조), 일부를 회수하는 경우에는 원본 먼저라는 순서(소령 제51조)가 나오게 된다.

법인세법 입장에서는 대손이 가능하므로 굳이 원금을 먼저 회수할 필요가 없을 수 있다. 그러나 법인세법상 이자소득의 귀속시기는 소득세법을 따르도록 하였는바, 같은 입장에서 해석하여야 할 것이다.

특수관계자에게 원금을 먼저 회수하기로 한 약정이 부당행위계산부인 대상이 된다(제도 46012-11777, 2001. 6. 27.)는 해석이 있으나 달리 볼 사항은 아니다. 소득세법과 마찬가지로 대손의 가능성이 없는 경우에만 이자를 먼저 회수하여야 한다고 보아야 할 것이다(법칙 제56 조 및 소령 제51조).

판례는 기본적으로 개인의 이자채권(이자소득)은 불성립이 많고, 다른 소득은 불성립을 다소 엄격하게 해석하고 있다. 이는 개인의 이자소득이 대손의 인정이 불가능하기 때문이다. 이는 기타소득이나 근로소득도 마찬가지이다.

즉, 회수불능을 이유로 소득(채권) 발생을 인정하지 아니한 사안은 대부분 소득세법상 대손금 규정이 적용되지 아니하는 이자소득에 관한 것으로서, 이자소득의 경우 기간이 경과함에 따라 연중 계속적으로 발생하는 특성을 가지고 있어서 이자가 회수불능이 된 때에는 지급약정일이 이미 도래하였다 하더라도 당해 연도에 있어서는 그 이자 수입금에 대한 권리확정이 되었다고 볼 수 없다는 것이다.

반면, 사업소득의 경우는 사후에 회수불능이 될 경우 대손금으로 처리하여 손금에 산입할 수 있기 때문에 이자소득이나 근로소득의 경우와는 달리 볼 여지가 많고, 따라서 그 과세대상이 되는 채권이 채무자의 도산 등으로 사실상 회수불능이 되는 경우 과세소득이 확정(내지 발생)되지 않았다기보다는 사후에 회수불능으로 될 경우 대손처리하여 손금에 산입할 수 있으므로, 회수불능이라는 이유로 처음부터 과세소득이 확정되지 아니한 것으로 볼 것이 아니라 확정의 문제는 먼저 인식한 다음 나중에 대손처리와의 관계로 해결함이 상당하다.

권리확정주의란 소득의 원인이 되는 권리의 확정시기와 소득의 실현시기와의 사이에 시간적 간격이 있는 경우에는 과세상 소득이 실현된 때가 아닌 권리가 발생한 때를 기준으로 하여 그때 소득이 있는 것으로 보고 당해 연도의 소득을 산정하는 방식이다.

실질적으로는 불확실한 소득에 대하여 장래 그것이 실현될 것을 전제로 하여 미리 과세하는 것을 허용하는 것으로 납세자의 자의에 의하여 과세연도의 소득이 좌우되는 것을 방지하고자 하는데 그 의의가 있다.

(1) 소득세법은 권리의무확정주의와 현금주의를 병용하고 있다.

(2) 법인세법은 권리의무확정주의에 의해 손익을 인식하도록 하고 있다(오윤, 「세법원론」. 한국학술정보(2018), p.644). 그러나 일부 손익(이자 등)에 대하여 소득세를 준용하고 있다.

(3) 기업회계는 수익과 비용의 인식기준이 서로 다르다. 수익은 실현주의에 따라, 비용은 수익비용대응의 원칙을 따라 인식한다.

관련 법령

법인-75, 2012. 1. 19.: 차입금과 이자의 변제에 관한 특별한 약정이 없이 일부 금액만을 변제한 경우에는 이자를 먼저 변제한 것으로 보는 것이며, 비영업대금의 이익은 소득세법 시행령 제51조 제7항의 규정을 준용하는 것임.

법인세법 시행규칙 제56조【원천징수대상이자소득금액의 계산】 법 제73조의 규정을 적용함에 있어서 차입금과 이자의 변제에 관한 특별한 약정이 없이 차입금과 그 차입금에 대한 이자에 해당하는 금액의 일부만을 변제한 경우에는 이자를 먼저 변제한 것으로 본다. 다만, 비영업대금의 이익의 경우에는 「소득세법 시행령」 제51조 제7항의 규정을 준용한다.

소득세법 시행령 제51조【총수입금액의 계산】 ⑦ 법 제16조 제1항 제11호에 따른 비영업대금의 이익의 총수입금액을 계산할 때 해당 과세기간에 발생한 비영업대금의 이익에 대하여 법 제70조에 따른 과세표준확정신고 전에 해당 비영업대금이 「법인세법 시행령」 제19조의2 제1항 제8호에 따른 채권에 해당하여 채무자 또는 제3자로부터 <u>원금 및 이자의 전부 또는 일부를 회수할 수 없는 경우에는 회수한 금액에서 원금을 먼저 차감하여 계산</u>한다. 이 경우 회수한 금액이 원금에 미달하는 때에는 총수입금액은 이를 없는 것으로 한다. (2014. 2. 21. 개정)부칙

소득 46011-2457, 1999. 6. 30.: 이자지급일의 약정이 없는 경우는 실제로 이자를 지급받는 날이 수입시기가 되며, 대금 중 일부를 지급받은 경우 원금부터 상환한 것으로 지정하지 않은 경우는 이자부터 지급받은 것으로 봄.

제도 46012-11777, 2001. 6. 27.: 법인이 특수관계 있는 자(법인 또는 사업을 영위하는 개인에 한함)에게 자금을 대여함에 있어서 상환기간을 정하여 법인세법 시행령 제89조 제3항의 당좌대월이 자율로 이자를 수수하기로 약정한 경우에 당해 이자소득의 익금 귀속사업연도는 소득세법 시행령 제45조 제9호의2의 규정에 의한 수입시기에 해당하는 날이 속하는 사업연도로 하는 것이며, 다만, 그 수입시기를 특수관계자가 아닌 자 간의 거래에서 적용될 수 있는 정상적인 이자 지급방법에 의하지 아니한 경우에는 법인세법 제52조의 부당행위계산부인의 규정을 적용하는 것임.

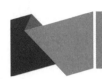

VAT법상 대손세액공제를 제일 먼저 챙겨야

법인세법상 대손금의 인정 못지않게 부가가치세법상 대손세액공제는 중요한 포인트이다. 법인세는 잘해야 대손금의 23.1%의 과세표준을 감소시키는 효과지만, 부가가치세는 10%의 세금인 것이다.

① 시점상 법인세보다 빠르다.
② 제각하는 회계처리가 없어도 가능하다.
③ 현장원가가 개선된다.

구분	법인세법	부가가치세법
목표	대손금의 손비인정	매출VAT 환급
금액	모든 채권의 23.1%	T/I 채권의 10%
효과	법인세비용 차감: 세전이익 불변	대손충당금 환입: 세전이익 증가
절차	정기신고 반영 및 경정청구	정기신고 반영
시기	소멸시효 완성 전까지	5년 이내
비고	회계처리 필요	회계처리 불요

(1) 대손세액공제: 사업자가 부가가치세가 과세되는 재화 또는 용역을 공급한 후 그 공급일로부터 5년 내에 채무자의 파산·강제집행 그 밖의 사유로 매출채권이 대손된 경우 이미 납부한 VAT상당액을 돌려받는 것을 말한다.

(2) 대손세액공제 사유: 부가가치세법 대손사유는 법인세법을 준용하고 있으므로 법인세법과 동일하다.

(3) 대손세액공제 효과: 대손채권의 10/110의 현금유입 및 당기순이익 개선효과가 있다.

(4) 대손세액공제 신청: 부가가치세 확정신고 시 대손세액공제신고서에 반영하여 매출부가가치세에서 직접 차감하는바 수정신고나 경정청구 없이 당기 신고서에 반영할

수 있다.

(5) 대손세액공제 요건: 세금계산서 작성일자로부터 5년이 되는 날 이후 7/25 또는 1/25 까지 대손사유가 확정되어야 한다. 따라서 파산 및 소멸시효 등은 5년 내 확정될 가능성이 낮은바 관리의 포인트가 아니고, 지급명령 및 재산명시가 완료되고 무재산인 경우 사실상 폐업으로 대손세액공제를 신청할 수 있을 것이다.

(6) 대손세액공제 유의사항
① 대손세액공제는 매출자의 매출 VAT에서 차감 이후 국세청 파생자료에 의하여 매입자에게 추징하는바, 금액이 큰 경우 채무자에게 사전에 진행 여부를 알려주어야 한다.
② 회생은 법인세법상 대손사유이나 출자전환주식을 시가평가하지 않는바 대손금을 인정받을 수 없으나, 부가가치세법은 출자전환주식의 시가평가를 인정하는바 대손세액공제가 가능하다.
③ 법인세법은 회계처리할 것을 요건으로 하지만 부가가치세법은 회계처리 여부와 무관한바 제각 전에도 대손세액공제 신청 가능하다. 따라서 대손세액공제신청 → 채권제각 → 법인세 손금인정의 순서가 바람직하다.

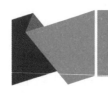

화해권고결정 시 대손금은 손금인정되는지
(2019년 개정세법)

화해권고결정은 2019년 개정세법에 대손사유로 들어왔다. 일반적으로 후발적 경정청구사유로 해석하는 것이 납세의무자를 더 강하게 보호하지만, 경정청구는 말 그대로 청구일 뿐이므로 확정력이 없고, 과세관청과 심각한 대립을 야기한다. 따라서 당기손금으로 들어오는 것이 납세의무자에게 더 유리하다고 생각한다. 이에 따라 2018년까지의 화해조정은 후발적 경정청구사유이고 이후 화해조정은 당기 대손금이다. 아래는 2019년 본 건 개정이 발생한 상황 및 대법원 판례가 해석하는 방향을 서술하였다.

1. 화해권고결정은 채권의 포기인지?

(1) 해석의 취지: 화해·조정·중재는 법관이 사건을 판단해서 처분을 내리는 소송과 달리 분쟁 당사자 사이의 자율적인 의사에 따라서 사건을 해결하는 것으로 대체적 분쟁해결제도(ADR)이다. 화해권고결정은 타법에서 확정판결로 취급하나 세법에서 채권포기로 해석하는바 세법이 다른 법을 어떻게 해석하고 있는지에 관한 내용이다.

(2) 법률상 효력: 화해권고결정서를 송달받은 날부터 2주일 이내에 이의를 신청하지 아니하면 이 결정은 재판상 화해와 같은 효력을 가지며, 재판상 화해는 확정판결과 동일한 효력이 있다. 실제 화해권고결정서는 2장 정도로 짤막한데 뒷장에 상기 문구가 기재되어 있다. 민법 제165조 판결 등에 의하여 확정된 채권은 소멸시효 10년을 적용한다. 제소 전 화해 및 화해권고결정도 이에 해당하여 화해권고결정은 10년의 소멸시효가 적용된다.

(3) 대손금 비용인정 여부: 그러함에도 불구하고 대손사유로 열거되어 있지 않았으며, 세법은 합의에 의한 채권포기를 비용불인정하고 있다. 화해권고결정의 수용 그 자체만

으로 대손사유는 되지 못하고 화해권고결정 시 납세의무자가 화해권고를 수용한 정당한 사유가 있어야 한다. 맞고소가 있는 경우 정당하다고 본 사례가 있지만, 일반적으로 쌍방고소하는 사례는 별로 없다.

(4) 기타 당부사항: 판사의 근무평정에서 화해를 유도하는 것이 유리하게 작용하므로 판사는 화해를 선호하고, 이에 따라 화해를 거부하는 소송당사자는 괘씸죄(?)에 걸릴 수 있을 것이다. 보기에 따라서 화해권고결정은 사실상 강제력이 있어 보인다. 또한 민사소송법은 강행규정 의제조항이므로 취지는 '자율'이라도 효과는 '타율'로 보는 것이 타당하다. 또한 민사집행법에서 재판의 판결과 동일한 효력을 부여하는 것은 의제규정이며 간주규정이므로 취지를 따라 달리 해석할 수 없다.

2. 화해권고결정은 당초매출의 취소인지?

(1) 해석의 취지: 법원의 확정판결이 있게 되면 그 분쟁대상 법률관계는 판결 내용대로 확정된다. 법원의 조정 또는 화해는 판결과 동일한 효력이 있으므로(형식만 차이가 있을 뿐 효력에는 아무런 차이가 없다) 이 또한 마찬가지이다. 예컨대 공사대금 1억 원을 청구하였으나 5,000만 원만 승소하거나 그렇게 조정이나 화해가 성립되면 그 공사대금은 이제 5,000만 원으로 확정된다. 이에 따라 채권제각이 아니라 당초매출의 취소라는 취지의 해석이 가능하다. 실제로 판결 및 판결과 동일한 효력이 있는 것은 후발적 사유로 경정청구대상이다.

(2) 원칙적인 판례: 이는 국세기본법 제45조의2 제2항 제1호의 '최초의 신고·결정 또는 경정에서 과세표준 및 세액의 계산 근거가 된 거래 또는 행위 등이 그에 관한 소송에 대한 판결(판결과 같은 효력을 가지는 화해나 그 밖의 행위를 포함한다)에 의하여 다른 것으로 확정되었을 때'에 해당하므로 그에 따라 경정청구를 할 수 있다. 대법원 2013. 12. 26. 선고 2011두1245 판결은 '소득의 원인이 되는 권리가 확정적으로 발생하여 과세요건이 충족됨으로써 일단 납세의무가 성립하였다 하더라도 일정한 후발적 사유의 발생으로 말미암아 소득이 실현되지 아니하는 것으로 확정되었다면, 당초 성립하였던 납세의무는 그 전제를 상실하여 원칙적으로 그에 따른 법인세를 부과할 수

없다고 보아야 한다. 이러한 해석은 권리확정주의의 채택에 따른 당연한 요청일뿐 아니라 후발적 경정청구제도를 규정한 국세기본법 제45조의2 제2항의 입법 취지에도 부합한다'고 판시한바 있다.

(3) 의미 있는 후반부: 이어서 "다만, 대손금과 같이 법인세법이나 관련 법령에서 특정한 후발적 사유의 발생으로 말미암아 실현되지 아니한 소득금액을 그 후발적 사유가 발생한 사업연도의 소득금액에 대한 차감사유 등으로 별도로 규정하고 있거나, 경상적·반복적으로 발생하는 매출에누리나 매출환입과 같은 후발적 사유에 대하여 납세의무자가 기업회계의 기준이나 관행에 따라 그러한 사유가 발생한 사업연도의 소득금액을 차감하는 방식으로 법인세를 신고해 왔다는 등의 특별한 사정이 있는 경우에는, 그러한 후발적 사유의 발생은 당초 성립하였던 납세의무에 영향을 미칠 수 없다"고 해석하고 있다. 이 부분이 가장 파괴력이 있는 해석이다. 후발적 사유가 발생한 과세연도(당기)의 손금으로 신고한 경우 경정청구대상이 아니라는 점은 납세자의 특별한 사정(관행)이 있는 경우 당기손금성을 인정하는 것으로 해석되기 때문이다.

(4) 대법원 판결문 정리: 상기 대법원 판례처럼 화해결정은 원칙상 채권의 대손이 아니고 채권의 미발생(전기 매출의 소멸)이다. 따라서 아래처럼 정리된다.
① 원칙상 대손사유 아님: 법인세법이 정한 열거된 대손사유로 판단할 부분이 아님.
② 원칙상 매출취소 사유임: 원칙상 전기 납세의무를 수정하여야 하나 회계정책 등에 따라 당기 회계연도에 반영되는 경우 당기 과세기간에 반영할 수 있는 (납세자가 선택 가능한) 특례로 해석하고 있다. 즉, 매출에누리 등과 동일하게 해석한 것이다. 매출 에누리나 환입은 명문의 규정을 가지고 있다. 따라서 세법의 일반적인 해석방법은 아니다. 그러나 납세의무자를 더 강하게 보호하는 해석이다.

구분	경정청구 가능한 후발적 사유	당기손금인정
매출에누리 등	아님.	가능(별도 규정 있음)
화해결정 등	2018년 이전 결정분	2019년 이후 결정분

《월간조선》 기사[8]: 지금 법원이 시행하는 판사 근무평정이 "법관들 사이에 사건처리를 놓고 속도전을 벌이게 하고, 그 과정에서 법관들이 당사자에게 협박에 가까운 화해·조정을 권유하게 만들었다"

[갈등, 중재로 풀자②] 소송공화국 원인은…신속·저렴한 절차의 '역설'[9]

재경지법 한 판사는 "법원 문턱이 낮다 보니 소송이 남발돼 판사들 피로감이 극에 달해 있는 것은 사실이다. 그런데 분쟁 해결에 국가의 힘을 빌리는 것도 국민 권리인데 무조건 소송 절차를 어렵게 할 수는 없는 노릇이다"라며 "가급적 중재, 화해 같은 소송 외적인 방법이 자연스럽게 이용될 수 있도록 관련 제도가 제대로 갖춰지고 널리 알려져야 하는 게 그래서 중요하다. 그리고 그게 더 국민들에게 이익이다"라고 강조했다.

관련 법령

민사소송법 제220조【화해, 청구의 포기·인낙조서의 효력】화해, 청구의 포기·인낙을 변론조서·변론준비기일조서에 적은 때에는 그 조서는 확정판결과 같은 효력을 가진다.

민사소송법 제231조【화해권고결정의 효력】화해권고결정은 다음 각 호 가운데 어느 하나에 해당하면 재판상 화해와 같은 효력을 가진다.

법인 46012-3351, 1998. 11. 4.: 법인이 미수채권에 대한 소송을 진행하는 중에 재판상의 화해에 의하여 당해 채권의 일부를 포기하는 정당한 사유가 있는 경우에는 이를 각 사업연도의 소득금액 계산상 손금에 산입하는 것이나, 정당한 사유가 있는지의 여부는 실질내용에 따라 사실판단할 사항임.

법인 46012-1045, 2000. 4. 27.: 대한설비건설공제조합이 조합원과의 거래에서 발생된 채권으로서 장래에 회수가 불확실한 채권 등을 조기에 회수하기 위하여 당해 채권의 일부를 포기하는 경우로서 동 채권의 일부를 포기하는 행위에 객관적으로 정당한 사유가 있는 경우에는 동 포기금액을 각 사업연도의 소득금액 계산상 손금에 산입하는 것이나, 귀 질의의 경우가 이에 해당하는지 여부는 실질내용에 따라 사실 판단할 사항이며 위 정당한 사유에 의해 채권의 일부를 포기하는 경우로서 민사조정법에 의한 법원의 조정결정에 따라 채권의 일부를 포기하는 경우에는 그 조정결정일이 속하는 사업연도에 손금 산입하는 것임.

---

8) 《월간조선》 2014년 4월 기사
9) 《뉴시스》 2018년 1월 2일자 기사

국세청 상담 2013. 8. 1.: 법인이 채권의 일부를 포기하기로 채무자와 합의하고 이를 법원의 화해권고결정으로 최종 확정된 경우 법원의 화해권고결정에 따른 포기금액은 법인세법 시행령 제19조의2 제1항에서 열거하고 있는 대손사유에 해당하지 않고 법인이 임의 포기한 것과 동일하므로 동 포기액에 대하여는 대손금으로 손금산입할 수 없고 접대비나 기부금으로 봄이 타당한 것으로 판단됩니다.

법인 46012-2883, 1996. 10. 18.: 동일 거래처에 대하여 금액이 확정되지 아니한 손해배상액과 매출채권이 동시에 있으나 지급금액에 다툼이 있어 쌍방이 소송을 제기한 후 재판상 화해에 의하여 매출채권상당액이 손해배상액에 대체된 경우에는 동 매출채권을 회수하여 손해배상금으로 지급한 것과 동일하므로 이를 재판상 화해일이 속하는 사업연도의 각 사업연도 소득금액 계산 시 손금에 산입하는 것이나, 귀 질의의 경우가 이에 해당하는지의 여부는 구체적인 내용에 의하여 사실판단할 사항임.

부가 46015-3884, 2000. 11. 28.: 건설업을 영위하는 사업자가 계약상의 원인으로 건설용역의 공급을 완료한 후 그 대가의 일부를 지급받지 못하여 관할 법원의 중재하에 화해를 하는 경우에 있어 당초 계약상의 원인으로 확정된 공사대금에서 화해로 인하여 지급받지 못하는 금액은 당해 사업자의 부가가치세 과세표준에서 공제되지 아니하는 것임.

부가 46015-23, 1998. 1. 8.: 건설공사를 도급받은 사업자가 선수금을 받고 일부 공사를 진행하던 중에 공사중지 및 공사무효확인소송이 제기되어 법원에 계류 중인 경우에도 계약내용에 따라 부가가치세법 제9조 및 동법 시행령 제22조에 규정하는 거래시기가 도래된 부분에 대하여는 각각의 거래시기에 세금계산서를 교부하여야 하는 것이며 법원 판결에 의하여 당초 내용이 변경되는 경우 법원의 확정판결이 있는 때에 당초 내용을 변경하는 수정세금계산서를 교부하는 것임.

제 11 편

조사불복

후발적 경정청구제도란?

경정청구란 납세의무자가 신고기한 내에 신고를 했으나 신고사항 중 기재상 또는 계산상 착오가 있음을 발견하여 이를 수정하여 다시 신고하는 것을 말한다. 당초 과세표준 및 세액을 과다신고한 경우에는 수정신고는 할 수 없고, 법정 신고기한 경과 후 5년 이내에 감액경정청구를 하여야 한다. 즉, 수정신고는 과소신고한 경우의 증액신고제도이고 경정청구는 과대신고하거나 납세의무가 없어진 경우의 감액청구이다. 이러한 수정신고와 경정청구는 신고납세방식과 부과과세방식의 조세 모두에 적용되는 제도이다. 즉, 과세관청의 경정결정·재경정권에 대응하는 조세채무자의 경정청구권인 것이다.

1. 후발적 경정청구제도

통상의 경정청구는 과세표준신고서 등에 기재한 과세표준 및 세액 등의 과다계상으로 납세의무자에게 불이익이 발생한 경우 이를 시정하기 위한 경정청구를 말한다.

후발적 사유에 의한 경정청구는 과세표준신고서를 법정 신고기한 내에 제출한 자 또는 국세의 과세표준 및 세액의 결정을 받은 자가 그 이후에 발생한 후발적 사유를 이유로 결정 또는 경정을 청구할 수 있도록 하는 제도이다. 따라서 신고납세방식의 세목이든 부과결정방식의 세목이든 허용된다.

'후발적 사유'는 당해 경정청구의 대상이 되는 과세표준과 세액이 확정된 후에 발생한 사유를 의미한다.

2. 후발적 경정청구 기간

당초의 신고 또는 결정에 의한 과세표준과 세액의 확정에 하자가 있어야 하는 것은 아니다. 경정청구는 그 사유가 발생한 것을 안 날부터 3개월 이내에 하여야 한다. 후발적 사유에 의한 경정청구에 있어 부과제척기간이 경과한 후에도 후발적 사유가 발생한 것을 안 날로부터 3개월 이내에는 경정청구를 할 수 있다.

3. 후발적 사유

이웃 나라 일본의 경우 판례나 해석의 변경도 후발적 경정청구 사유에 해당하나 우리나라는 후발적 사유로 인정하고 있지 않다. 현재 후발적 사유에 의한 경정청구 사유는 다음과 같다.

① 과세표준 및 세액의 계산근거가 된 거래 또는 행위가 판결(판결과 동일한 효력을 가지는 화해 기타 행위를 포함한다)에 의하여 다른 것으로 확정된 때

② 소득 기타 과세물건의 귀속을 제3자에게로 변경시키는 결정 또는 경정이 있을 때

③ 조세조약의 규정에 의한 상호합의가 최초의 신고·결정 또는 경정의 내용과 다르게 이루어진 때

④ 결정 또는 경정으로 인하여 대상 과세기간 외의 과세기간의 과세표준 및 세액이 변동한 때

⑤ 위 ①~④와 유사한 사유로서 대통령령으로 정하는 사유가 해당 국세의 법정 신고기한이 지난 후에 발생한 때. 대통령령으로 정하는 사유란 다음 중 어느 하나에 해당하는 경우를 말한다.

   ⅰ) 최초의 신고·결정 또는 경정을 할 때 과세표준 및 세액의 계산 근거가 된 거래 또는 행위 등의 효력과 관계되는 계약이 해제권의 행사에 의하여 해제되거나 해당 계약의 성립 후 발생한 부득이한 사유로 해제되거나 취소된 경우

   ⅱ) 최초의 신고·결정 또는 경정을 할 때 장부 및 증거서류의 압수, 그 밖의 부득이한 사유로 과세표준 및 세액을 계산할 수 없었으나 그 후 해당 사유가 소멸한 경우

   ⅲ) 그 밖에 ⅰ)~ⅲ)의 규정에 준하는 사유가 있는 경우

4. 후발적 경정청구기간(3개월) 경과 후 일반적 경청청구(5년)를 할 수 있는지?

국세기본법에 따라 과세표준신고서를 법정 신고기한기한까지 제출한 자는 과세표준신고서에 기재된 과세표준 및 세액이 세법에 따라 신고하여야 할 과세표준 및 세액을 초과할 때에는 5년 내에 신고한 과세표준 및 세액의 경정 등을 청구할 수 있다. 또한 국세기본법에 따르면 납세자는 판결이나 계약해제 등 후발적 경정청구사유가 발생한 것을 안 날부터 3개월 내에 경정청구를 할 수 있다.

문제는 일반적 경정청구기간인 5년 내에 후발적 경정청구사유가 발생하였는데, 납세자가 후발적 경정청구기간인 3개월이 경과한 후에 아직 일반적 경정청구기간이 남아 있다는 이유로 후발적 경정청구가 아닌 일반적 경정청구를 할 수 있는지 여부이다.

최근 대법원 판결은 이와 같이 일반적 경정청구기간이 경과하지 아니하였으면, 납세자가 후발적 경정청구기간을 준수하지 못하였다고 하더라도 일반적 경정청구를 할 수 있다고 판시(대법원 2018. 6. 15. 선고 2015두36003 판결)하였다.

5. 후발적 경정청구에 대한 시각 차이

소득세법상 양도소득금액 산정 시 '양도소득의 총수입금액'이 양도재산의 객관적인 가액을 가리키는 것이 아니라, 현실의 수입금액을 가리키는 것이므로, 부동산을 매매계약에 의하여 양도한 경우 당초 약정된 매매대금을 어떤 사정으로 일부 감액하기로 하였다면 그 총수입금액, 즉 양도가액은 당초의 약정대금이 아니라 감액된 대금이라는 것이 대법원의 확립된 판례이다(대법원 1982. 7. 27. 선고 81누415 판결, 대법원 2010. 10. 14. 선고 2010두7970 판결 등 참조). 이후에도 동일한 내용의 대법원 판례(대법원 2018. 6. 15. 선고 2015두36003 판결)가 있었다.

문제는 후발적 경정청구기간 내에 경정청구를 하지 못하고 그 기간이 지난 시점에 일반적 경정청구를 하였던 것이다. 대상 판결은 이와 같이 일반적 경정청구기간이 경과하지 아니하였으면, 납세자가 후발적 경정청구기간을 준수하지 못하였다고 하더라도 일반적 경정청구를 할 수 있다고 판시한 것이다. 납세자의 권리구제를 도모한다는 경정청구제도의 취지를 고려할 때 타당한 결론이다.

첨언을 하나 하자면 많은 세무사들이 후발적 경정청구를 기간귀속의 쟁점으로 파악하여 대부분의 문제를 해결하지만 결정적인 문제를 해결하지 못하는 측면도 있다는 점이다. 그런데 변호사들은 후발적 경정청구를 권리구제제도로 파악한다. 그래서 몇몇 사례에서 쟁점을 파악하지 못하지만 결정적인 문제를 해결한다. 세법은 계산을 수반하는 법률이다. 세무사들은 논리와 계산을 중시하고, 변호사들은 권리와 구제를 중시하는 것이다. 같은 세법 전문가라도 접근하는 방법이 많이 다르다.

관련 법령

대법원 2018. 6. 15. 선고 2015두36003 판결: 원고가 이 사건 주식양도계약에서 정한 당초의 매매대금에 기초하여 양도소득세와 증권거래세를 신고하였으나, 이 사건 정산합의에 따라 당초의 매매대금이 일부 감액됨으로써 이 사건 주식양도로 인한 정당한 양도가액은 당초의 매매대금이 아닌 감액된 대금이 되는 것이므로, 원고는 이러한 사정을 들어 경정청구를 하여 당초의 신고를 바로잡을 수 있는 것임(국패).

재조사금지 원칙이란?

세무공무원은 일정한 법정 사유가 있는 경우를 제외하고는 '같은 세목 및 같은 과세기간'에 대하여 재조사를 할 수 없다. 이는 동일 세목 및 동일 과세기간에 대하여는 원칙적으로 세무조사를 1회 실시하고 중복세무조사를 불허함으로써 세무조사권이 남용되는 것을 방지하고 납세자의 영업의 자유나 프라이버시를 보호하기 위한 취지이다. 이러한 세무조사의 한계를 넘는 경우에는 그에 기한 과세처분은 위법하게 되므로, 세무공무원을 구체적으로 기속하는 효력을 갖는 것으로 본다.

1. '같은 세목, 같은 과세기간'의 의미

대법원은 같은 세목, 같은 과세기간에 대하여 세무조사가 이루어져야 중복조사가 되므로, 당초조사와 재조사가 과세기간이 동일하더라도 세목이 다르다면 중복조사에 해당하지 않는다고 보았다.

2. '현장확인'이 세무조사인지

나아가, 중복조사 여부를 판단함에 있어서는 당초조사와 재조사가 모두 국세기본법에서 규정하고 있는 세무조사에 해당할 것을 전제로 하는 것이다. 그리하여 종래 국세 행정의 관행에서는 조사사무처리규정상의 이른바 '현장확인'은 세무조사가 아닌 것으로 다루어 왔고, 당초조사가 이루어진 사항에 대하여 다시 현장확인을 하는 것은 중복조사가 아니라고 보아 왔다.

그러나 최근 대법원은 세무공무원의 조사행위가 실질적으로 납세자 등으로 하여금 질문에 대답하고 검사를 수인하도록 함으로써 납세자의 영업의 자유 등에 영향을 미치는 경우에는 '현지확인'의 절차에 따른 것이라고 하더라도 그것은 재조사가 금지되는 '세무조사'에 해당한다고 보아야 한다고 판시하였다.

3. 재조사가 가능한 법정 사유

① 조세탈루의 혐의를 인정할 만한 명백한 자료가 있는 경우
② 거래 상대방에 대한 조사가 필요한 경우
③ 2개 이상의 과세기간과 관련하여 잘못이 있는 경우
④ 재조사 결정에 따라 조사를 하는 경우
⑤ 납세자가 세무공무원에게 직무와 관련하여 금품을 제공하거나 금품제공을 알선한 경우
⑥ 부분조사를 실시한 후 해당 조사에 포함되지 아니한 부분에 대하여 조사하는 경우
⑦ 부동산투기, 매점매석, 무자료거래 등 경제질서 교란 등을 통한 세금탈루 혐의가 있는 자에 대하여 일제조사를 하는 경우
⑧ 과세관청 외의 기관이 직무상 목적을 위해 작성하거나 취득해 과세관청에 제공한 자료의 처리를 위해 조사하는 경우
⑨ 국세환급금의 결정을 위한 확인조사 등을 하는 경우
⑩ 조세범칙행위의 혐의를 인정할 만한 명백한 자료가 있는 경우

4. '명백한 자료'의 의미

대법원은 "조세탈루의 혐의를 인정할 만한 명백한 자료가 있는 경우라 함은 조세의 탈루 사실이 확인될 상당한 정도의 개연성이 객관성과 합리성이 뒷받침되는 자료에 의하여 인정되는 경우로 엄격히 제한되어야 한다"고 판시하였다. 따라서 객관성과 합리성이 뒷받침되지 않는 한 탈세제보가 구체적이라는 사정만으로는 여기에 해당한다고 보기 어렵다.

5. '각종 과세자료'의 의미

'각종 과세자료의 처리를 위한 재조사'에서의 '각종 과세자료'란 세무조사권을 남용하거나 자의적으로 행사할 우려가 없는 과세관청 외의 기관이 직무상 목적을 위하여 작성하거나 취득하여 과세관청에 제공한 자료로서 국세의 부과·징수와 납세의 관리에 필요한 자료를 의미하고, 이러한 자료에는 과세관청이 종전 세무조사에서 작성하거나 취득한 과세자료는 포함되지 아니한다고 보는 것이 타당하다.

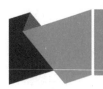

감사원 지적사항에 따른 중복조사가 가능한지?

세무조사 종결 이후 '감사원 감사결과 처분지시에 대한 부분'을 재조사하는 상황이 뒤따른다. 당초조사 및 재조사에 관하여 중복세무조사 여부에 관한 쟁점이 있었다. 우리 법원은 아래 두 가지의 중복조사를 허용하고 있다.

(1) 각종 과세자료의 처리를 위한 재조사(국기령 제63조의2 제2항)
(2) 단순히 당초 과세처분의 오류를 경정하는 경우에 불과한 경우
   (대법원 2017. 12. 13. 선고 2016두5542 판결)

이 중 '감사원 감사결과 처분지시에 대한 부분'은 '각종 과세자료의 처리를 위한 재조사'에 해당한다.

> 국세기본법 시행령 제63조의2【세무조사를 다시 할 수 있는 경우】 2. 각종 과세자료의 처리를 위한 재조사나 국세환급금의 결정을 위한 확인조사 등을 하는 경우

쟁점은 재조사가 허용되는 '각종 과세자료'의 의미이다. 대법원(대법원 2015. 5. 28. 선고 2014두43257 판결) 판례에 따르면 '각종 과세자료'란 세무조사권을 남용하거나 자의적으로 행사할 우려가 없는 과세관청 외의 기관이 직무상 목적을 위하여 작성하거나 취득하여 과세관청에 제공한 자료이다. 따라서 감사원이 생성한 자료는 '각종 과세자료'에 해당하고 이에 따른 중복조사는 허용된다.

단적으로 법원은 (영업의 자유침해가 없는 경우) 잘못된 행정처분은 언제든지 수정·변경할 수 있다는 입장이다. 영업의 자유침해란 세무공무원이 사업장을 방문하는 것을 핵심으로 한다. 따라서 단순히 감사원 지적사항의 유무에 따를 문제가 아니라 실질적으로 종전 세무조사에 기인하였는지 여부로 판단되어야 한다(대법원 2018. 6. 19. 선고 2016두1240 판결). 즉, 별다른 사항이 없었다면 감사원 지적사항에 따라 추가적인 세부담이 발생할 수 있다.

본건은 '절차적 정의'에 관한 부분으로 이론적 논쟁의 여지가 있으나 대법원 판례에 의하여 확정된 내용으로 다툼의 여지는 없다. 따라서 행정부처 간 의사소통 및 협업(?)으로 얼마든지 중복조사가 가능하게 되므로 세법이 보장한 납세자의 권리를 형해화하는 결과가 초래될 수 있다.

> 조사행위가 세무조사에 해당되기 위해서는 '사업장 방문'이 가장 중요한 사실관계인 것 같다. 즉, 영업의 자유침해 유무가 가장 핵심이다.
>
> 최근 1심법원(인천지방법원 2018. 6. 14. 선고 2017구합51857 판결)에서 '사업장 방문'이 다시 한번 강조되었다. 그러나 이는 서면조사를 간과한 느낌이 든다. 방문조사뿐만 아니라 서면조사도 분명 세무조사의 한 방법이다.
>
> 지방세는 서면조사가 아직 남아 있다. 지방세처분청이 서면조사를 한 경우 중복조사가 가능하다. 이는 지방세법에서 중복조사를 허용(지령 제52조)하고 있기 때문이다.
>
> 국세의 경우 서면조사가 없다. 당연히 중복조사허용 규정에도 서면조사는 없다. 따라서 서면조사가 있는 경우 중복조사를 허용할 법령이 있을 수 없다.
>
> 따라서 사업장 방문기준은 법률상 근거 없이 서면조사를 무제한적으로 허용하는 결과에 도달하게 되므로 합리적인 해석이라고 보기 어렵다.

관련 법령

대법원 2015. 5. 28. 선고 2014두43257 판결: '각종 과세자료의 처리를 위한 재조사'에서의 '각종 과세자료'란 세무조사권을 남용하거나 자의적으로 행사할 우려가 없는 과세관청 외의 기관이 직무상 목적을 위하여 작성하거나 취득하여 과세관청에 제공한 자료로서 국세의 부과·징수와 납세의 관리에 필요한 자료를 의미한다고 하면서, 이러한 자료에는 과세관청이 종전 세무조사에서 작성하거나 취득한 과세자료는 포함되지 아니한다.

인천지방법원 2018. 6. 14. 선고 2017구합51857 판결: 서면확인은 납세자에 대한 해명자료 요구·제출이 우편에 의해서만 가능하며 단순 확인절차로서 국세청 내부지침상 실지조사의 전 단계로 판단되어 이를 중복된 세무조사로 보기 어려운 점, 부당한 방법으로 과세표준을 과소신고한 경우에 해당하는 점 등에 비추어 원고주장 받아들이기 어려움.

대법원 2017. 2. 23. 선고 2016두60256 판결: 감사지적으로 인한 중징계를 면할 목적으로 수정신고서의 제출을 부탁하기 위하여 원고를 방문한 것을 두고 세무조사라 할 수 없음(일부 국패).

세무조사관에게 조사권이 있는지?

1. 세무공무원은 세무조사 시 수사권이 있는지?

수사권은 원칙적으로 검사에게 있다. 그리고 검사의 지휘를 받아 사법경찰관리가 수사를 한다. 사법경찰관리라고 하면 일반적으로 경찰을 말하며, 산림법, 도로법 등 특별법에 한정된 범위에서 경찰권을 행사하여 수사를 할 수 있는 특별사법경찰관이 있다. 그러나 세무공무원은 특별사법경찰관이 아니다. 최근 국회입법조사처에서 조세범죄에 대한 수사력을 강화하기 위해 일반세무조사와 범칙조사 조직을 분리하고 세무공무원에 특별사법경찰관리(특사경) 지위를 부여하는 방안을 검토해야 한다는 의견은 있었다.

2. 세무공무원은 세무조사 시 조사권이 있는지?

'조사'란 필요한 사안에 관한 확실한 사실, 즉 증언·기록·자료 등을 수집하고 그 사실을 평가·판단하는 것으로 수사의 방법이다. 즉, '조사권'은 독립된 권리가 아니다. 따라서 세무공무원은 조사권이나 수사권이 없고 '질문검사권'만 있다. 수사권이나 조사권은 형법의 영역이고, 질문검사권은 행정법의 영역이다. 행정법의 영역은 형법과 비교할 때 강제력이 약하다. 과세요건사실에 대한 자료의 입수를 위해 세무공무원이 행사하는 질문·검사는 소위 행정조사절차인 것이고 강제조사절차는 아닌 것이나, 질문·검사를 받아야 할 상대방이 질문에 대하여 답변하지 아니하거나 검사를 거부 또는 방해하면 형벌이 과해지는 것이므로 질문검사는 공권력의 행사를 내용으로 하는 사실행위인 것이다. 따라서 질문검사권에 대하여는 직접적·물리적 강제를 인정하지 않는 것이다.

3. 세무조사란 무엇인지?

'세무조사'란 각 세법에 규정하는 질문조사권 또는 질문검사권에 근거하여 조사공무원이 납세자의 국세에 관한 정확한 과세표준과 세액을 결정 또는 경정하기 위하여 조사계획에 의해 조사통지 후 납세자(또는 납세자의 거래가 있다고 인정되는 자 포함), 장부·서류·물건 등을 검사·조사하거나 그 제출을 명하는 행위(조사사무처리규정 제3조)로서 행정조사의 한 종류이다. 행정조사란 행정기관이 정책을 결정하거나 직무를 수행하는데 필요한 정보나 자료를 수집하기 위하여 현장조사·문서열람·시료채취 등을 하거나 조사대상자에게 보고요구·자료제출요구 및 출석·진술요구를 행하는 활동을 말한다(행정조사기본법 2-1).

행정조사는 개인의 사생활의 자유, 영업의 자유, 주거의 자유 등을 침해할 가능성이 적지 않기 때문에 행정조사기본법에서는 실체법적 한계와 절차법적 한계에 대하여 엄격하게 규정하고 있다. 실체법적 한계로 비례의 원칙(행정조사기본법 제4조 제1항, 제2항)을 준수해야 하고, 중복조사는 금지되며(행정조사기본법 제4조 제3항) 비밀의 누설(행정조사기본법 제4조 제5항)과 목적 외 사용은 금지된다(행정조사기본법 제4조 제6항). 절차법적 한계는 사전절차로 사전통지(행정조사기본법 제17조)와 의견제출(행정조사기본법 제21조)을 규정하고 있으며 조사원의 증표제시의무(행정조사기본법 제11조 제3항)와 조사결과의 통지(행정조사기본법 제24조) 역시 규정하고 있다. 이외에 주거의 출입이나 물건의 수색 및 압수에 영장이 필요한지에 대해 논의가 있으나, 긴급한 상황이 발생하여 영장을 기다려서는 행정조사목적을 달성할 수 없는 예외적인 경우를 제외하고는 원칙적으로 영장이 필요하다는 것이 다수설이다.

따라서 세무조사의 조사공무원은 영장 없이 사무실에 출입하거나 물건을 수색하거나 압수할 수 없고, 담당자를 연행하거나 동행을 요구하거나 출석을 요구하거나 근무시간 이외 시간에 질문할 수 없다.

4. 세무공무원은 세무조사 시 압수 수색할 수 있는지?

압수와 수색이란 법관이 발부한 영장에 따라 행하는 것으로, 일반세무조사 및 특별세무조사와 무관하며 조세범칙조사 시에만 등장할 여지가 있다. 그러나 현실적으로 영치 조사가 행해지는데 이는 실재로 '영치'가 아니라 '일시보관'에 해당한다. 일시보관이란 국세기본법 제81조의10에 따라 세무조사 시 납세자의 동의가 있는 경우 장부·서류 등을 세무조사 기간 동안 일시적으로 조사관서에 보관하는 것을 말한다(영치와 일시보관은 모두 소지자의 동의를 얻어야 한다. 영치는 반환의무가 없으나 일시보관은 반환하여야 한다). 따라서 영치조사 시에는 조사공무원이 먼저 자리를 잡고 그중 1인이 대표이사의 동의서를 징구한 후 이루어진다.

(1) '영치'란 범죄사실의 증거물이 될 만한 물건·장부·서류 등을 그 소지자의 동의를 얻어 범칙조사권자가 그에 대한 점유를 취득하는 행위이다.

(2) '압수'란 법관이 발부한 영장에 따라 범칙증거물 등 물건의 점유를 취득하는 대물적 강제처분을 말한다.

(3) '수색'이란 법관이 발부한 영장에 따라 범칙행위의 증거 등을 찾기 위하여 사람의 신체, 물건, 주거, 장소 등에 대하여 행하는 강제처분을 말한다.

입증책임은 항상 납세의무자에게 있는지?

여타의 소송에서 입증책임은 주장하는 자(처분청)가 부담하는 것이나, 조세소송에서 입증책임은 모두 납세의무자에게 전가되어 있다는 것은 선입견(?)이다. 그러나 입증책임은 원칙상 과세관청에 있고 해석상 과세관청과 납세의무자가 나누어 부담한다.

인간의 인식 능력이나 당사자의 증명 노력에는 일정한 한계가 있으므로 당사자가 주장하는 사실의 존부에 대하여 법관이 확신을 갖지 못하는 경우가 발생할 수밖에 없다. 이때 법원이 사실의 존부가 불분명하다는 이유로 재판을 거부할 수도 없고, 그렇다고 하여 사실이 증명될 때까지 마냥 소송 진행을 연기할 수도 없다. 이처럼 진위불명의 사태에서 재판을 가능하게 하기 위해서 당해사실이 존재하지 않는 것으로 인정된 경우와 마찬가지로 취급하여 그 사실을 요건으로 하는 법률효과의 발생을 인정하지 않게 하는 것이 바로 입증책임이다.

이론상 입증책임은 자유심증주의가 끝나는 데서부터 그 본래의 기능을 발휘한다고 한다. 그러나 입증책임은 소송의 최종단계에 이르러서만 기능을 발휘하는 것이 아니라 소송의 과정에서도 재판의 가능을 목표로 기능을 발휘한다.

조세소송에서 일반적으로 입증책임이 누구에게 있는가에 대하여 세법상 명문의 규정은 존재하지 않는다. 판례와 학설상 조세소송의 입증책임은 원칙적으로 과세관청이 부담한다. 그러나 거래와 관련된 정보는 주로 납세의무자의 지배하에 있어 과세당국이 수집하기 어려운 경우가 많으며, 이와 같은 상황에서 납세자가 조세부과처분에 불복할 경우 과세당국이 해당 처분의 적법성을 입증하기는 어렵고, 결과적으로 성실하게 과세자료를 제출하지 않은 자가 혜택을 받는 문제가 초래되고 있어 상당 부분의 입증책임이 납세의무자에게 전가되어 있다(입증책임의 분배). 또한 세법에 법률상 추정 규정이 있는 경우 전제사실의 증명에 의하여 다른 사실이 존재하는 것으로 추정된다. 추정사실을 부정하려는 상대방, 즉 납세자는 추정사실의 부존재에 대하여 입증할 책임을 부담한다(입증책임의 전환).

구분	과세관청	납세의무자
매출	매출누락	매출누락에 대응하는 필요경비
	소득의 귀속시기	
비용	필요경비의 허위성	필요경비 거래내역
소득처분	사외유출된 소득의 현실적 귀속자	사외로 유출되지 않았음.
	소득의 현실적인 귀속(의제소득 제외)	대표자 상여처분의 현실적인 귀속자
부당행위	부당행위계산부인의 유형 및 시가	경제적 합리성
적법성	과세절차의 적법성	
	추계과세의 필요성	
거래세	사실과 다른 세금계산서 여부	매입세액공제(선의 무과실)
		허위세금계산서의 실질비용
		경험칙과 다른 사실관계
		과세장애사유(포괄적 사업양수도)
	부가가치세 과세표준(시가)	
	구매확인서 발급과정의 하자	

(1) 변론주의: 당사자가 변론으로 주장하거나 입증한 것 이외에는 법원이 판단하지 않는다.

(2) 주장책임: 자신에게 유리한 내용을 법정에서 서면 등으로 주장하여야 한다. 어떤 사실을 주장하지 않는 데서 기인한 패소위험을 말한다.

(3) 입증책임: 자료의 미비 또는 상충으로 불명인 사실이 있는 경우 입증책임자의 불이익으로 처리한다. 어떤 사실이 명확하지 않은 데서 기인한 패소위험을 말한다.

(4) 입증책임의 분배: 어느 쪽에 입증책임을 부담시킬 것인지를 정하는 것을 말한다.

(5) 입증책임의 전환: 특정한 경우에 입증책임분배의 일반원칙에 대한 예외를 인정하여 반대사실에 대하여 상대방에게 입증책임을 지우는 것을 말한다.

소송상 증명을 요하는 사실의 존부가 불분명한 경우 당해사실이 존재하지 않는 것으로 취급되어 법률판단을 받게 되는 당사자 일방의 위험 또는 불이익을 말한다.

법률효과의 발생 또는 불발생의 요건을 이루는 주요 사실이 변론에 나타나지 않은 결과 자기에게 이익되는 법률판단을 받지 못하는 측의 당사자가 입는 위험 내지 불이익을 주장 책임이라고 한다.

따라서 과세요건사실에 대한 입증책임은 과세관청에 있음을 주장하여야 한다.

우선 행정소송법 제26조에 의하면 법원은 필요하다고 인정할 때에는 직권으로 증거 조사를 할 수 있고, 당사자가 주장하지 아니한 사실에 대하여도 판단할 수 있다고 규정하고 있으므로, 조세소송에는 직권탐지주의가 적용되어 입증책임분배의 원칙이 적용되지 않는다고 볼 수 있으나, 대법원은 행정소송절차는 변론주의가 기본원칙이고 직권탐지주의가 가미된 것이라고 보고 있으므로 조세소송에도 입증책임의 원칙이 적용된다. 조세소송상 어느 일방이 어느 정도 법관을 설득할 수 있게 입증하는 경우에는 그와 반대되는 사실을 주장하는 타방이 그 어느 일방의 주장을 압도할 정도의 입증을 하여야 한다. 법관이 누구의 주장을 수용할 것인가 판단하는 일은 매우 미묘한 것이어서 누구에게 꼭 입증책임을 부여한다고 단정 짓기 곤란한 경우가 많다.

(1) 의견서: 법률전문가가 작성하는 것. 전문가의 이름으로 작성되므로 객관적이고 정확한 정보를 받아야 한다. 따라서 작성하는 전문가의 부담이 크다.

(2) 소명서: 납세의무자가 작성하는 것. 당사자의 이름으로 작성되므로 다소 주관적이고 자의적인 해석도 있을 수 있다. 따라서 작성하는 납세의무자의 부담이 적다.
 • 증명: 합리적인 의심의 여지가 없을 정도로 고도의 개연성을 인정할 수 있는 것
 • 소명: 당사자가 주장하는 사실에 대해서 일응 진실한 것으로 추측케 하는 것

대법원 2006. 4. 14. 선고 2005두16406 판결: 과세처분의 위법을 이유로 그 취소를 구하는 행정소송에서 과세처분의 적법성 및 과세요건사실의 존재에 대한 입증책임은 과세관청에 있으므로 과세소득확정의 기초가 되는 필요경비에 관한 입증책임도 과세관청이 부담함이 원칙이고, 다만 납세의무자가 신고한 어느 비용 중의 일부 금액에 관한 세금계산서가 실물 거래 없이 허위로 작성되었다는 점이 과세관청에 의해 상당한 정도로 증명되어 그것이 실지 비용인지 여부가 다투어지고 납세의무자가 주장하는 비용의 용도와 그 지급의 상대방이 허위임이 상당한 정도로 증명된 경우와 같은 특별한 사정이 있는 때에 한하여, 예외적으로 그러한 비용이 실제로 지출되었다는 점에 관하여 장부와 증빙 등 자료를 제시하기가 용이한 납세의무자가 이를 증명할 필요가 있다.

법인세법 집행기준 4-0-3 【법인의 입증책임】 법인세의 납세의무가 있는 법인은 모든 거래에 대하여 거래증빙과 지급규정, 사규 등의 객관적인 자료에 따라 이를 해당 법인에게 귀속시키는 것이 정당함을 입증하여야 한다. 다만, 사회통념상 부득이하다고 인정되는 범위 내의 비용과 해당 법인의 내부통제기능을 감안하여 인정할 수 있는 범위 내의 지출은 그러하지 아니한다.

|저|자|소|개|

강 상 원

▌**약력**
- 현 세무법인 이안컨설팅 강남지점 대표세무사
- 현 세무법인 다솔 파트너 세무사
- 현 경기도청 국선대리인
- 전 강남세무서 국세심사위원
- 전 대우건설 재직
- 서울시립대 세무학과 졸업
- 서울시립대 세무전문대학원 석사

▌**주요저서**
- 『건설업 세무와 회계』
- 『건설회사 세무』

▌**주요논문**
- 「지주공동사업의 과세문제」
- 「취득세 과세표준 사전검증제도 도입에 관한 연구」(공저)

강 현 규

▌**약력**
- 현 송헌세무회계 대표세무사
- 현 세무법인 이안컨설팅 파트너 세무사
- 현 삼일아이닷컴 자문위원
- 서울시립대 세무학과 졸업